U0800217

成都局集团公司铁路职工岗位培训系列教材

货车检车员

中国铁路成都局集团有限公司　编

中国铁道出版社有限公司

2024年·北京

内 容 简 介

本书为货车检车员岗位培训教材，分为综合知识、专业知识、货车运用与管理三章，主要介绍了岗位相关综合知识、货车车辆结构和功能原理、货车运用生产管理以及货车运用其他工作。

本书适用于集团公司“新职、转岗、晋升”人员岗前资格性培训，也可作为高职生“2＋1”定向培养教材和日常岗位适应性培训教材。

图书在版编目（CIP）数据

货车检车员 / 中国铁路成都局集团有限公司编. 北京 ：中国铁道出版社有限公司，2024. 10. --（成都局集团公司铁路职工岗位培训系列教材）. -- ISBN 978-7-113-31660-0

Ⅰ. U279.3

中国国家版本馆 CIP 数据核字第 2024E54J23 号

书　　名：**货车检车员**
作　　者：中国铁路成都局集团有限公司

责任编辑：李润华　　编辑部电话：(010)51873138
编辑助理：陈　颖
封面设计：郑春鹏
责任校对：苗　丹
责任印制：高春晓

出版发行：中国铁道出版社有限公司（100054，北京市西城区右安门西街 8 号）
网　　址：https://www.tdpress.com
印　　刷：天津嘉恒印务有限公司
版　　次：2024 年 10 月第 1 版　2024 年 10 月第 1 次印刷
开　　本：787 mm×1 092 mm　1/16　**印张**：14.5　**字数**：336 千
书　　号：ISBN 978-7-113-31660-0
定　　价：98.00 元

版权所有　侵权必究

凡购买铁道版图书，如有印制质量问题，请与本社读者服务部联系调换。电话：(010)51873174

打击盗版举报电话：(010)63549461

成都局集团公司铁路职工岗位培训系列教材
编审委员会

主　　任： 陈　丹　刘存明

副 主 任： 刘　明　陈慕恒

委　　员： 王梦滔　刘　阳　张远璐　达朝健
陈　钢　杨　茹　罗　鑫　欧启龙
罗　成　池尚军　张世毕　邓所钊
王莉莉　钟明红　杜鹏程　龙　瑶
鲁茜睿

本书编委会

主　　编： 张世毕　刘　阳

副 主 编： 许志刚

主　　审： 罗　琴　张小陶　唐　智　李　超　邓所钊　方　曦　孟江南　庄正毅　金　鑫　杨　斌

编写人员： 张世毕　刘　阳　张德涛　罗　彬　李　飞　刘　伟

前 言

随着我国铁路事业快速发展，路网规模持续扩大、技术装备不断更新、职工队伍大规模迭代，对铁路专业技能人才，尤其是“新职、转岗、晋升”人员的知识技能结构提出了更高的要求。为进一步加强职工队伍建设，加快铁路高技能人才培养，适应铁路高质量发展对职工岗位素质的要求，依据《铁路特有工种技能培训规范》、教学大纲和岗位作业标准，中国铁路成都局集团有限公司组织编写了铁路职工岗位培训系列教材。

本套教材从各工种岗位工作实际出发，注重专业性、实用性和指导性，以新职、转岗、晋升人员基础知识和专业技能培训为重点内容，以适应岗位需求为主要目标，严格按照《铁路特有工种技能培训规范》培训科目要求，充分依据现行基本规章和作业标准，紧密结合现场各工种岗位作业实际组织编写，内容反映各工种岗位“新技术、新设备、新工艺、新规章”变化，重点突出岗位作业标准、安全规定、应急处置。

本套教材由中国铁路成都局集团有限公司教材编审委员会组织，以专业指导委员会为平台，职工培训部统筹，职工培训基地牵头，运输、客运、货运、机务、工务、电务、供电、车辆、土房专业部门组建以现场专业技术骨干为主体的编写团队进行编写，适用于“新职、转岗、晋升”人员岗前资格性培训，也可作为高职生“2＋1”定向培养教材和日常岗位适应性培训教材。

本书为货车检车员岗位培训教材，分为综合知识、专业知识、货车运用与管理三章，主要介绍了岗位相关综合知识、货车车辆结构和功能原理、货车运用生产管理以及货车运用其他工作。本书引用的基本规章、作业标准等为编写时现行文件，与后续新发文件冲突时，以新发文件为准。

由于编者水平有限，书中难免存在疏漏和不妥之处，恳请广大读者提出宝贵意见，便于日后修订完善。

编委会

2024 年 4 月

目 录

第一章　综合知识

第一节　专业安全

一、列检作业及故障维修作业安全

（一）基本规定

（1）上班前，严禁饮酒，并执行有关岗位酒精含量测试标准，未经酒精检测或酒精检测不合格严禁上岗。要充分休息好，保证工作时精力充沛，思想集中。工作前，要按规定穿戴好防护用品，检查确认所使用或交接的工具、设备的技术状态良好。工作中，要保持场地整洁，通道畅通，作业中必须保证精力集中、严守两纪，不准做与本岗位工作无关的事情。下班前，要关闭风、汽、水、电等开关，工具、材料要收拾整齐，打扫周围环境，做到工完、料净、场地清。

（2）在站场上作业和行走时，要随时注意两邻线来往的机车车辆，防止被车上坠落物品、篷布绳索等击伤；严禁在轨枕头、轨道心、车底下、车端部和站台边坐、立、闲谈、休息、避雨或乘凉；顺线路行走时，不走轨道中心和轨枕头。横过线路和道口时，注意瞭望机车、车辆，执行“一站、二看、三确认、四通过”制度。严禁抢道、抓车、跳车、钻车；横越停留车辆的线路时，应先确认无调车作业及车辆无移动可能时，再由车钩上方通过，手抓牢，脚踩稳，严禁踩钩锁、钩颈和折角塞门把手。从停留车辆的端部横过线路时，要留有足够安全距离（徒手通过时不少于 3 m，搬运工具、材料通过时不少于 5 m），迅速通过，不得在轨道中停留。

（3）在线路上作业时，禁止戴妨碍视觉、听觉的色镜、帽子。作业人员在进出作业现场过程中和作业时严禁使用公众网移动电话、听音乐播放器或从事与工作无关的活动。有冰冻时应采取必要措施，防止摔伤。

（4）两人及以上从事同一车辆故障修理作业时，必须指定专人指挥，统一行动，相互配合。在站内抬运笨重工具、材料或在车底下传递工具、配件时，要呼唤应答、步调一致，并注意邻线列车动态；搬运材料、配件应在两线间行走，不得紧靠线路。两人及以上扛抬物品时，应同肩同步，同起同落，做好呼唤应答。更换大型配件时，工长要亲自组织指挥和负责安全工作。

（5）登高作业之前，应检查确认登高辅助设备完整良好，设有防滑、固定等装置，并采取有效防护措施。作业时，要思想集中，不得用力过猛和探身过远或高处跨越；高处作业时，应佩戴安全带或采取有效防护措施，安全带应定期检验；露天工作场所遇有六级以上大风时或电气化区段禁止高处作业。

（6）分解组装车辆或机械上的配件时，应密切注意其连接情况，在没有采取有效安全防护措施的情况下，严禁拆卸。组装需吻合对孔的部件，严禁用手指探摸孔槽，必要时应以工具拨动；一切零部件、工具材料不得丢掷。

(7)各种机械设备转动的外露部分,都要设有安全防护装置。机床及各种转动机械设备在开机前,要检查防护装置是否齐全良好,给油状态是否良好;操作时,衣袖要扎紧,女同志的头发应挽在工作帽内。严禁戴手套操作;进行金属切削工作时要戴好防护眼镜。

(8)各种锤、铲、挫、冲、斧等手动工具的材质硬度要适中,表面须平整,无卷边、缺损、裂纹。把柄须用硬木制作,要平滑光洁,无裂纹,不松动。锤柄应装有金属防脱楔子(不得用铁钉代替)。活动扳手、管钳子不准加装套管,不准用两个扳手咬合使用或用扳手代替手锤使用。挥抡大锤不准戴手套,在打击第一锤之前,应注意周围环境,确认安全状态。一切工具、材料不得抛掷传递,不得放在车顶、机械转动部位和边缘处所。

(二)运用作业规定

(1)在作业线路上检查、修理、整备车辆作业时,应在两端来车方向的左侧钢轨上,设置带有脱轨器的固定或移动信号牌(灯)进行安全防护,前后两端的安全防护距离均应不小于20 m,插设固定脱轨器安全防护距离不足 20 m 或固定脱轨器不能正常使用时,应使用移动脱轨器进行安全防护;防护距离不足时,应使用连接语音记录功能的通信设备通知车站将道岔锁闭在不能通往该线的位置,现场应在车列首尾车辆端部来车方向的左侧车体上设置停车信号(昼间红旗,夜间频闪红灯)进行安全防护,车列中部不得设置停车信号。

(2)列检作业手信号须依次逐段显示传递,昼间能见度能满足要求的须使用检查锤,夜间或昼间能见度不能满足要求的须使用白色灯光检车灯。禁止使用红旗(红灯)代替检查锤(检车灯)显示传递。遇恶劣天气、曲线线路及显示距离不可视等特殊情况时,信号传递可采用无线对讲机等辅助手段,具体辅助手段及传递方法由铁路局集团公司组织车辆段制定。

(3)传递安全防护插设信号时,由车列(列车)首部检车员依次逐段传递至尾部检车员,尾部检车员接到信号后,依次逐段向首部检车员传递确认信号。传递安全防护撤除信号时,由车列(列车)尾部检车员依次逐段传递至首部检车员,首部检车员接到信号后,依次逐段向尾部检车员传递确认信号。具体安全防护信号显示方式,由铁路局集团公司组织制定。

(4)列检作业摘解机车或连挂机车进行制动机试验时,应使用停车信号进行安全防护,停车信号应按以下规定设置:

①到达、中转列车摘解机车时,应在机后一位车辆前端列车运行方向左侧车体上插设停车信号,关闭机后一位车辆前端和机车的折角塞门,摘解制动软管后撤除停车信号,方可摘解机车。

②连挂机车进行制动机试验时,待机车与车列连挂后,在机后一位车辆前端和列车尾部最后一辆车后端列车发出方向左侧车体上插设停车信号,制动机试验结束后,及时撤除停车信号。

(5)插撤脱轨器时,应确认股道正确,车列(列车)、机车停留位置符合规定,同对检车员之间、检车员与列检值班员之间要做好联系和互控;移动脱轨器应按规定存放和使用。要做到脱轨器插撤有监督、反馈有记录。禁止无安全防护作业。铁路局集团公司须组织制定脱轨器的使用、管理办法。

(6)在沿线调查、处理故障和事故时,要在车站登记,通知车站将道岔锁闭在不能通往调查处置线路的位置,并在车列首尾端部来车方向的左侧车体上设置停车信号进行安全防护后进行检查处理。作业结束并撤除防护信号后,通知车站。

(7)检车员要熟悉本站内线路、设备、建筑物及列车运行、调车作业、车辆取送等情况。列检作业要严格执行“整队出发，列队归所”制度，严禁单独行动。平行作业时，前后不超过一个转向架，并保持相互联系。

(8)列检作业在开始和结束前，要严格执行插、撤安全防护信号的传递办法，严禁在无安全防护的情况下进行车辆检查和故障处理，严禁在列车运行中处理车辆故障，严禁在未设安全防护的列车(车列)中摘结长风管或车辆制动软管。

(9)接发列车要目迎目送，并注意车辆运行、货物装载、篷布绳索状态，防止意外伤人。接车时要提前到达接车地点，蹲在两线中间安全位置接车。狭窄线路邻线上、下行同时到发列车时，要在两线外侧安全位置接发列车。

(10)检查罐车及装有易燃易爆品的铁路货车时，严禁明火接近、敲打罐体或进入车内、罐内。

(11)处理制动故障时，要先关闭截断塞门，排净副风缸余风后方可进行，作业结束后开通截断塞门。调整制动缸活塞行程时，严禁用手指探摸圆销孔。拆卸制动缸盖螺栓时，头部要闪开。更换折角塞门时，要关闭邻车及本车两端的折角塞门，摘解制动软管，缓慢开放折角塞门，排出本车制动主管余风后方可进行。更换闸瓦时，严禁将手伸入闸瓦与车轮踏面间。

(12)遇有动车、直达、特快旅客列车通过时，严禁对相邻线路的列车进行现场技术作业。有列车通过、调车作业时，邻线作业人员要注意避让。线间距小于规定标准的线路，邻线上、下行同时到发列车时，要在两线外侧接发列车。

(13)在修理铁路货车上部时，应确认装载货物状态及车门的关闭状态，确保安全后，再进行作业。

(14)使用各种镐类、千斤顶起重时，重心要找准，底座安放平稳牢固，镐体垂直，金属与金属接触部要加防滑垫，其行程不得超过全长的四分之三(或安全线)。使用两台及以上千斤顶同时顶起一个重物时，要有专人指挥，平衡起落，防止倾倒。在起重过程中，被顶起的重物尚未垫妥架稳前，操纵人员不得离开岗位，身体任何部位不得侵入被顶起的重物下方。

(15)对列检使用的轨旁设施进行检修作业时，必须设专人防护，不得单人作业。

(16)在列检作业现场，如遇施工、堆放路料等影响列检作业和人身安全时，应停止该线路的列检作业。

二、电气化区段有关人员电气安全规则

(一)一般规定

1. 安全距离

电气化铁路接触网电压为27.5 kV，带电的接触网周围会有很强的电磁场，当人体或人体经导体接近接触网时，接触网高压会使空气电离，形成导体，通过人体对地产生弧光放电，致人死亡。

为控制安全距离带来的人身安全风险，《电气化铁路有关人员电气安全规则》规定如下：

(1)为保证人身安全，除牵引供电专业人员按规定作业外，任何人员及所携带的物件、作业工器具等须与牵引供电设备高压带电部分保持2 m以上的距离，与回流线、架空地线、保

护线保持 1 m 以上距离，距离不足时，牵引供电设备须停电。

（2）电气化铁路区段，具有升降、伸缩、移动平台等功能的机械设备进行施工、装卸等作业时，作业范围与牵引供电设备高压带电部分须保持 2 m 以上距离，与回流线、架空地线、保护线保持 1 m 以上距离，距离不足时，牵引供电设备须停电。

2. 跨步电压

跨步电压是指电气设备发生接地故障时，在接地电流入地点周围电位分布区，行走人员两脚之间的电位差。当接触网导线、承力索或高压供电线断线落地时，高压电流从落地点流入大地返回变电所，形成以落地点为中心的电势分布区域，距离落地点越近，电流越集中，地面电势也越高，行走人员两脚之间的电压也越高。如果人员在落地点 10 m 内行走，就会因跨步电压过高，流经两腿之间电流过大，致人倾倒，肢体落地，引发电击伤亡事故。

为控制跨步电压带来的人身安全风险，《电气化铁路有关人员电气安全规则》规定如下：

（1）发现牵引供电设备断线及其部件损坏，或发现牵引供电设备上挂有线头、绳索、塑料布或脱落搭接等异物，均不得与之接触，应立即通知附近车站，在牵引供电设备检修人员到达未采取措施以前，任何人员均应距已断线索或异物处所 10 m 以外。

（2）牵引供电设备支柱及各部接地线损坏，回流吸上线与钢轨或扼流变连接脱落时，禁止非专业人员与之接触。

3. 攀登车顶

攀登车顶特指电气化铁路行车有关人员根据作业需求登上机车或车辆顶部的行为。如机务检修人员或乘务员登上车顶擦拭绝缘、检修受电弓或在途中登上车顶处理弓网故障损坏的受电弓。

为控制攀登车顶带来的人身安全风险，《电气化铁路有关人员电气安全规则》规定如下：机车、动车及各种车辆上方的接触网设备未停电并办理安全防护措施前，禁止任何人员攀登到车顶或车辆装载的货车上。

（二）机车、动车组、车辆作业安全规定

（1）电气化铁路区段，当列车、动车组在运行途中发生故障，机车司机、动车组司机、动车组机械师等需上车顶作业时，严格按照相关规定办理停电手续并做好安全防护措施后，方能作业。

（2）在电气化区段运行的机车、动车组、车辆及自轮运转设备，可以攀登到车顶或作业平台的梯子、天窗等处所，均应有“电气化区段严禁攀登”的警告标志。

（三）电气化铁路附近消防安全规定

电气化铁路附近发生火灾时，须遵守下列规定：

（1）距牵引供电设备带电部分不足 4 m 的燃着物体，使用水或灭火器灭火时，牵引供电设备必须停电。

（2）距牵引供电设备带电部分超过 2 m 的燃着物体，使用沙土灭火时，牵引供电设备可不停电，但须保持灭火机具及沙土等与带电部分的距离在 2 m 以上。

（四）车辆行人通过道口安全规定

各种车辆和行人通过电气化铁路平交道口必须遵守下列规定：

(1)通过道口车辆限界及货物装载高度(从地面算起)不得超过 4.5 m,超过时,应绕行立交道口或进行货物倒装。

(2)通过道口车辆上部或其货物装载高度(从地面算起)超过 2 m 通过平交道口时,车辆上部及装载货物上严禁坐人。

(3)行人持有长大、飘动等物件通过道口时,不得高举挥动,应与牵引供电设备带电部分保持 2 m 以上的距离。

(五)电气化铁路区段的列检作业,检车员须同时执行规定

(1)严禁直接、间接地与接触网导线接触,严禁攀到车顶、罐顶、机械冷藏车冷冻机工作台上、装载的货物上面及棚车、敞车的人力制动机踏板台上。

(2)携带的任何物件与接触网设备的带电部分应保持 2 m 以上的距离。

(3)列检设施的安装及工具、材料、配件的堆放,必须与电气化有关设备隔开 0.5 m 以上的距离。

(4)接触网导线折断下垂搭在车辆上或其他物品与接触网接触时严禁进行处理,应保持 10 m 以上的距离,同时对现场进行防护,并及时通知车站进行相应处理。

(5)严禁在电气化线路的有关设施设备处所倚靠或坐卧。

第二节　计算机知识

一、计算机系统的组成

计算机系统由硬件(子)系统和软件(子)系统组成。硬件系统是借助电、磁、光、机械等原理构成的各种物理部件的有机组合,是系统赖以工作的实体,软件系统是各种程序和文件,用于指挥全系统按指定的要求进行工作。

(一)硬件系统

主要由中央处理器(CPU)、主板、存储器、输入输出控制系统和各种外部设备组成。中央处理器是对信息进行高速运算处理的主要部件,其处理速度可达每秒几亿次以上操作。存储器用于存储程序、数据和文件,常由快速的内存储器和慢速海量外存储器组成。各种输入输出外部设备是人机间的信息转换器,由输入输出控制系统管理外部设备与主存储器(中央处理器)之间的信息交换。

1. 中央处理器(CPU)

中央处理器(CPU)是计算机的核心,负责处理、运算计算机内部的所有数据。中央处理器主要由运算器、控制器、寄存器组和内部总线构成,是计算机的核心,如图 1-1 所示。

2. 主板

主板是电脑的核心部件,如图 1-2 所示。电脑的 CPU、内存和控制核心电路均安装在主板上,而且各种外接设备也通过主板上的各种插槽连接在一起。

3. 内存

内存又称为动态存储器,当电源切断后数据就会丢失,如图 1-3 所示,主要用于存储电脑运行中的数据,是与 CPU 进行沟通的桥梁。其作用是用于暂时存放 CPU 中的运算数据,以及与硬盘等外部存储器交换的数据。只要计算机在运行中，CPU 就会把需要运算的数据调到内存中进行运算，当运算完成后 CPU 再将结果传送出来，内存的运行也决定了计算机的稳定运行。其性能指标包括容量、读写速度。内存的容量包括 512 M、1 G、2 G、4 G 等，容量大小对电脑性能的影响是非常明显的。对电脑运行速度有影响的因素很多，主要还是 CPU 性能和内存容量大小。一般来说，CPU 的影响主要体现在数据的处理速度方面，而内存主要体现在系统的传输速度方面。

图 1-1　CPU

图 1-2　主板

图 1-3　内存

4. 显卡

显卡作为电脑主机里的一个重要组成部分，承担输出显示图形的任务，简单地说就是显示器必须依靠显卡提供显示信号才能显示各类字符和图形。显卡分为独立显卡和集成显卡。集成显卡一般集成在主板或 CPU 完成显卡功能。

5. 硬盘

硬盘是电脑中最重要的存储介质。硬盘的容量越大，其存储的资料也就越多。

(二)软件系统

软件分为系统软件、支撑软件和应用软件。系统软件由操作系统、实用程序、编译程序等组成。操作系统实施对各种软硬件资源的管理控制；实用程序是为方便用户所设，如文本编辑等；编译程序的功能是把用户用汇编语言或某种高级语言所编写的程序，翻译成机器可执行的机器语言程序。

二、操作系统

操作系统是一种管理系统，管理和控制计算机系统中的所有资源，包括处理器、内存、硬盘、外部设备等。操作系统还提供了一个用户界面，用户可以通过这个界面来使用计算机系统。操作系统的主要任务是提高计算机系统的效率和可靠性，并且为用户提供方便、安全的使用环境。操作系统的主要功能如下：

(1)管理资源操作系统。对计算机系统中的所有资源进行管理，包括处理器、内存、硬盘、外部设备等。根据用户的请求分配资源，并且保证资源的正确使用。

(2)调度任务操作系统。可以同时处理多个任务，并且能够根据任务的优先级和重要性进行调度。保证每个任务都能够得到处理，并且保证系统的稳定性。

(3)监控系统状态操作系统。可以实时监控计算机系统的状态，包括处理器、内存、硬盘的使用情况等。可以根据系统状态进行调整，以保证系统的稳定性和高效性。

(4)提供用户界面操作系统。提供了一个用户界面,用户可以通过这个界面来使用计算机系统。用户界面应该简单易用,并且能满足用户的需求。

第三节　机械基础知识

一、机械传动

(一)机械组成

机械是机器与机构的总称,通常由执行部分、传动部分、动力部分、辅助部分等组成,如图 1-4 所示,其中辅助部分包含照明、测量、防护等辅助部件。

动力部分:动力的来源,将其他能量转换为机械能。

执行部分:工作机,直接完成机械预期的动作。

传动部分:把原动机的运动和功率传递给工作机的中间环节,传递运动和动力。

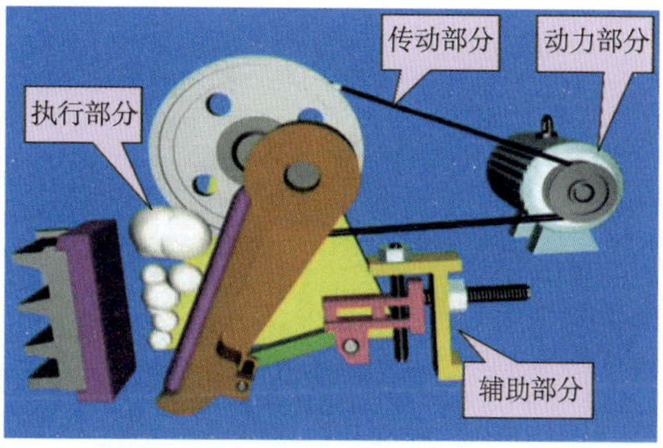

图 1-4　机械组成

(二)机械传动类型

机械传动按工作原理可区分为摩擦传动和啮合传动。摩擦传动分为摩擦轮传动和带传动,啮合传动分为齿轮传动、蜗杆传动、螺旋传动和链传动等,此外还有液压与气压传动。

1. 摩擦轮传动

(1)应用情况

摩擦轮传动(图 1-5)作为一种利用轮面间摩擦力传递动力或改变转速的机械传动技术,在多个领域和设备中有着广泛应用。机械领域制造无级变速器;工业设备与生产线输送带或其他传动部件;农业机械的某些附件,如发电机、水泵等,都采用摩擦轮传动作为动力传输方式。

(2)摩擦轮传动的特点

摩擦轮传动中心距较小,且结构相对简单,使用维修方便,可在运转中变速、变向;适合高速、小功率,过载会打滑,可防止零件损坏;噪声小,传动比不够准确;传动效率低,传递转矩较小。

图 1-5　摩擦轮传动

2. 带传动

带传动机构由主动带轮、从动带轮和传动带组成。它是利用环状的挠性传动带紧箍两个带轮,在传动带与带轮之间产生摩擦力,将主动带轮的运动和动力传递给从动带轮。按照柔性带的截面形状不同,带传动分为平带、V 带(三角带)、圆带、同步齿形带传动,如图 1-6 所示。

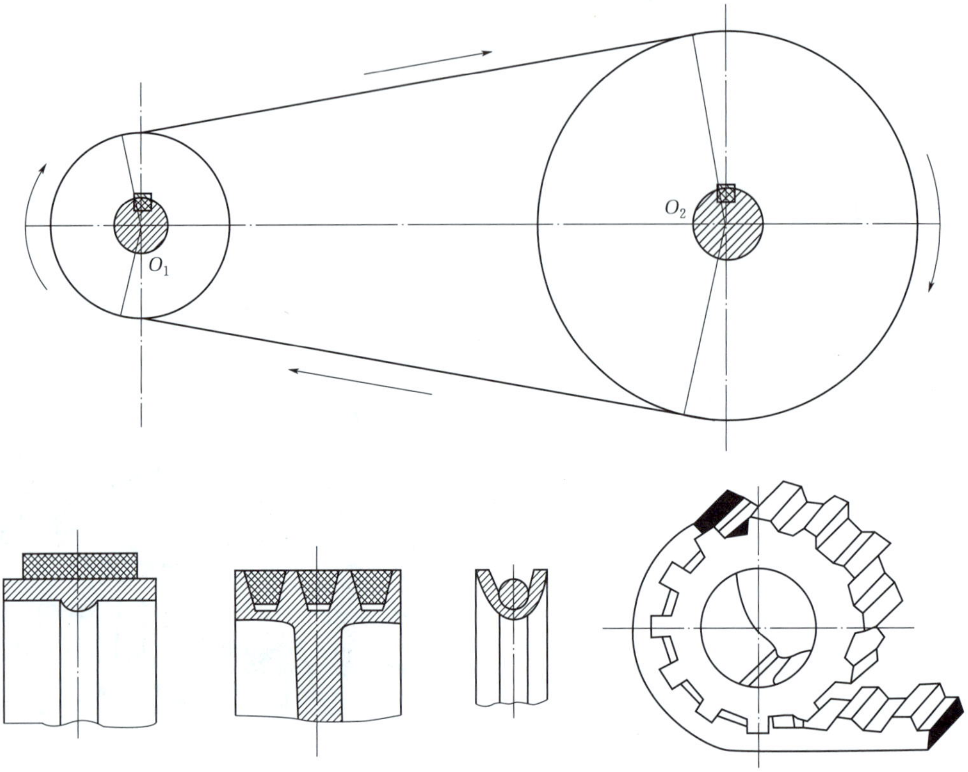

（a）平带　（b）V带　（c）圆带　（d）同步齿形带

图 1-6　带传动

(1)平带传动

平带传动结构简单,带及带轮制造方便,而且平带质轻、挠性好,故多用于中心距较大的传动。常用的平带有皮革平带、帆布芯平带、编织平带及复合平带等。其中以帆布芯平带使用最为广泛。

(2)V 带传动

V 带由包布、顶胶、底胶及抗拉体等部分组成,横截面为等腰梯形或近似为等腰梯形的传动带,其工作面为两侧面。包布用胶帆布制成,顶胶和底胶材料为橡胶。抗拉体是带工作时的主要承载部分,V 带结构有帘布芯和绳芯两种,如图 1-7 所示。V 带的尺寸已经标准化,普通 V 带按截面尺寸自小到大分为 Y、Z、A、B、C、D、E 七种型号。

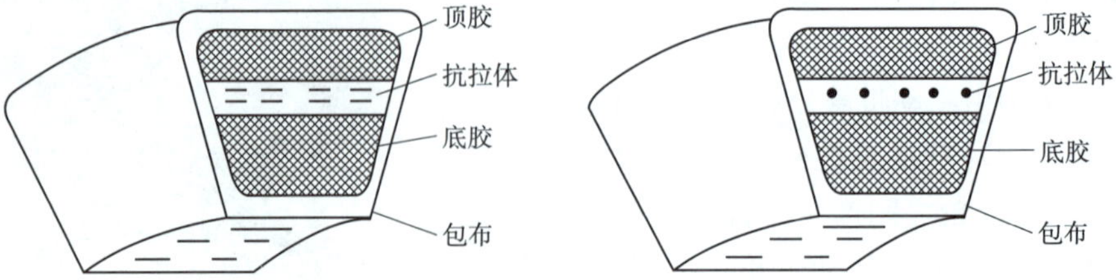

（a）帘布芯　（b）绳芯

图 1-7　V 带结构

(3)啮合带传动

啮合带传动是依靠带上的齿或孔与带轮上的轮齿直接啮合来传递运动的,啮合带传动具有传动平稳、无噪声、传动比准确、速度范围大、传动功率较大及效率高等诸多优点。

啮合带传动可分为同步齿形带传动和齿孔带传动两种类型。

①同步齿形带传动

同步齿形带上的齿与轮上的齿相互啮合,以传递运动和动力,如图 1-8 所示,动车组车门电机驱动力传动就采用该形式。

②齿孔带传动

齿孔带传动工作时,带上的孔与轮上的齿相互啮合,以传递动力,如图 1-9 所示。打印机采用的就是齿孔带传动,这种传动可保证同步运动。

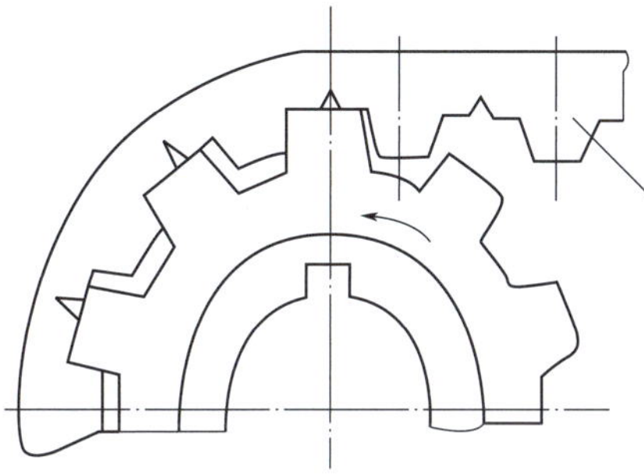

图 1-8　同步齿形带传动

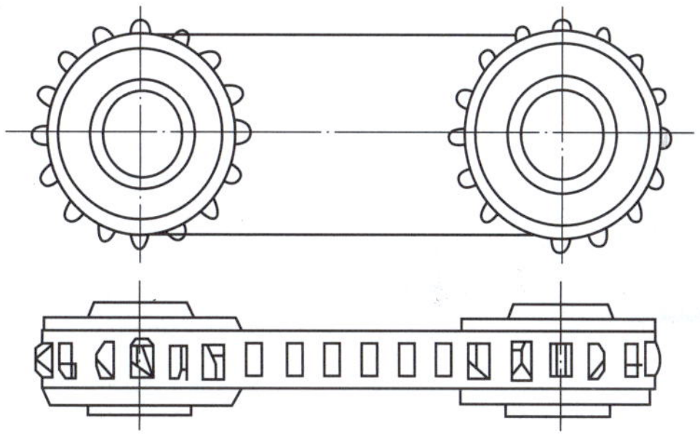

图 1-9　齿孔带传动

(4)V 带传动的张紧装置

V 带均不是完全的弹性体,经过一定时间的运转后,就会因塑性变形而松弛,使预紧力降低。为保证带传动的能力,应定期检查预紧力的数值,如发现不足时,必须重新张紧,才能保证 V 带正常工作。常见的张紧装置有定期张紧装置、自动张紧装置、采用张紧轮的张紧装置三种。

①定期张紧装置

定期张紧装置采用改变中心距的方法来调节带的预紧力,使带重新张紧,常用在水平或倾斜不大的传动中。图 1-10(a)所示的导轨顶丝式张紧装置,将装有带轮的电动机安装在有滑道的基板上,通过松开基板上各螺栓的螺母,转动调节螺钉,将电机向右推移,然后拧紧螺母实现带的预紧。在垂直的或接近垂直的传动中,可用如图 1-10(b)所示的方法,将装有带轮的电动机安装在可调的摆架上。

②自动张紧装置

重力式张紧装置如图 1-10(c)所示,将装有带轮的电动机安装在浮动的摆架上,利用电动机的自重,使带轮随同电动机绕固定轴摆动,以其自重来保持张紧状态。

③采用张紧轮的张紧装置

当中心距不能调节时,可采用张紧轮将带张紧,如图 1-11 所示。

(5)带传动的特点

与齿轮传动相比较,带传动适用于两轴中心距离较大的传动,且有良好的挠性,可缓和冲击、吸收振动,运转平稳,基本无噪声。当传动过载时,带与带轮间会打滑,以保护其他零件不受损坏。带传动可实现交叉轴(主动轮与被动轮轴线交叉)传动。另外,带传动结构简单,相关部件制造费用低,维护方便。

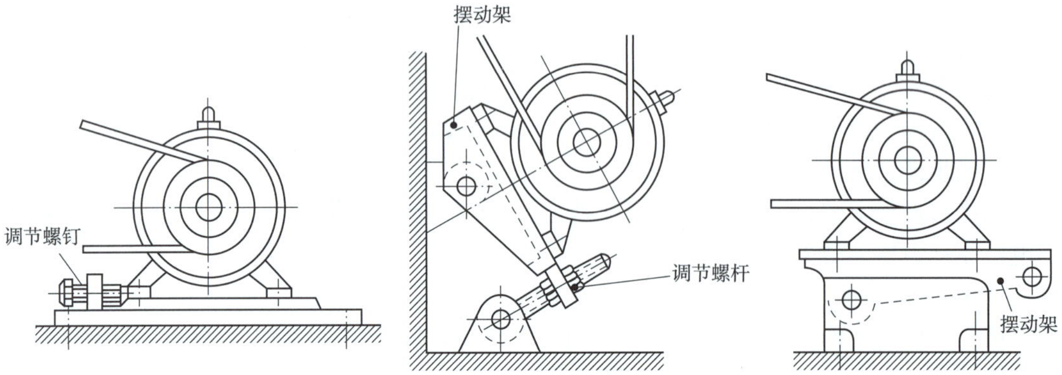

（a）导轨顶丝式张紧装置 （b）摆架式张紧装置 （c）重力式张紧装置

图 1-10　V 带调节式张紧装置

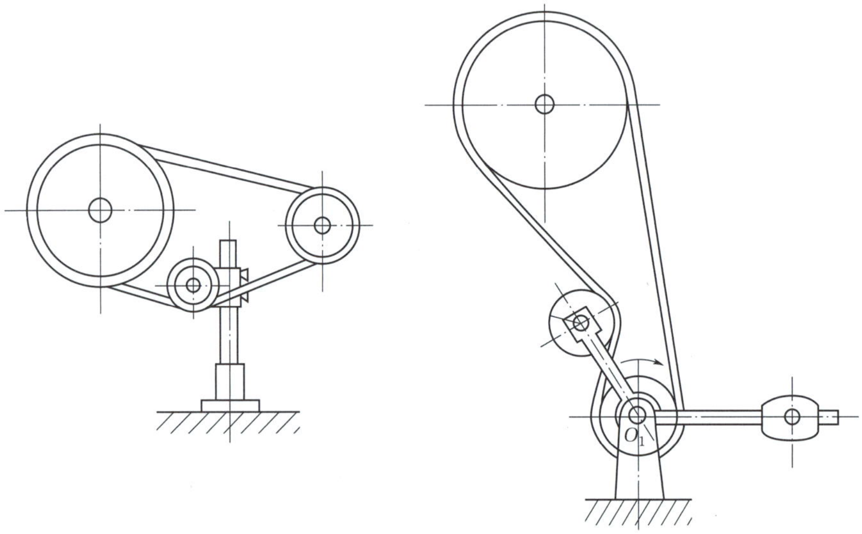

（a）内置式张紧装置 （b）外置式张紧装置

图 1-11　采用张紧轮的张紧装置

3. 链传动

链传动由链条和主从动链轮组成，如图 1-12 所示。链轮上制有特殊齿形的齿，依靠链轮轮齿与链节的啮合来传递运动和动力。

图 1-12　链传动

(1)链传动的类型

根据用途的不同,链传动分为传动链、起重链、牵引链三大类。

①传动链

传动链用于一般机械上动力和运动的传递,通常都在中等速度(20 m/s)以下工作。

②起重链

起重链用于起重机械中提升重物,其工作速度不大于 0.25 m/s。

③牵引链

牵引链又称输送链,用于链式输送机中移动重物,其工作速度为 2～4 m/s。

(2)链传动的特点

链传动与其他传动相比,主要有以下特点:

①由于链传动是有中间挠性件的啮合传动,无弹性滑动和打滑现象,因而能保证平均传动比不变。

②链传动无须初拉力,对轴的作用力较小。

③链传动可在高温、低温、多尘、油污、潮湿及泥沙等恶劣环境下工作。

④由于链传动的瞬时传动比不恒定,传动平稳性较差,有冲击和噪声,且磨损后易发生跳齿,因此不宜用于高速和急速反向传动的场合。链传动适用于两轴线平行且距离较远、瞬时传动比无严格要求以及工作环境恶劣的场合。目前,链传动所能传递的功率可达 3 600 kW,常用于 100 kW 以下,链速可达 30～40 m/s,效率在 0.91～0.97。

(3)链传动的布置

两个链轮的回转平面必须布置于同一铅垂面内,不能布置在水平面或倾斜面上,否则将引起脱链和不正常磨损。通常情况下,应使链条的紧边(即主动边)在上,松边在下,否则如果松边在上,可能会因松边垂度过大而出现链条与轮齿的干扰,甚至会引起松边与紧边的碰撞,严重时,导致链条与链轮卡死。两链轮中心连线最好布置在水平面上,如需倾斜布置时,两链轮中心连线与水平线的夹角应小于 45°;采用垂直布置时,应使上下两轮偏置,以免由于下垂量增大而降低传动能力。

4. 齿轮传动

齿轮传动借助共轭齿廓的一对齿轮轮齿的相互啮合,来传递两轴间的运动和动力。

(1)齿轮传动的类型及应用

齿轮传动的类型很多,分类方法也不同,常见的分类方法如下:

①按轴的布置情况,可分为平行轴齿轮传动、相交轴齿轮传动和交错轴齿轮传动,齿轮传动的类型与应用见表 1-1。

②按齿轮轮齿形状,可分为直齿轮传动、斜齿轮传动和人字齿轮传动。

③按两齿轮啮合方式,可分为外啮合齿轮传动、内啮合齿轮传动和齿轮齿条传动。

④按齿轮外观形状,可分为圆柱齿轮传动和圆锥齿轮传动。

⑤按工作条件,可分为开式齿轮传动和闭式齿轮传动。

⑥按齿廓曲线,可分为渐开线齿轮传动、圆弧线齿轮传动和摆线齿轮传动等。渐开线齿轮传动应用最广泛。

表 1-1　齿轮传动的类型与应用

分类		名称	图示	应用情况
平行轴齿轮传动	直齿圆柱齿轮传动	外啮合直齿圆柱齿轮传动		圆周速度较低的传动，尤其适用于变速箱的换挡齿轮
		内啮合直齿圆柱齿轮传动		结构要求紧凑，且效率较高的场合
		齿轮齿条传动		将连续运动变换为往复移动的场合
	平行轴斜齿轮传动	外啮合斜齿圆柱齿轮动		圆周速度较高，载荷较大且要求结构紧凑的场合
	人字齿轮传动	外啮合人字齿圆柱齿轮动		载荷大且要求传动平稳的场合

续上表

分　类		名　称	图　示	应用情况
相交轴齿轮传动	相交轴圆锥齿轮传动	直齿圆锥齿轮传动		圆周速度低，载荷小且稳定的场合
		曲齿圆锥齿轮传动		圆周速度较高，载荷小的场合
	相交轴斜齿轮传动	交错轴斜齿轮传动		圆周速度较低，载荷小的场合

(2)渐开线标准直齿圆柱齿轮基本参数

如图 1-13 所示，在齿轮任意直径 d_k 的圆周上，p 表示齿距；s 表示分度圆齿厚；e 表示分度圆齿槽宽；d 表示分度圆直径。相邻两轮齿间的空间弧长，称为该圆上的齿槽宽，以 e_k 表示，相邻两齿同侧齿廓间的弧长，称为该圆上的齿距，以 p_k 表示。显然，任意圆周上的齿距等于该圆上的齿厚与齿槽宽之和，即 $p_k=s_k+e_k$，该齿轮的齿数为 z，则任意圆周的直径 d_k 与齿距 p_k 应有关系为 $\pi d_k=p_k z$，即 $d_k=\frac{p_k z}{\pi}$。显然，由于不同直径圆周上的值不相同，且含

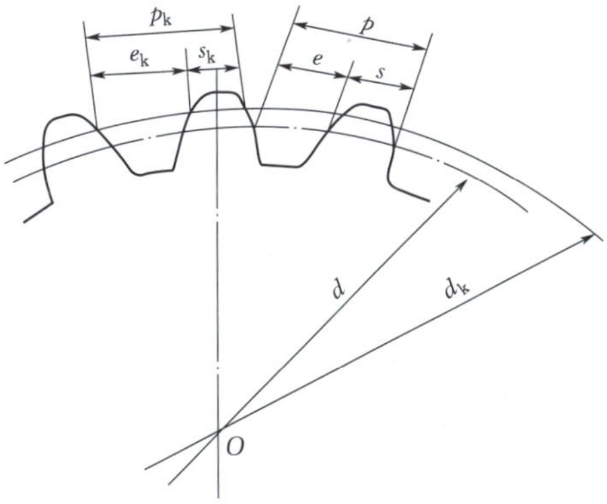

图 1-13　齿轮参数

有无理数 π，给齿轮的设计、制造和检验带来不便，因此，将齿轮某一圆周上的$\frac{p_k}{\pi}$值规定为标准值，用 $m=\frac{p}{\pi}$ 来表示齿轮的模数，单位为 mm。作为齿轮设计、制造和检验的基本参数，我国的渐开线圆柱齿轮标准模数见表 1-2。

表 1-2　渐开线圆柱齿轮标准模数

系列	模数(mm)
Ⅰ	0.1、0.12、0.15、0.2、0.25、0.3、0.4、0.5、0.6、0.8、1、1.25、1.5、2、2.5、3、4、5、6、8、10、12、16、20、25、32、40、50
Ⅱ	0.35、0.7、0.9、1.75、2.25、2.75、(3.25)、3.5、4.5、5.5、(6.5)、7、9、(11)、14、18、22、28、36、45

具有标准模数的圆称为分度圆，分度圆的直径 d 可表示为 $d=mz$，当齿数一定时，模数越大，齿轮的直径越大，如图 1-14 所示。

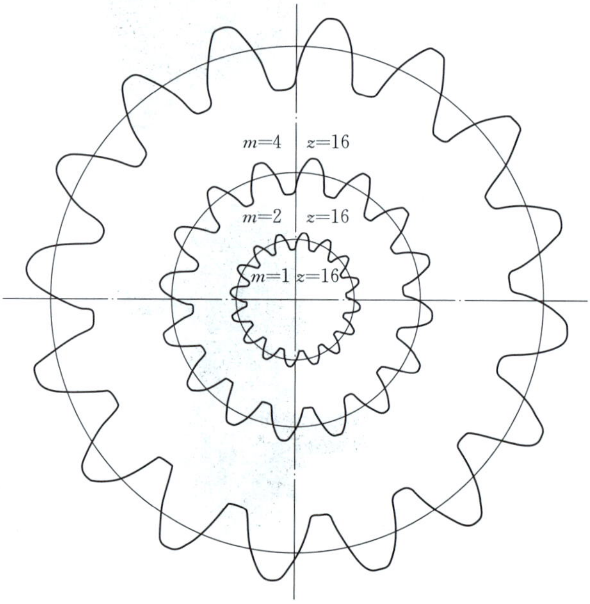

图 1-14　模数与轮齿尺寸关系

(3)渐开线齿轮的加工方法

齿轮的加工方法有铸造、热轧、冲压及切削加工。最常用的为切削加工，按其原理可分为成形法和范成法两种。

(4)齿轮传动的失效形式

齿轮传动的失效一般指轮齿的失效，其失效形式与其工作条件有关。就工作条件来讲，齿轮传动可分为闭式传动和开式传动两类。闭式齿轮传动封闭在箱体内，润滑良好。开式齿轮传动的齿轮裸露在外面或只有简单的遮盖，工作环境中的灰尘、杂物易侵入啮合齿间，润滑条件较差。因此，重要的齿轮传动一般采用闭式传动，开式传动一般用在低速等不重要的齿轮传动中。齿轮传动常见的失效形式有轮齿折断、齿面疲劳点蚀、齿面磨损、齿面胶合及齿面的塑性变形等。

①轮齿折断

齿轮工作时，轮齿受有弯曲应力，其齿根部弯曲应力最大，且齿根圆角处有应力集中存在，故轮齿折断一般发生在齿根部分，如图 1-15 所示。为提高轮齿的抗折断能力，可采取增大齿根处圆角半径，在齿根处采用喷丸处理等强化措施，以及选用适当的材料和热处理方法等，提高齿轮芯部的韧性。

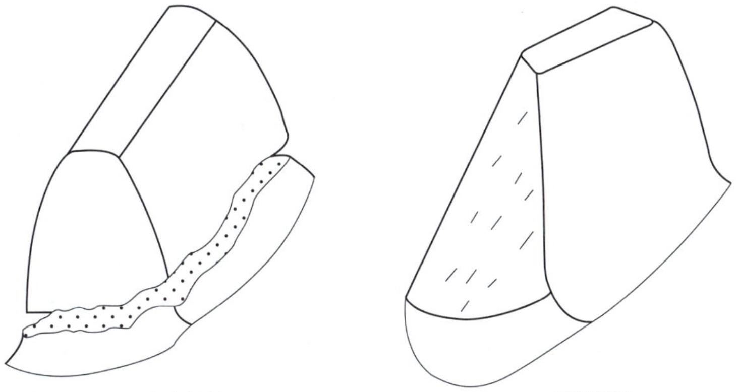

（a）全齿折断　　（b）局部折断

图 1-15　轮齿折断

②齿面疲劳点蚀

轮齿工作时接触应力超过齿轮材料的接触持久极限时，齿面表层会产生细微的疲劳裂纹，裂纹扩展使金属小块剥落而形成麻点状小坑，称为点蚀，如图 1-16 所示。点蚀一般出现在轮齿的节线附近，这是因为轮齿在节线附近啮合时相对滑动速度低，不易形成润滑油膜，且接触应力较大。提高齿面硬度、降低齿面粗糙度、采用黏度较高的润滑油均可提高齿面的抗点蚀能力。

③齿面磨损

当灰尘、金属微粒等进入轮齿啮合部位时，将引起齿面的磨粒磨损，如图 1-17 所示。齿面的磨损将使轮齿失去正确的齿形，使齿厚变薄，传动中产生冲击和噪声，严重时导致轮齿折断。减轻或防止齿面磨损的最有效方法是采用闭式传动。另外，还可通过提高齿面硬度、降低齿面粗糙度、保持润滑油的清洁以及定期更换等措施来减轻齿面磨损。

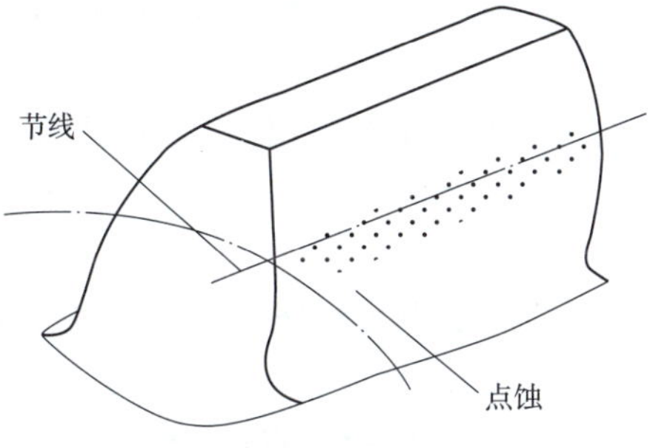

图 1-16　齿面点蚀

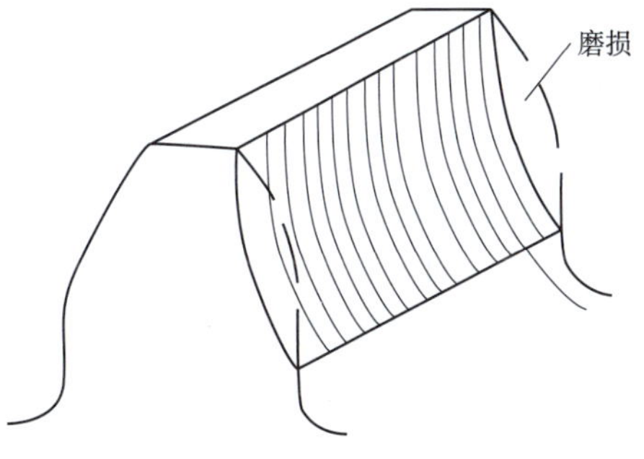

图 1-17　齿面磨损

④齿面胶合

齿面胶合是相互啮合轮齿的表面在一定的压力作用下直接接触而发生黏着，并随着齿轮的相对滑动，使金属从齿面上撕落而形成的一种黏着磨损现象，如图 1-18 所示。合理地搭配齿轮材料、提高齿面硬度和光洁度、采用抗胶合的润滑油，均可提高齿面的抗胶合能力。

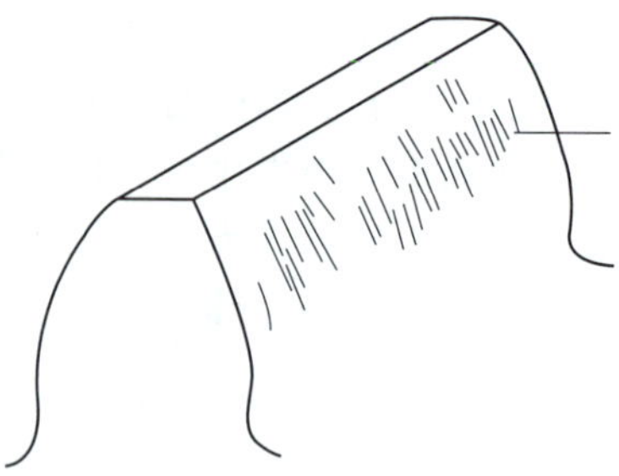

图 1-18 齿面胶合

⑤齿面的塑性变形

在重载、低速的齿轮传动中，如果齿轮表面硬度较低，则齿面在过大的摩擦力作用下可能出现沿摩擦力方向的滑移，形成主动轮齿面在节线附近凹下，从动轮齿面在节线附近凸起，这种现象称为齿面塑性变形。提高齿面硬度、选用高黏度的润滑油都可减轻或防止齿面的塑性变形。

(5)齿轮材料

制造齿轮的材料主要是各种钢材，其次是铸铁。近年来，塑料和尼龙等非金属材料的应用逐渐增多。齿面要具有足够的硬度，以获得较高的抗点蚀、抗磨损、抗胶合和抗塑性变形的能力，而齿轮的芯部要有足够的强度和韧性，以保证有足够的抗折断能力。此外，齿轮材料还应具有良好的机械加工和热处理工艺性，且价格便宜。

5. 蜗杆传动

(1)蜗杆传动的特点

蜗杆传动是由蜗杆和蜗轮组成的，如图 1-19 所示。常用于传递空间垂直交错轴之间的运动和动力，通常轴交角为 90°。一般情况下，蜗杆为主动件，蜗轮为从动件。

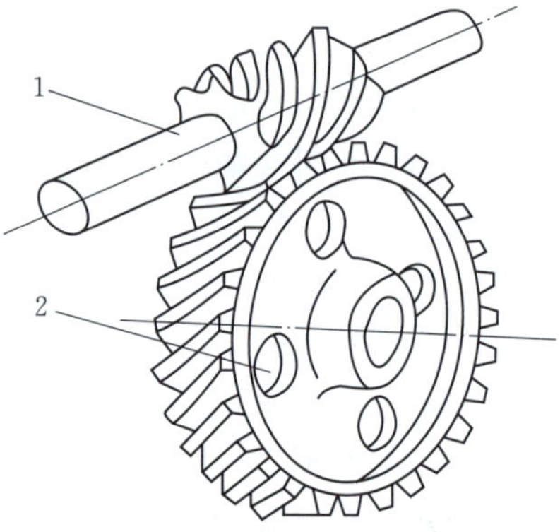

1—蜗杆；2—蜗轮。

图 1-19 蜗杆传动

蜗杆传动具有以下特点：

①主要优点

结构紧凑，传动比大，具有自锁性；传动平稳，噪声较小。因蜗杆的齿是一条连续的螺旋线，故传动连续，同时啮合的齿对数较多。

②主要缺点

a. 传动效率低。当蜗杆为主动时，效率为 0.7～0.8；具有自锁性时，效率＜0.50。

b. 齿面间相对滑动速度大。当润滑、散热不良时，易产生胶合和磨损，对重要的闭式传动，要有散热措施。

c. 制造成本高。提高齿面抗胶合能力，蜗轮常用贵重的减磨性材料（如青铜）制造，以减小磨损提高齿面抗胶合能力。

(2)蜗杆传动的类型

蜗杆传动按照蜗杆形状的不同，可分为圆柱面蜗杆传动、圆弧面蜗杆传动和锥面蜗杆传动。

(3)蜗杆传动的失效形式

蜗杆传动的失效形式与齿轮传动相似，主要有齿面胶合、疲劳点蚀、磨损和轮齿折断。由于蜗杆传动中蜗杆与蜗轮齿面之间有较大的相对滑动，发热量大，因而更容易产生齿面胶合和磨损；由于蜗轮材料的强度、硬度比蜗杆材料的强度、硬度低，所以失效总是发生在蜗轮轮齿上。

(4)蜗杆和蜗轮的材料选择

根据蜗杆传动的特点，选择蜗杆和蜗轮的材料时，不仅要有足够的强度，更重要的是要有良好的减磨性、耐磨性和抗胶合能力。因此，蜗杆材料一般采用碳钢和合金钢并进行热处理。

6. 液压与气压传动

液压与气压传动是以有压流体(液压油或压缩空气)为工作介质进行能量传递和控制的一种传动形式，又称为流体传动。它们都是利用各种元件组成不同功能的基本回路，再由若干基本回路有机地组合成具有一定控制功能的传动系统来实现能量的传递、转换与控制。

(1)液压与气压传动的工作原理

液压与气压传动的基本工作原理是相似的，用液压千斤顶来说明液压传动的工作原理，如图 1-20 所示，F 为外部施加力；F_1 为小缸体受力；W 为重物反作用力；h_1 为小活塞移动量；h_2 为大活塞移动量；A_1 为小活塞侧液位变化量；A_2 为大活塞侧液位变化量；P 为压强。由图可知，大缸体 9 和大活塞 8 组成举升液压缸，杠杆手柄 1、小缸体 2、小活塞 3、单向阀 4 和 7 组成手动液压泵。如提起手柄使小活塞向上移动，小活塞下端油腔容积增大，形成局部真空，这时单向阀 4 打开，通过吸油管 5 从油箱 12 中吸油。用力压下手柄，小活塞下移，小活塞下腔压力升高，单向阀 4 关闭，单向阀 7 打开，下腔的油液经管道 6 输入大缸体 9 的下腔，迫使大活塞 8 向上移动，顶起重物。再次提起手柄吸油时，举升缸下腔的压力油将会倒流入手动泵内，但此时单向阀 7 自动关闭，使油液不能倒流，从而保证了重物不会自行下落。不断地往复扳动手柄，就能不断地把油液压入举升缸下腔，使重物逐渐地升起。如果打开截止阀 11，举升缸下腔的油液通过管道 10、截止阀 11 流回油箱，大活塞在重物和自重作用下向下移动，回到原始位置。

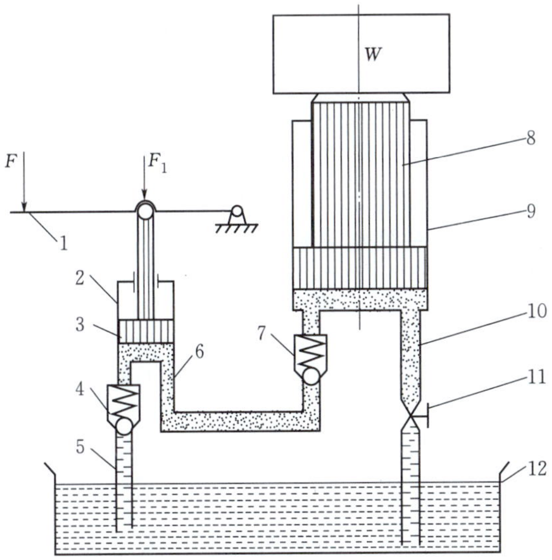

(a) 液压千斤顶原理

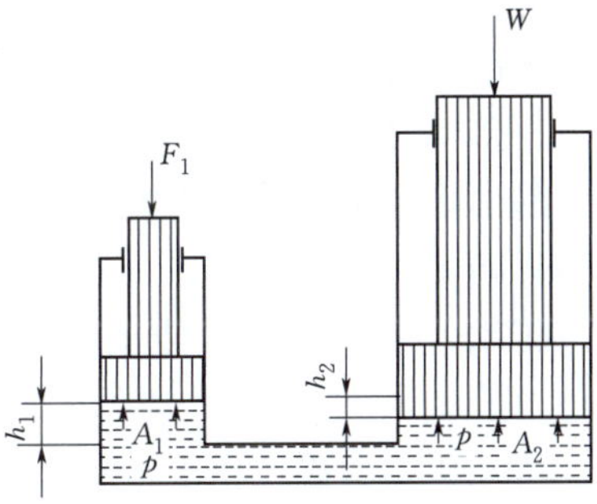

(b) 液压千斤顶简化模型

1—杠杆手柄；2—小缸体；3—小活塞；4、7—单向阀；5—吸油管；6、10—管道；
8—大活塞；9—大缸体；11—截止阀；12—通大气式油箱。

图 1-20　液压千斤顶

(2)液压与气压传动系统的组成

工程实际中的液压传动系统,除了液压泵和液压执行元件外,还需设置控制元件来控制执行元件的运动方向、运动速度和最大推力,设置辅助元件以保证系统正常工作。常规液压传动系统由五部分组成。

①能源装置:把机械能转换成液压能的装置。最常见的是液压泵,它为液压系统提供压力油。

②执行元件:把油液的液压能转换成机械能输出的装置,包括做直线运动的液压缸、做回转运动的电动机。

③控制元件:对系统中油液压力、流量和流动方向进行控制或调节的装置,如溢流阀、节流阀和换向阀等。

④辅助元件:保证系统正常工作所需的上述三种以外的其他装置,如油箱、过滤器、油管、蓄能器等。

⑤传动介质:传递能量的流体,即液压油。

气压传动系统与液压传动系统的组成相似,除了能源装置为输出压缩空气的气源装置,执行元件是气缸或电动机,控制元件是气动阀,辅助元件是分水过滤器、油雾器、消声器、管件等,常常还装有完成逻辑功能的逻辑元件等。

(3)液压与气压传动的优缺点

与机械传动和电气传动相比,液压传动的优点:

①功率质量比大。在同等功率下,液压装置的体积小、质量轻,即功率密度大。

②工作平稳。液压油几乎不可压缩,且具有吸振能力,因此执行元件运动平稳。同时,因其惯性小、反应快,所以易于快速启动、制动和频繁换向。

③无级调速。能在运行过程中进行无级调速,调速方便,调速范围大。

④自动控制。与电气、电子或气动控制相配合,易于对液体压力、流量和方向进行调节或控制,实现系统的远程操纵和自动控制。

⑤过载保护。可方便地利用压力阀控制系统的压力,从而防止过载,避免事故发生。

⑥元件寿命长。液压系统中使用的介质大多为矿物油,它对液压元件产生润滑作用,因而元件寿命较长。

⑦标准化、系列化和通用化。液压元件标准化、系列化和通用化程度较高,有利于缩短液压系统的设计、制造周期,并可降低制造成本。

液压传动的缺点:

①易出现泄漏。液压系统的油压较高,液压油容易通过密封或间隙产生泄漏,引起液压介质消耗,并引起环境污染。

②传动效率低。液压传动在能量传递过程中,常存在较多的能量损失,使传动效率较低。

③传动比不准确。由于传动介质的可压缩性、泄漏和管路弹性变形等因素影响,液压系统不能严格保证定比传动。

④对温度敏感。油液的黏度随温度而变,黏度变化引起流量、泄漏量和阻力变化,容易引起工作机构运动不稳定。

⑤制造成本高。为了减少泄漏,对液压元件的制造精度要求较高,从而提高了制造成本。

与液压传动相比，气压传动的优点：

①空气来源为大气，无传动介质成本问题。传动介质泄漏后，除引起部分功率损失外，不会污染环境。

②空气的黏度很小，在管路中的压力损失远远小于液压传动系统，因此压缩空气便于集中供应和远程传输。

③压缩空气的工作压力较低（一般在 1.0 MPa 以下），因此对元件材料和制造精度的要求较低。

④维护简单，使用安全，没有防爆问题，并且便于实现过载保护。

⑤气动元件可以根据不同场合，采用相应材料，使其能够在恶劣的环境（如强振动、强冲击、强腐蚀和强辐射等）下正常工作。

与电气传动、液压传动相比，气压传动的缺点：

①气压传动装置的信号传递较慢，仅限制在声速范围内，所以它的工作频率和响应速度远不如电子装置，并且信号会产生较大的失真和迟滞，因此不便于构成较复杂的回路。

②空气的压缩性远远大于液压油的压缩性，所以在动作的响应能力、速度的平稳性上不如液压传动。

③气压传动系统出力较小，且传动效率较低。

(4)液压泵的类型

在液压系统中，液压泵对液压油的黏度最为敏感。各类泵对液压油的黏度有一个适用范围，其最大黏度取决于该类泵的自吸能力，而其最小黏度则主要考虑润滑和泄漏。因此，常根据液压泵的类型及要求来选择液压油。

二、机械零件的摩擦、磨损、润滑及密封

摩擦是一种普遍存在的自然现象。采用现代润滑技术可以防止或减轻摩擦副表面的磨损，不仅可以极大地节约能源，还可以成倍地提高机械零部件的使用寿命。

润滑是减少摩擦和磨损的有效途径；而密封则是阻止润滑剂泄漏，防止灰尘、水、汽等有害物进入润滑部位，确保润滑质量的有效措施。

(一)摩擦种类

1. 按相对运动形式分类

(1)相互接触的物体表面做相对运动时产生的摩擦称为外摩擦。

(2)物体本身的这一部分对另一部分做相对运动时的摩擦称为内摩擦。

(3)按摩擦副运动状态可把摩擦分为静摩擦和动摩擦。

(4)按相对运动形式又可分为滑动摩擦和滚动摩擦。

2. 按摩擦表面特点分类

按摩擦表面特点可分为干摩擦、液体摩擦、边界摩擦和混合摩擦。

(1)干摩擦

如果两物体的滑动表面为无任何润滑剂或保护膜的纯金属，这两个物体直接接触时的摩擦称为干摩擦。干摩擦状态会产生较大的摩擦功耗及严重的磨损，因此应严禁出现这种摩擦。

(2)液体摩擦

两摩擦表面不直接接触,被油膜(油膜厚度一般在1.5～2 μm以上)隔开的摩擦称为液体摩擦。

(3)边界摩擦

两摩擦表面被吸附在表面的边界膜(油膜厚度小于1 μm)隔开,使其处于干摩擦与液体摩擦之间的状态,这种摩擦称为边界摩擦。

(4)混合摩擦

有很多摩擦副处于干摩擦、液体摩擦与边界摩擦的混合状态,称为混合摩擦。由于液体摩擦、边界摩擦、混合摩擦都必须在一定的润滑条件下才能实现,因此这三种摩擦又分别称为液体润滑、边界润滑和混合润滑。

(二)磨损及其过程

运动副之间的摩擦将导致零件表面材料的逐渐损失,这种现象称为磨损。单位时间内材料的磨损量称为磨损率。磨损量可以用体积、质量或厚度来衡量。

机械零件严重磨损后,将降低机器的工作效率和可靠性,使机器提早报废。因此,预先考虑如何避免或减轻磨损,是设计、使用、维护机器的一项重要内容。但另一方面,磨损也并非全都是有害的,工程上常利用磨损的原理来减小零件表面的粗糙度,如磨削、研磨、抛光、跑合等。

1. 在机械的正常运转中,磨损过程大致可分为以下三个阶段,如图1-21所示。

(1)跑合(磨合)磨损阶段

跑合磨损阶段磨损速度由快变慢,而后逐渐减小到一稳定值。这是由于新加工的零件表面呈尖峰状态,使运转初期摩擦副的实际接触面积较小,单位接触面积上的压力较大,因而磨损速度较快。跑合磨损到一定程度后,尖峰逐渐被磨平,磨损速度即逐渐减慢。

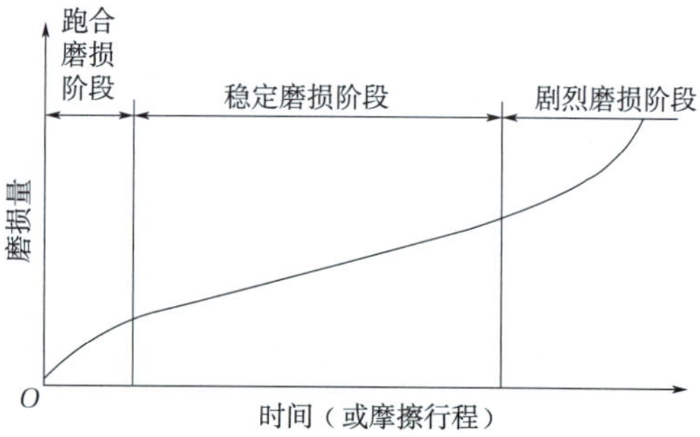

图1-21　磨损过程

(2)稳定磨损阶段

在稳定磨损阶段中磨损缓慢、磨损率稳定,零件以平稳而缓慢的磨损速度进入正常工作阶段,即稳定磨损阶段。这个阶段的长短即代表零件使用寿命的长短,磨损曲线的斜率即为磨损率,斜率越小磨损率就越低,零件的使用寿命就越长。经此磨损阶段后零件进入剧烈磨损阶段。

(3)剧烈磨损阶段

剧烈磨损阶段的特征是磨损速度及磨损率都急剧增大。当工作表面的总磨损量超过机械正常运转要求的某一允许值后,摩擦副的间隙增大,零件的磨损加剧,精度下降,润滑状态恶化,温度升高,从而产生振动、冲击和噪声,导致零件迅速失效。

2. 磨损分类

按照磨损的机理以及零件表面磨损状态的不同,一般工况下把磨损分为磨粒磨损、黏着磨损、疲劳磨损、腐蚀磨损等。

(1)磨粒磨损

由于摩擦表面上的硬质凸出物或从外部进入摩擦表面的硬质颗粒，对摩擦表面起到切削或刮擦作用，从而引起表层材料脱落的现象，称为磨粒磨损。这种磨损是最常见的一种磨损形式，应设法减轻这种磨损。为减轻磨粒磨损，除注重满足润滑条件外，还应合理地选择摩擦副的材料。降低表面粗糙度值以及加装防护密封装置等。

(2)黏着磨损

当摩擦副受到较大正压力作用时，由于表面不平，其顶峰接触点受到高压力作用而产生弹性、塑性变形，附在摩擦表面的吸附膜破裂、温升后使金属的顶峰塑性面牢固地黏着并熔焊在一起，形成冷焊结点。在两摩擦表面相对滑动时，材料便从一个表面转移到另一个表面，成为表面凸起，促使摩擦表面进一步磨损。这种由于黏着作用引起的磨损，称为黏着磨损。

黏着磨损按程度不同可分为轻微磨损、涂抹、擦伤、撕脱、咬死五级。如气缸套与活塞环、曲轴与轴瓦、轮齿啮合表面等，皆可能出现不同黏着程度的磨损。涂抹、擦伤、撕脱又称为胶合，往往发生于高速、重载的场合。

合理地选择配对材料(如选择异种金属)，采用表面处理(如表面热处理、喷镀、化学处理等)，限制摩擦表面的温度，控制压强及采用含有油性极压添加剂的润滑剂等，都可减轻黏着磨损。

(3)疲劳磨损(点蚀)

两摩擦表面为点或线接触时，由于局部的弹性变形形成了小的接触区。这些小的接触区形成的摩擦副如果受变化接触应力的作用，则在其反复作用下，表层将产生裂纹。随着裂纹的扩展与相互连接，表层金属脱落，形成许多月牙形的浅坑，这种现象称为疲劳磨损，也称点蚀。

合理地选择材料及材料的硬度(硬度高则抗疲劳磨损能力强)，选择黏度高的润滑油，加入极压添加剂及减小摩擦面的粗糙度值等，可以提高抗疲劳磨损的能力。

(4)腐蚀磨损

在摩擦过程中，摩擦面与周围介质发生化学或电化学反应面产生物质损失的现象，称为腐蚀磨损。腐蚀磨损可分为氧化磨损、特殊介质腐蚀磨损、气蚀磨损等。腐蚀也可以在没有摩擦的条件下形成，这种情况常发生于钢铁类零件，如化工管道、泵类零件、柴油机缸套等。

应该指出的是，实际上大多数磨损是以上述四种磨损形式的复合形式出现的。

(三)润　　滑

在摩擦副间加入润滑剂，以降低摩擦、减轻磨损，这种措施称为润滑。润滑的主要作用是减小摩擦系数，提高机械效率；减轻磨损，延长机械的使用寿命。同时润滑还可起到冷却、防尘以及吸振等作用。

1. 润滑剂的性能与选择

常用的润滑剂除润滑油和润滑脂外，还有固体润滑剂(如石墨等)、气体润滑剂(如空气等)。

(1)润滑油

润滑油是目前使用最多的润滑剂，主要有矿物油、合成油、动植物油等，其中应用最广泛的为矿物油。

润滑油最重要的一项物理性能指标为黏度，它是选择润滑油的主要依据。黏度的大小表示了液体流动时其内摩擦阻力的大小,黏度越大,内摩擦阻力就越大,液体的流动性就越差。

黏度可用动力黏度、运动黏度、条件黏度(恩氏黏度)等表示。我国的石油产品常用运动黏度来标定。

(2)润滑脂

润滑脂是在润滑油中加入稠化剂(如钙、钠、锂等金属皂基)而形成的脂状润滑剂,又称为黄油或干油。润滑脂的主要物理性能指标为滴点、锥入度和耐水性等。

(3)固体润滑剂

常用的固体润滑剂有石墨、二硫化钼、聚四氟乙烯、尼龙、软金属及复合材料。

(4)气体润滑剂

空气、氢气、氦气、水蒸气及液态金属蒸汽可作为气体润滑剂,常用的为空气。

2. 润滑方法和润滑装置

机械设备的润滑主要集中在传动件和支承件上。

(四)密封装置

在机械设备中,为了使润滑持续、可靠、不漏油,同时为了防止外界污物进入机体,必须采用相应的密封装置。密封装置从总体上可分为两大类,一类是静密封,即密封后密封件之间固定不动。另一类是动密封,即密封后两密封件之间有相对运动。

三、投影作图

(一)投影法

在绘制物体的图形时,将投射线通过物体向选定的面投射,从而得到物体的图形,这种方法称为投影法。在投影法中,得到图形的面称为投影面,如图 1-22 所示。

平行投影法的投射线互相平行,投射中心在无限远处。根据投射线与投影面的相对位置,平行投影法又分斜投影和正投影,如图 1-23 所示。当平面图形与投影面平行时,正投影反映其真实形状和大小,作图简便,是机械制图中广泛应用的投影法。

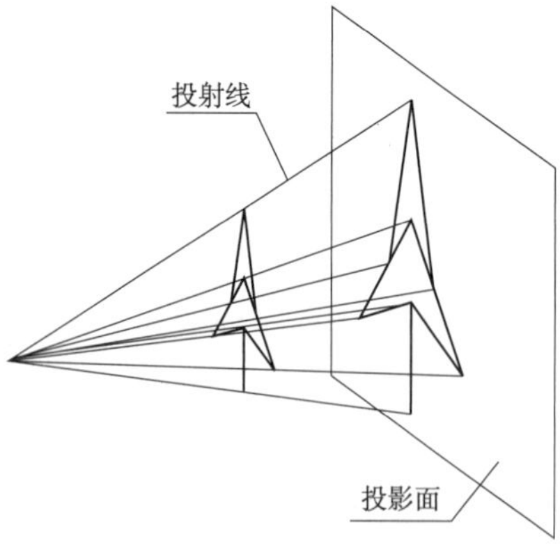

图 1-22　投影法

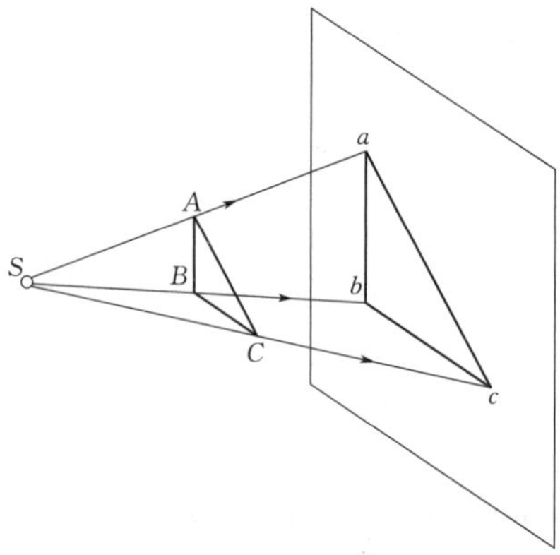

图 1-23　中心投影法

(二)三视图的形成

要表达物体的空间形状,只用一面投影往往是不够的,需要多面投影,常用的是三面投影。

三面投影是将物体放在三个互相垂直的投影面(称为三投影面体系,正面、水平面和侧面分别用字母 V、H 和 W 表示)内,并使物体上的主要平面与相应投影面平行。然后分别向三个投影面投射,再将这些投影面旋转展开到同一图面上,这样得到的三个图形称为三视图,如图 1-24 所示。

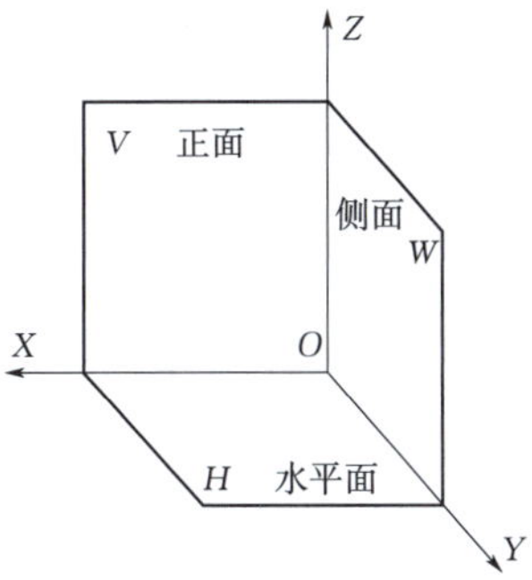

(a)三投影面体系

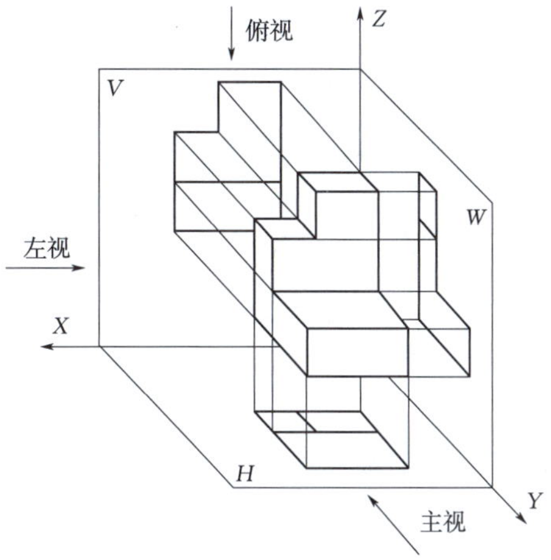

(b)分别向三个投影面投射

图 1-24 三视图的形成

(三)三视图的关系

1. 三视图的位置关系

俯视图在主视图的正下面,左视图在主视图的正右边。

2. 三视图与物体的关系

主视图反映物体的长和高,俯视图反映物体的长和宽,左视图反映物体的高和宽,如图 1-25 所示。

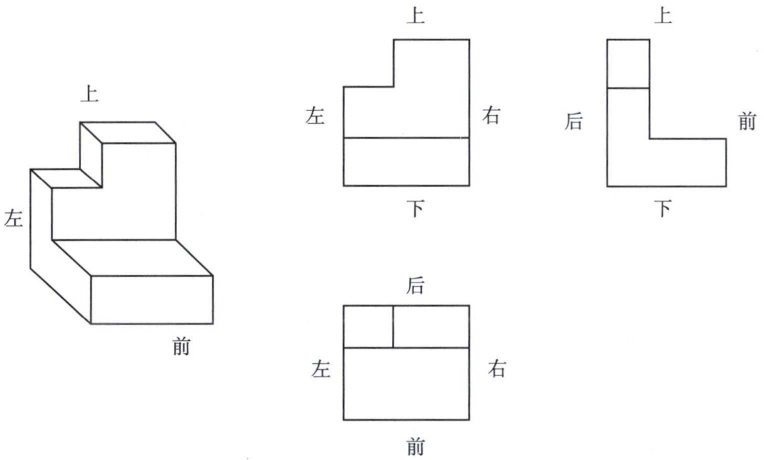

图 1-25 物体与视图的尺寸关系

由主视图可以分辨物体的上下和左右,俯视图可以分辨物体的前后和左右,左视图可以分辨物体的上下和前后,如图 1-26 所示。

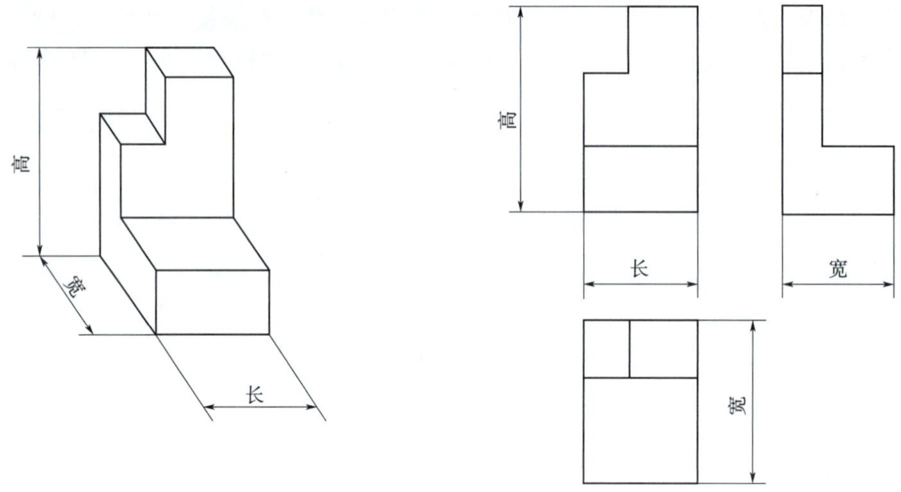

（a）物体　　（b）三视图

图 1-26　三视图与物体的方位关系

3. 三视图的尺寸关系

主视图与俯视图长度相等（X 坐标相同），主视图与左视图高度相等（Z 坐标相同），俯视图与左视图宽度相等（Y 坐标相同）。所以，三视图的投影关系为：

（1）主、俯视图长对正；

（2）主、左视图高平齐；

（3）俯、左视图宽相等。

（四）三视图画法举例

根据零件或模型画三视图，如图 1-27 所示。

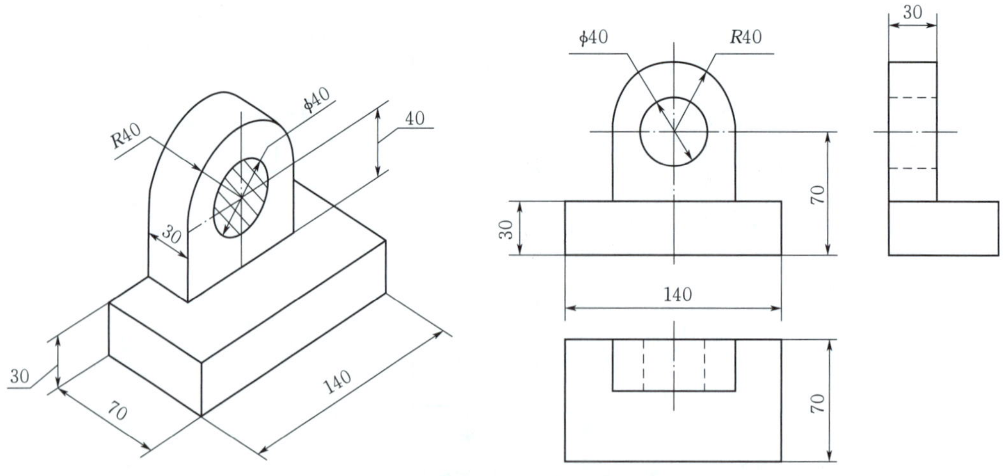

（a）三视图　　（b）模型

图 1-27　画法举例（单位：mm）

第四节　钳工基础知识

钳工具有工具简单、加工多样灵活、操作方便、适应面广等特点。目前虽然有各种先进的机械加工方法，但很多工作仍然需要由钳工来完成。钳工在保证机械加工质量中起着重要的作用，是不可缺少的重要工种之一。

一、钳工的主要任务

1. 零件加工

采用机械加工方法不适宜或不能解决的加工，可由钳工来完成，如零件加工过程中的划线、研磨以及修配等。

2. 机械装配

把零件按机械设备的装配技术要求进行组件、部件装配和总装配，并经过调整、检验和试车等。

3. 设备维修

当机械设备出现损坏或长期使用后精度降低，影响使用时，也要通过钳工进行维护和修理。

4. 工具的制造和修理

制造和修理各种工具、夹具、量具、模具及各种专用设备。

二、钳工常用工具

钳工常用工具的名称、图示和使用说明见表 1-3。

表 1-3　钳工常用工具

名　　称	图　　示	使用说明
手锤		用来敲击的工具，有金属手锤和非金属手锤两种。常用金属手锤为钢锤和铁锤；常用非金属手锤有塑料锤、橡胶锤、木锤等。手锤的质量以锤头的质量表示

续上表

名　　称	图　　示	使用说明
螺栓旋具		作用是旋紧或松退螺栓。常见的螺栓旋具有一字形和十字形螺栓旋具
特殊扳手	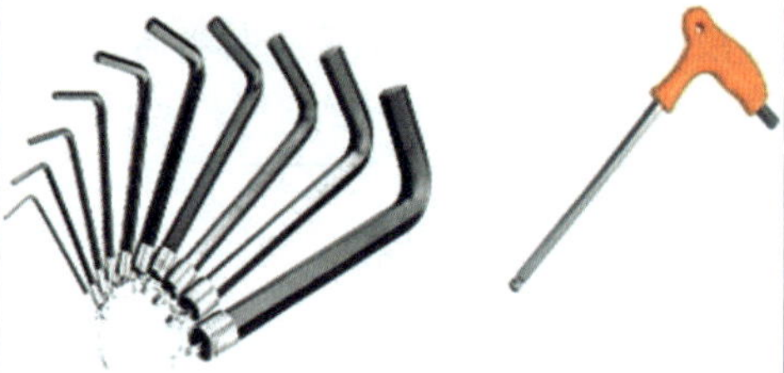	常见的特殊扳手有六角扳手、T 形扳手、面扳手及扭力扳手等
夹持用手钳	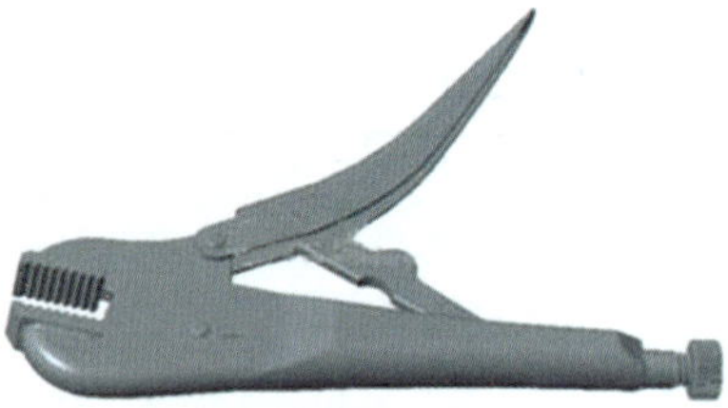	夹持用手钳的主要作用是夹持材料和工件
呆扳手		作用是旋紧或松退固定尺寸的螺栓或螺母。常见的呆扳手有单口扳手、梅花扳手、梅花开口扳手、开口扳手等。呆扳手的规格是以钳口开口的宽度标识的

续上表

名　称	图　示	使用说明
活扳手		钳口的宽度在一定范围内可自由调整，用来旋紧或松退螺栓、螺母。活扳手的规格是以扳手全长尺寸标识的。现场常用的活扳手为150 mm、200 mm规格
管扳手		钳口有条状齿，常用于旋紧或者松退圆管、磨损的螺母或者螺栓。管扳手的规格以扳手全长尺寸标识
夹持剪断用手钳		常见的夹持剪断用手钳有侧剪钳和尖嘴钳。夹持剪断用手钳的主要作用除可夹持材料、工件外，还可用来剪断小型物件，如钢丝、电线等
拆装扣环用卡簧手钳	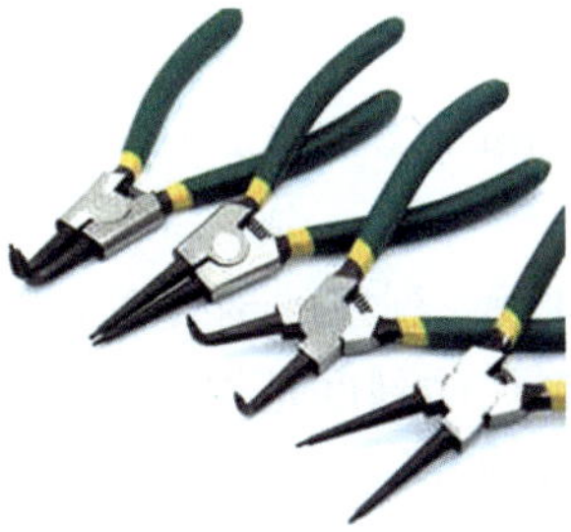	拆装扣环用卡簧手钳的主要作用是拆装扣环，即可将扣环张开套入或移出环状凹槽
特殊手钳	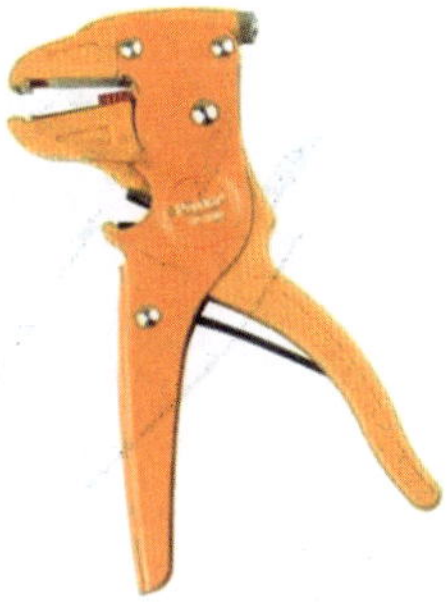	常用的特殊手钳有剪切薄板、钢丝、电线的斜口钳；剥除电线外皮的剥线钳；夹持扁物的扁嘴钳等

1. 手锤使用注意事项

(1)精制表面(含硬化处理)的工件,应使用软面锤以避免损伤工件。

(2)使用前应仔细检查锤头与锤柄是否紧密连接,以防使用时锤头与锤柄脱离。

(3)手锤锤头边缘若有毛边,应先磨除,以免使用时造成工件损伤及人员伤害。

(4)使用手锤时应配合工作性质合理选择手锤。

2. 螺栓旋具使用注意事项

(1)根据螺钉头的槽宽选用合适的旋具,大小不合的旋具无法承受旋转力,也容易损伤钉槽,达不到使用效果。

(2)不可将螺栓旋具用作其他用途,如当作錾子、杠杆等。

3. 扳手使用注意事项

(1)选用适当大小的扳手,尽量使用呆扳手,少用活扳手。

(2)扳手的钳口宽度与钳柄长度有一定的比例,故不可加套管或用不正当的方法延长钳柄的长度。

(3)选用呆扳手时,钳口宽度应与螺母宽度相匹配,以免损伤螺母。

(4)使用活扳手时,应向活动钳口方向旋转,使固定钳口主要受力。

(5)使用前应仔细检查扳手状态,若钳口有损伤,应及时更换,以保证安全。

4. 手钳使用注意事项

(1)手钳主要是用来夹持工件的,不可当手锤或起子使用。

(2)侧剪钳、斜口钳只可剪细的金属线或薄的金属板,不可用作其他用途。

(3)应根据工作性质合理选用手钳。

三、钳工常用量具

钳工基本操作中常用的量具有钢尺、刀口形直尺、内外卡钳、游标卡尺、千分尺、直角尺、量角器、厚薄规、百分表等。

1. 游标卡尺

常见的游标卡尺按其测量精度分为 1/20 mm(0.05)和 1/50 mm(0.02)两种。

(1)1/20 mm 游标卡尺

1/20 mm 游标卡尺的刻线原理如图 1-28 所示,副尺的刻线在 20 格内正好比主尺的 20 格少一格,因主尺的每格长度为 1 mm,且主、副尺的刻度是均匀的,所以副尺上每格的长度与主尺上每格的长度差 $|\Delta L|$ 为 1/20 mm,即 0.05 mm。

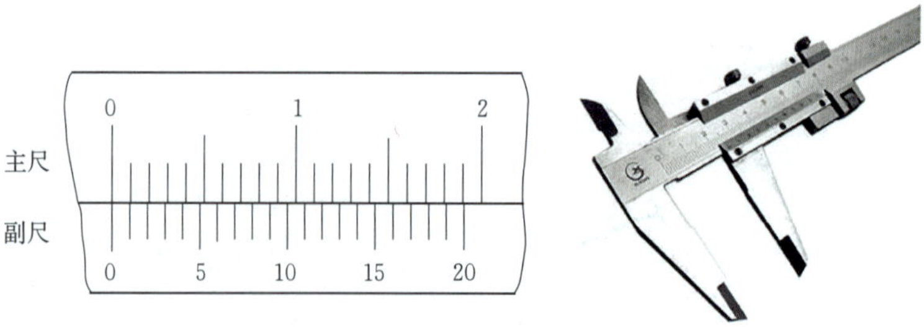

图 1-28　1/20 mm 游标卡尺

用游标卡尺测量工件时，其读数如图 1-29 所示。首先读出副尺游标零线左边主尺上所示的毫米整数。其次根据副尺上哪一条刻线与主尺的刻线相对齐，从副尺上读出小于 1 mm 的尺寸值(第一条零线不算，第二条起每格算 0.05 mm)。最后把在主尺和副尺上读出的尺寸值加起来即为测得的尺寸值。

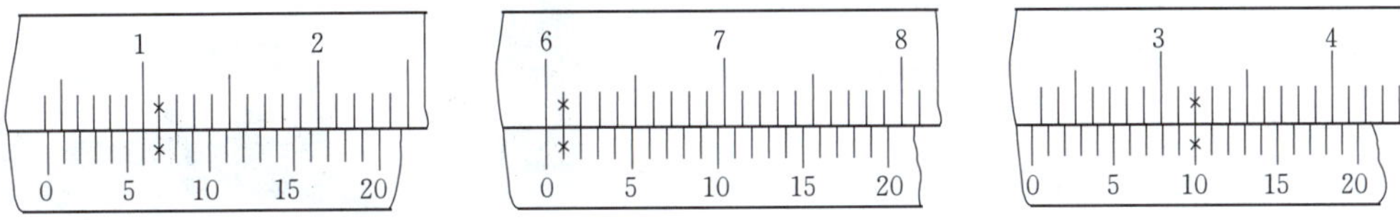

4 mm+0.35 mm=4.35 mm　　60 mm+0.05 mm=60.05 mm　　22 mm+0.5 mm=22.5 mm

(a)　　(b)　　(c)

图 1-29　1/20 mm 游标卡尺读数

(2)1/50 mm 游标卡尺

1/50 mm 游标卡尺的刻线原理与 1/20 mm 游标卡尺类似，如图 1-30 所示。不难得出副尺上每格的长度与主尺上每格长度的差 $|\Delta L|$ 为 1/50 mm，即 0.02 mm。

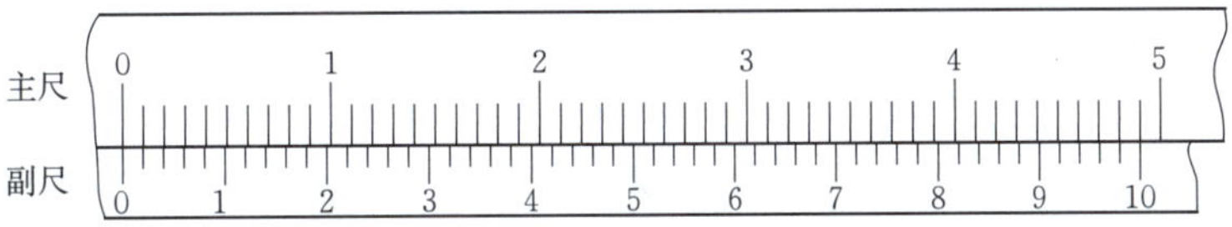

图 1-30　1/50 mm 游标卡尺的刻线原理

1/50 mm 游标卡尺测量时的读数方法与 1/20 mm 游标卡尺的相同，如图 1-31 所示。

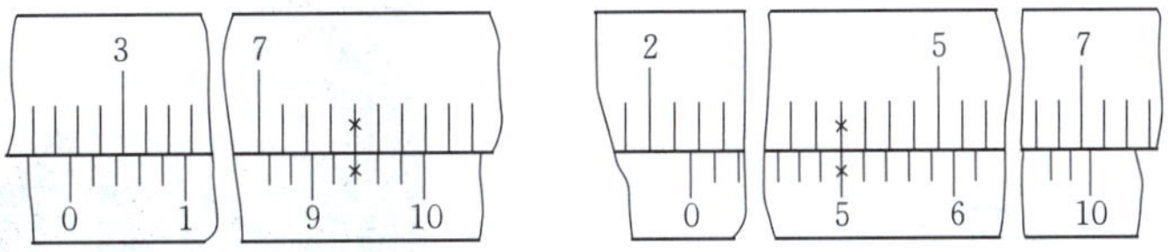

27 mm+0.94 mm=27.94 mm　　21 mm+0.5 mm=21.5 mm

(a)　　(b)

图 1-31　1/50 mm 游标卡尺的读数方法

2. 千分尺

千分尺常用来测量零件的外径、板厚、壁厚或凸肩厚度等尺寸。

(1)读数方法

千分尺的读数方法分为三个步骤：先读出活动套筒边缘在固定套筒(主尺)上所示的毫米数和半毫米数，如图 1-32 所示，主尺读数为 35.5 mm；再根据活动套筒上的哪一格与固定套筒上的基准线对齐，读出活动套筒上不足半毫米的数值为 0.12 mm；最后将两个读数加起来，其和即为测得的实际尺寸值。

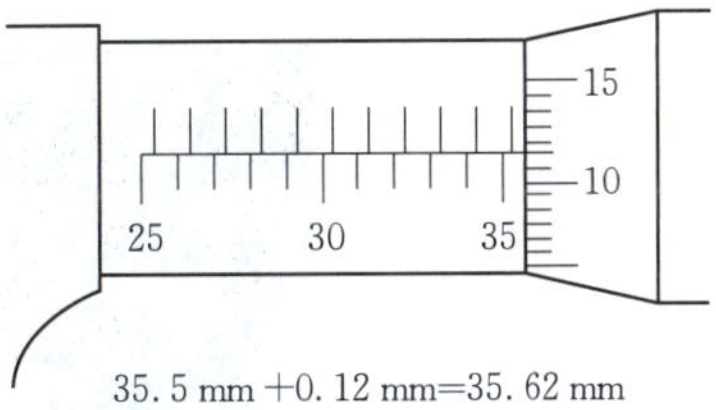

35.5 mm +0.12 mm=35.62 mm

图 1-32　千分尺的读数方法

(2)注意事项

使用前应先把千分尺的两个测量面擦干净，转动测力装置，使两测量面接触，此时活动套筒和固定套筒的零刻度线应对准；测量前应将零件的被测量面擦干净，不能用千分尺测量带有研磨剂的表面和粗糙表面，不可旋转活动套筒（微分筒）来夹紧被测量面，以免损坏千分尺；使用时应注意测量杆与被测尺寸方向一致，不可歪斜，并保持与测量表面接触良好；用千分尺测量零件时，最好在测量中读数，测毕经放松后，再取下千分尺，以减少测量杆表面的磨损。

3. 万能游标量角器（角度尺）

万能游标量角器也称为万能角尺或角度尺，是生产中常用来测量角度和锥度的量具，如图 1-33 所示。

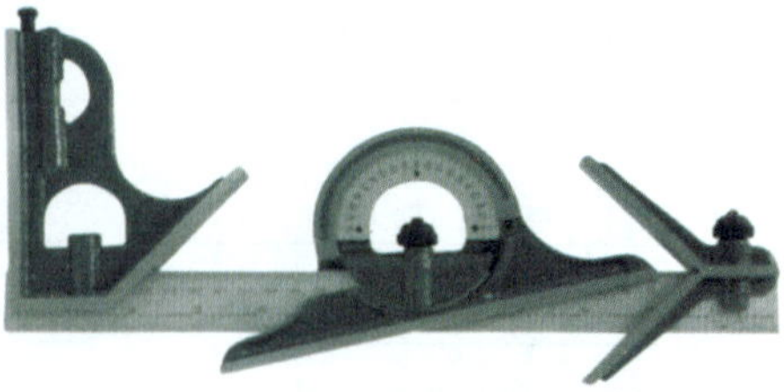

图 1-33　万能游标量角器（角度尺）

（1）读数方法

角度尺的读数机构由刻有基本角度线的尺座和游标组成，游标可在尺座上来回移动，类似于游标卡尺的读数机构。按游标的测量精度可分为 2′和 5′两种。万能游标量角器的读数方法和游标卡尺的读数方法类似，先从主尺上读出副尺零线位置前的整数角度数，再从游标（副尺）上读出角度“分”的数值，然后将两者相加就得出了测得的实际角度数值。

（2）注意事项

用角度尺测量零件角度时，应使基尺与零件角度的母线方向一致，零件与角度尺的两个测量面接触良好，否则将产生测量误差。

4. 塞尺

塞尺也称间隙片，俗称厚薄规。一套由若干片组成，各片厚度不等，每片都标有厚度数值，如图 1-34 所示。使用塞尺时，根据被测间隙的大小，可用一片或数片重叠在一起插入间隙内。例如用 0.4 mm 的间隙片可以插入工件的缝隙，而 0.45 mm 的间隙片则插不进去，说明了被测的缝隙在 0.4～0.45 mm 之间。

图 1-34　塞尺

四、钳工常用设备常识

钳工常用的设备有钳台、台虎钳、砂轮机、台钻、立钻等，其图示、功用和说明见表 1-4。

表 1-4　钳工常用的设备

名　称	图　示	说　明
钳台		主要用来安装台虎钳，台面一般为长方形、六边形等，其长、宽尺寸由工作需要确定，高度一般为 800～900 mm 为宜

续上表

名　称	图　示	说　明
台虎钳	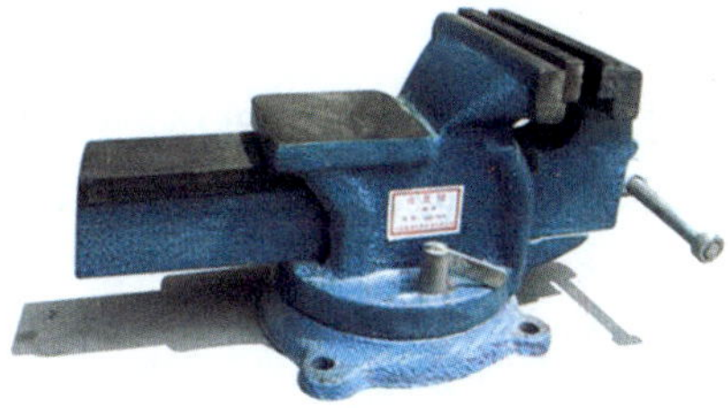	在钳台上安装台虎钳时，必须是固定钳身的钳口面处于钳台边缘之外，台虎钳必须牢固地固定在钳台上，两个固定螺栓必须拧紧
砂轮机		砂轮机主要是用来磨削各种刀具或工具的，如磨削錾子、钻头、刮刀、样冲、画针等，也可磨削其他刀具

1. 台虎钳安全操作注意事项

(1)夹紧工件时只允许依靠手的力量扳紧手柄，不能用手锤敲击手柄或随意延长手柄，以免损坏台虎钳的丝杠、螺母或钳身。

(2)强力作业时，应尽量使力朝向固定钳身，否则丝杠和螺母会因受到较大的力而导致螺纹损坏。

(3)不要在活动钳身的光滑平面上敲击工件，以免降低它与固定钳身的配合性能。

(4)台虎钳的丝杠、螺母和其他活动表面，都应保持清洁并经常加油润滑、防锈，以延长使用寿命。

2. 砂轮机安全操作注意事项

(1)砂轮的旋转方向要正确，使磨屑向下飞离，不致伤人。

(2)砂轮机启动后，要等砂轮转速平稳后再开始磨削，若发现砂轮跳动明显，应及时停机修整。

(3)砂轮机的搁架与砂轮间的距离应保持在 3 mm 以内，以防磨削件轧人，造成事故。

(4)磨削过程中，操作者应站在砂轮的侧面或斜侧面，不要站在正对面。

五、钳工操作

(一)锉　削

锉削是钳工的一项重要基本技能，锉削水平也是衡量一个钳工技能水平的重要指标。锉削中对工件的尺寸及形位公差的控制是重中之重。

1. 锉削加工的应用

用锉刀对工件表面进行切削加工，使其达到零件图纸要求的形状、尺寸和表面粗糙度，这种加工方法称为锉削，锉削加工简便，工作范围广，多用于錾削、锯削之后，锉削可对工件上的平面、曲面、内外圆弧、沟槽以及其他复杂表面进行加工，锉削的最高精度可达 IT7～IT8，表面粗糙度可达 *Ra* 1.6～0.8 μm。锉削可用于成形样板、模具型腔以及部件、机器装配时的工件修整。

2. 锉刀的材料及构造

锉刀常由碳素工具钢 T10、T12 制成，并经热处理淬硬到 HRC 62～67。锉刀由锉刀面、锉刀边、锉刀舌、锉刀尾、木柄等部分组成。锉刀的大小以锉刀面的工作长度来表示。锉刀的锉齿是在剁锉机上加工出来的。

3. 锉削的种类

锉刀按用途不同可分为钳工锉、异形锉和整形锉等；按截面形状不同可分为扁锉、方锉、半圆锉、三角锉、圆锉等；按锉齿的锉纹密度不同可分为粗齿、中齿和细齿锉刀。锉刀的种类还可根据锉纹的形状划分，各类锉刀的外形及其用途见表 1-5。

表 1-5　锉刀的外形及其用途

名　称	图　示	主要用途
钳工锉		又称普通锉，一般需安装在木制的柄中才能使用，用于锉削加工金属零件的各种表面
异形锉	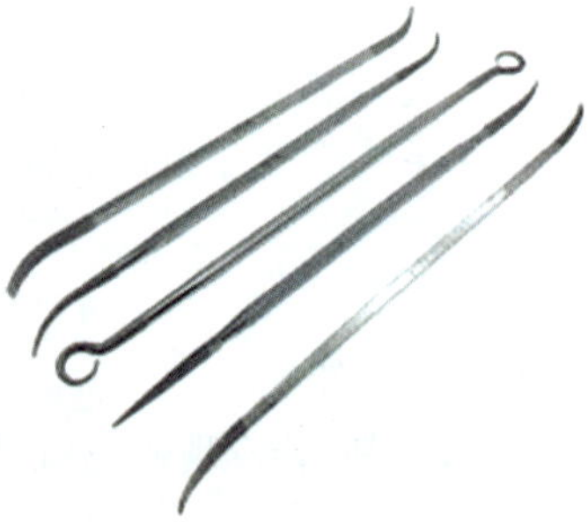	用于对不同形腔进行精细加工
整形锉	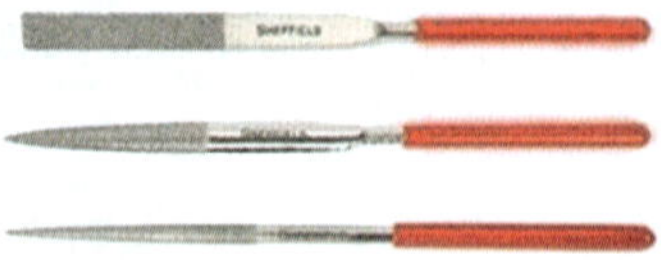	整形锉又称什锦锉。用于对机械、模具、电器和仪表等零件进行整形加工，修整工件上细小部位的尺寸、形位精度和表面粗糙度

4. 锉刀的选用

(1)锉齿的选用

一般根据工件的加工余量、尺寸精度、表面粗糙度和工件的材质来选择锉齿的粗细。材质软，选粗齿锉刀，反之选锉齿较细的锉刀。

(2)锉刀截面形状的选择

根据待加工表面的形状选用锉刀的截面形状。

(3)锉刀规格的选择

根据待加工表面的大小来选用不同规格的锉刀。一般待加工面积大和有较大加工余量的表面宜选用长的锉刀,反之则选用短的锉刀。

5. 锉削操作

(1)工件的夹持

工件最好夹在台钳中间,夹持要牢靠,但不能使工件变形,工件伸出钳口不要太高,以免锉削时产生振动。

(2)锉削姿势

①锉刀的握法

大锉刀(规格在 200 mm 以上)的握法:用右手握锉刀柄,柄端顶住掌心,大拇指放在柄的上部,其余手指满握锉刀柄。左手在锉削时起扶稳锉刀、辅助锉削加工的作用。

中型锉刀(规格在 200 mm 左右)的握法:右手握法与大锉刀的握法一致。左手只需用大拇指、食指、中指轻轻扶持锉刀即可。

较小锉刀(规格在 150 mm 左右)的握法:右手食指靠近锉边,拇指与其余各指握锉。左手只需食指、中指轻按在锉刀上面即可。

小锉刀(规格在 150 mm 以下)的握法:只需右手握锉,食指压在锉面上,拇指与其余各指握住锉柄。

锉刀握法如图 1-35 所示。

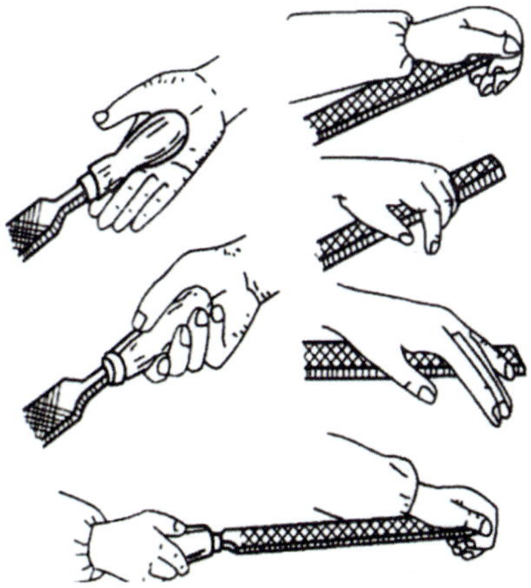

(a) 大锉刀的握法

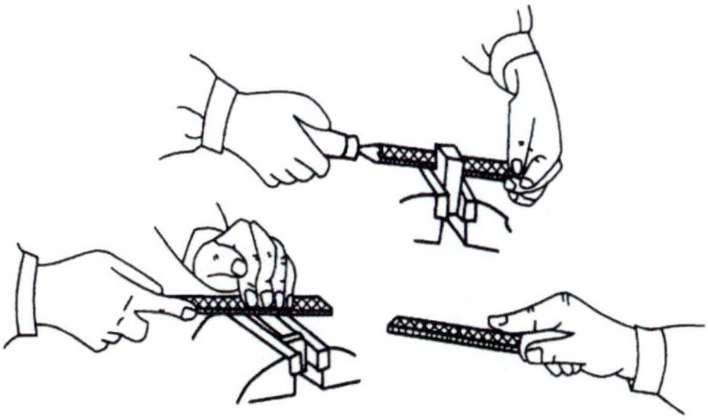

(b) 中小锉刀的握法

图 1-35 锉刀握法

②锉削力的应用和锉削速度

推进锉刀时两手加在锉刀上的压力应保持锉刀平稳,不得上下摆动,这样才能锉出平整的平面。锉刀的推力大小主要由右手控制,而压力大小是由两手同时控制的。锉削速度应控制在 30～60 次/min。

(3)锉削方法

各种表面的锉削方法见表 1-6。

表 1-6　各种表面的锉削方法

锉削方法	图　例	说　明
平面的锉削	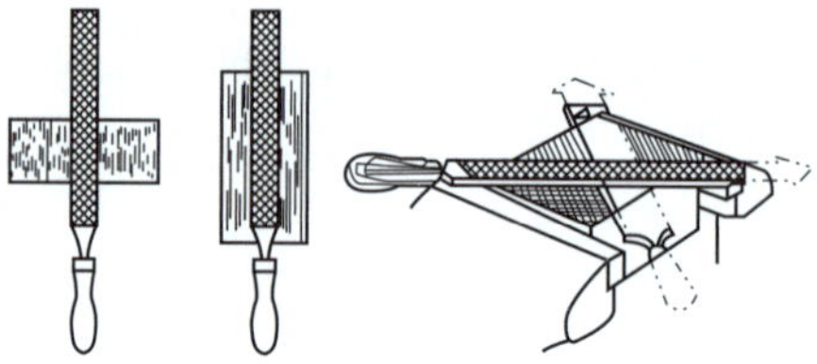	采用顺向锉法时，锉刀的运动方向与工件夹持方向始终一致；采用交叉锉法时，锉刀运动方向与工件夹持方向约成 30°～40°；当锉削狭长平面或采用顺向锉削受阻时，可采用推锉法
曲面的锉削	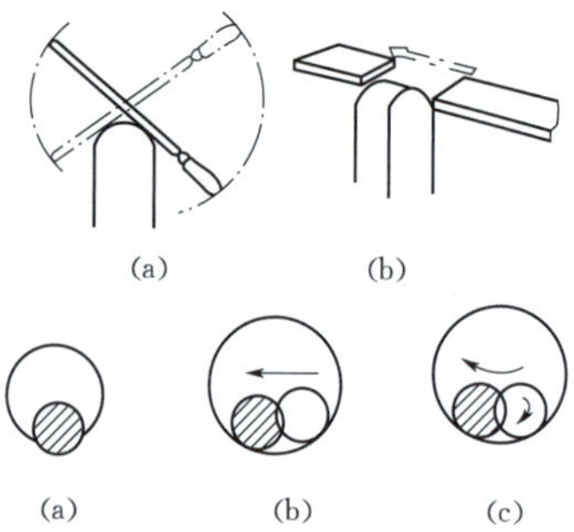	锉削外圆弧面时，锉刀同时完成前进运动和绕圆弧中心的转动；锉削内圆弧面时，锉刀同时完成前进运动、随着圆弧面向左或向右的移动、绕锉刀中心线的转动等
球面的锉削	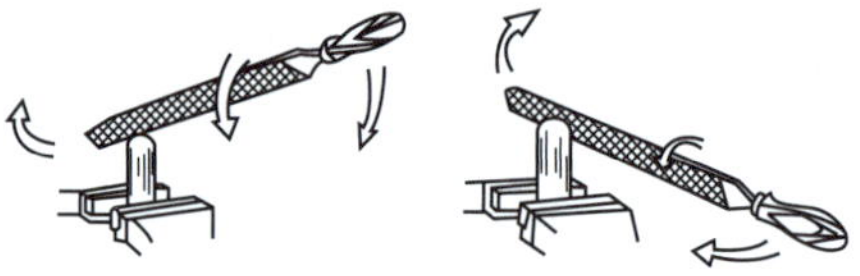	锉削圆柱形工件端部的球面时，锉刀以顺向和横向两种曲面锉法结合进行

(4)锉削加工注意事项

新锉刀要先使用一面，用钝后再使用另一面。锉刀使用完毕必须清刷干净，其上不可沾油或沾水以免生锈。在粗锉时，应充分使用锉刀的有效全长，一方面可提高锉削效率，另一方面又可避免锉齿局部磨损。不可锉毛坯件的硬皮及已经淬硬的工件，可先用砂轮磨去或用旧锉刀和锉刀的有齿侧边锉去硬皮，然后再进行正常的锉削加工。锉刀要妥善保管，不可与其他工具或工件堆放在一起，以免损坏锉齿。

(二)錾　　削

錾削加工是用锤子敲击錾子对金属工件进行切削加工的方法，錾削是一种粗加工，一般按所划加工线进行加工，平面度可控制在 0.5 mm 以内。目前，錾削工作主要用于不便于机械加工的场合，如清除毛坯上的多余金属、分割材料、錾削平面及沟槽等。

1. 錾削常用工具

錾削常用工具为錾子。錾子一般由碳素工具钢 T7 或 T8，经过锻造并将切削部分磨成所需的楔形后，经刃磨和热处理后制成。其硬度要求：切削部分为 52～57 HRC，头部为 32～42 HRC。錾子由切削刃、斜面、柄部、头部四部分组成，如图 1-36 所示。柄部一般做成八棱形，头部近似为球面形，全长 170 mm 左右，直径为 18～20 mm。

2. 錾子的分类

錾子按其切削部分形状可分为扁錾、尖錾、油槽錾，如图 1-37 所示。

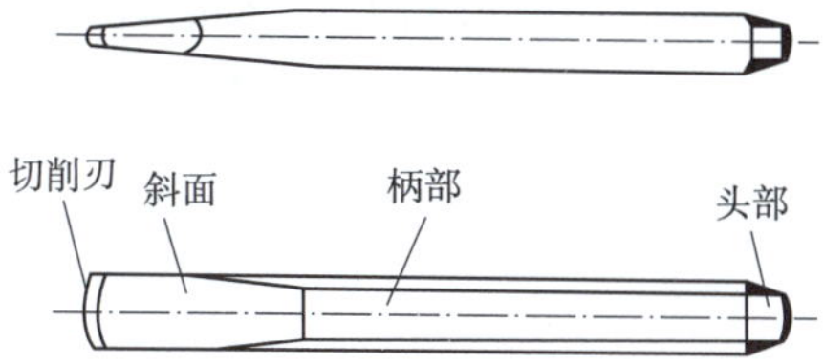

图 1-36　錾子的结构

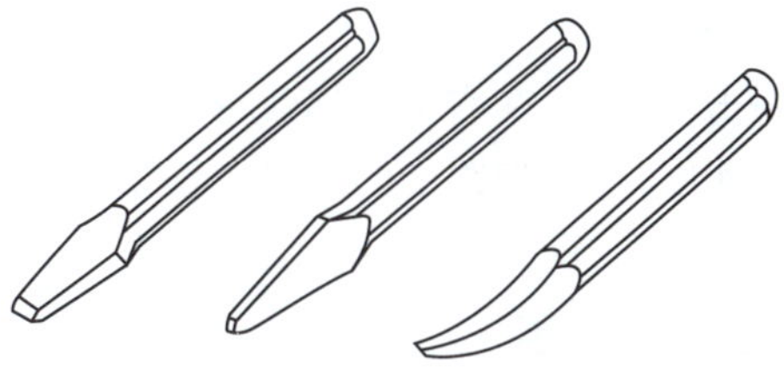

图 1-37　錾子分类

(1)扁錾：扁錾的切削部分扁平，刃较长，刃口略带圆弧形，主要用于錾削平面、去毛刺、凸缘和分割板料。

(2)尖錾：尖錾也称窄錾，其切削刃较短，从刃口到錾身逐渐变窄，以防止卡住，主要用来錾削沟槽及板料的曲线分割。

(3)油槽錾：油槽錾刃短且呈圆弧形，切削部分为弯曲状，主要用来錾削各类油槽。

3. 錾子的握法

錾子用左手的中指、无名指和小指握持，大拇指与食指自然合拢，让錾子的头部伸出约 20 mm。轻松握錾，不可过紧，以免振动过大或打伤手；錾削时小臂自然平放，使錾子保持正确的后角。錾削不同表面时，握錾方式会有不同。

4. 錾子的其他握法

(1)正握法：手心向下，用虎口夹住錾身，拇指和食指自然伸开，其余三指自然弯曲靠拢，握住錾身。这种握法适于在平面上进行錾削，如图 1-38(a)所示。

(2)反握法：手心向上，手指自然握住签柄，手心悬空。这种握法适用于小的平面或侧面錾削，如图 1-38(b)所示。

(3)立握法：虎口向上，拇指放在錾子的一侧，其余四指放在另一侧捏住錾子。这种握法适于垂直錾切工件，如在铁砧上錾断材料等。

5. 錾削时的步位和姿势

錾削时，两脚互成一定角度，左脚跨前半步，右脚稍微朝后，身体自然站立，重心偏于右脚，如图 1-39 所示。右脚要站稳，右腿伸直，左腿膝关节应稍微自然弯曲。眼睛注视錾削处。左手握錾使其在工件上保持正确的角度，右手挥锤，使锤头沿弧线运动进行敲击。

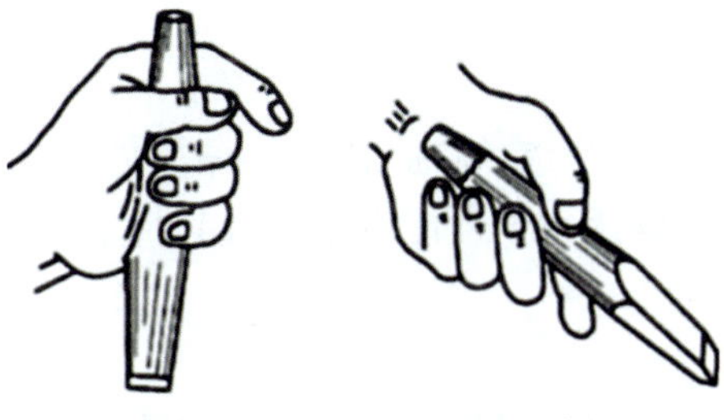

图 1-38　其他握法

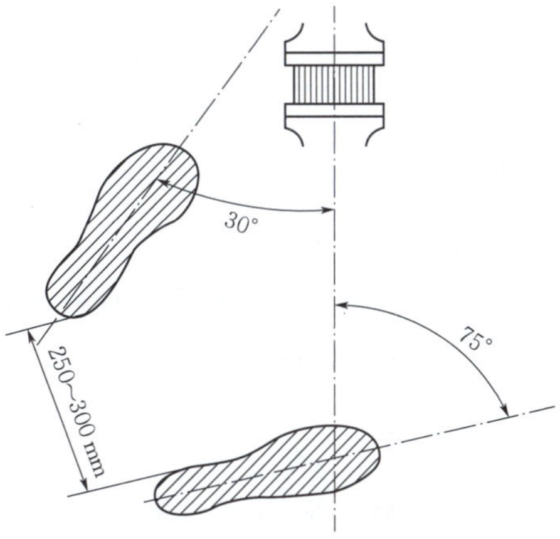

图 1-39　步位和姿势

6. 锤击要领

锤击时，锤子在右上方划弧形作上下运动，眼睛要看向切削刃和工件之间，锤子敲下去应有加速度，可增加锤击的力量。锤击要稳、准、狠，其动作要一下一下有节奏地进行。锤击速度一般在肘挥时 40 次/min，腕挥时 50 次/min。

(三)锯　　削

1. 锯削的作用

利用锯条锯断金属材料(或工件)或在工件上进行切槽的操作称为锯削。锯削切割具有方便、简单和灵活的特点，尤其在单件小批生产、在临时工地以及切割异形工件、开槽、修整等场合仍然应用较广。

2. 锯削工具

锯弓有固定式和可调式两种，固定式锯弓只能安装一种长度的锯条，可调式锯弓可以安装两三种长度的锯条，如图 1-40 所示。

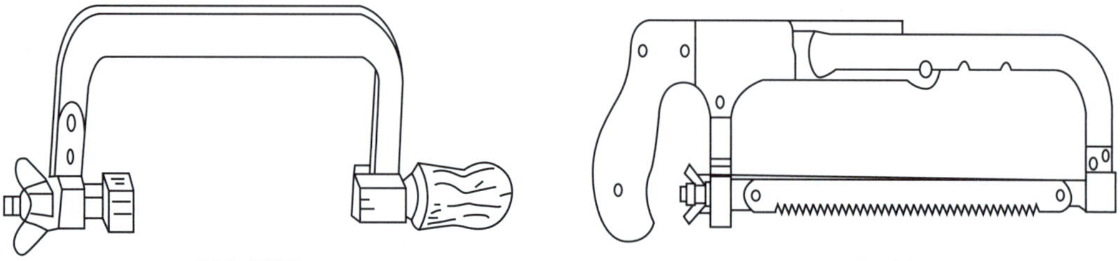

(a) 固定式锯弓　　(b) 可调式锯弓

图 1-40　锯弓

3. 锯削的基本操作方法

工件一般应夹持在台虎钳的左面，夹紧要牢靠，工件在锯割时滑动容易使锯条折断或锯缝歪斜，以便操作。工件锯缝离开钳口侧面约 20 mm，不应过长，防止工件在锯割时产生振动。锯缝线要与钳口侧面保持平行，便于眼睛的观察，控制锯缝不偏离划线线条。

人体重量均布在两腿上，锯割时速度不宜过快，以 30～60 次/min 为宜，并应用锯条全长的三分之二工作，以免锯条中间部分迅速磨钝。推锯时锯弓运动方式有直线运动和上下摆动两种。锯割到材料快断时，用力要轻，以防碰伤手臂或折断锯条。

第五节　铁路车辆常用材料

一、金属材料

(一)金属材料的力学性能

金属的力学性能是指在承受各种外加载荷(拉伸、压缩、弯曲、扭转、冲击、交变应力等)时，对变形与断裂的抵抗能力及发生变形的能力。常用力学性能有强度、韧性、塑性、硬度、疲劳等。

1. 强度

强度是指金属在外力(静载荷)作用下，抵抗永久变形或破坏的能力。常见的有抗拉强度、抗压强度、抗弯强度、剪切强度、扭转强度。

屈服现象指在金属拉伸试验过程中,当应力超过弹性极限后,变形增加较快,此时除了弹性变形外,还产生部分塑性变形;当外力增加到一定数值时突然下降,随后在外力不增加或上下波动情况下,试样继续伸长变形,在力—伸长曲线出现一个波动的小平台的现象。

2. 塑性

塑性是指金属材料在静载荷作用下产生塑性变形而不致引起破坏的能力。

3. 韧性

韧性是指金属在冲击载荷作用下抵抗破坏的能力。

4. 硬度

硬度是指金属抵抗其他物体压入的能力。

5. 疲劳

在交变应力的作用下,虽然金属所承受的应力低于金属的屈服点,但经过较长时间的工作后产生裂纹或突然发生完全断裂的现象称为金属的疲劳。

(二)铁路常用金属材料

1. 铸铁

铸铁指平均含碳量大于 2.11%,且含有 S、P、Si、Mn 等元素的铁碳合金。铸铁与钢相比,抗拉强度、塑性和韧性较差,但具有良好的铸造性、切削加工性、减摩性、减振性和对缺口的低敏感性。根据碳的存在形式不同,分白口铸铁和灰口铸铁两大类。

(1)白口铸铁:碳全部以渗碳体的形式存在的铸铁,断口呈银白色。白口铸铁性质脆而硬,不容易加工,所以不宜用作结构材料,一般作为炼钢或生产铸件的原料。

(2)灰口铸铁:碳全部或大部分以游离的石墨形式存在的铸铁,断口呈暗灰色。按石墨的形态不同,灰口铸铁可以分为普通灰铸铁(简称灰铁)、可锻铸铁和球墨铸铁。

①灰铁:灰铁的石墨呈片状。片状石墨对金属基体有割裂作用,机械性能较差,但是生产工艺简单、价格低廉。灰铁常用的牌号有 HT150、HT200、HT350 等。牌号中"HT"是灰铁二字的第一个拼音字母,后面的数字表示最低抗拉强度值。

②可锻铸铁:可锻铸铁的石墨呈团絮状。团絮状石墨对金属基体的割裂作用有所减轻,所以具有较高的强度,并且具有一定的塑性,性能比灰铁好。常用的牌号有 KTH330-08、KTH370-12、KTZ650-02 等。牌号中"KT"是可铁二字的第一个拼音字母,"H"表示黑心,"Z"表示珠光体,二组数字分别表示最低抗拉强度(MPa)和伸长率。

③球墨铸铁:球墨铸铁的石墨呈球状。球状石墨对金属基体的割裂进一步减轻,可以充分发挥出金属基体的性能,强度和塑性比灰口铸铁和可锻铸铁都好。主要的牌号有 QT400-18、QT600-3、QT900-2 等。牌号中"QT"是球铁二字的第一个拼音字母,后面的二组数字分别表示最低抗拉强度(MPa)和伸长率。

2. 碳素钢

碳素钢为含碳量小于 2.11%并含有少量 S、P、Si、Mn 等杂质的铁碳合金。碳素钢又称碳钢,具有较好的机械性能和工艺性能,碳素钢的分类如下:

(1)按化学成分分为低碳钢、中碳钢、高碳钢。

(2)按品质分为普通碳素钢、优质碳素钢、高级优质碳素钢。

(3)按用途分为普通碳素结构钢、优质碳素结构钢、碳素工具钢、压力容器钢。

3. 合金钢

合金钢是在碳钢中特意加入一种或几种合金元素以改善其性能的钢。

(1)按用途分类

合金结构钢:用于制造机构零件和工程构件。

合金工具钢:用于制造各种刀、刃具、模具。

特殊性能钢:有特殊性能的钢,如耐热钢、不锈钢等。

(2)按所含合金元素的含量分类

低合金钢:合金元素总含量小于5%。

中合金钢:合金元素总含量为5%~10%。

高合金钢:合金元素总含量大于10%。

二、尼龙、橡胶及高分子材料

1. 尼龙

尼龙材料的优点是在常温下具有较高的抗拉强度,良好的冲击韧性、硬度和疲劳强度,耐油性好,摩擦系数低,缺点是热变形温度低、使用温度低(80 ℃以下)、吸湿性大、在日光曝晒下或浸在热水中都容易引起老化)。适合制作轴承、齿轮、凸轮、涡轮、泵及阀门零件、垫圈、密封圈、薄膜、汽车零件及油箱等。

2. 橡胶

橡胶是弹性高分子材料,分为天然橡胶和合成橡胶两大类,广泛用于制作轮胎、油箱、软管、运输带、胶布、密封件或减振元件等。

3. 高分子材料

高分子材料是以高分子化合物为基础的材料。高分子材料按特性分为橡胶、纤维、塑料、高分子胶黏剂、高分子涂料和高分子基复合材料。由于高分子材料具有突出的耐磨性、低的摩擦系数,车辆心盘磨耗盘及旁承磨耗板、斜楔材料等均已采用高分子材料。

三、铁路车辆用润滑油脂

1. 铁路车辆工作特点

(1)车辆奔驰于南北地区,因此地域、季节和气候变化大。

(2)在铁路车辆中,工作条件最恶劣是货车轴承,因为货车在使用中承受径向和轴向负荷的双重作用,所以要求货车轴承耐振动、耐冲击、长寿命,具有高度的可靠性。

(3)由于车辆要求至少运行5年(行驶500 000 km)后才解体更换润滑脂,故要求选多效、长寿命润滑脂,才能满足铁路运输需要。

(4)车辆要求行车安全和正点到达,因此,制动系统的灵活性和可靠性十分重要,既要求橡胶皮碗的适应性好又要求制动缸润滑脂与皮碗相辅相成,共同承担制动安全可靠的任务。

2. 车辆用润滑脂的要求

温度适应性强、耐用性好、润滑性好、极压抗磨性好、防锈性好、低温性良、与密封件的适应性好、油脂氧化稳定性好、耐寒持久性好、胶体安全性好。

3. 常用润滑油脂

(1)铁路专用 2 号低温润滑脂

铁路专用 2 号低温润滑脂具有使用温度范围宽、良好的化学安定性和防水性、胶体安定性能好等特点;具有极佳的低温润滑性能,低温启动性优良,可满足冬天户外或特定环境条件下设备启动运转要求;具有良好的抗磨极压性,可满足高负荷运转下工作要求,减少设备磨损。

(2)车辆轴承Ⅳ、Ⅴ型润滑脂

车辆轴承Ⅳ、Ⅴ型润滑脂具有良好的极压抗磨性能,可确保中重负荷下润滑效果;具有良好的高低温性能,使用温度范围宽;具有良好的氧化安定性、抗水性能和胶体安定性;具有优良的防腐蚀性、机械安定性、抗盐雾性、储存安定性和良好的轴承运转性能。

(3) 89D 制动缸润滑脂

89D 制动缸润滑脂具有优良的高低温特性,使用温度范围宽;具有良好的对橡胶适应性,各种橡胶相容性好;具有良好的氧化安定性、机械安定性和胶体安定性,不含重金属及亚硝酸盐等危害人体健康的物质,对环境不会造成新的污染。

第六节　车辆振动知识

铁路车辆与其他车辆不同之处在于它独特的导向机制。车辆的轮对与轨道接触的表面带有锥度,当轮对偏向钢轨一侧时,偏向的那一侧滚动半径加大,导致整个轮对自动向偏移方向的反方向调整。

转向架的导向机制可使轮对沿着轨道的方向前进,如图 1-41 所示,但有两个副作用,一是直线轨道由于误差原因并非完全笔直,故导向机制就会使轮对沿着这些不直的方向前进,车轴行进是一条曲线而不是直线;二是如果轮对不处于直线轨道的正中心,则轮对会因自身特性自发地蛇行前进,该运动曲线为正弦波,波长跟轮对锥度平方根成反比。

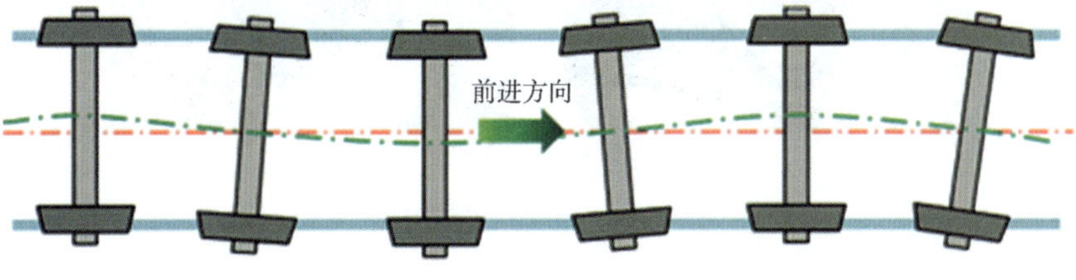

图 1-41　轮轨接触示例

两个副作用导致了轨道车辆独特的横向振动,由于导向原理的不同导致横向振动在其他带轱辘的载具中不如轨道车辆突出。

一、减振的必要性

1. 保证安全

过大的振动对车辆运行安全会造成严重的影响,是制约提速的关键因素。主要需防范轨道不平顺造成的振动和蛇行运动失稳造成的振动,通过脱轨系数,轮重减载率,轮轨横向、垂向力,颠覆系数等判定。

2. 提高舒适度

舒适度的指标不仅跟最大加速度有关系，跟加速度的变化率也有关系。人体对低频（小于 10 Hz）频率振动比较敏感，故需要注意这些频率的衰减。高频一些的振动（主要是波磨或者车体弹性振动造成）会让车厢里挂衣钩、行李架这些部件产生振动发出高频率令人不舒服的声响。舒适度通过车体横向、垂向加速度、平稳性指标等判定。

3. 减少设备损伤

过大的振动会对簧下、簧间设备产生损伤，比如减振器漏油、橡胶件融胶、构架裂纹等损坏，如图 1-42 所示。垂向振动的产生还有轮对擦伤、轮对偏心等因素，也会在垂向产生周期性振动。垂向振动的频率分布比较广，低频会影响舒适性、稳定性、高频会造成噪声、零部件松动、波磨轨道损伤等系列问题。

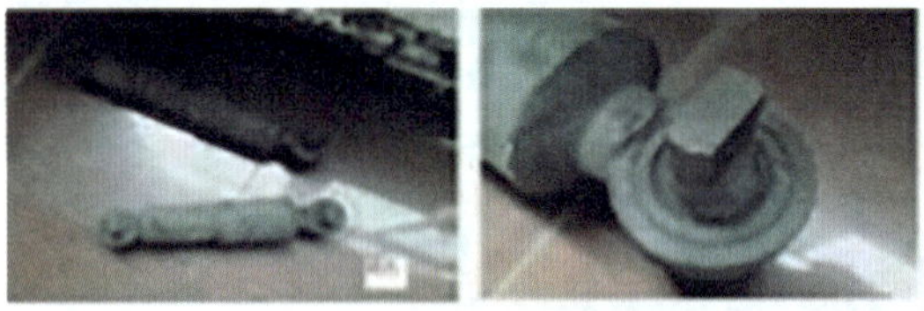

（a）垂向油压减振器弹性节点损坏

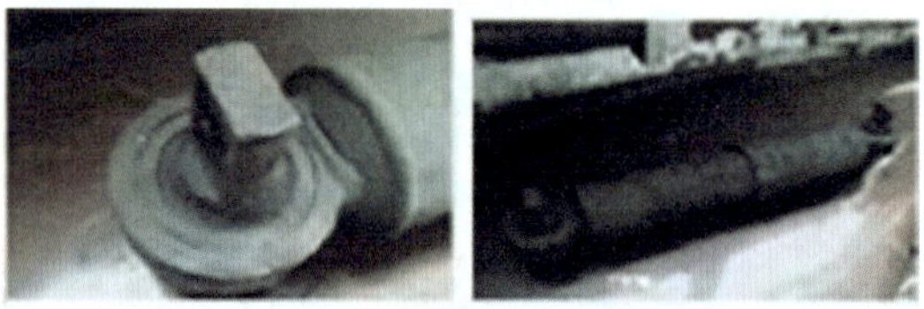

（b）横向油压减振器弹性节点损坏

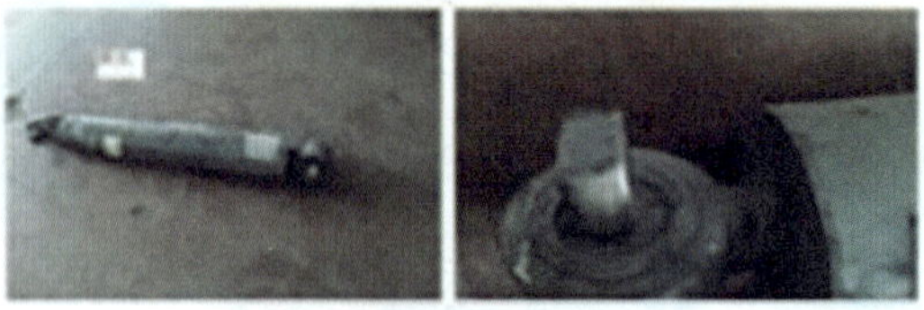

（c）抗蛇行油压减振器弹性节点损坏

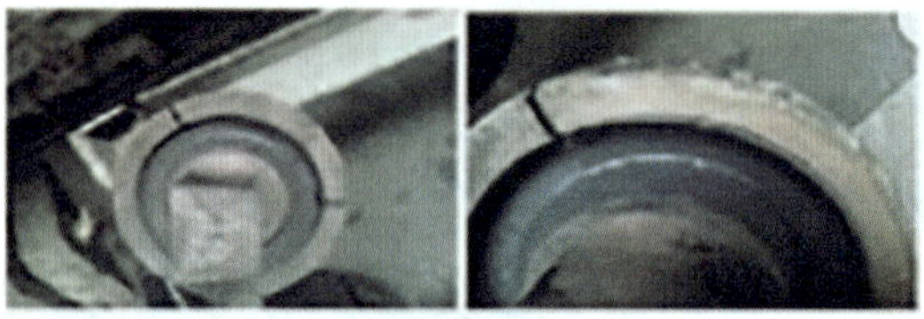

（d）牵引拉杆弹性节点损坏

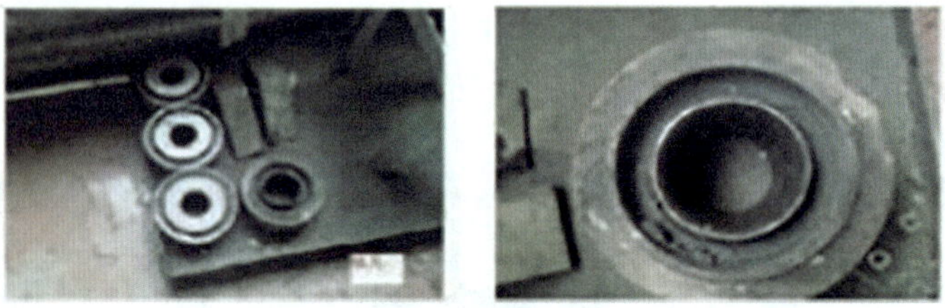

（e）转臂弹性定位节点损坏

图 1-42　振动相关的损坏

二、车辆减振措施

车辆悬挂系统承担主要的减振作用。振动由车轮传给转向架，再由转向架传给车体。

（一）减振器件

1. 弹簧

一般转向架有两个垂向弹簧和一个横向弹簧。两个垂向弹簧分别是一系弹簧和二系弹簧。一系弹簧位于轴箱与构架之间，二系弹簧位于构架和车体之间。垂向弹簧的作用是为了缓和来自垂向的振动。横向弹簧在不同转向架上结构不太一样，有些不是传统意义上的弹簧，但其弹性元件的本质是一样的。横向弹簧的作用是缓和来自横向的振动，而且其参数对转向架蛇行运动的临界速度影响很大。

2. 轴箱定位

轴箱定位是一种特殊的弹性元件，通过橡胶、拉板等固定在转向架上，其刚度直接决定了蛇行临界速度和车辆运行的平稳性。

3. 阻尼器(油压减振器、减振筒)

阻尼器是一个充注油的活塞筒，安装端两头相对运动迫使油液从一些小孔里流过，起到提供阻尼的作用。弹簧负责吸收振动，把冲击的动能变成弹簧的弹性势能。但能量不会凭空消失，需要用阻尼器把这些能量变成热能耗散出去。阻尼器一般和弹簧并联安装，起到耗散能量的作用。一般有一系、二系垂向阻尼器和二系横向阻尼器，跟弹簧成对使用。

(二)减振方法

减振要使用减振器件、选择好器件参数、优化重量分布并尽可能减重，通过调整参数来最大限度发挥他们吸收振动的能力。合理的参数可以最大限度发挥减振作用，并带来好的运用实效，提高车组运用性能。

(三)振动的衰减

1. 垂向振动的衰减

除了轨道不平顺，垂向振动的产生原因还有轮对擦伤、轮对偏心等，会在垂向产生周期性振动。垂向振动的频率分布比较广，车辆运用中须全频防御。漏掉低频会影响舒适性、稳定性；漏掉高频会造成噪声、零部件松动、钢轨波磨及轨道损伤等问题。

(1)簧下高频振动

簧下高频振动机理最为复杂，轮对多边形、钢轨波磨成因都与其有关。轮轨噪声也由其直接引起。由于轮对与钢轨的紧密接触，而且频率相近，很容易造成轮对与轨枕(轨道系统)的共振，振动的衰减不能光靠改善车辆系统相关因素，得用车辆—轨道耦合动力学解决，对于车辆而言，主要采用增加弹簧橡胶垫、降噪车轮等方式吸收振动。

(2)常用频率振动

由于轨道水平、高低、三角坑等常见不平顺产生的振动。悬挂一系二系刚度匹配需要合理设定，选取一系、二系刚度，匹配合理的阻尼器系数，消减常用振动及振动传导。

(3)一、二系悬挂刚度比

由于车辆空间位置、车钩高度的关系，一、二系悬挂总挠度不可能很大，总刚度不可能很低，故一、二系悬挂刚度比例很重要。现在客车一般选比在 3∶1 左右，一系悬挂总刚度是二系悬挂刚度的三倍。如果一、二系悬挂刚度调整不好，造成一系、二系悬挂固有频率相近，则低频振动会恶化。如果一、二系悬挂刚度差得太多，则会造成高频振动恶化。

(4)一、二系悬挂阻尼系数

由于刚度不可能太低，所以从阻尼系数调整比较方便。阻尼根据目标运行速度及性能调整。需要注意的是一系阻尼系数过大会造成构架加速度大，车体加速度也大，二系阻尼一般较一系的小。而且最好采用单向大阻尼系数减振器，既可以减少来自轨道的冲击又可以迅速衰减振动。二系阻尼器可以用空气弹簧节流孔代替以简化结构。

(5)簧下质量

簧下过重不利于车辆平稳性，近年动力分散动车组的新车型车辆簧下质量几乎减少了一半。簧下质量大小跟电机悬挂方式、轮对质量等有关系。

(6)牵引拉杆

转向架构架的振动包括了点头振动,牵引拉杆传导垂向振动,转向架牵引拉杆座的位置应在构架重心上,使得转向架点头振动的转动中心尽可能与牵引拉杆座重合。同时牵引拉杆座橡胶垫刚度取值应合理。

2. 横向振动的衰减

横向振动是铁路车辆一种特殊的振动,其对舒适性和运行平稳性影响较大。

蛇行运动是自由轮对具有的性质,理论上没有弹性定位的轮对只要速度不为零(不考虑重力刚度),该轮对就是失稳的、振幅不断扩大的。蛇行运动是制约车辆运行速度的关键。

三、铁路货车空车脱轨原因

1. 关联因素影响

若使轮轨间摩擦系数减小,可使脱轨系数的临界值增大,车辆更趋于安全。若能保证轮缘角不偏小,也可使车辆更趋于安全。相反,若转向架横向力越大,脱轨系数就越大,越容易脱轨;横向力受线路、车辆状况、列车牵引工况、风力等众多因素影响。若车轮垂向力越小,脱轨系数越大,越容易脱轨;车辆的自重、载重和运行速度是影响垂直力的主要因素。

2. 线路的稳定性降低

当线路失修稳定性降低时,列车通过钢轨会产生较大的激振作用,导致车辆的横向力大幅增加,此时如果又有来自车辆、机车等不利因素相耦合,就可能导致脱轨事故。线路的病害主要为无缝线路区段的钢轨在温度变化的作用力使路线出现碎弯;雨季造成路基松软、下沉不均、翻浆;道床捣固质量不高,枕下道砟不足、不实等;这些缺陷在静态时是不易观测的,当列车通过这种轨道时就会产生较大的几何变形而引起脱轨。

3. 列车编组不当

在列车编组存在空重车混编时,特别是两重车之间夹挂一空车的情况最危险。由于重量原因,重车的车钩要低于空车的车钩,在列车操纵变化的非稳定工况下,如制动、缓解、调速等,导致前后重车对中间空车形成挤抬,使得空车上浮、减载,产生脱轨。

第二章　专业知识

第一节　铁路货车概述

铁路车辆按用途分为客车、货车及特种用途车(如试验车、发电车、轨道检查车、检衡车、除雪车等)。

一、货车种类

铁路货车是指供运输货物和为此服务的或原则上编组在货物列车中使用的车辆。按用途分为通用货车、专用货车和特种货车,见表 2-1。

表 2-1　货车主要车种基本型号

车　　种	基本型号	车　　种	基本型号	车　　种	基本型号
棚车	P	小汽车运输专用车	SQ	保温车	B
敞车	C	罐车	G	毒品车	W
平车	N	自翻车	KF	水泥车	U
集装箱专用平车	X	矿石车	K	家畜车	J
平车—集装箱共用车	NX	长大货物车	D	粮食车	L
汽车驮背专用车	QT	特种车	T	—	—

(1)通用货车是指适用于运输多种货物的车辆,如通用敞车、通用棚车、共用平车等。

(2)专用货车是指专门运输某一种类货物的车辆,如罐车、集装箱车、漏斗车等。

(3)特种货车是指供特种用途而设计的货车,如车上装有专门的除雪装置的除雪车等。

二、车型车号标记的组成及含义

(1)车型车号标记由基本型号、辅助记号和号码三部分组成,简称车号。

(2)基本型号是将车辆名称简化,一般用汉语拼音的第一个字母来表示车辆的种类,如 C 表示敞车,P 表示棚车。

(3)辅助记号是同一车种名称的车辆,因结构形式的不同,为了更详细地区分,用阿拉伯数字记在基本型号的右下角,表示车辆的结构特征,如 P_{62}、P_{64} 等。

(4)车辆号码代表车辆制造顺序,基本按车种及标记载重来编号,如 P_{62NK}3314103、C_{70}1553508、P_{64AK}3430042 等,每一辆车均有自己的号码。

三、车型编码方法

新型货车车型编码用大写汉语拼音字母和数字混合表示,其最大位数不得超过 6 位,依次由下面三部分组成，如图 2-1 所示。

第一部分为货车所属的车种编码，作为车型编码的首部。

第二部分为货车的重量系列或顺序系列，用 1 位或 2 位数字或大写字母表示。

第三部分为货车的材质或结构，用 1 位或 2 位大写字母表示。

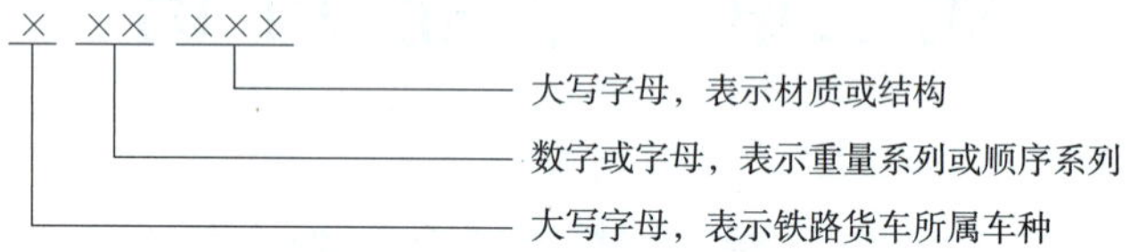

图 2-1　车型编码

四、货车车型编码要求

(1)国内货车车号采用 7 位数字代码，可编货车的容量为 9 999 999 辆。

(2)同车种车型货车的车号必须集中在本标准划定的码域内，以便从车号编码上反映货车的车种、车型。

(3)每辆货车的车号编码在全国范围内必须唯一。

五、货车车号编码范围

货车车号编码范围见表 2-2。

表 2-2　货车车号编码范围

基本车种	车　　型	车号范围
棚车(P)	P_{62T}、P_{62K}	3100000～3299999
	P_{62NT}、P_{62N}	3310000～3399999
	P_{63K}	3300000～3309999
	P_{64T}、P_{64K}	3400000～3419999
	P_{64AT}、P_{64AK}、P_{65}	3420000～3459999、3500000～3599999
	P_{64GH}	3600000～3649999
	P_{64GT}、P_{64GK}	3460000～3499999
	P_{66H}	3720000～3739999
	P_{66K}	3740000～3759999
	P_{70}	3800000～3899999
	P_{70H}	3760000～3769999
	P_{80}	3000000～3029999
	PT	3700000～3719999
	PB	7700000～7799999
敞车(C)	C_{16K}、C_{16AK}	4170000～4173999
	C_{62A}、C_{62AT}、C_{62AK}	4400000～4499999、4500000～4599999
	C_{62BT}、C_{62BK}	4600400～4799999

续上表

基本车种	车　　型	车号范围
敞车(C)	C_{63}	4325000～4325999
	C_{63A}	4326000～4349999
	C_{64T}、C_{64K}	4800000～4998999
	C_{64H}	4200000～4299999
	C_{64AT}	4999000～4999999
	C_{70}	1550000～1669999
	C_{70H}	1500000～1512999
	C_{70B}	1550000～1899999
	C_{70BH}	1500000～1549999
	C_{70C}	1540000～1549999
	C_{70E}、C_{70EF}	1670000～1899999
	C_{70EH}	1513000～1539999
	C_{76}、C_{76A}、C_{76B}、C_{76C}、C_{76H}	4353000～4354999
	C_{80}	4370000～4389999
	C_{80H}	4390000～4399999
	C_{80A}、C_{80AH}	4370000～4399999
	C_{80B}、C_{80BH}、C_{80BF}	4140000～4159999、4360000～4369999
	C_{80C}、C_{80CA}	4370000～4389999
	C_{80E}	2000000～2003699
	C_{80EF}	2003700～2003999
	C_{80EH}	2004000～2004999
	CFK	4174000～4175999
平车(N)	N_{16}	5020000～5039999
	N_{17T}、N_{17TK}	5040000～5049999
	N_{17A}、N_{17AT}、N_{17AK}	5060000～5099999
	N_{17G}、N_{17GT}、N_{17GK}	5050000～5059999
	NX_{17T}、NX_{17K}	5264000～5269999
	NX_{17AT}、NX_{17AK}	5270000～5279999
	NX_{17BT}、NX_{17BK}	5280000～5299999
	NX_{17BH}	5350000～5369999
	NX_{70}	5450000～5479999
	NX_{70H}	5370000～5399999
	NX_{70A}	5480000～5499999
	NX_{70A}(N_{70})	5720000～5739999

续上表

基本车种	车　型	车号范围
集装箱车(X)	X_{1K}	5300000～5309999
	X_{2H}	5420000～5439999
	X_{2K}	5400000～5419999
	X_{3K}	5440000～5440999
	X_{4K}	5700000～5719999
	X_{6BT}、X_{6BK}	5250000～5259999
	X_{6CT}、X_{6CTK}	5260000～5263999
	X_{6K}	5220000～5224999
	X_{70}	5225000～5249999、5310000～5319999
矿石车(K)	K_{13}、K_{13T}、K_{13K}、K_{13N}、K_{13NT}、K_{13NK}、K_{13AK}	5500000～5519999
	K_{M70}、K_{M70H}	5560000～5579999
	K_{Z70}、K_{Z70H}	5540000～5559999
冷藏车(B)	B_{10A}	7060000～7069999
	B_{10B}、B_{10BT}	7060013～7060250
	B_{22}	7100795～7101610
	B_{22-1}	7220147～7220330
	B_{22-2}	7220331～7220350
	B_{23}	7000000～7999999
	B_{23-1}	7230351～7239999
	B_{23-2}	7230465～7230467
罐车(G)	G_{17}、G_{17T}、G_{17K}、G_{17DT}、G_{17DK}	6080000～6139999
	G_{17BT}、G_{17BK}	6140000～6169999
	G_{60}、G_{60T}、G_{60K}	6220000～6259999
	G_{70T}、G_{70K}	6270000～6299999
	G_{70H}	6450000～6499999
	G_{70AK}	6270000～6299999
	G_{70B}	6400000～6400499
	G_{75K}、G_{75KH}	6500000～6529999
	GF_{1MK}	6350000～6354999
	GL_{70}	6355000～6359999
	GQ_{70}	6600000～6649999
	GQ_{70H}	6650000～6699999
	GN_{70}、GN_{70H}	6700000～6799999

续上表

基本车种	车　　型	车号范围
毒品车(W)	W_{5SK}	8000000～8003999
	W_{6S}	8004000～8009999
汽车运输车(J)	JSQ_5	7300000～7349999
	JSQ_6	7530000～7549999
水泥车(U)	U_{15}	8040000～8044999
	U_{60}	8045000～8049999
	U_{60W}、U_{60WK}、U_{60WKB}	8050000～8059999
	U_{61W}、U_{61WT}、U_{61WK}、U_{61WZK}	8030000～8039999
粮食车(L)	L_{17K}	8060000～8064999
	L_{18}	8100000～8104999
	L_{70}	8105000～8109999
特种车(T)	T_{11BK}	8078509～8079999
	T_{11BT}	8076000～8079999
	T_{12}	8075000～8075999
	T_{6DK}	8066200～8066399
	T_{6FK}	8066000～8066199
	T_7	8066800～8066999
	T_8	8080000～8089999
	T_{8D}	8080020～8080049
	T_{8P}	8080010～8080019
长大货物车(D)	D_{10}	5630900～5630999
	D_{10A}	5600000～5699999
	D_{12}、D_{12K}	5631200～5631299
	D_{15}	5631550～5631599
	D_{15A}	5631550～5631579
	D_{17A}	5631500～5631549
	D_{18A}	5631800～5631899
	D_2、D_{2G}	5622100～5622199
	D_{22A}	5641200～5641299
	D_{22B}	9300157～9300158
	D_{23G}	5622304～5622389
	D_{25A}	5622500～5622599
	D_{26A}、D_{26AK}	5622600～5622699
	D_{30}	5623700～5623729

续上表

基本车种	车　　型	车号范围
长大货物车(D)	D_{32}	5623200～5623299
	D_{32A}	5633200～5633299
	D_{38}	5623800～5623809
	D_{45}	5624510～5624519
	D_{70}	5620770～5620799
	D_{9A}	5640900～5640999
	DA_{21}	5642100～5642129
	DA_{25}	5642500～5642529
	DA_{26}	9300159～9300189
	DA_{37}	5643530～5643539
	DK_{17A}	5641500～5641549
	DK_{23}	5642300～5642309
	DK_{36}	5643540～5643549
	DK_{36A}	5643520～5643529
	DL_{1}	5600000～5601999
	DNX_{17K}	5610000～5610999
	DQ_{35}	5643510～5643519
	DQ_{45}	5624520～5624529

因装用转向架形式的变化而引起车型变化时，在车型编码尾部注字母“T”表示该车新装、换装转 8AB 型或转 8B 型转向架，商业运营速度为 100 km/h；加注字母“K”表示该车新装、换装转 K2 等型交叉支撑装置转向架，商业运营速度为 120 km/h；加注字母“H”表示该车装用转 K4、转 K5 型摆式转向架，商业运营速度为 120 km/h。

第二节　铁路车辆的技术指标

铁路车辆的技术指标是介绍铁路车辆性能和结构特点的一种指标，一般包括性能参数和主要尺寸。

一、铁路货车技术指标

(一)车辆性能参数

(1)自重系数：指车辆自重与设计标记载重的比值。在保证强度、刚度和使用寿命的条件下，自重系数越小越经济。它是衡量货车设计是否合理的一个重要指标。

(2)比容系数：指设计容积与标记载重的比值。它是衡量车辆是否合理地利用其载重的一个指标。对于不同类型货车，因装运货物种类不同，对其要求也有所不同。

(3)构造速度：指设计时允许其正常运行的最高速度。它主要取决于车辆的结构强度、制动装置的能力等。现多用最高运行速度替代。

(4)轴重：指车辆总重(自重+载重)与车辆全车轴数的比值。轴重的最大允许的值与车轴类型有关，在设计中应注意车辆的轴重不得超过其最大允许值。

(5)每延米轨道载重：指车辆总重(自重+载重)与车辆长度的比值，它与桥梁、线路设计密切相关。目前规定每延米轨道载重一般不得大于 8 t。

(二)车辆主要尺寸

(1)车辆长度(全长)：车辆在不受纵向外力影响时，该车两端车钩均处在闭锁位时，两端钩舌内侧连接面之间的水平距离，以米(m)为单位，保留一位小数。

车辆换长：车辆长度(m)除以 11 所得值(保留一位小数，尾数四舍五入)。

(2)车辆宽度与最大宽度：车辆宽度指车辆两侧的最外凸出部位之间的水平距离。车辆最大宽度指车辆侧面的最外凸出部位与车体纵向中心线间的水平距离的两倍。

(3)车辆高度与最大高度：空车时，车体或罐体上部外表面至轨面的垂直距离为车辆高度。车辆最大高度指空车时车辆上部最高部位至轨面的垂直距离。

(4)车体、底架长度：车体长度为车体两外端墙板(非压筋处)外表面的水平距离。底架长度为底架两端梁外表面间的水平距离。

(5)车钩中心线距轨面高度(车钩高)：钩舌外侧面中心线至轨面的垂直距离，是车辆之间和车辆与机车之间能够连挂运用的最重要尺寸。

(6)车辆轴距与全轴距：车辆的轴距分为全轴距和固定轴距两种。

①全轴距

车辆最前位和最后位的车轴中心线间的水平距离叫作全轴距，如图 2-2 所示。

全轴距过小时的危害：全轴距过小时，会增加车辆点头振动，不适合高速运行，易发生脱轨或货物损坏。

②固定轴距

同一转向架最前位和最后位车轴中心线间的水平距离叫固定轴距，如图 2-3 所示。

货车的二轴转向架固定轴距数值范围为 1 650～1 800 mm，三轴转向架为 2 400～2 600 mm，不宜过大或过小。转 K5 型转向架固定轴距 1 800 mm，转 K6 型转向架固定轴距 1 830 mm。

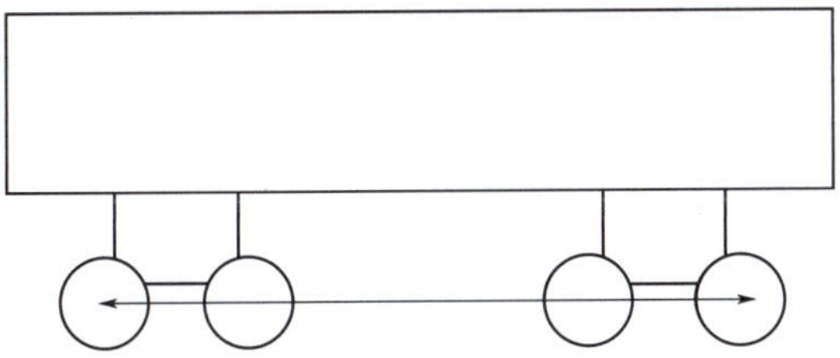

图 2-2　全轴距

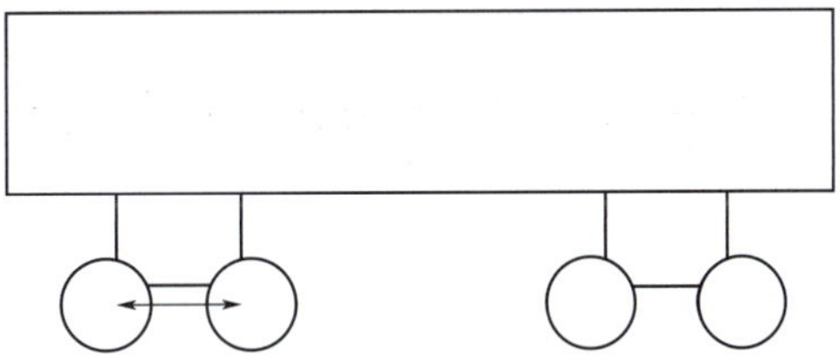

图 2-3　固定轴距

固定轴距过大时的危害：

车辆在曲线半径小的线路上运行时，外侧车轮轮缘压迫钢轨内侧面，容易扩大轨间距离造成脱轨，并且易加剧轮缘与钢轨间的磨耗。

固定轴距过小时的危害：

固定轴距过小时，增加车辆振动，中央悬挂装置不好布置，检修不便，而且会减小转向架蛇行运动的波长，对线路(尤其是桥梁)每延米轨道受力情况不利。

(7)车辆定距：车辆转向架两心盘中心间的距离，如图 2-4 所示。

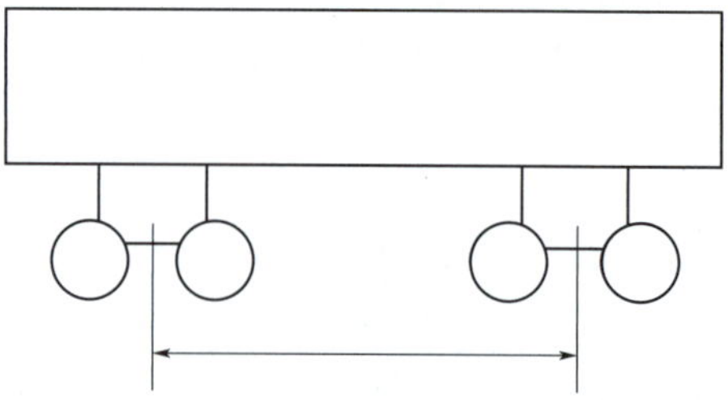

图 2-4　车辆定距

定距过大时的危害：一般车辆全长与定距之比为 1.4∶1，此数值称为车辆定距比。比例过大时易引起中梁下垂，过小时车辆通过曲线，车体中部偏移量过大。

第三节　货车基本构造

一、货车的基本构造及各部分的作用

铁路货车由转向架、车体、车钩缓冲装置、制动装置、车辆内部设备五个部分组成。

1. 转向架

转向架是支撑车体，承担车辆自重和载重及线路的各种载荷，并在钢轨上行驶的部分。由两个或两个以上轮对、轴承装置、构架、摇枕、弹簧减振装置和基础制动装置等配件组成的一个独立的结构。一般车辆的走行部由两台二轴转向架组成。

2. 车体

车体是车辆容纳货物的部分，一般由底架、侧墙、端墙和车顶等部分组成。

3. 车钩缓冲装置

车钩缓冲装置具有使车辆相互连接，传递牵引力以及缓和列车运行冲击力等作用，安装在车辆底架中梁两端。

4. 制动装置

制动装置是使运行中的列车按需要实行减速或在规定距离停车的装置。制动装置通常包括空气制动机、人力制动机和基础制动装置。

5. 车辆内部设备

为运输对象服务而设计的车内附属装置。如保温车、家畜车等特殊的内部设备。

二、货车的方位及零部件位置的名称

1. 货车的纵、横方向

货车位于平直线路时，沿货车前后的连接牵引方向为货车纵向；与货车纵向相垂直的水平方向为货车横向。

2. 货车的端位

货车车辆上，安装人力制动机的或制动缸活塞杆推出方向所指的车端为一位端；与一位端相对的另一端为二位端；对有多个制动缸的货车则规定安装人力制动机的车端为一位端；当定义均不使用时，以车辆上涂打的标记为准。

3. 货车零部件位置的命名方法

货车上的车轴、车轮、轴承、车钩、转向架、底架各梁和其他零部件位置的命名方法为站在一位端、面向二位端，由一位端起，顺序数到二位端；如果零部件位置是左右对称的，则由一位端开始从左至右交互数到二位端，如图 2-5 所示。

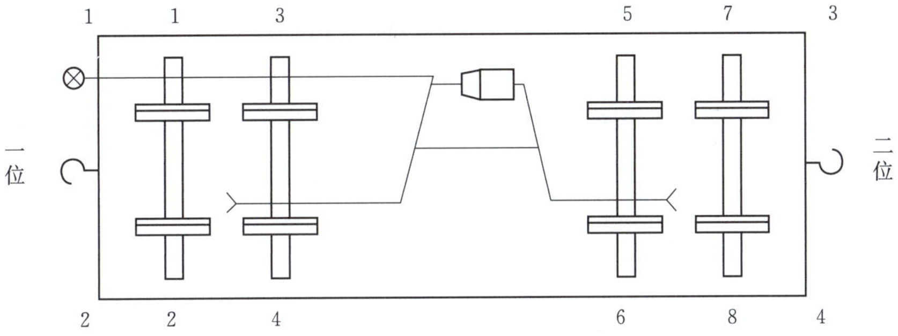

图 2-5　车辆零部件位置确定

4. 列车中货车前后左右的命名方法

编挂在列车中的货车，其前后左右的称呼方法是按照列车运行方向来规定的，其前进方向的那一端称为前部，相反的一端称为后部，面向前部站立定出其左右。

三、车辆标记

车辆标记是指为了便于货车车辆的运用和管理，在车辆指定部位涂打的、用于标明车辆的配属、用途、编号、主要参数、方向、位置等文(数)字和代号。

(一)共同标记

货车均须有车种、车型、车号、载重、自重、容积、换长、定检、定位、车钩中心线等共同标记。

1. 路徽

凡属于中国国家铁路集团有限公司(以下简称国铁集团)的车辆，一律涂打表示人民铁路的路徽，并在货车的侧梁端部装有人民铁路路徽的产权牌。

2. 国徽

凡参加国际联运的车辆，在车体两外侧面中部必须装有国徽，表示是中华人民共和国的车辆。

3. 配属标记

有固定配属的货车，应涂打负责管理的所属铁路局集团公司和车辆段的简称，货车涂打在车体中部及性能标记下方。

4. 制造厂名标牌

为标明车辆制造单位和年月，货车在侧梁左端装有制造厂铭牌。

5. 车型车号标记

货车的车型车号标记简称车号。在车体两侧侧墙上涂打大车号，在底架侧梁(或侧墙下缘)涂打小车号。

6. 性能标记

货车性能标记内容包括自重、载重、容积和换长等，涂打在车体两侧墙的右端。

7. 定位标记

涂打在车体两侧梁端部下角，分别表示一位端、二位端。

8. 检修标记

货车检修标记包括厂修标记、段修标记、辅修标记和临修标记，如图 2-6、图 2-7、图 2-8 所示。

其中货车检修标记涂打在车体两侧左位，货车临修标记涂打在车辆端梁右位。

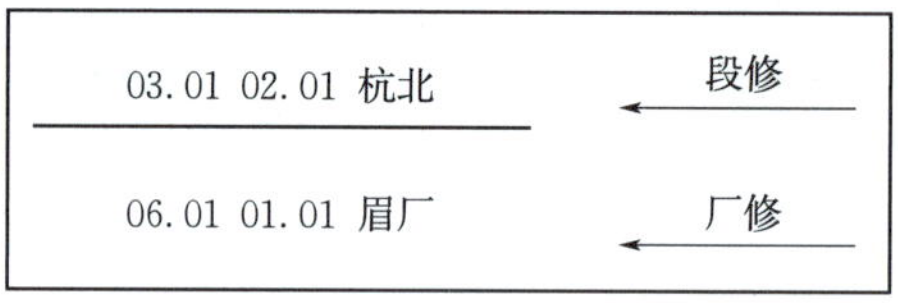

图 2-6　厂修、段修标记

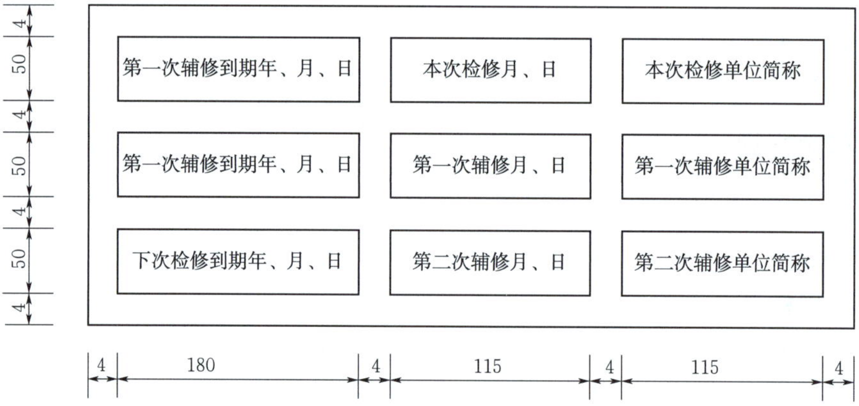

图 2-7　货车辅修标记(单位:mm)

4			
3			
2	K	23-05-31	元
1	Z	23-04-26	德

图 2-8　货车临修标记

9. 延期标记

车辆允许延期检修标记，涂打在检修标记右侧。

10. 禁增标记

表示该车不允许增载。

11. 中心线

在车钩钩头中部涂有中心线，便于测量车钩高度。

(二)特殊标记

(1)酸碱类罐车及危险品专用车的车体(或罐体)中部四周涂有宽 300 mm 的颜色带。毒品车为黄色,易燃品为红色,腐蚀品为黑色,氧化品为绿色。

(2)㊇表示装有车窗、车顶烟囱的棚车,必要时可替代客车用以输送人员。

(3)Ⓜⓒ表示符合国际联运条件的车辆。

(4)㊀表示活动端、侧板放下时,超过车辆限界的平车,运行中必须关闭。

(5)㊄表示该处为卷扬机挂钩处。

(6)㊅表示车辆局部超出机车车辆限界。

(7)表示禁止通过机械化驼峰的车辆。

四、铁路限界

铁路限界由机车车辆限界(简称车限)和建筑接近限界(简称建限)两者共同组成,两者相互制约、相互依存,以下主要介绍机车车辆限界。

(一)定　　义

机车车辆限界是与线路中心线垂直的,限制机车车辆外形尺寸的极限横断面轮廓。

建筑接近限界是与线路中心线垂直的极限横断面轮廓。此轮廓内,除机车车辆和与机车车辆有相互作用及相关的设备(车辆减速器,接触线、吊弦、定位器等)外,其他设备或建筑物均不得侵入。

(二)尺　　寸

1. 机车车辆上部限界

机车车辆上部限界为车限-1A,如图 2-9 所示。其中机车车辆限界距轨面最高处为 4 800 mm,横向宽度为 2×1 700 mm(考虑到列车尾部加装列车信号,特规定在机车车辆最大宽度的基础上允许左右加宽 100 mm)。

2. 机车车辆下上部限界

(1)GB 146.2—2020 中建限-1 和建限-3 的机车车辆下部限界为车限-1B,如图 2-10 所示。运行速度小于或等于 160 km/h 的机车车辆,*a* 为 70 mm,*b* 为 90 mm。运行速度大于 160 km/h 的机车车辆,*a* 为 80 mm,*b* 为 110 mm。

(2)GB 146.2—2020 中建限-4 的机车车辆下部限界为车限-1C,如图 2-11 所示。运行速度小于或等于 160 km/h 的机车车辆,*a* 为 70 mm,*b* 为 90 mm。运行速度大于 160 km/h 的动车组,*a* 为 80 mm,*b* 为 110 mm。GB 146.2—2020 中建限-1 和建限-3 运行时还应符合车限-1B。

(三)安全空间

在建筑限界与机车车辆限界之间留有一定的空间,此空间称为安全空间。考虑到车辆在运行中振动所产生的偏移、各零部件的磨耗、货物超限时的运输、线路不正常以及车辆倾斜、货物倾斜等情况,使机车车辆与线路建筑物有可能发生撞击而遭受损失,为了避免相互碰撞,在两限界之间留有一定的安全空间。

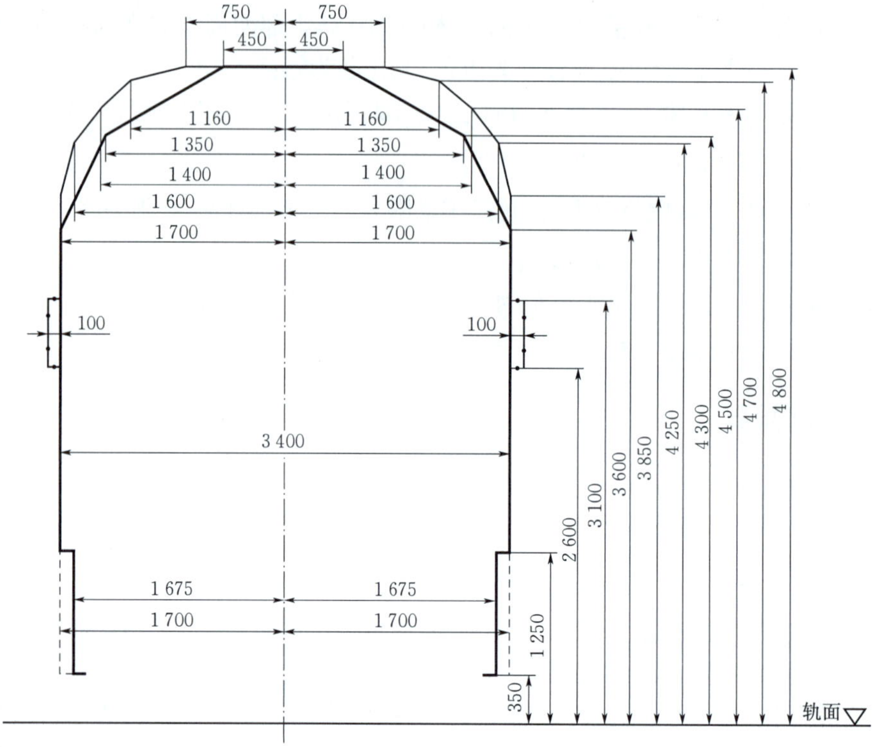

说明：

——机车车辆上部限界基本轮廓。

——电气化铁路机车车辆轮廓。

- - - 客运专线动车组轮廓。

—·—·— 列车信号装置、后视镜限界轮廓。

图 2-9　车限-1A(单位：mm)

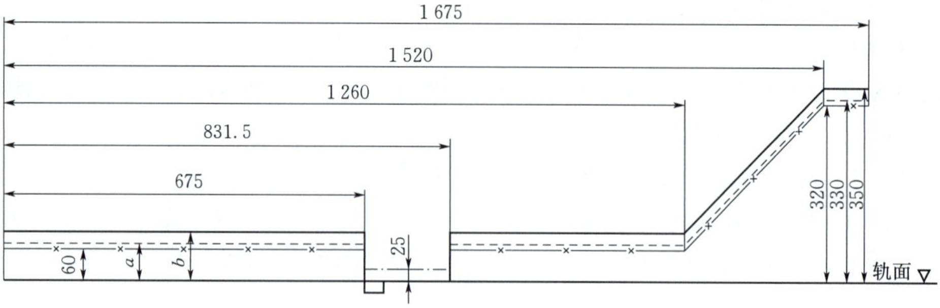

说明：

—— 车体的弹簧承载部分。

- - - 转向架上的弹簧承载部分。

—×—×— 非弹簧承载部分。

—·—·— 机车闸瓦、撒砂管、喷油嘴最低轮廓。

图 2-10　车限-1B(单位：mm)

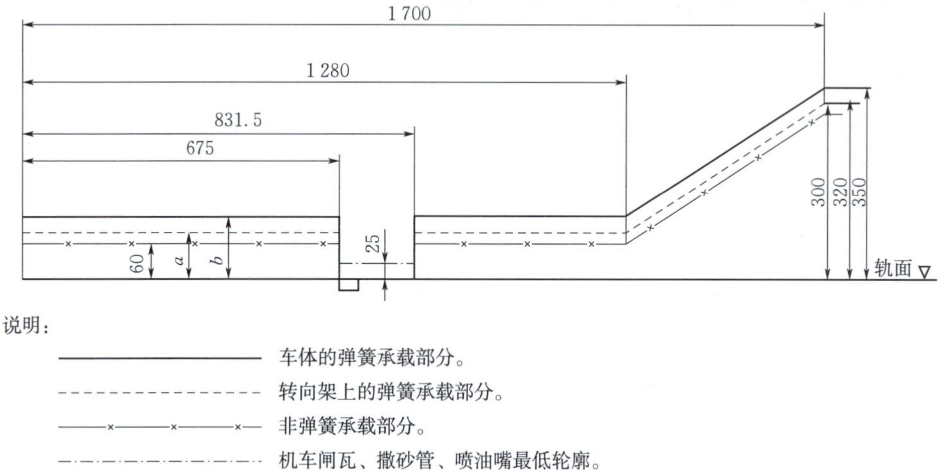

图 2-11　车限-1C(单位：mm)

第四节　货车转向架

目前我国铁路货车转向架型号主要有转 K2、转 K3、转 K4、转 K5、转 K6、转 K7、DZ1、DZ2、DZ3、DZ4、DZ5 型等。转向架是一个独立的结构，易从车下推出，便于检修；承担铁路货车的自重和载重，并将重量传递到钢轨上；可以通过安装的心盘、弹簧及减振装置，使车体与转向架可自由转动，顺利通过曲线，降低运行阻力，并能缓和车辆承受的冲击和振动；采用转向架后，可通过增加轴数的方法来提高铁路货车的载重量。

一、货车转向架的组成及各部位作用

轮对轴承装置：将轮对的滚动转化为车体沿钢轨的平动，并传递垂向、纵向、横向等多种复杂载荷，适宜的轮轴设计不仅可以减少车辆蛇行运动失稳，还能减小轮对与钢轨之间的载荷冲击。

弹簧减振装置：转向架弹簧悬挂装置和减振器一起构成弹簧减振装置，主要作用是使铁路货车载荷均衡地传递到轮对，并缓和、减小因线路不平顺、钢轨磨耗、车轮不圆等引起的车辆振动和冲击。减振装置主要有轴箱悬挂装置和摇枕(中央)悬挂装置两种。轴箱悬挂装置设置在侧架与轮对之间，又称为第一系悬挂。摇枕(中央)悬挂设置在侧架与摇枕之间，又称为第二系悬挂。

侧架(构架)组成：是转向架各零部件安装的基础部件，也是承受载荷的主体部件。

摇枕组成：主要包括下心盘和下旁承等。作用是安全可靠地支承车体，承载并传递各作用力(如垂向力、振动力等)，使车辆能顺利通过曲线。

基础制动装置：由制动梁、制动杠杆、拉杆、闸瓦等配件组成，主要作用是传递和放大制动力，使闸瓦和车轮间产生的转向架内摩擦力转化为轮轨之间的外摩擦力，从而产生制动效果。

二、车体与转向架之间的载荷传递方式

(一)转向架主要承受的载荷

垂直静载荷、垂直动载荷、车体侧向力引起的附加垂直载荷、侧向力所引起的水平载荷、制动时引起的载荷。

(二)车体与转向架之间的载荷传递方式

1. 心盘集中承载

车体上的全部重量通过两个上心盘分别传递给下心盘。

2. 非心盘承载

这种承载方式的转向架没有心盘装置,虽然有的转向架上还有类似心盘的装置存在,但它仅作为牵引及转动中心,而车体上的全部重量通过中央弹簧悬挂装置直接传递给转向架构架。

3. 心盘部分承载

这种承载方式的结构是上述两种承载方式结构的组合,即车体上的重量按一定比例分配,分别传递给心盘与旁承,使之共同承载,保证车体与转向架间的紧密连接。目前,我国大多数铁路货车都属于这种承载方式。

4. 转向架载荷传递顺序

车体→上心盘→下心盘及旁承→摇枕→减振装置→侧架→承载鞍→轴承→车轴→车轮→钢轨。

三、货车主型转向架的结构特点

(一)转 K2 型转向架

1. 转 K2 型转向架组成

转 K2 型转向架主要由轮对、基础制动装置、侧架、摇枕、减振装置组成、滚动轴承装置、交叉支撑装置、双作用弹性旁承、挡键、承载鞍、中心销、外圆弹簧、内圆弹簧、心盘磨耗盘等组成,如图 2-12、图 2-13 所示。

2. 转 K2 型转向架特点

转 K2 型转向架属于装用变摩擦减振装置的铸钢三大件式货车转向架,采用两级刚度悬挂系统;在两侧架之间加装弹性下交叉支撑装置;采用双作用常接触滚子旁承,装用含油尼龙心盘磨耗盘,采用能满足提速要求的滚动轴承装置。基础制动装置采用中拉杆式单侧闸瓦制动,装用 L-B 型组合式制动梁。

3. 转 K2 型转向架主要结构

(1)侧架组成

侧架由立柱磨耗板、侧架磨耗板、保持环、折头螺栓、支撑座、侧架组成,如图 2-14 所示。

(2)减振系统

①弹簧组成

转 K2 型转向架弹簧组成由 10 组摇枕弹簧(每组 1 个外圆弹簧、1 个内圆弹簧)、4 组双卷减

图 2-12　转 K2 型转向架

振弹簧组成，如图 2-15 所示。摇枕弹簧外圆弹簧自由高比内圆弹簧高 22 mm，外簧高 232 mm，内簧高 210 mm。减振弹簧内外簧等高，为 255 mm。空车时，压缩摇枕外簧，由于弹簧刚度较小，使空车状态下的弹簧静挠度增大，改善空车的动力学性能（即摇枕外簧承载）；重车时，摇枕外簧压缩到与内簧等高，内外弹簧共同承载，弹簧总刚度增大。减振弹簧内外簧高于摇枕弹簧内外簧，有较大预载量，确保斜楔磨耗后，仍能保持减振和抗菱作用。

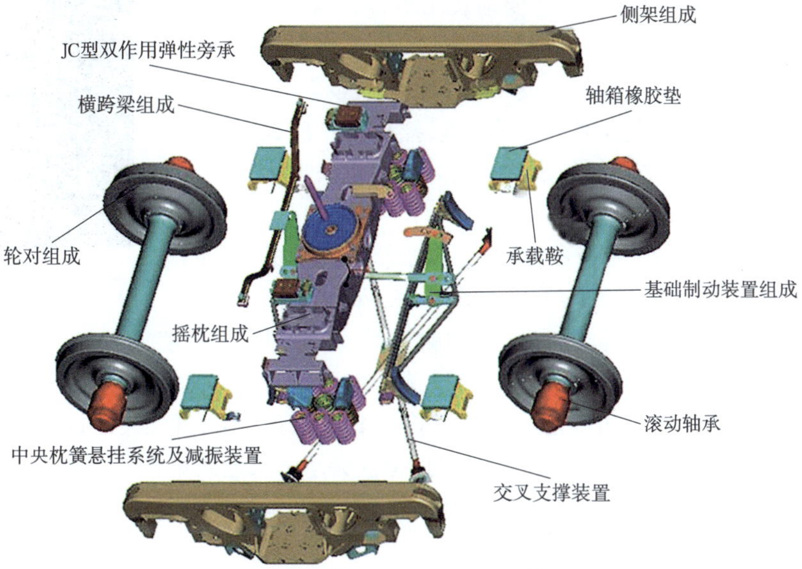

图 2-13　转 K2 型转向架结构

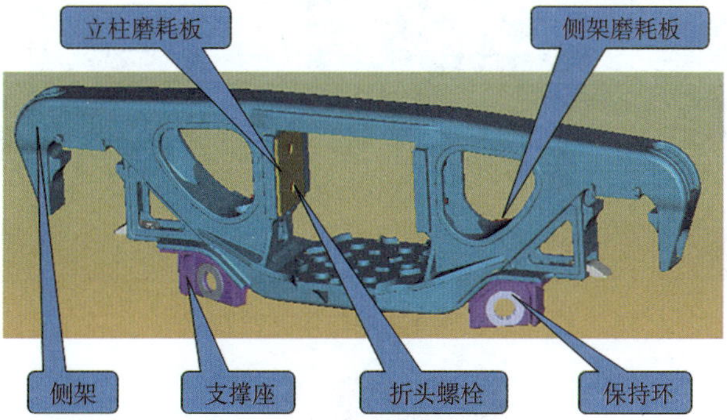

图 2-14　转 K2 型转向架侧架组成

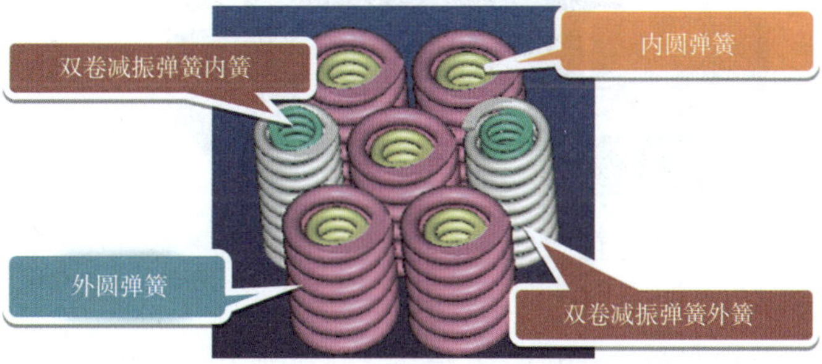

图 2-15　转 K2 型转向架弹簧组成

②斜楔基本结构

自 2006 年 7 月 30 日起，有罐车和平车换装转 K2 型转向架提速改造时须装用符合图样 QCZ133-90-00 要求的组合式斜楔，如图 2-16 所示，配套装用符合图样 QCZ85C-20-01 要求的 45 钢材质侧架立柱磨耗板。有敞车、棚车及其他换装转 K2 型转向架提速改造货车自 2006 年 12 月 1 日起按上述要求装用组合式斜楔和 45 钢材质侧架立柱磨耗板。

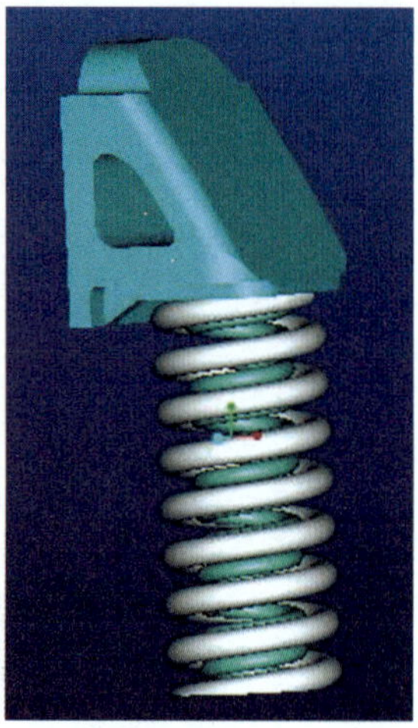

图 2-16　转 K2 型转向架斜楔组成

(3)摇枕组成

摇枕由斜面磨耗板、托架组成、下心盘、摇枕旁承座、杠杆支点座、心盘螺栓安装孔、漏水孔等组成，如图 2-17 所示。

(4)双作用弹性旁承

双作用弹性旁承由弹性旁承体、旁承座、旁承磨耗板、旁承滚子、滚子轴、调整垫板、调整垫片组成，如图 2-18 所示。弹性旁承磨耗板采用特种含油尼龙材质，具有良好的耐磨性。双作用弹性旁承将滚子与常接触式弹性旁承相结合，通过预压缩弹性旁承体，在上下旁承间产生压力，当上下心盘相对回转时(通过曲线时)，旁承处产生较大摩擦力，从而增大回转阻力矩，以提高抗蛇行失稳的能力。当车体相对摇枕侧滚时，弹性旁承体将起约束作用，防止上、下心盘的翘离。当车体在心盘上侧滚引起弹性旁承压缩过大时，上旁承将压靠滚子，防止车体过大侧滚。

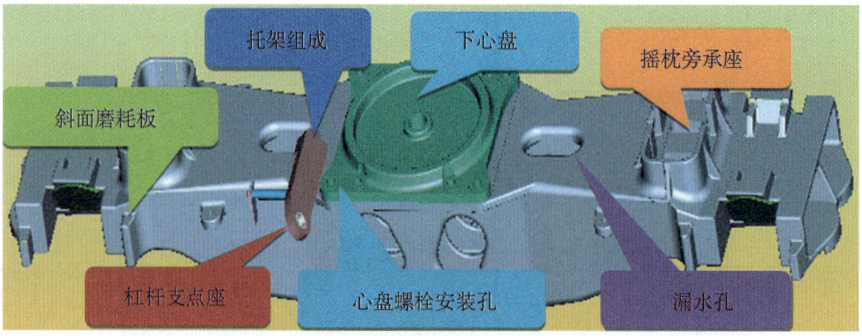

图 2-17　转 K2 型转向架摇枕组成

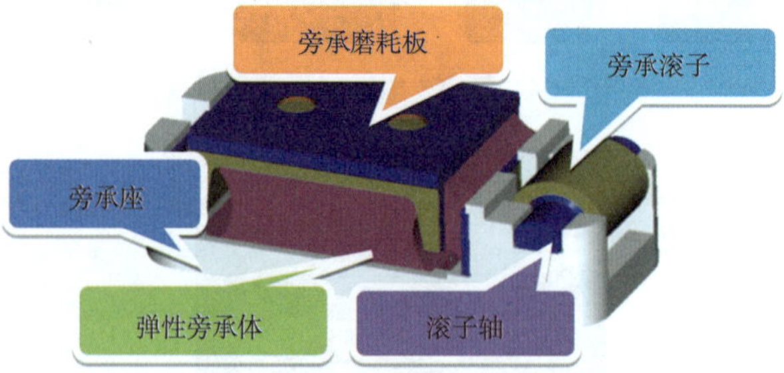

图 2-18　转 K2 型转向架双作用弹性旁承

(5)基础制动装置

转 K2 型转向架基础制动装置由左、右组合式制动梁、中拉杆组成(分 1 位和 2 位)、固定杠杆、固定杠杆支点、游动杠杆、新型高摩合成闸瓦，及各种规格的耐磨销套组成，如图 2-19

所示。中拉杆采用整体锻造结构，夹板每端设三孔，配合固定杠杆支点调整闸调器 L 值。衬套材质为奥—贝球铁耐磨衬套，圆销为 45 钢淬火圆销。

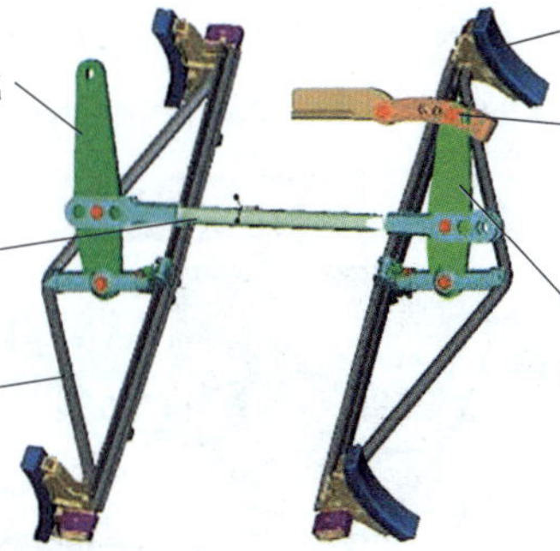

图 2-19　转 K2 型转向架基础制动装置

（6）侧架弹性下交叉支撑装置

侧架弹性下交叉支撑装置由交叉杆扣板及螺栓、下交叉杆组成、交叉杆安全链、上交叉杆组成、轴向橡胶垫、标志板、端头螺栓、双耳垫圈、锁紧板等组成，如图 2-20 所示。

侧架弹性下交叉支撑装置通过提高转向架的抗菱刚度，从而提高转向架的蛇行失稳临界速度及车辆直线运行的稳定性；同时保持转向架的正位状态，减小车辆在直线和曲线运行时轮对与钢轨的冲角，改善转向架的曲线通过性能，减少轮轨磨耗。

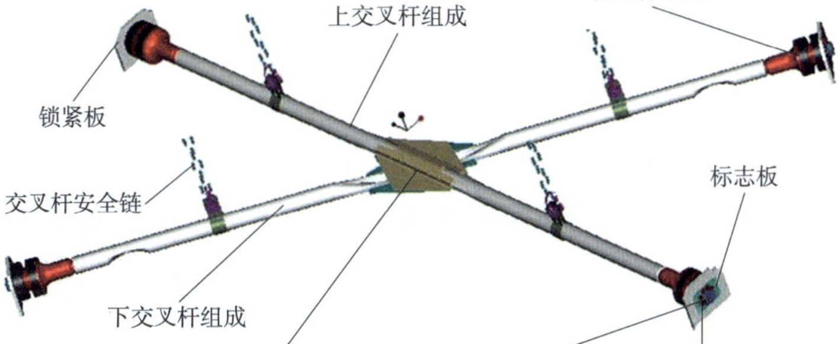

图 2-20　转 K2 型转向架侧架弹性下交叉支撑装置

（7）横跨梁

因空重车自动调整装置的需要，在 2 位转向架上安装横跨梁结构及与侧架连接结构。横跨梁组成由左横跨梁托、横跨梁组成、右横跨梁托、调整板、磨耗垫板、跨梁吊座组成，如图 2-21 所示。

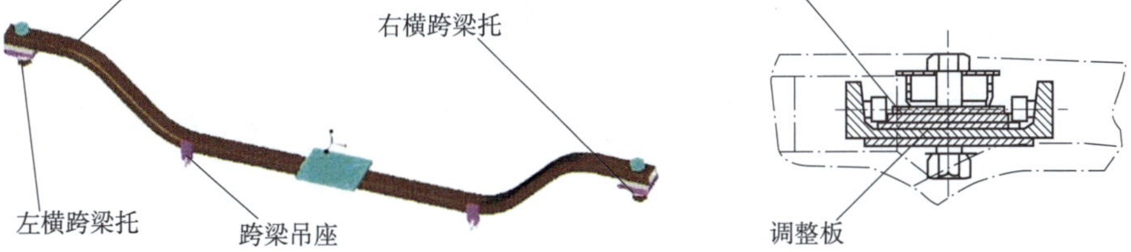

图 2-21　转 K2 型转向架横跨梁

(二)转 K3 型货车转向架

1. 转 K3 型转向架组成

转 K3 型转向架主要用于 X1K 型集装箱专用平车上，为焊接结构整体构架式转向架。转 K3 型转向架由构架、轴箱弹簧悬挂装置、弹性旁承、心盘、轮对组成、基础制动装置等部分组成。

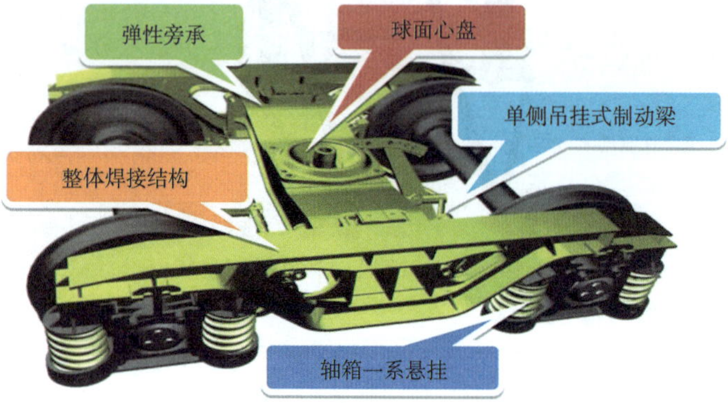

图 2-22　转 K3 型货车转向架

2. 转 K3 型转向架特点

转 K3 型转向架适用于对运行速度和运行品质要求较高的货车，该转向架具有较高的临界速度，在 120 km/h 速度范围内具有优良的运行品质，具有抗菱刚度高、安全可靠、便于通过曲线等优点。

3. 转 K3 型转向架主要结构

(1)构架

整体构架为整体焊接结构，由 2 根工字钢形断面的侧梁，1 根箱形断面的横梁、导框座、斜楔座等组焊而成。

(2)轴箱弹簧悬挂装置

转 K3 型转向架轴箱弹簧悬挂装置由轴箱，轴箱内、中、外圆弹簧，斜楔体，纵向定位橡胶块，主磨耗板，副磨耗板及吊板等组成，如图 2-23 所示。

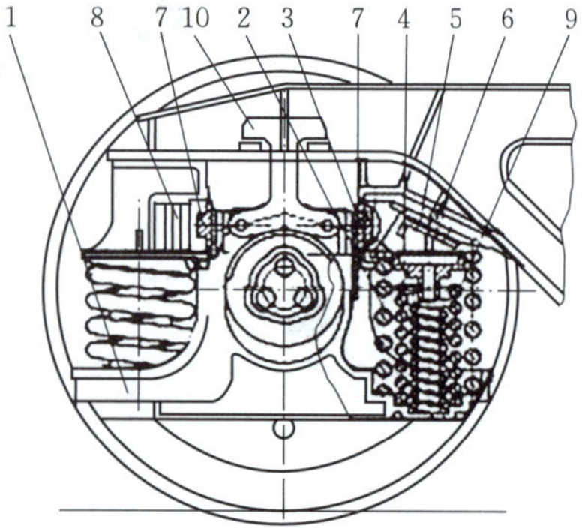

1—轴箱体；2—外圆弹簧；3—球块；4—中圆弹簧；5—副磨耗板；6—斜楔体；7—主磨耗块；8—橡胶块；9—内圆弹簧；10—吊杆。

图 2-23　转 K3 型转向架轴箱弹簧悬挂装置组成

轴箱弹簧悬挂装置在空车、半重车及重车多种情况下都具有良好的动力学性能，采用三级刚度弹簧(自由高分别为 274 mm、241 mm、216 mm)，外圆弹簧比中圆弹簧高，中圆弹簧比内圆弹簧高，弹簧材质为 60Si2CrVAT，采用轴箱单侧斜楔式的变摩擦减振器，斜楔对面的导框座内装有轴箱纵向定位橡胶块，使轮对对构架纵横向都具有较合适刚度的弹性定位。

(3)弹性旁承

弹性旁承采用了钢质圆柱弹簧和钢柱与橡胶硫化一体的弹性挡，旁承磨耗板采用耐磨合成材料。

(4)心盘

心盘为球面式，上下心盘有衬垫。

(5)轮对组成

轮对组成采用 HDS 型,50 钢车轴,轴承满足速度 120 km/h。

(6)基础制动装置

基础制动装置采用高摩合成闸瓦,单侧吊式制动梁,制动梁采用整体锻造式端头,并将制动梁安全链改为安全托,使基础制动装置的安全性、可靠性大大提高。

(三)转 K4 型货车转向架

1. 转 K4 型转向架组成

转 K4 型转向架组由轮对、侧架、减振装置、摇枕、基础制动装置、滚动轴承、橡胶弹性下旁承、弹簧托板、挡键、承载鞍、中心销、心盘磨耗盘、承载外圆弹簧、承载内圆弹簧、摇动座、摇动座支承、折头螺栓等组成,如图 2-24 所示。

图 2-24　转 K4 型货车转向架

2. 转 K4 型转向架特点

该转向架结构上类似传统的铸钢三大件式转向架,在原三大件式转向架基础上增加一个弹簧托板,该弹簧托板通过摇动座坐落在侧架中央承台内的摇动座支承上,把左右侧架连接在一起,提高了转向架的抗菱刚度,同时左右侧架通过其顶部导框摇动座分别支承在前后两承载鞍上,左右两侧架成为横向可同步摆动的吊杆,这种摆式机构增加了车辆的横向柔性,提高了车辆的横向动力学性能,有效地降低了轮轨间的磨耗。该转向架对侧滚振动控制加强,振动转动中心降低,有效地减小了爬轨和脱轨的可能性,尤其提高了高重心货车的脱轨安全性。

3. 转 K4 型转向架主要结构

(1)摇动台机构由弹簧托板、导框摇动座、摇动座等组成,使 2 个侧架在水平面内实现弹性联结,使得摇枕相对侧架、侧架相对轮对能出现一定范围内的摇动。

(2)悬挂系统为摇枕弹簧和摆动机构的组合,垂向、横向都具有两级刚度特性。

(3)安装了双作用常接触式弹性旁承。

(4)装用了针状马氏体铸铁斜楔,主摩擦面为高分子复合材料,提高减振装置的使用寿命。

(5)安装了心盘磨耗盘。

(6)主要摩擦副均采用耐磨件。

(7)为适应摇动台机构的工作,基础制动装置支点座和制动杠杆中孔装用了可转动的耐磨球套,如图 2-25 所示。

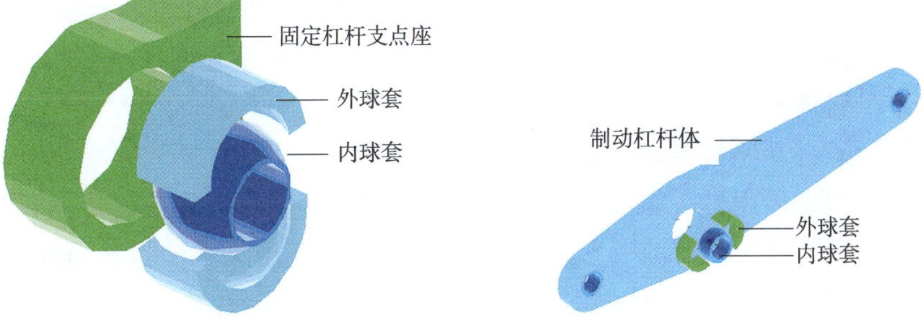

(a) 基础制动装置支点座　　(b) 制动杠杆中孔

图 2-25　转 K4 型转向架耐磨球套

为适应两侧架摆动的需要，使杠杆不产生别劲，杠杆与制动梁支柱连接孔和支点座与固定杠杆支点连接孔采用球铰连接。制动杠杆中孔和固定杠杆支点座孔装用球形销套，以利于侧架、摇枕的摆动。

（四）转 K5 型货车转向架

1. 转 K5 型转向架组成

转 K5 型转向架组成由轮对、侧架、减振装置、摇枕、基础制动装置、滚动轴承、下旁承组成、弹簧托板组成、挡键、承载鞍、中心销、心盘磨耗盘、承载外圆弹簧、承载内圆弹簧、摇动座、摇动座支承、折头螺栓、防松螺母等组成，如图 2-26 所示。

图 2-26　转 K5 型转向架

2. 转 K5 型转向架特点

（1）转 K5 型转向架适用于轴重 25 t，商业运营速度 120 km/h 的各型铁路货车。该转向架是在借鉴转 K4 型转向架成功经验基础上研制开发的新型大轴重摆动式转向架。进一步优化了弹簧托板结构，增强转向架的运用可靠性和安全性。

（2）转 K5 型转向架为铸钢三大件式货车转向架。摇枕、侧架材质为 B 级铸钢，承载鞍采用 C 级铸钢，摇动座采用 E 级铸钢，导框摇动座、摇动座支承为合金钢锻件，弹簧托板为高强度钢压型件；中央悬挂采用带变摩擦减振装置的中央枕簧悬挂系统，摇枕弹簧为两级刚度，减振外簧比承载外簧高 13 mm，斜楔体为贝氏体球墨铸铁，组合式斜楔的主摩擦板采用高分子合成材料，副摩擦面材质为贝氏体球墨铸铁，侧架立柱磨耗板材质采用 45 钢，滑槽磨耗板采用 T10 或 47Mn2Si2TiB，采用直径为 375 mm 的下心盘，下心盘内设有含油尼龙心盘磨耗盘，装用 353130B 型或其他紧凑型双列圆锥滚子轴承及配套前盖后挡、RE_{2B} 型 50 钢车轴及 LM 磨耗型踏面，采用 25 t 轴重 150 mm×250 mm×160 mm 型双列圆锥滚子轴承、RE_{2A} 或 RE_{2B} 型 50 钢车轴及 HEZB 轻型铸钢或 HESA 轻型辗钢车轮，车轮踏面为符合 TB/T 1967 的 LM 型磨耗型踏面，基础制动装置采用铁路货车高摩擦系数合成闸瓦、单侧滑槽式组合式制动梁，制动杠杆采用奥—贝球墨铸铁衬套。

（3）弹簧托板通过摇动座坐落在侧架中央承台内的摇动座支承上，把左右侧架连接在一起，提高了转向架的抗菱刚度，同时左右侧架通过其顶部导框摇动座分别支承在前后两承载鞍上，左右两侧架成为横向可同步摆动的吊杆，这种摆式机构增加了车辆的横向柔性，提高了车辆的横向动力学性能，有效地降低了轮轨间的磨耗。该转向架对侧滚振动控制加强，振动转动中心降低，有效地减小了爬轨和脱轨的可能性，尤其提高了高重心货车的脱轨安全性。

3. 转 K5 型转向架主要结构

（1）弹簧托板、摇动座与摇动座支承

摇动座与弹簧托板用折头螺栓、防松螺母紧固，弹簧悬挂系统落在弹簧托板上。摇动座支承落在侧架中央方框下弦杆的腔形结构中，摇动座与摇动座支承的接触面为圆弧形结构，两圆弧形成滚动副，使侧架具有摆动的功能。

弹簧托板为高强度钢压型件，板厚为 10 mm。摇动座为 E 级钢铸件，摇动座支承为合金钢锻件，且摇动座支承、折头螺栓及防松螺母与转 K4 型转向架通用。

(2)基础制动装置

基础制动装置为中穿拉杆形式,采用高摩合成闸瓦、奥—贝球铁耐磨销套及相应圆销,固定杠杆与固定杠杆支点座之间用链蹄环连接,以利于侧架、摇枕的摆动。采用L-C型组合式制动梁,如图2-27所示。

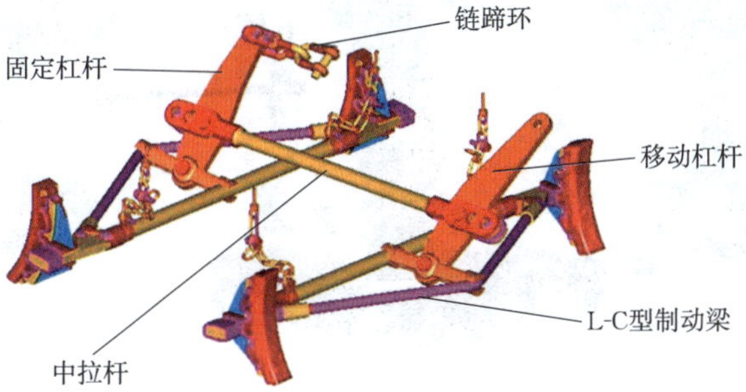

图2-27　转K5型基础制动装置

(3)横跨梁组成

横跨梁为50 mm×50 mm×3 mm方钢管压型件,中间焊有不锈钢磨耗板,两端分别落在横跨梁托上,横跨梁托焊在侧架上。

(4)常接触式弹性旁承

常接触式弹性旁承的结构为下旁承组成采用常接触式橡胶弹性旁承,下旁承组成由旁承体组成、调整垫板、纵向锁紧斜铁组成,其中旁承体组成又由旁承体上部、旁承体下部、锥套形橡胶层、铆钉、旁承摩擦板等组成一个整体,如图2-28所示。

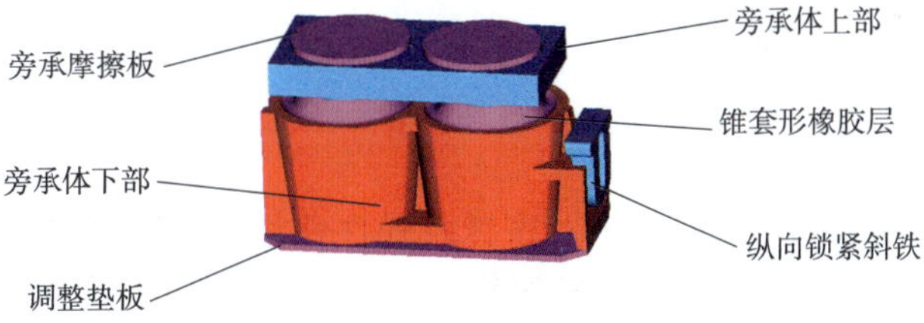

图2-28　转K5型常接触式弹性旁承组成

(五)转K6型货车转向架

1. 转K6型转向架组成

转K6型转向架组成由轮对、侧架、摇枕、基础制动装置、轴箱橡胶垫、滚动轴承、双作用常接触式弹性旁承、交叉支撑装置、横跨梁组成、中心销、斜楔、承载鞍、心盘磨耗盘、外圆弹簧、内圆弹簧、挡键、减振外圆弹簧、减振内圆弹簧等组成,如图2-29所示。

2. 转K6型转向架特点

(1)转K6型转向架适用于轴重25 t,商业运营速度120 km/h的各型铁路货车。转K6型转向架现装用于25 t轴重的70 t级货物车辆上。

(2)转K6型转向架是在借鉴转K2型转向架成功经验基础上研制的新型大轴重下交叉支撑转向架。摇枕、侧架材质为B级钢,侧架采用宽导框式结构。

(3)增加一系轴箱弹性橡胶垫,减轻了簧下质量,降低轮轨作用力;二系悬挂采用带变摩擦减振装置的二级刚度中央弹簧悬挂系统,提高了空车弹簧静挠度,改善了车辆运行品质。

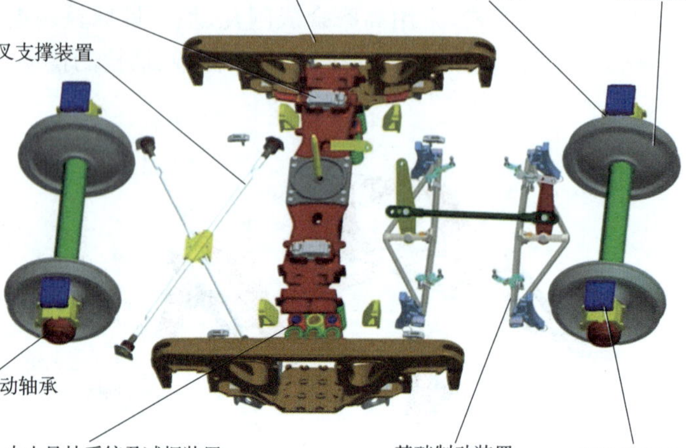

图 2-29　转 K6 型货车转向架组成

(4)采用直径为 375 mm 的下心盘,下心盘内设有含油尼龙心盘磨耗盘。

(5)采用双作用常接触式弹性旁承,为空、重车提供了合适的回转阻力矩,提高了空、重车高速运行时的平稳性。

(6)装用 25 t 轴重 353130B 型轴承,配套 RE_{2B} 型 LZW 钢车轴,装用 TBU150 型或 TAROL150 型双列圆锥滚子轴承,配套 RE_{2A} 型车轴,采用轻型新结构 HEZB、HEZD 型铸钢车轮或 HESA 型辗钢车轮。

(7)基础制动装置为中拉杆式单侧闸瓦制动装置,采用 L-A、L-B 型组合式制动梁,卡入式滑槽磨耗板,新型高摩合成闸瓦。其主要零部件尽量采用通用件和标准件,方便检修运用。

3. 转 K6 型转向架主要结构

(1)轴箱橡胶垫组成

转 K6 型转向架一系轴箱加装了内八字橡胶弹性剪切垫,实现轮对的弹性定位,减小转向架簧下质量,隔离轮轨间高频振动。轴箱橡胶垫组装时,导电铜线在转向架内侧,实现轮对的弹性定位,减小转向架簧下质量,隔离轮轨间高频振动,降低对轨道的冲击,改善轮轨之间的磨耗。

采用轴箱橡胶垫大大改善车轮踏面磨耗状况,车轮踏面磨耗量小于采用刚性承载鞍车轮磨耗量,采用轴箱橡胶垫时,轮轨横向力和轮轨间纵向力也比采用刚性承载鞍要小,可降低对轨道的冲击,这对减少钢轨的损坏是很有利的。采用轴箱橡胶垫缓和轮轨冲击,同时有利于提高转向架侧架等零部件的疲劳寿命。

(2)基础制动装置

转 K6 型转向架基础制动装置由左、右组合制动梁组成,中拉杆组成,固定杠杆组成,固定杠杆支点,游动杠杆组成,新型高摩合成闸瓦,各种规格的耐磨销套组成,如图 2-30 所示。中拉杆组成由中段和端部夹板组成,夹板每端设三孔,配合固定杠杆支点调整闸调器 *L* 值。衬套材质为奥—贝球铁耐磨衬套,圆销为 45 钢淬火圆销。

(3)侧架组成

侧架组成由立柱磨耗板、折头螺栓、交叉杆支撑座、滑槽磨耗板、侧架等组成,如图 2-31 所示。

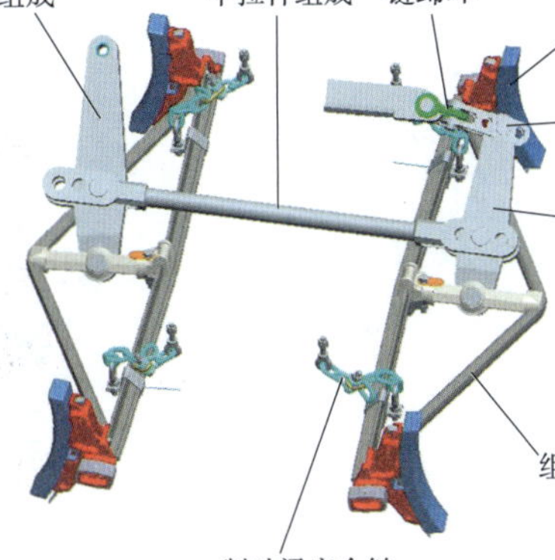

图 2-30　转 K6 型转向架基础制动装置

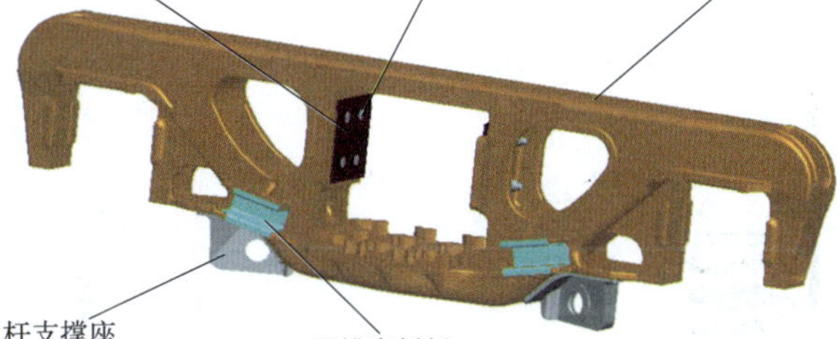

图 2-31　转 K6 型转向架侧架组成

(4)摇枕组成

转 K6 型转向架摇枕组成由固定杠杆支点座组成、摇枕、下心盘、斜面磨耗板、心盘磨耗盘组成,如图 2-32 所示。摇枕材质为 B、B+级钢,下心盘螺栓为 GB 31.1 的 M24 螺栓(强度等级 10.9 级),螺母为 BY-B、BY-A、FS 型防松螺母(强度等级 10 级),当采用 FS 型防松螺母时采用符合 GB/T 6172.1 的性能等级 04 级的螺母 M24。斜面磨耗板与摇枕焊接后用 0.8 mm 塞尺检查,插入深度不得大于 13 mm。

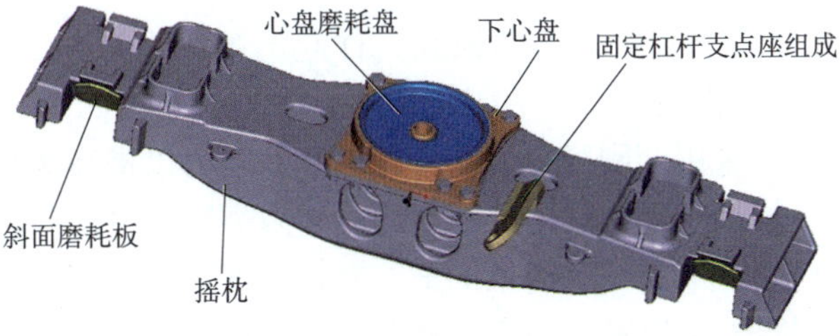

图 2-32　转 K6 型转向架摇枕组成

(5)摇枕弹簧

转 K6 转向架摇枕弹簧包含 6 个外圆弹簧(1)、1 个外圆弹簧(2)和 7 个内圆弹簧,外圆弹簧比内圆弹簧高 23 mm,如图 2-33 所示。为便于识别,外圆弹簧(1)涂黄色厚浆醇酸漆。空车时仅外圆弹簧承载,重车时内圆弹簧和外圆弹簧均参与承载,实现空、重车两级刚度。

(6)转 K6 型转向架减振装置主要结构及特点

转 K6 型转向架减振结构为斜楔式变摩擦减振装置，由侧架立柱磨耗板、组合式斜楔、斜面磨耗板、双卷减振弹簧组成，如图 2-34 所示。斜楔与侧架立柱磨耗板之间产生摩擦阻力，用以衰减振动能量。减振弹簧比枕外圆弹簧高 10 mm。组合式斜楔与转 K2 型转向架互换。

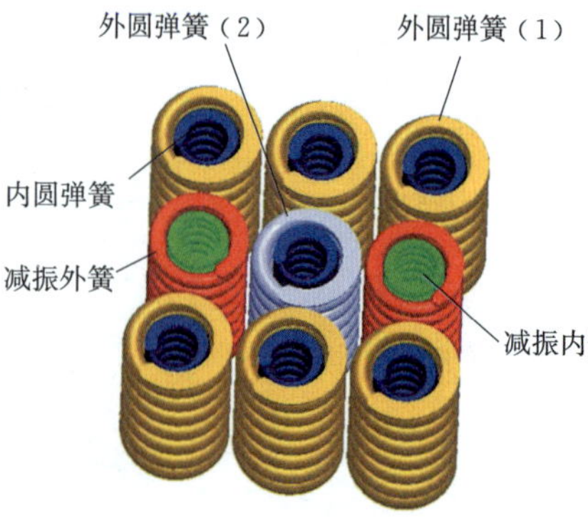

图 2-33　转 K6 型转向架摇枕弹簧

(六)转 K7 型货车转向架

1. 转 K7 型转向架组成

转 K7 型转向架为铸钢三大件式货车转向架，主要由轮对、侧架、橡胶堆、摇枕组成、基础制动装置、滚动轴承、双作用弹性旁承、U 形副构架、轮对径向装置、组合式斜楔等部件组成。

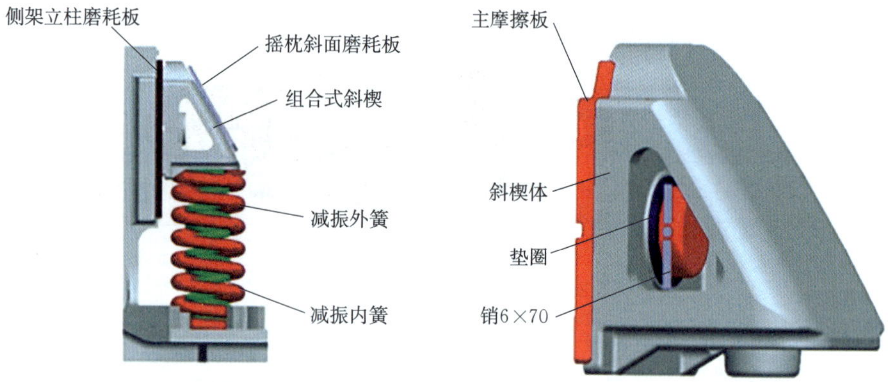

（a）变摩擦减振装置　（b）组合式斜楔

图 2-34　转 K6 型转向架减振装置主要结构

2. 转 K7 型转向架特点

转 K7 型转向架保留了传统的三大件结构和摩擦减振装置，增加了自导向机构，相对于传统的三大件结构转向架，具有以下特点：

(1)安装于侧架和轴箱承载鞍之间的橡胶元件起了第一系悬挂的作用，降低了簧下质量，减小了轮对和轨道间的作用力。

(2)采用轴箱悬挂，并采用变刚度弹簧和合理的摩擦阻力以提高运行品质。

(3)采用弹性旁承，增加车体与转向架之间的回转阻力矩，以提高转向架蛇行稳定性。

(4)采用一系弹性橡胶堆，减小转向架的横向悬挂刚度，提高车辆横向平稳性。

(5)采用轮对径向机构，解决蛇行稳定性和曲线通过性能的矛盾，大幅减少轮轨磨损，也有利于降低牵引能耗和减少环境污染。

(6)增大转向架的抗菱刚度，提高蛇行运动的临界速度。

3. 转 K7 型转向架主要结构

(1)轮对组成

采用 RE_{2B} 型 50 钢车轴及符合铁标规定的新结构轻型 HESA 型辗钢车轮或 HEZD 型铸钢车轮，装有 353130B 紧凑型双列圆锥滚子轴承。

(2)摇枕、侧架组成

摇枕、侧架为 B+级钢铸造。侧架中央铸有弹簧托盘,以保证二系弹簧组变摩擦斜楔式减振器的安装,侧架两端较传统三大件转向架取消了导框结构,增加了橡胶垫安装支承面。摇枕结构与现有三大件转向架的摇枕结构基本相似,摇枕两侧开有 4 个互相对称的 190 mm×165 mm 方孔,用以交叉拉杆的安装。摇枕上下心盘直径为 ϕ375 mm 平面心盘,如图 2-35 所示。

图 2-35　转 K7 型转向架摇枕、侧架组成

(3)橡胶堆

橡胶堆由金属和橡胶硫化而成,顶板上有两个定位销,底板上有两个定位销,定位销直径均为 30 mm。橡胶堆为矩形结构,其外形尺寸长×宽×高为 170 mm×160 mm×124 mm。在组装时,导电铜线应在转向架内侧,如图 2-36 所示。

图 2-36　转 K7 型转向架橡胶堆

(4)轮对径向装置

轮对径向装置主要由左、右 2 个 U 形副构架通过两个连接杆组成相连而成,如图 2-37 所示。左、右副构架均为铸造结构,材质为 B+级钢。连接杆为整体锻造而成,材质为 40Mn2。

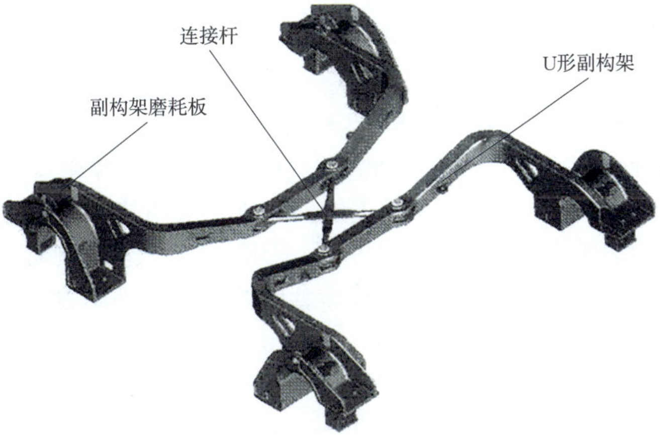

图 2-37　转 K7 型转向架轮对径向装置

(5)双作用常接触式弹性旁承

转 K7 型转向架采用 JC 型双作用常接触式弹性旁承,增加转向架与车体之间的回转阻力矩,提高转向架高速运行稳定性。JC 型双作用常接触式弹性旁承主要由弹性旁承体组成、旁承磨耗板、旁承座、滚子、滚子轴、调整垫板、垫片等零部件组成。

(6)弹簧减振装置

承载弹簧采用两级内、外双圆柱螺旋弹簧组承载;摇枕弹簧由 10 个承载外圆弹簧、4 个承载外圆弹簧和 10 个承载内圆弹簧组成,承载外圆弹簧和承载外圆弹簧比承载内圆弹簧高 26 mm。空车时仅承载外圆弹簧承载,重车时内圆弹簧也参与承载,实现空、重车两级刚度。这样既可以提高处车静挠度,改善空车运行品质,又可以保证重车时,弹簧组具有合适的挠度,保证空、重车车钩之间的连挂。减振装置仍为变摩擦斜楔式减振器,选择空、重车适宜的摩擦系数。

(7)基础制动装置

基础制动装置采用滑块式单侧闸瓦制动,如图 2-38 所示,为满足 25 t 轴重、120 km/h 制动要求,减轻闸瓦对车轮的危害,闸瓦采用新高摩合成闸瓦;为避免闸瓦搭头而造成闸瓦偏磨,采用滑块式结构,滑块外有改性尼龙套,以减少磨耗;采用新结构制动梁,减少焊接而带来的焊接应力和缺陷,延长其使用寿命,减少维修工作量。

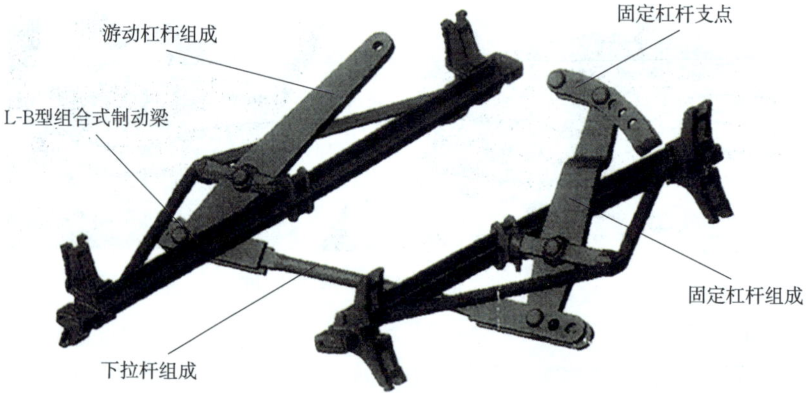

图 2-38　转 K7 型转向架基础制动装置

(七)DZ1 型货车转向架

DZ1 型转向架为铸钢三大件式转向架,采用交叉支撑装置。采用 TJC-1 型轴箱橡胶垫,两级刚度弹簧,采用与转 K6 型转向架相同的组合式斜楔;采用 HFS 或 HFZ 型车轮,RF_2 型车轴,352132A 型轴承;采用 B+级钢整体芯铸造摇枕、侧架,支撑座与侧架铸造一体;采用 BLM-1 型斜面磨耗板,与摇枕间采用螺栓连接;下心盘内装用与转 K6 型转向架相同的心盘磨耗盘;采用 CJC 型系列长行程双作用弹性旁承;采用中拉杆式基础制动装置,可采用 BAB-1 型或 DAB-1 型集成制动装置,GM915D 型高摩合成闸瓦,如图 2-39 所示。

1. 轮对组成

采用 HFS 型辗钢整体车轮或 HFZ 型铸钢车轮,车轮材质为 CL70 或 ZL-C 级钢,车轮进行静平衡测试,最大残余不平衡值不大于 125 g · m,同一辆车须装用同一型号的车轮。采用 RF_2 型车轴,材质为 LZ45CrV 或 LZW。

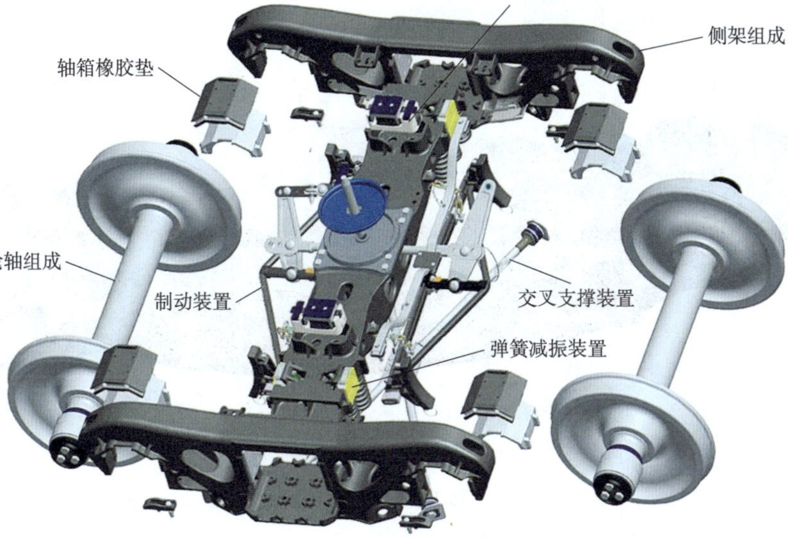

图 2-39　转 DZ1 型货车转向架

2. 轴箱橡胶垫组成

采用八字形结构 TJC-1 型轴箱橡胶垫，主要由上、下衬板与橡胶硫化在一起，设有与侧架和承载鞍定位挡边，上、下衬板间设置内置导电结构，如图 2-40 所示。配套采用材质为 B+级钢的 JF-1 型承载鞍。

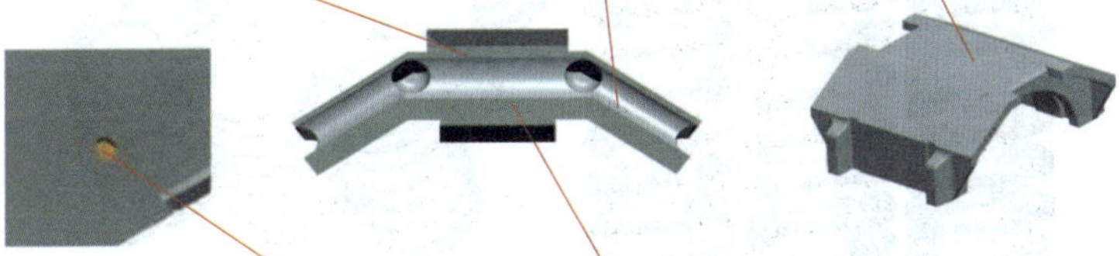

图 2-40　转 DZ1 型转向架轴箱橡胶垫组成

3. 侧架组成

侧架铸有交叉支撑装置和横跨梁安装座；不设轴距标志，不铲豆，无条件互换；镶装卡入式 CHM-1 型滑槽磨耗板，折头螺栓连接侧架立柱磨耗板。折头螺栓、侧架立柱磨耗板与转 K6 型转向架通用。侧架导框里侧安装挡键，保证转向架在吊运过程中轮对不与转向架分离，如图 2-41 所示。

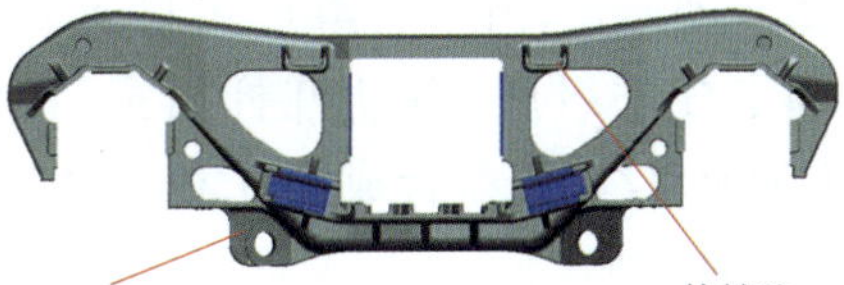

图 2-41　转 DZ1 型转向架侧架组成

4. 摇枕组成

摇枕采用具有防松功能的螺栓连接 BML-1 型摇枕斜面磨耗板，摇枕侧面铸有制动梁安全链安装座，顶部两侧铸有高挡边摇枕旁承盒，摇枕中部孔适应装用集成制动装置和中拉杆制动系统。同时为适应杠杆制动系统的使用，摇枕设有固定杠杆支点安装座。下心盘直径为 375 mm，采用 10.9 级的 M24 螺栓及 10 级的防松螺母与摇枕下心盘面连接，当采用 BY-B 型防松螺母时紧固力矩为 941～1 046 N·m。下心盘安装与转 K6 型转向架相同的导电式心盘磨耗盘，心盘磨耗盘材质为尼龙，如图 2-42 所示。

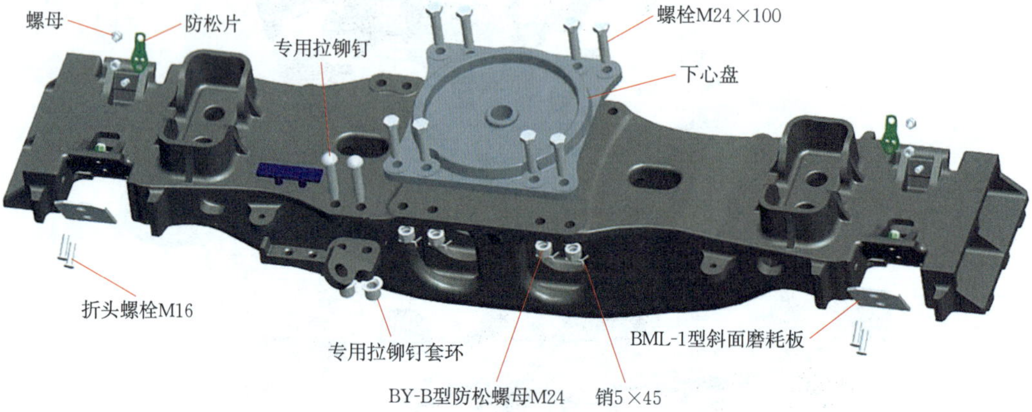

图 2-42　转 DZ1 型转向架摇枕组成

5. 中央弹簧悬挂系统及减振装置

中央弹簧悬挂系统及减振装置的一个侧架承台上排列 9 组弹簧，弹簧材质为 60Si2CrVAT，如图 2-43 所示。

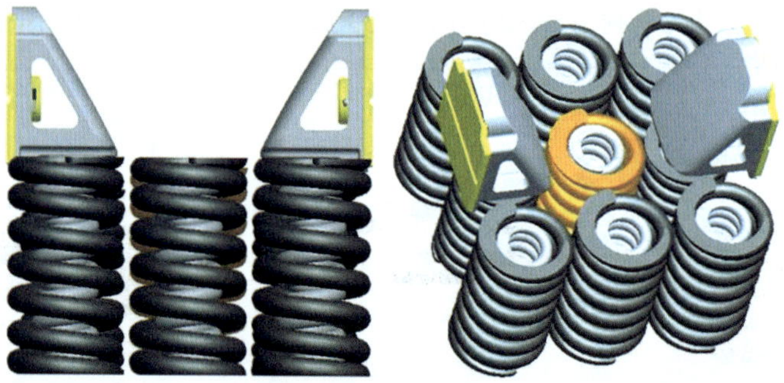

图 2-43　转 DZ1 型转向架中央弹簧悬挂系统及减振装置

6. 基础制动装置

转向架基础制动装置为中拉杆结构的单侧滑槽制动形式，由左右组合式制动梁、中拉杆组成、固定杠杆组成、游动杠杆组成、固定杠杆支点、GM915D 型高摩合成闸瓦和耐磨销套等组成，如图 2-44 所示。

图 2-44　DZ1 型转向架基础制动装置

7. 横跨梁总成

为满足空重车自动调整装置的需要，在转向架游动杠杆端安装 HKL-2 型横跨梁；固定杠杆端安装 HKL-1 型横跨梁。

8. 弹性旁承

DZ1 型转向架采用的弹性旁承按结构不同可以分为 CJC-1 和 CJC-2 型两种弹性旁承。CJC-1 型弹性旁承由弹性旁承体组成、侧板组成、支承磨耗板组成、旁承座、调整垫板和挡铁等零部件组成，如图 2-45 所示。CJC-2 型弹性旁承由弹性旁承体组成、支承磨耗板组成、旁承座、调整垫板和挡铁等零部件组成，如图 2-46 所示。CJC-3 型弹性旁承与 CJC-2 结构相同，使用刚度不同。

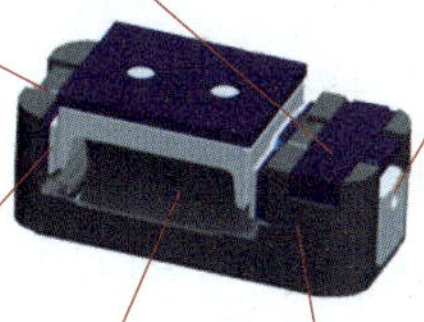

图 2-45　CJC-1 型弹性旁承

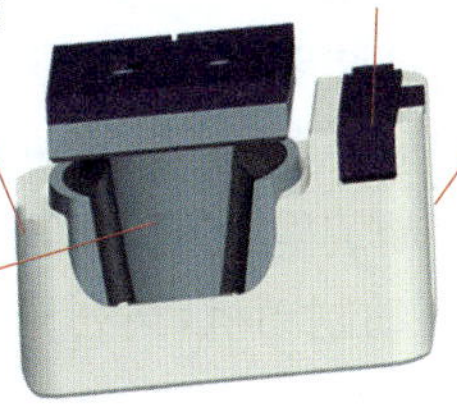

图 2-46　CJC-2 型弹性旁承

第五节　货车制动装置

铁路货车制动装置可实现列车减速、停车功能，确保铁路货车安全运行，主要包括空气制动装置、基础制动装置、人力制动机三部分。

一、铁路车辆主要制动术语

1. 制动：

(1)制动作用：人为地施加于运动物体外力，使其减速、停止或者防止加速。或施加于静止物体，保持其静止状态。

(2)车辆制动：制动缸充气(上闸)，闸瓦抱紧车轮。

2. 缓解：

(1)缓解作用：解除制动作用的过程。

(2)车辆缓解：制动缸排气(闸瓦松开车轮)。

3. 制动波：制动作用沿列车纵向由前向后依次发生(即制动作用的传播)称为制动波。

4. 制动波速：制动波传播的速度称为制动波速。

5. 缓解波：制动机的缓解作用，沿列车纵向由前向后依次发生，称为缓解波。

6. 缓解波速：当自阀手把移到缓解位瞬间起至列车最后一辆制动机发生缓解作用时，传播的速度。

7. 初充气：列车(车辆)编组后，每一节车辆的列车管，副风缸，工作风缸，内无压力空气，此时，由司机或地面供风系统向上述各部分充气称为初充气。

8. 再充气：制动机实施制动后，然后进行制动机充气称为再充气。

9. 常用制动：列车运行中，正常的情况下，为了调速或停车而施行的制动作用称为常用制动。

10. 紧急制动：列车运行中发生意外的情况下，施行的制动称为紧急制动。

11. 局部减压(局减)：施行制动时，分配阀(控制阀)将列车管中的一部分压力空气排入大气或送入制动缸，形成列车管的额外局部减压称局减。

12. 稳定性：列车管缓慢漏泄时，不产生制动作用的性能称为稳定性。

13. 安定性：是指施行常用制动时不发生紧急制动作用的性能。

14. 制动灵敏度：当列车管以一定的减压速度（10～40 kPa/s），进行减压，制动机必须产生制动作用的性能。

注：制动机的稳定性与制动灵敏度，安定性与紧急灵敏度之间是相互制约的。

15. 制动装置：

（1）列车制动装置：列车上能够实现制动作用和缓解作用的装置。

（2）车辆制动装置：装于车辆上，能够实现制动作用和缓解作用的装置。

（3）机车制动装置：装于机车上，能够实现制动作用和缓解作用的装置。

16. 列车自动制动机：当列车自行分离、脱钩后，列车前、后两部分均能自动产生制动作用而停车的制动机。

17. 制动距离：从列车制动阀置于制动位起，到列车停车，列车所走过的距离。

二、货车空气制动机

（一）货车空气制动阀种类

目前我国铁路货车主要的空气制动机主要是120型空气制动机、120-1型空气制动机。

（二）货车空气制动装置组成

空气制动机主要由120型（120-1型）控制阀、制动缸、副风缸、加速缓解风缸、空重车自动调整装置、球芯折角塞门、组合式集尘器、编织制动软管组成、制动管等零部件组成，如图2-47所示。

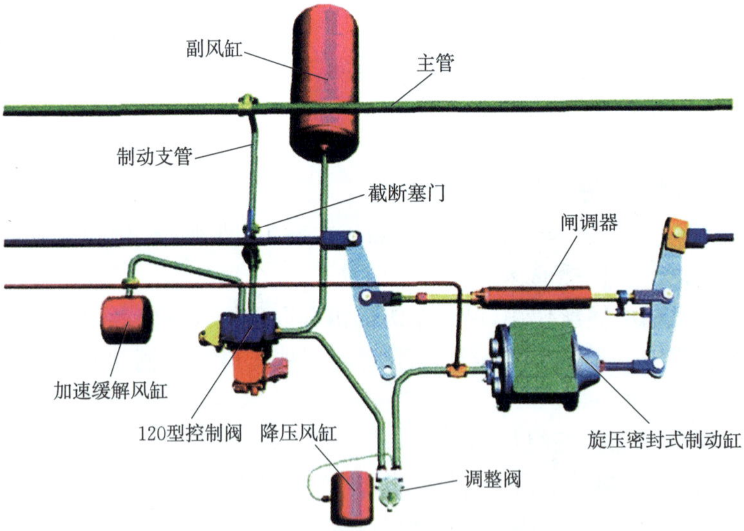

图2-47　120型空气制动机结构

（三）120型控制阀的组成

1. 基本构造

120型控制阀由主阀、半自动缓解阀（以下简称缓解阀）、紧急阀和中间体组成，如图2-48所示。

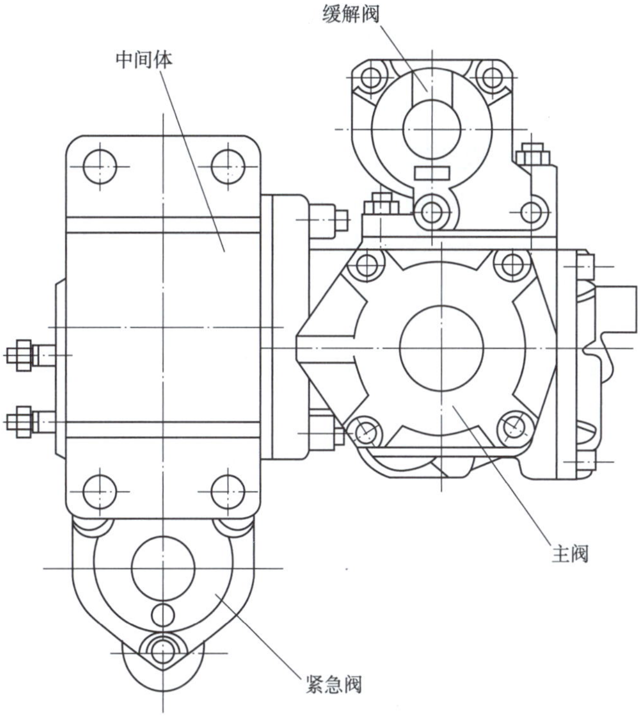

图 2-48　120 型控制阀

(1)主阀

主阀(包括缓解阀)控制着充气、缓解、制动、保压等作用,是控制阀中最主要的部分;由作用部、减速部、局减阀、加速缓解阀和紧急二段阀等五个部分组成,如图 2-49 所示。

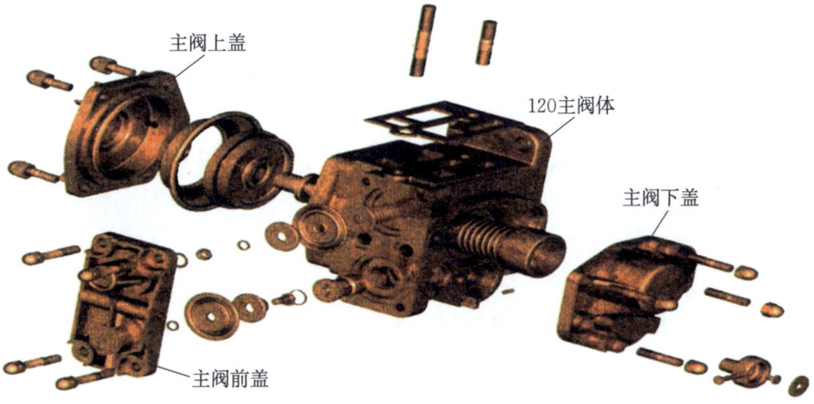

图 2-49　120 型控制阀主阀

①作用部

作用部系利用列车管与副风缸的空气压力差来产生充气、局减、制动、保压、缓解等作用,采用 S 形橡胶膜板及滑阀结构。其功用是当主活塞由于两侧压力差向下或向上移动时,它带着节制阀相对于滑阀以及带着滑阀相对于滑阀座移动,分别使滑阀座以及节制阀与滑阀背面的有关通路连通或切断,从而产生充气、缓解、局减、制动和保压作用。

②减速部

减速部的功用是制动管充气增压时，长大列车前部铁路货车先充入压力空气，增压迅速，使主活塞上、下两侧形成较大的压力差，主活塞带动滑阀向下移动，滑阀下端面接触减速弹簧座后，继续下移，压缩减速弹簧而移到更下面的位置，即为减速充气位。而列车后部，因制动管增压较慢，主活塞两侧形成的压力差较小，主活塞带动滑阀移至滑阀下端面接触减速弹簧座的位置即停止，这时，主活塞连同滑阀所处的位置为充气（缓解）位。在减速充气时，由于滑阀随同主活塞的进一步下移，所以滑阀底面的减速充气孔参加作用，从而使列车前部铁路货车副风缸的充气减慢。

③局减阀

局减阀由局减阀套、局减阀杆、局减膜板、局减上活塞、局减下活塞、局减阀弹簧、毛毡、压垫等零件组成。螺母将局减下活塞、膜板和上活塞紧固在局减阀杆螺纹端，形成一个局减活塞。主阀前盖内设有用压垫压紧的毛毡，用以防止尘土侵入局减阀内。（外侧）经阀盖上直径 3 mm 的小孔通大气，其左侧经局减阀杆轴向圆凹槽及 2 个直径 3 mm 的径向孔与轴向中心孔通制动缸。局减阀套中部沿圆周均布 8 个直径 1 mm 的径向孔，这些小孔的外围空腔经主阀体内暗道通滑阀座 L8 孔。

④加速缓解阀

加速缓解阀与加速缓解风缸一起，使得在本车列车管获得增压，当主活塞动作（下移），本车制动缸缓解时，让准备排入大气的制动缸压力空气作为压力信号先引到加速缓解阀处，使加速缓解阀产生动作，通过本车上加速缓解风缸的压力空气过加速缓解阀中被顶开的夹芯阀充入列车管，产生列车管的局部增压作用，以提高列车的缓解波速，减小列车低速缓解时的纵向冲动。

⑤紧急二段阀

紧急二段阀位于主阀安装面旁，它是为了减轻长大货物列车在紧急制动时的纵向冲动而设置的，由紧急二段阀杆、紧急二段阀弹簧、紧急二段阀套等零件组成。紧急制动时，由于紧急二段阀的作用，使得制动缸压力分成两个阶段呈先快后慢地上升，故称为紧急二段阀。

⑥主阀体

主阀体用 QT450-10 制成，内部设有用来安装作用部（包括减速部）、局减阀、加速缓解阀、紧急二段阀等零部件的空腔，这些空腔中均压装有与各部件相配的铜套，主阀体内还有许多供压力空气流通用的铸造和加工通路。

（2）半自动缓解阀

半自动缓解阀的功用是手动排出制动缸的压力空气，使制动机缓解。称它为“半自动”的原因是拉动位于车体两侧的任一侧缓解阀拉手后，便可带动缓解阀手柄向一侧倾斜。此时，只要制动缸压力空气一开始排出，就可松开拉手，制动缸压力空气会自动地排完。也可一直拉着缓解阀拉手，使整个制动系统（包括制动缸、副风缸、加速缓解风缸、列车管等）的压力空气全部排出。

（3）紧急阀

紧急阀的作用是在紧急制动时加快列车管的排气（紧急局减作用），使紧急制动的作用可靠，提高紧急制动灵敏度，从而提高紧急制动波速。紧急阀由上部的紧急活塞、安定弹簧、下部的放风阀部以及紧急阀盖、放风阀盖和紧急阀体等零部件组成。

(4)中间体

120 型控制阀的中间体主要由中间体、主阀垫、紧急阀垫、滤尘器、滤尘网、中间体堵、螺栓、螺母、弹簧垫圈等组成。

中间体用铸铁铸成,它有四个垂直面,其中两上相邻的垂直面作为主阀和紧急阀的安装座,另两个垂直面作为管子连接座(管座)。在与紧急阀安装座平面相邻的管座平面上,设有两个管孔——制动主管孔和加速缓解风缸孔,它们分别用来连接通往加速缓解风缸和制动管的管子,在与主阀安装座平面相邻的平面上,设有两个管孔,即副风缸管孔和制动缸管孔,它们分别用来连接通往副风缸和制动缸的管子。120 型控制阀中间体结构如图 2-50 所示。

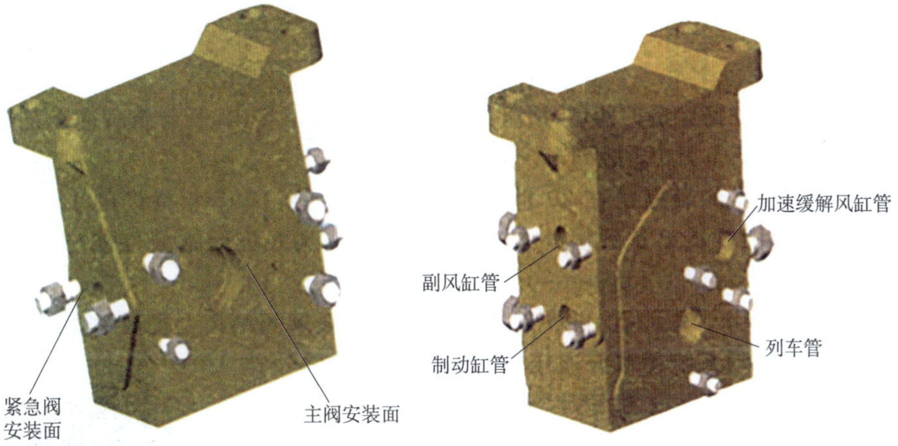

图 2-50　120 型控制阀中间体结构

2. 作用位置

120 型控制阀作用位置有充气及缓解位、减速充气及缓解位、常用制动位、保压位和紧急制动位等 5 个作用位置。

(1)充气及缓解位

①初充气时:制动管压力→主阀滑阀座→副风缸;

制动管压力→主阀滑阀座→加速缓解风缸;

制动管压力→紧急阀→紧急室。

②再充气时:制动管向副风缸、加速缓解风缸及紧急室充气均与初充气时相同。

③缓解作用:制动缸压力→主阀体二段阀周围→滑阀座沙排气口→大气;

加速缓解风缸压力→主阀加速缓解阀止回阀→紧急二段阀上隔腔→制动管。

(2)减速充气及缓解位

①制动管压力→主阀滑阀限制孔→副风缸。

②当制动管增压,制动缸排气缓解时,利用即将排入大气的制动缸压力空气作为控制压力源,去推动加速缓解阀中的橡胶膜板,通过顶杆顶开该阀中的橡胶夹芯阀,使加速缓解风缸中的压力空气通过开启的夹芯阀阀口充入制动管。

(3)常用制动位

①第一阶段时,因制动管减压,主活塞带动节制阀上移,节制阀切断制动管与副风缸通

路，制动管压力经滑阀座、节制阀、局减室至大气孔，实行局部减压。

②第二阶段时，因主活塞继续上移，制动管压力经滑阀座孔、局减阀至制动缸实现第二次局减作用，当制动缸压力升至 50～70 kPa 时局减阀关闭。

③副风缸内压力空气经滑阀座及紧急二段阀周围进入制动缸。

④紧急阀的紧急活塞两侧压差小，故紧急室压力向制动管逆流，保持常用制动的安定。

(4)制动保压位

在制动过程中如停止制动管减压，主活塞外侧风压停止下降，但主活塞内侧副风缸风压向制动缸充风，当风压下降至稍低于主活塞外侧风压时，主活塞两侧产生压力差带动节制阀移动(滑阀不动)遮断滑阀上的制动孔，形成保压作用。

(5)紧急制动位

①紧急活塞两侧形成很大反差，紧急活塞下移顶开先导阀，继而打开紧急放风阀使制动管压力迅速排入大气。

②紧急制动时，副风缸压力空气经滑阀座及滑阀孔进入紧急二段阀及制动缸。当制动缸压力达 120～150 kPa 时，紧急二段阀压缩弹簧副风缸压力经限制孔进入制动缸，使其压力上升先快后慢，成为两个阶段。

(四)120-1 型控制阀的组成

120-1 型控制阀与 120 型控制阀构造基本相同，仍由中间体、主阀、半自动缓解阀和紧急阀等四部分组成。

1. 中间体

中间体与 120 型控制阀相同。

2. 主阀

120-1 主阀如图 2-51 所示。

120-1 型控制阀的常用加速制动作用是由滑阀、节制阀各孔在不同作用位时开、闭实现的。因此滑阀上的各孔位置及尺寸调整较多，并增加了 f7 和 ju3 两个小孔，如图 2-52 所示。根据需要，活塞和滑阀工作行程也相应增加了 2 mm。

图 2-51　120-1 型控制阀主阀

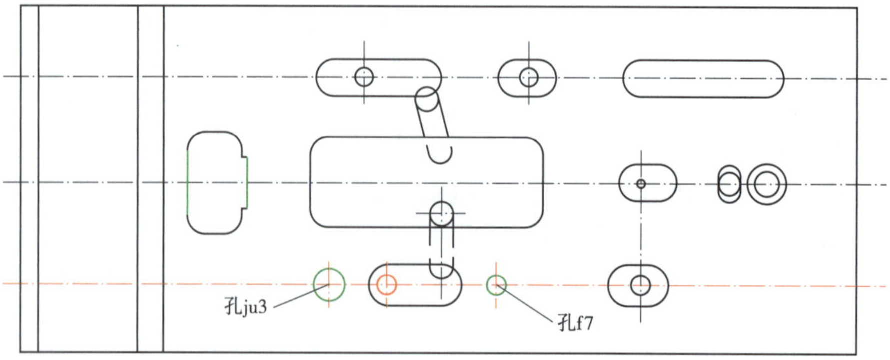

图 2-52　120-1 型控制阀滑阀底面的各孔槽布置

局减阀为了减少漏泄，将局减下活塞和局减杆合为一体，并取消了 M8 弹性垫圈，改用防松螺母，局减盖按 2000 年改图要求增加 4 mm×4 mm 的倒角，改进后构造如图 2-53 所示。

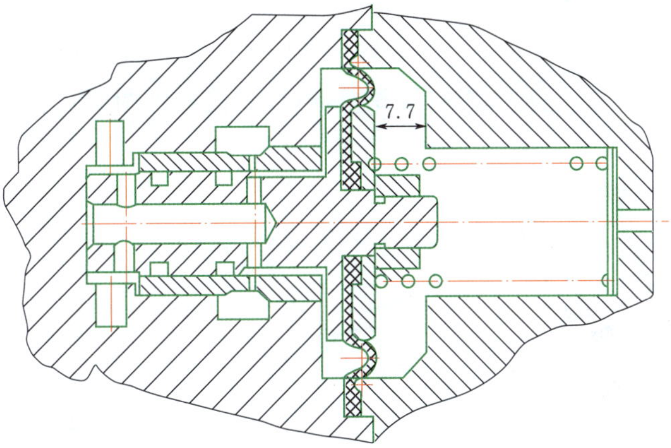

图 2-53　120-1 型控制阀改进设计后局减阀结构（单位：mm）

主阀部上盖、前盖为了防止变形增强刚度，增加了一些加强筋，同时也可以作为 120-1 型控制阀的识别标记，具体外形如图 2-54、图 2-55 所示。

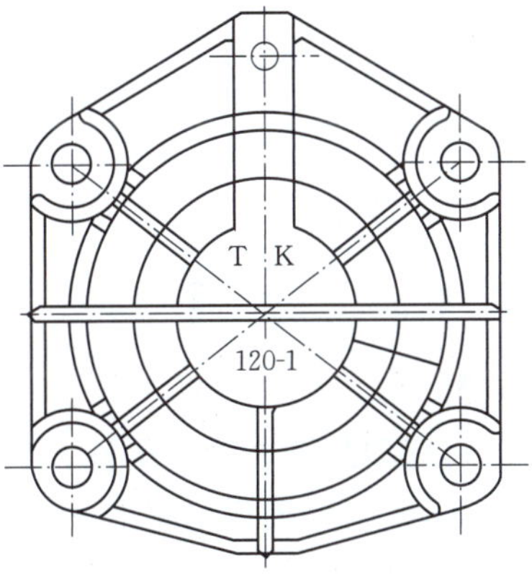

图 2-54　120-1 型控制阀主阀上盖

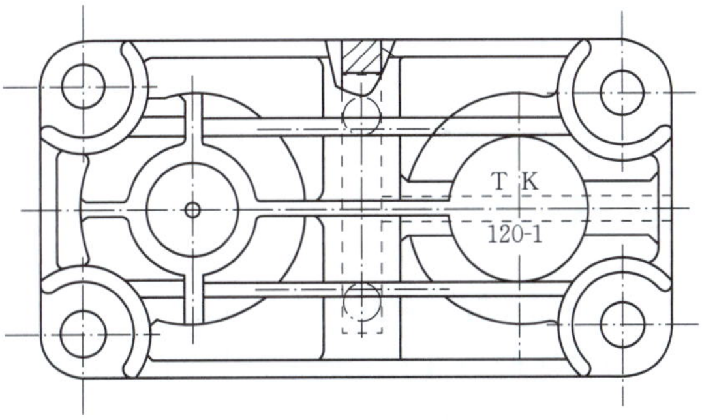

图 2-55　120-1 型控制阀主阀前盖

除此以外，又增加“TK”的工厂徽记和“120-1”铸字以便识别，以免与 120 型控制阀各盖混装。特别是上盖活塞运动内孔深度已由 22 mm 改为 24 mm，应注意切勿误装。其余减速部、加速缓解阀部与原 120 型控制阀相同。

3. 半自动缓解阀

120-1 型控制阀的半自动缓解阀与 120 型控制阀相同。

4. 紧急阀

在紧急阀上盖外侧同样亦增加一些加强筋以增加刚度，同时增加“TK”的工厂徽记和“120-1”铸字，如图 2-56 所示。

为了防止试验台试验中紧急膜板吸在盖上影响试验结果的准确性，在紧急阀内侧增加小孔 1 个，其余与 120 型控制阀相同。

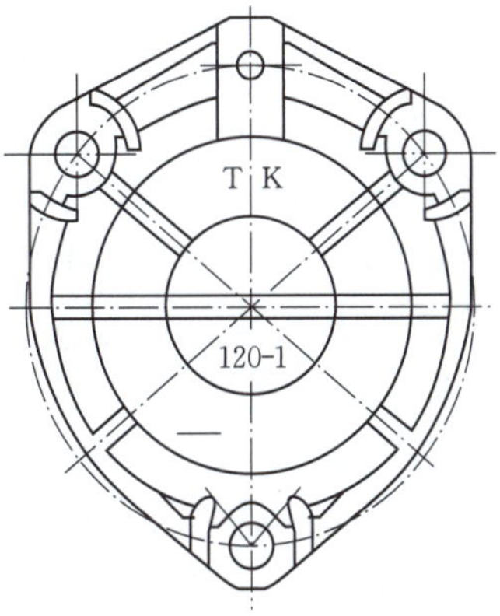

图 2-56　120-1 型控制阀紧急阀盖

三、货车基础制动装置

(一)基础制动装置作用

基础制动装置将制动缸的推力通过各杠杆及拉杆传递、放大，使闸瓦压紧车轮踏面而实施制动，主要由杠杆、拉杆、闸瓦间隙自动调整器(以下简称闸调器)、制动梁及闸瓦等组成，如图 2-57 所示。

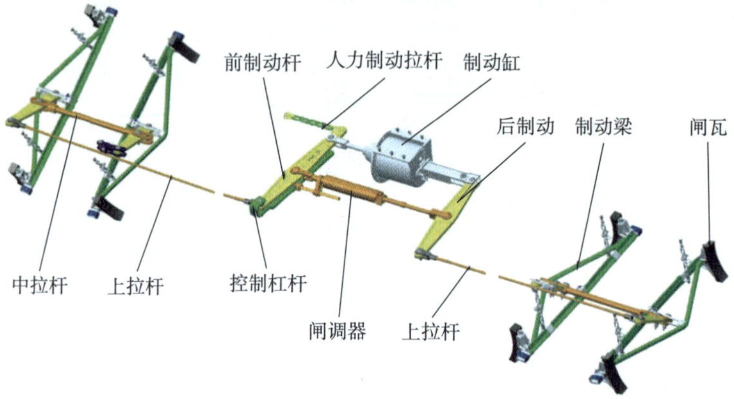

图 2-57　基础制动装置

1. 闸瓦

(1)用途：用于在制动时直接与车轮摩擦，产生摩擦力。

(2)构造：合成闸瓦是由树脂、金属粉末(铸铁粉、铜粉、铝粉或铅锌等氧化物)、减摩剂及稳定剂等材料在热压下塑合而成。

2. 制动缸活塞推杆

(1)用途：用于推动制动缸杠杆并便于人力制动机的使用。

(2)构造：制动缸活塞杆和推杆是介于空气制动机和基础制动装置之间的配件。铁路货车用制动缸活塞杆是由钢管制成的中空筒形圆杆，用铆钉铆固在制动缸活塞座上，中间插入推杆，两者没有固定结合装置。

3. 杠杆

(1)用途：用于传递和扩大制动力。

(2)种类与构造：铁路货车所采用的各种杠杆，根据安装部位和作用的不同，其名称也不相同，如制动缸前杠杆、制动缸后杠杆、移动杠杆、固定杠杆等。从形式上分主要有两种：一种是 4 个圆销孔，多用于制动缸前杠杆；另一种是 3 个圆销孔，多用于移动杠杆、固定杠杆、制动缸后杠杆等。各种杠杆的形状大体相同，杠杆中部因受力较大，故其断面尺寸较大，两端稍窄，构成鱼腹形。

4. 拉杆及圆销

(1)用途：连接各杠杆、传递制动力。

(2)种类与构造：铁路货车所采用的各种拉杆，根据安装部位的不同，分为上拉杆、下拉杆、中拉杆等。各部圆销也因各自的作用和安装位置不同，名称及规格也有所区别。提速转向架的基础制动装置采用奥—贝球铁衬套和 45 钢圆销，奥—贝球铁衬套具有良好的耐磨性，与表面硬度较高的 45 钢圆销配合使用可以提高销套的配合精度，具有较高的耐磨性，延长检修周期，减小检修工作量。

5. 制动梁

(1)用途：用于在制动时承受制动机各杠杆扩大后的负荷，将闸瓦压紧车轮。

(2)种类：L-A、L-B、L-C型组合式制动梁，主要用于21 t、25 t轴重货车；L-B1型组合式制动梁用于27 t轴重货车；BLB型和TMX型组合式制动梁用于BAB集成制动装置的转向架。

(3)组合式制动梁结构特点：L-A、L-B型组合式制动梁是为提高制动梁的疲劳强度和使用可靠性，借鉴其他技术标准开发的新型制动梁，如图2-58所示，可用于转8AB、转8B、转K2、转K4、转K5、转K6、控制型等大多数型号的转向架。

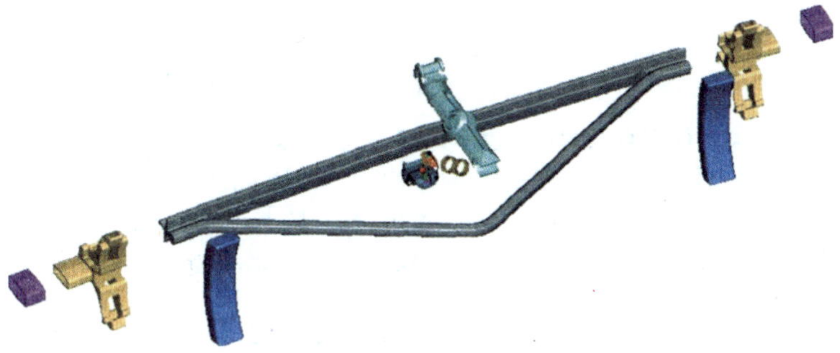

图2-58　L-A、L-B型组合式制动梁结构

它采用了全新的结构形式，其主要特点有：

①采用了模块化的组合式结构，整个制动梁由几个主要部件组装在一起构成。

②制动梁架是特殊形状截面的异形钢材经切分、拉制而形成的弓形梁。

③支柱与夹扣是成对使用的部件，支柱前端的U形接口支撑在制动梁架的前杆部位，支柱后端和夹扣均有U形接口，两者共同夹持在制动梁架的后杆部位。

④闸瓦托装在制动梁架两端，闸瓦托后部带有与制动梁架截面形状相适应的止孔，制动梁架采用压力装配方式装入闸瓦托的止孔内。

⑤制动梁为滑块式结构，滑块在闸瓦托上铸出。

⑥采用非金属滑块磨耗板。

⑦制动梁为无焊缝结构，疲劳试验次数达270万次。

两种制动梁的主要区别：L-A型组合式制动梁采用锻造制动梁架，L-B型组合式制动梁采用轧制制动梁架。

(4)L-C型组合式制动梁

L-C型组合式制动梁是在制动梁锻造端头和热压装工艺优点的基础上研制而成的，如图2-59所示。其主要结构特点有：

①滑块与制动梁端头连成一体，用优质钢整体锻造，消除了原制动梁滚子轴焊缝裂损、折断的缺陷，并可防止闸瓦低头磨轮。

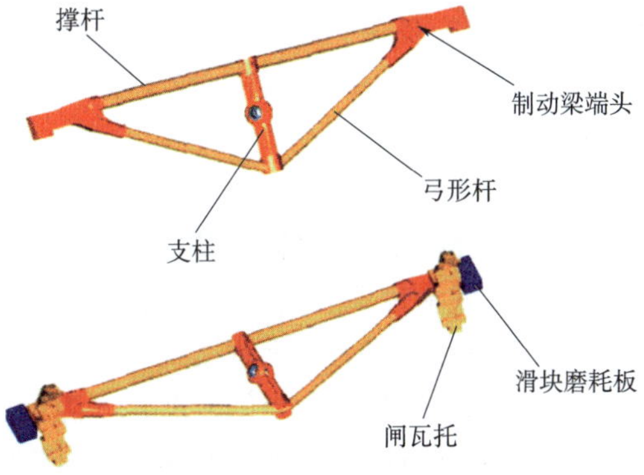

图2-59　L-C型组合式制动梁结构

②支柱卡装在制动梁架中央，由定位螺栓在撑杆中央处定位。材质由优质钢锻造，消除了铸造缺陷，提高了其强度等级。其结构经优化后，抗扭能力提高，可有效消除现有制动梁支柱槽口裂纹。

③弓形杆为轧制的优质圆钢，撑杆为轧制无缝钢管。弓形杆与制动梁端头、撑杆与制动梁端头采用了过盈热套新结构，使弓形杆与端头、撑杆与端头紧密连接而不产生应力集中。

④闸瓦托与端头采用折头螺栓和防松螺母连接。端头伸出闸瓦托的扁方头，即为制动梁的滑块，其上套有含油尼龙的滑块磨耗套，伸入侧架的滑槽内。

⑤滑块与制动梁端头锻成一体，从源头上解决制动梁脱落问题。

⑥取消了受力焊缝连接结构，制动梁强度、刚度和疲劳强度增大。

6. 闸瓦间隙自动调整器

(1)种类

目前我国铁路货车常用的闸瓦间隙自动调整器按型号分主要 ST1-600 型和 ST2-250 型双向闸瓦间隙自动调整器。

(2)优点

①能根据闸瓦间隙的变化，自动调整制动缸活塞行程保持在规定的范围内，保证铁路货车有足够的制动力，保障行车安全。

②在列车中各铁路货车的制动缸活塞行程能自动地保持一致，减少列车制动时的纵向冲击。

③取消手工调整制动缸活塞行程，减轻列检人员的体力劳动，缩短列车的技检作业时间。

④节省列车压缩空气的消耗。

(3)基本构造

ST1-600、ST2-250 型闸瓦间隙自动调整器由本体部、控制部和连接部等 3 部分组成。本体部由外体、拉杆、护管、螺杆等组成。螺杆与引导螺母或调整螺母组成为非自锁螺母副。另有主弹簧、压紧弹簧、小弹簧、引导弹簧等 4 个弹簧。离合器共有 6 个，其中 1 个是锥齿式的，另 1 个是平面离合器，其余 4 个是锥面或弧面离合器。此外还有轴承等部件。ST1-600 型闸瓦间隙自动调整器结构如图 2-60 所示。

(4)基本参数

ST1-600 型闸瓦间隙自动调整器安装在车辆 1 位上拉杆位置使用，ST2-250 型闸瓦间隙自动调整器安装在中拉杆位置使用；在车辆上全部装用新品高摩合成闸瓦时，闸瓦间隙自动调整器螺杆伸出长度(螺杆上划线至管头距离)：ST1-600 型为 500～570 mm；ST2-250 型为 200～240 mm。

(5)基本作用原理

闸瓦间隙自动调整器的基本构造实际相当于将拉杆截成两截，套在一起。一截做成螺杆，另一截成为带框架的空心拉杆。中间用调整螺母连接，转动调整螺母，拉杆就伸张或缩短。在调整螺母前后装上预压缩弹簧，把螺杆和调整螺母做成多头的非自锁螺纹，弹簧推动螺母向前或向后转动。当闸瓦磨耗间隙增大，闸瓦间隙自动调整器自动缩短，将闸瓦与车轮间隙调至正常范围。当换上新闸瓦后，间隙变小，闸瓦间隙自动调整器自动伸长，将间隙调到正常范围，从而使制动缸活塞行程保持在规定范围内。

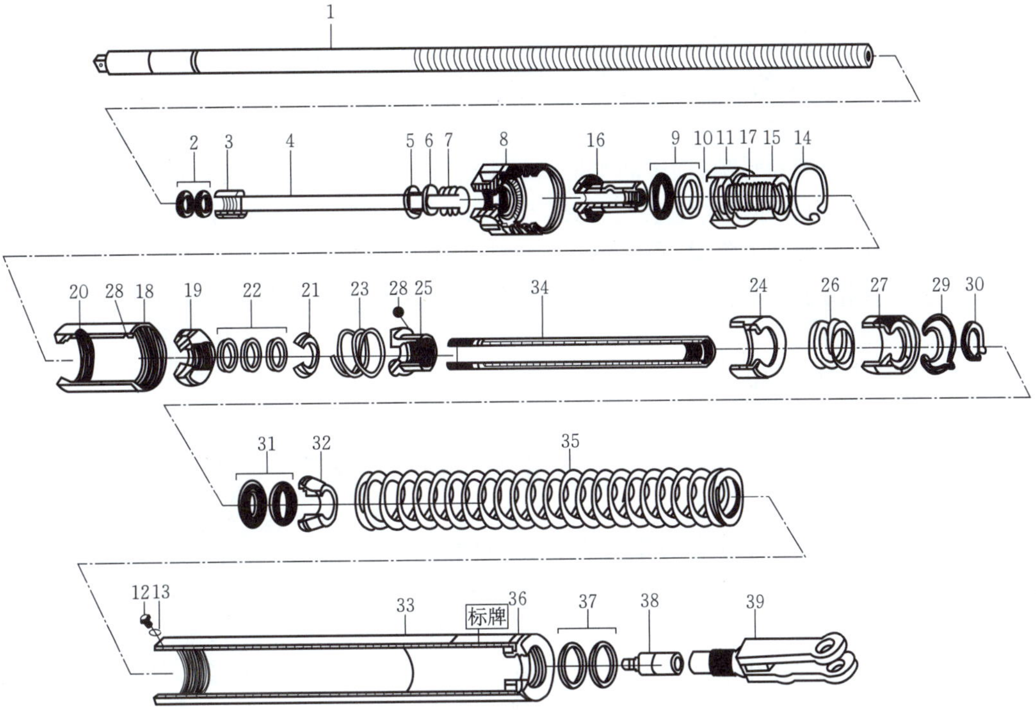

1—螺杆；2—密封圈；3—护管头；4—护管；5—孔用弹性挡圈；6—垫圈；7—橡胶密封圈；8—前盖；9—轴承；10—弹簧盒盖；11—弹簧盒中节；12—螺钉；13—弹性垫圈；14—孔用弹性垫圈；15—弹簧盒座；16—引导螺母；17—引导螺母弹簧；18—套筒体；19—调整螺母；20—导向螺钉；21—小弹簧座；22—轴承；23—小弹簧；24—活动套；25—拉杆端头；26—压紧弹簧；27—套筒盖；28—弹性圆柱销；29—离合片；30—轴用弹性挡圈；31—轴承；32—主弹簧座；33—外体；34—拉杆；35—主弹簧；36—后盖；37—密封圈；38—防脱螺钉；39—拉杆头。

图 2-60　ST1-600 型闸瓦间隙自动调整器结构

(6)主要区别

ST1-600 型与 ST2-250 型闸瓦间隙自动调整器构造基本相同，大部分零件可互换使用。其主要区别是安装位置不同：ST1-600 型闸瓦间隙自动调整器安装在铁路货车 1 位上拉杆位置使用。而 ST2-250 型闸瓦间隙自动调整器安装在中拉杆位置上使用，其全长较短，重量也较轻，一次性调整制动缸活塞行程也较大。

(二)人力制动机

铁路货车常用人力制动机主要有 NSW(NSW-Ⅰ)型、FSW 型、固定链条式、脚踏式、折叠链条式、旋转(卧)式链条、摇臂(棘轮)式链条等型号。

1. NSW(NSW-Ⅰ)型人力制动机

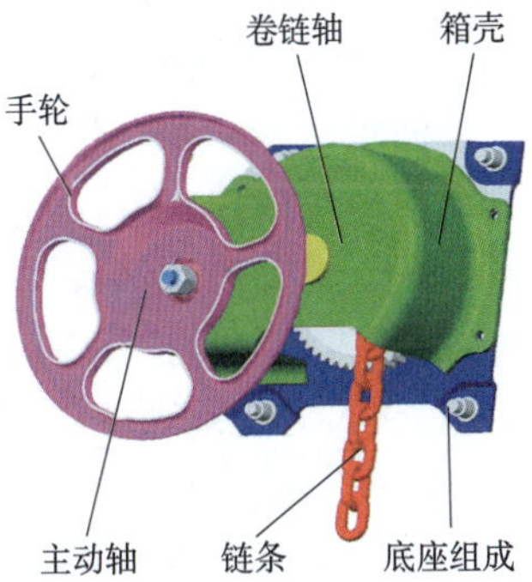

图 2-61　NSW 型人力制动机

NSW 型人力制动机由手轮、卷链轴、箱壳、主动轴、链条、底座组成，如图 2-61 所示，其具有制动、缓解、调力制动和锁闭四种功能。

手柄位于标记“常用”位置，顺时针方向旋转手轮，带动主动轴上的键轮转动，通过离合器将转动传递到小齿轮上，小齿轮带动大齿轮转动，可以实现制动的目的。此时，逆时针方向旋转手轮约 40°，即可带动离合器轴向运动，通过离合器将主动轴至小齿轮的传动断开，从而达到缓解的目的。这种结构手轮逆时针方向只能转动约 40°左右，缓解时不会有手轮跟转的情况发生。

手柄放在标记“调力”位置，此时，人力制动机内部的棘舌不起作用，顺时针方向旋转手轮，带动主动轴上的键轮转动，通过离合器将转动传递到小齿轮上，小齿轮带动大齿轮转动，可以实现制动的目的。通过手轮的逆时针转动可随意减少制动力，顺时针转动手轮可随意增加制动力，从而实现调力制动，可在调车作业中采用。需要注意的是，在调力的过程中，手不要离开手轮，以防手一旦离开而造成彻底缓解。当铁路货车停稳后，手柄拨向“常用”位置，上紧手轮可以防溜。

2. FSW 型人力制动机

FSW 型人力制动机由手轮、手柄、箱壳、卷链轴、主动轴、链条和底座组成，如图 2-62 所示，其具有制动、阶段缓解和快速缓解功能。

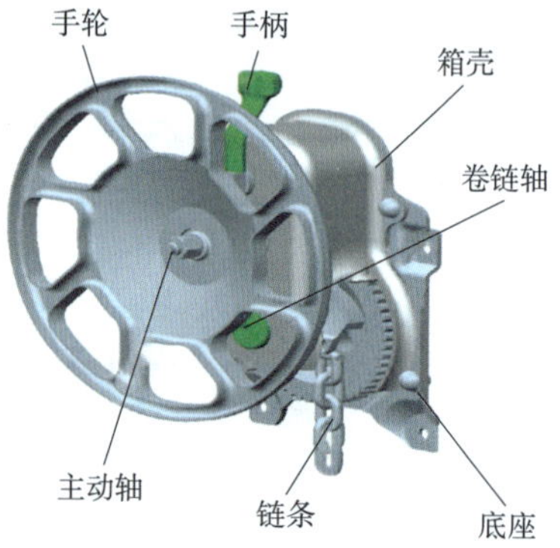

图 2-62　FSW 型人力制动机

制动：手柄处于保压位，扇形轮将离合器拨向左侧，使其与控制轮闭合，棘舌受开闭挡限制，可沿斜面往复滑动，棘轮只可沿顺时针方向转动。当手轮上沿顺时针方向施加力矩时，借助于控制轮和小齿轮之间的螺纹连接，将这两个零件之间的其余零件夹紧，并沿顺时针方向转动，小齿轮带动大齿轮，再带动卷链轴将链条提升，产生制动力。当取消力矩时，由于棘轮在保压位不能沿逆时针方向转动，借助于棘轮与摩擦片之间的摩擦作用，链条的拉力不能使小齿轮沿逆时针方向转动，能有效地起保压作用。

阶段缓解：手柄仍处于保压位，当手轮上沿逆时针方向施加力矩时(其值略小于制动力矩)，控制轮沿逆时针方向转动，它与小齿轮之间的螺纹连接松开。棘轮和摩擦片之间的摩擦力减少，这时虽然棘轮不能沿逆时针方向转动，但在链条拉力作用下，小齿轮可克服摩擦力而沿逆时针方向转动，产生阶段缓解作用。实际上，小齿轮和控制轮是同步地沿逆时针方向转动，并随时夹紧棘轮等零件，所以取消力矩时，仍有保压作用。

快速缓解：手柄由保压位沿顺时针方向推向缓解位，扇形轮将离合器拨向右侧，使其与控制轮脱开，轴带动开闭挡沿顺时针方向转动，棘轮不再受开闭挡限制，可沿逆时针方向转动。小齿轮在链条拉力作用下，沿逆时针方向快速转动，实现快速缓解。

3. 固定链条式人力制动机

固定链条式人力制动机多用于棚车、敞车、罐车等类铁路货车上，我国绝大部分的铁路货车均采用这种人力制动机。它由人力制动手轮、人力制动轴导架、人力制动轴、棘轮、棘子锤、棘子、棘子托、踏板、人力制动踏板托、人力制动轴托、人力制动轴链、链条滑轮、人力制动拉杆托、人力制动拉杆等零部件组成，如图 2-63 所示。人力制动轴的上部装有一个手制动手轮，在人力制动轴中部稍下方设有人力制动踏板，上面设有为防止人力制动轴逆转的人力制动棘轮、棘子、棘子锤。人力制动轴导架能保持人力制动轴正位，使其不致倾斜摇摆。人力制动轴下方设有人力制动轴托，以支承人力制动轴。人力制动轴的下端钻有一个透孔，用螺栓和人力制动轴链连接在一起。其作用原理为：

制动时，先将棘子锤压在棘子的外端，使棘子的内端卡在棘轮上，以防止逆转。然后顺时针方向转动手轮，人力制动轴随着转动，人力制动轴链便卷绕在人力制动轴上，拉动人力制动拉杆发生制动作用。

图 2-63　固定链条式人力制动机

缓解时，将棘子锤提起，使棘子内端离开棘轮，则人力制动轴依其反拨力逆转，恢复到缓解位置。

4. 脚踏式人力制动机

脚踏式人力制动机主要由杠杆传动机构、绕链机构、控制机构等 3 部分装配在壳体内外组成，如图 2-64 所示。杠杆传动机构由脚蹬、脚踏杠杆、拉杆、绕链棘爪、重锤连块组成，绕链机构由绕链轴和绕链棘轮组成，控制机构由控制杆及 2 个控制棘爪组成。

功能和优点：

(1)脚踏式人力制动机适用于多种车型铁路货车，可用于铁路货车的调车作业、锁闭防溜等。

(2)改变了人力制动的施力方式，即改手施力为脚踏施力，具有制动保压、阶段缓解、快速缓解和锁闭防溜等功能；具有安全性好、制动力大、操作简便、省力、便于瞭望等优点。

图 2-64　脚踏式人力制动机

5. 折叠链条式人力制动机

多使用在平车和长大货物车上，折叠轴链条式人力制动机的构造和作用与固定轴链条式人力制动机基本相同，如图 2-65 所示。不同点是，其人力制动轴分上、下两段，用铆钉连接，使用时用轴套固定，不用时可将上段放倒，平置于人力制动轴手把托内，以免妨碍装卸货物或运送长大货物。

图 2-65　折叠链条式

6. 旋转(卧)式链条人力制动机

旋转(卧)式链条人力制动机主要用于 X_{6A}、X_{1K}、NX_{17A}、D_{10} 等型车，由转动支架座、转动支架及人力制动机构等组成，如图 2-66 所示。

图 2-66 旋转(卧)式链条

(1)如人力制动机处于直立位置时，使用前应确认转动支架与转动支架座的孔内插有固定圆销。

(2)如人力制动机处于倾斜位置，须将固定圆销拔出，然后旋转人力制动机，使其直立将固定圆销固定后，才可使用制动机。

(3)卸货物或不使用时，应将固定圆销由转动支架及支架座中拔出，将人力制动机整体沿支架座向中梁方向旋转约 75°左右，使制动轴放置于轴托架上，并在转动支架及转动座孔内插入固定圆销加以固定。

(4)人力制动机不使用时，只允许向车钩方向倾斜，不得倒向侧梁方向，以免超出车辆限界，危及行车安全。

7. 摇臂(棘轮)式链条人力制动机

棘轮式人力制动机只用在极少数的旧型铁路货车上，由棘轮、制动手把、缓解手把、棘子弹簧、棘轮轴、人力制动链、盒体、盒盖等零部件组成，如图 2-67 所示。

图 2-67 摇臂(棘轮)式链条

制动时，上、下扳动制动手把，手把尖端拨动棘轮，棘轮轴随着转动使人力制动链缠绕在棘轮轴上，拉动基础制动装置产生制动作用。

缓解时，扳动缓解手把使棘子离开棘轮，棘轮轴依反拨力自然逆转，松开人力制动链起缓解作用。

(三)集成制动装置

集成制动装置将制动缸、闸调器以及传动杠杆等集成在转向架上；车体与转向架之间的连接除心盘和旁承外，仅有制动风管和人力制动拉杆；简化了车体布局，提高了传动效率；提高了制动与缓解的可靠性，减少了磨耗和制动故障；消除了上拉杆拉力对转向架附加力矩的不利影响。

集成制动装置主要有 BAB 型转向架集成自动装置和 DAB 型转向架集成制动装置。

1. 性能参数

BAB、DAB 型转向架集成制动装置主要性能参数见表 2-3。

表 2-3　BAB、DAB 型转向架集成制动装置主要性能参数

BAB 型主要性能参数		DAB 型主要性能参数	
空车位制动缸活塞行程	(57±6)mm	空车位制动缸活塞行程	(110±10)mm
制动缸最大活塞行程	100 mm	制动缸最大活塞行程	220 mm
闸调器调整能力	≥200 mm	闸调器调整能力	≥120 mm
重车传动效率	≥80%	重车传动效率	≥75%

2. BAB 型转向架集成制动装置

BAB 型转向架集成制动装置可分为两种类型，其中适应 915 mm 轮径的 BAB 型集成制动装置型号为 BAB-1 型，适应 840 mm 轮径的 BAB 型集成制动装置型号为 BAB-2 型。

(1)结构组成

每辆车有两台转向架，每台转向架各有一套 BAB 型集成制动装置，制动缸通过 DN20 编织护套软管与车体 DN20 制动缸管路连接。

BAB 型集成制动装置主要包括 BAB 型单元制动缸、闸调器、制动梁、推杆组成、制动杠杆等，如图 2-68 所示。

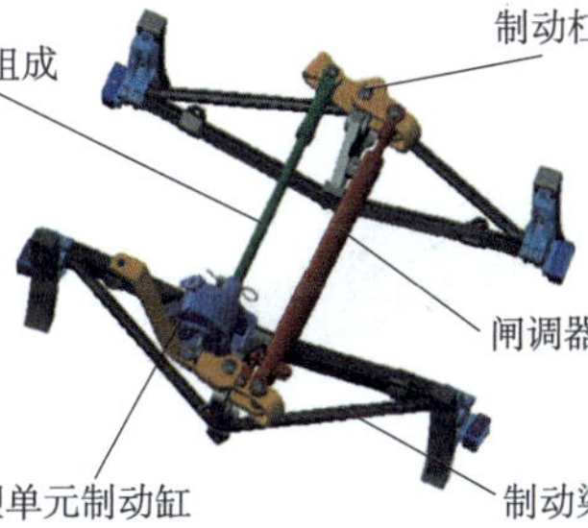

图 2-68　BAB 型集成制动装置

制动缸由缸体、活塞膜片、支撑环、活塞、缓解弹簧、前盖、活塞杆、行程指示牌及密封件等组成，如图 2-69 所示。

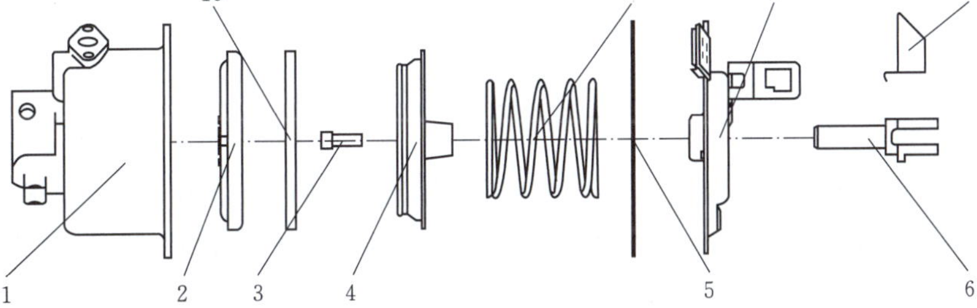

1—缸体；2—活塞膜片；3—固定螺栓；4—活塞；5—前盖垫；6—活塞杆；7—行程指示器；
8—前盖；9—缓解弹簧；10—支撑环。

图 2-69　制动缸结构

闸调器主要由前拉杆头、后拉杆头、调整螺母、筒体、连接套、主弹簧、控制弹簧、控制杆、螺杆等组成,如图 2-70 所示。

集成制动装置制动梁有 BLB-2、TMX-840 型两种结构,结构组成如图 2-71 所示。BLB-2 型制动梁架采用整体热轧工艺制造,TMX-840 型制动梁架采用焊接工艺制造。

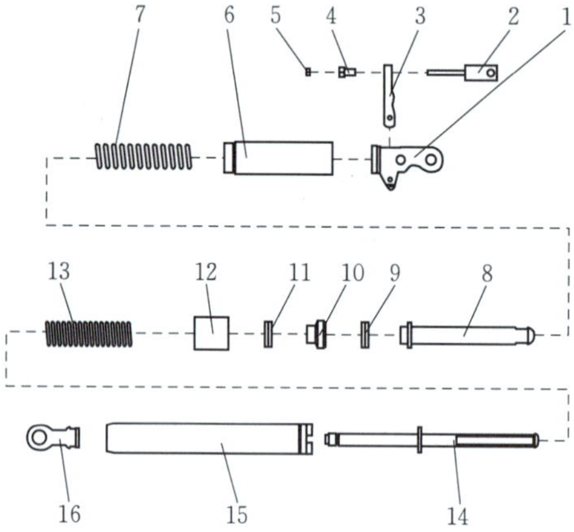

1—前拉杆头;2—控制杆;3—挡铁;4—控制杆螺母;
5—锁紧螺母;6—筒体(1)7—控制弹簧;8—拉杆;
9—轴承;10—调整螺母;11—轴承;12—连接套;
13—主弹簧;14—螺杆;15—筒体;16—后拉杆头。

图 2-70 闸调器结构

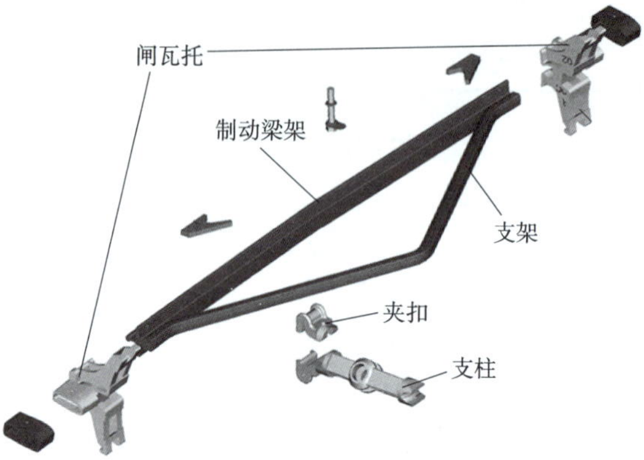

图 2-71 制动梁结构

制动杠杆和 J 型杠杆采用整体锻造结构,外观如图 2-72 所示。

(a)制动杠杆(1)

(b)人力制动杠杆

(c)J型杠杆(1)

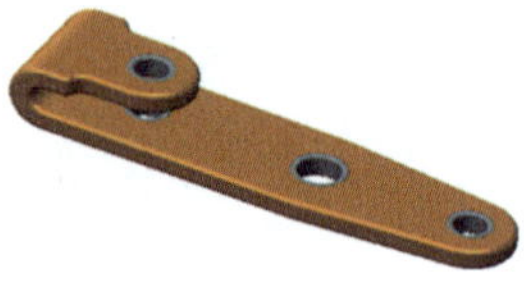

(d)制动杠杆(2)

(e)J型杠杆(2)

(f)推杆组成

图 2-72 制动杠杆和 J 型杠杆

(2)力的传递过程

车辆制动时,集成式制动装置制动力的传递过程为:制动缸推出力→制动缸侧杠杆→前制动梁→闸调器→非制动缸侧杠杆→后制动梁→推杆→制动缸座→前制动梁,如图 2-73 所示。

(3)运用中行程检查

在车辆运用过程中,活塞行程指示器(三角旗)的长竖直边在活塞行程范围显示框内为合格,否则为不合格,如图 2-74 所示。长竖直边处于缓解指示框内为缓解。检查人员通过转向架侧架三角孔,在车辆两侧均可进行活塞行程检查。

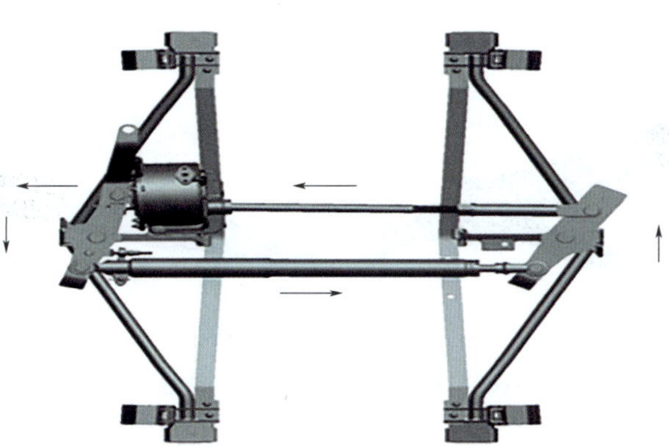

图 2-73 BAB 型制动力的传递

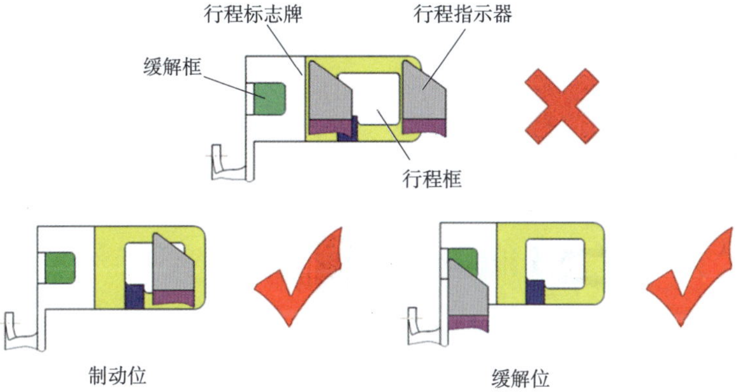

图 2-74 活塞行程指示牌

3. DAB-1 型转向架集成制动装置

DAB-1 型转向架集成制动装置的单元制动缸布置在中拉杆位置，闸调器采用内置式控制装置。

(1)结构组成

每辆车有两台转向架，每台转向架各有一套 DAB-1 型集成制动装置，DAB-1 型集成制动装置主要由 DAB-1 型单元制动缸(增力型制动缸、压缩式闸调器)、制动杠杆、组成式制动梁、链蹄环等组成，如图 2-75 所示。

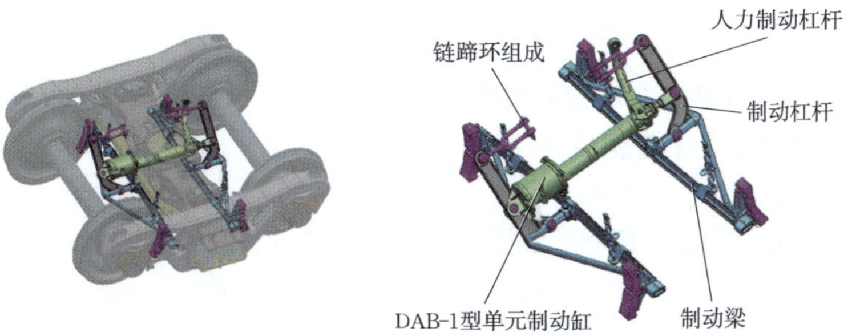

图 2-75 DAB-1 型集成制动装置

制动缸由缸体、缸盖、制动缸活塞、活塞杆及膜片、支撑环、润滑套、滤尘网、胶泥、支承环、缓解弹簧等组成，如图 2-76 所示。

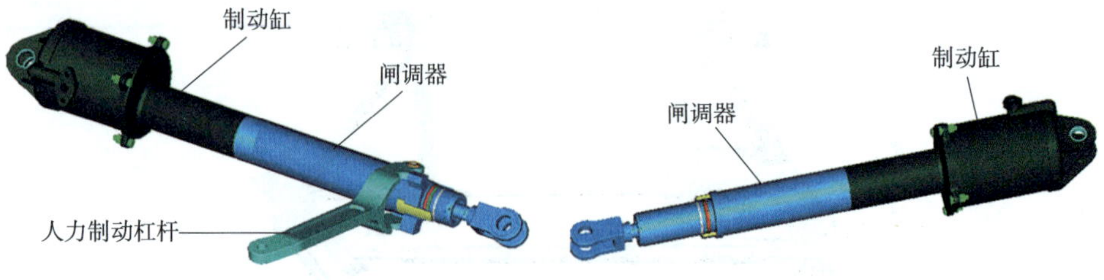

（a）带人力制动　　　　（b）不带人力制动

图 2-76　DAB-1 型单元制动缸

当车辆实施风制动时，压缩空气进入制动缸组成后腔，推动制动缸活塞和活塞杆向前运动并压缩缓解弹簧。前伸的活塞杆通过挤压胶泥将制动力等压强传递至增力缸活塞，根据液体等压强传递的特点，在压强相等的情况下，增力缸活塞面积大于活塞杆面积，从而放大制动力。

闸调器主要由螺杆、调整螺母、轴承、主弹簧、作用弹簧、复位弹簧、外套筒、限位筒、控制杆、套筒、伸缩杆、行程指示器、端盖及螺杆头等组成，如图 2-77 所示。

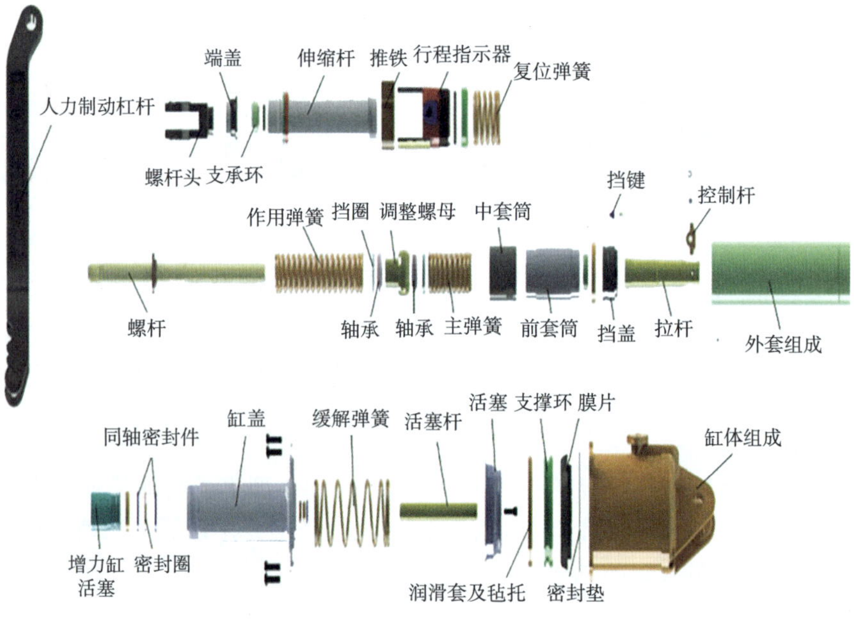

图 2-77　闸调器结构

DAB-1 型集成制动装置制动梁采用传统的 L-B 型组成式制动梁，制动梁由制动梁架、支柱、左右闸瓦托、滑槽磨耗套等组成。

(2)力的传递过程

车辆制动时，DAB-1 型集成制动装置制动力的传递过程为：

制动缸推出力 → 前制动杠杆 → 制动梁 → 闸瓦

制动缸推出力 → 闸调器 → 制动梁 → 闸瓦

当实施人力制动时，拉动人力制动杠杆，推动闸调器从外套筒中伸出，单元制动缸长度增加，通过制动杠杆带动制动梁上的闸瓦贴靠车轮，实现制动。

(3)运用中行程检查

为了便于活塞行程调整与判断，在闸调器端部上设计了制动缸活塞形成范围指示器。在外套筒上铆接有弹涂装为黄色的弹簧钢板形成指示器，伸缩杆上有三道凸起标志环带，依次涂装为红色、绿色、白色。检查人员在车辆两侧通过转向架侧架三角孔可观察活塞行程，通过观察制动缸行程指示器与行程标志环带相对位置，判断行程是否合格，如图 2-78、图 2-79 所示。

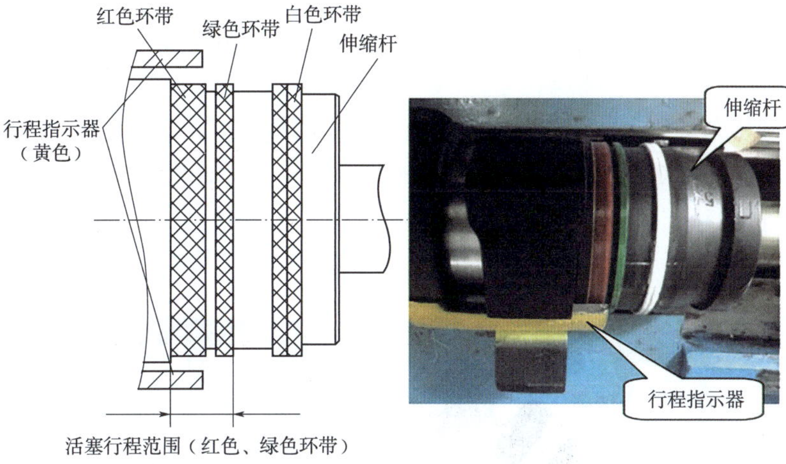

图 2-78　制动时活塞行程指示牌

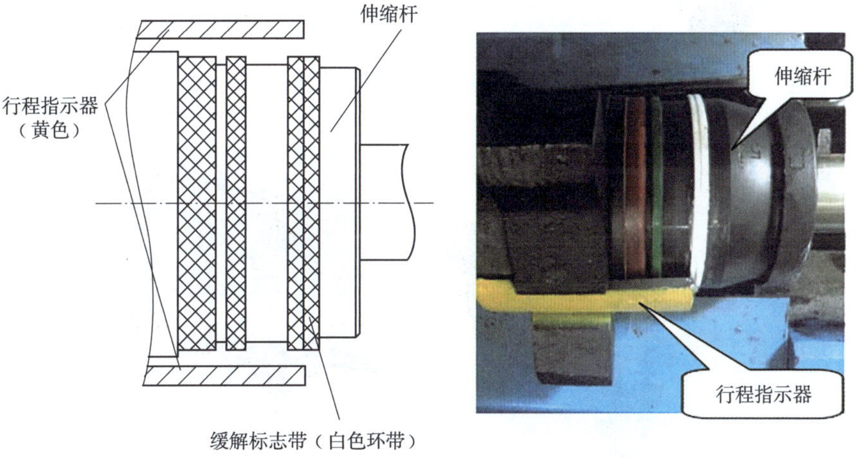

图 2-79　缓解时活塞行程指示牌

制动：黄色行程指示器尾端应在伸缩杆上绿色、红色标志环带（第二道凸环及第三道凸环）内。

缓解：集成制动装置缓解时，黄色行程指示器尾端应在伸缩杆上白色缓解标志环带（第一道凸环）内。

四、货车空重车调整装置及脱轨自动制动装置

（一）货车空重车调整装置

货车空重车自动调整装置主要有 KZW-A 型和 TWG-1 型两种型号，由限压阀（限压阀、阀管座）、测重机构（传感阀、支架、抑制盘、复位弹簧、触头）及相应管路组成。遇手动调整空

车位车辆时，需按照要求对空重车位进行调整。

KZW-A 型货车空重车自动调整装置是在铁科院机辆所研制的 KZW-4G 型货车空重车自动调整装置基础上替代产品。该装置安装在货车上取代手动空重车转换机构，根据车辆载重在一定范围内自动、无级地调整制动缸的压力，明显缩小车辆从空车至重车的不同载重状态下的制动率变化，从而有效地改善车辆的制动性能。

KZW-A 型货车空重车自动调整装置适用于目前我国轴重 21 t、23 t、25 t 采用转 K2、转 K4、转 K5、转 K6 型转向架的货车，并可适用于总重 130 t 以下的货车。

1. 结构组成

KZW-A 型货车空重车自动调整装置主要由测重机构（C-A 型传感阀、支架、抑制盘、复位弹簧、触头）、限压阀组成（X-A 型限压阀、阀管座）及相应连接管路等组成，如图 2-80、图 2-81 所示。

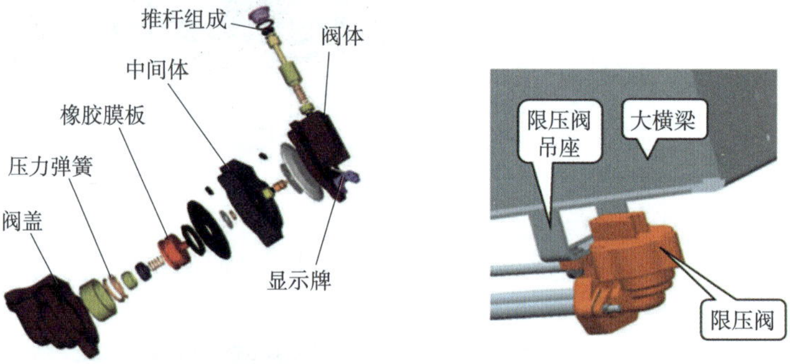

图 2-80　限压阀结构及装车示意

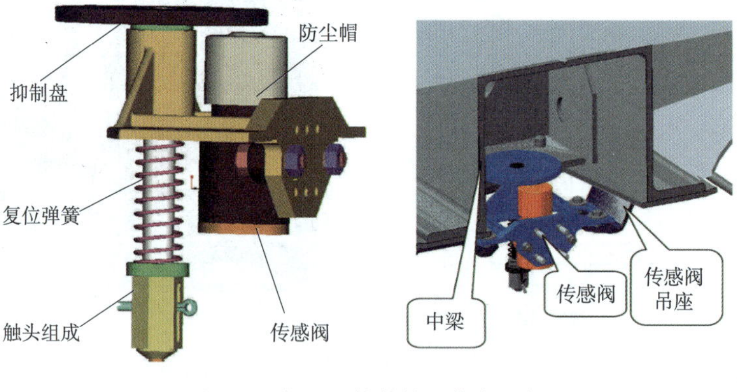

图 2-81　侧重机构结构及装车示意

2. 作用原理

车辆空车时，调整抑制盘下端的触头，使抑制圆盘坐落在支架的圆柱形导管的顶端而触头与基准板（横跨梁）间保持 h_0 间隙，并用开口销锁定。

基准板（横跨梁）支承在转向架侧架上与轨面的高度不变、与载重大小无关。车辆载重后，枕簧受压变形，支架和装在上面的 C-A 型传感阀将随车体下移，当抑制盘触头与基准板（横跨梁）接触之后，抑制盘的高度位置不再改变，C-A 型传感阀触杆与抑制盘的距离将随载重的增加而增加。

在与 120 型控制阀制动机配套使用时，当 120 型控制阀处于完全缓解状态时，KZW-A 型空重车自动调整装置和制动缸处于无压力空气状态，这时 X-A 型限压阀的活塞、作用杆和橡胶膜板在压力弹簧的作用下处于最上方位置，活塞内的夹心阀离开阀口，夹芯阀处于开启状态。制动缸及与之连通的空间经开启的 X-A 型限压阀和 120 型控制阀制动机的缓解排气通道与大气相通。X-A 型限压阀阀盖上的空重位压力显示器的活塞杆在显示弹簧的压力作用下处于缩进位置，显示牌处于最下方位置。C-A 型传感阀的活塞和触杆在复原弹簧的作用下处于最下端位置，触杆与抑制圆盘保持一定距离，活塞内的夹芯阀在夹芯阀弹簧的作用下处于关闭状态，将 C-A 型传感阀体内分为上下腔，下腔通制动缸及 X-A 型限压阀活塞上方，上腔通降压风缸及 X-A 型限压阀的橡胶膜板上方，并通过 C-A 型传感阀触杆内的小孔通向大气。

当列车管减压制动时，120 型控制阀制动机动作，副风缸的压力空气经制动机和开启的 X-A 型限压阀向制动缸及 X-A 型限压阀活塞上方充气，随着制动缸空气压力的增加，C-A 型传感阀的活塞在下腔空气压力（即制动缸空气压力）的作用下向上移动，压缩复原弹簧和调压弹簧并推动触杆一起上升，当触杆上移碰到抑制圆盘时停止不动，而活塞随制动缸空气压力的增加继续上移，这时活塞内的夹芯阀被触杆顶开，活塞下腔的压力空气立即向上腔及降压风缸等充气。当降压风缸及 X-A 型限压阀橡胶膜板上方的空气压力上升到一定时，与 X-A 型限压阀活塞上方通制动缸空气压力共同作用，将 X-A 型限压阀内的活塞下移夹芯阀关闭，副风缸停止向制动缸充气，C-A 型传感阀活塞上下作用力达到平衡后，活塞内的夹芯阀自动重新关闭，维持制动缸和降压风缸的空气压力不变。X-A 型限压阀盖上的显示器在制动缸、降压风缸的空气压力和显示弹簧的压力共同作用下推动活塞杆伸出去顶起显示牌翻转。制动缸压力达到全重车位时，显示牌翻转 90°，从空车至重车制动缸压力范围内显示牌翻转是连续变化。

当列车管充气缓解时，120 型控制阀制动机动作，其制动孔转换到通大气，X-A 型限压阀通制动机口的空气压力迅速降低，其内的夹芯阀被通制动缸的压力空气顶开，制动缸的压力空气穿过 X-A 型限压阀和 120 型控制阀向外排气。C-A 型传感阀活塞下腔的空气压力随制动缸的空气压力下降而降低，其活塞和触杆在复原弹簧和调压弹簧作用下相应下移，当活塞下腔空气压力低于上腔空气压力时靠上腔空气压力顶开夹芯阀，降压风缸的压力空气将通过夹芯阀与制动缸的压力空气一起经 X-A 型限压阀和 120 型控制阀排向大气。与此同时，在 C-A 型传感阀触杆回到最下端位置时，降压风缸的压力空气还通过 C-A 型传感阀触杆内的小孔直接排向大气直至排尽为止。在排气过程中，当 X-A 型限压阀膜板上方及活塞上方的压力空气降到一定时，其压力弹簧又逐渐将活塞、作用杆和橡胶膜板推到最上方位置，夹芯阀完全打开处于常开位置。而 C-A 型传感阀活塞内的夹芯阀在上腔压力接近下腔的空气压力时靠夹芯阀弹簧又将夹芯阀关闭，最后恢复到完全缓解的无气状态。缓解过程中，X-A 型限压阀盖上的显示牌也随制动缸压力下降而自动落下。

（二）脱轨自动制动装置

脱轨自动制动装置主要作用是当列车发生脱轨事故时，打开制动主管到大气的通路，使列车发生紧急制动。

1. 基本结构

铁路货车脱轨自动制动装置（以下简称脱轨制动装置）是在铁路货车原有的空气制动系统主风管上增加一个支路，其与原空气制动系统的关系如图 2-82 所示。脱轨制动装置由铁路货车脱轨自动制动阀（以下简称脱轨制动阀）、球阀和管路等组成如图 2-83 所示。

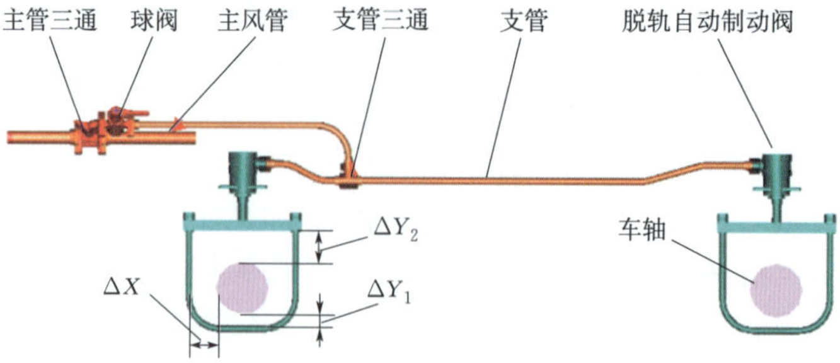

图 2-82　脱轨制动装置配置

2. 脱轨制动阀

脱轨制动阀是脱轨制动装置的核心部件，每根车轴处安装1套，其在铁路货车脱轨时通过制动阀杆被打断将制动主管与大气连通，致使列车发生紧急制动。在主风管与脱轨制动阀的连接管路中安装了一个不锈钢球阀，用于在铁路货车脱轨或脱轨制动阀发生故障时截断脱轨制动装置支路。

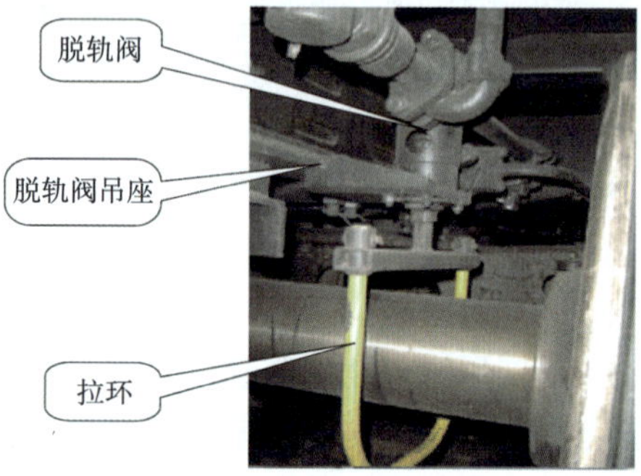

图 2-83　脱轨自动制动装置安装照片

3. 作用原理

脱轨制动装置利用脱轨时车体与轮对的相对位移，在空车脱轨时，脱轨轮对处的车轴拉断制动阀杆；在重车脱轨时，脱轨转向架中未脱轨轮对的车轴顶断制动阀杆。制动阀杆折断后，沟通主风管与大气的通路，引起列车发生紧急制动作用。

我国主型脱轨自动制动装置TZD型和TZD-1型两种型号，其主要接口参数见表2-4。

表 2-4　铁路货车脱轨自动制动装置主要接口参数

项　目	主要参数
适应钢轨	50 kg/m及以上
脱轨自动制动装置支路管路的通径(mm)	$\geqslant\phi 15.7$
每车加装脱轨制动装置支路管路的容积(L)	$\leqslant 1.5$
车辆通过最小曲线半径(m)	80

TZD型脱轨自动制动装置由TZD型脱轨制动阀和TZD型拉环组成，TZD型脱轨制动阀包括制动阀杆、作用杆、弹片、阀体和锁紧螺母等，TZD型拉环组成包括顶梁组成(顶梁、限位筒、护套及调节杆)、隔套及拉环等。

TZD-1型脱轨自动制动装置包括TZD-1型脱轨制动阀和TZD-1型拉环组成，TZD-1型脱轨制动阀包括制动阀杆、作用杆、内套、弹片、阀体和锁紧螺母等，TZD-1型拉环组成包括顶梁组成(顶梁、限位筒及调节杆)、隔套及拉环等。

五、列车制动机试验

(一)微控列车制动机试验系统

1. 系统组成及功能

系统主要由监控上位机、无线收发装置(电台、手持操作器)、主站控制柜、从站控制柜

(SF-HZ 试风执行器)、风管路五大部分组成;分为室内、室外两单元,室内单元是监控上位机,室外单元为主从站控制柜,主要安装在股道间;各部分安装位置及从属关系如图 2-84 所示。

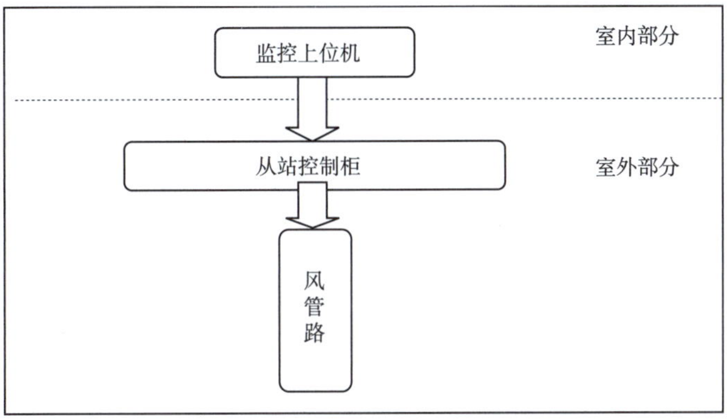

图 2-84　系统各部分安装位置及从属关系

(1)系统采取分布式控制,设备状态与控制基于光纤通信。执行器采用模块化设计,每个单元是一个独立整体,包括控制与执行器件,对外仅为通信电缆接口、电源电缆接口、风管路接口。

(2)此外,通过软件接口,系统能实现列尾风压数据共享,利用尾部风压实现试验的闭环控制。

(3)执行器试验项目按技规要求设计,设计了“充风”“漏泄试验”“制动感度”“制动安定”“缓解试验”等试验功能项。

2. 系统原理

本系统根据列车制动机全部试验的四个动作功能的要求进行设计,将“充风”“感度保压试验”“安定试验”等试验项目进行流程上结合。系统网络架构如图 2-85 所示。

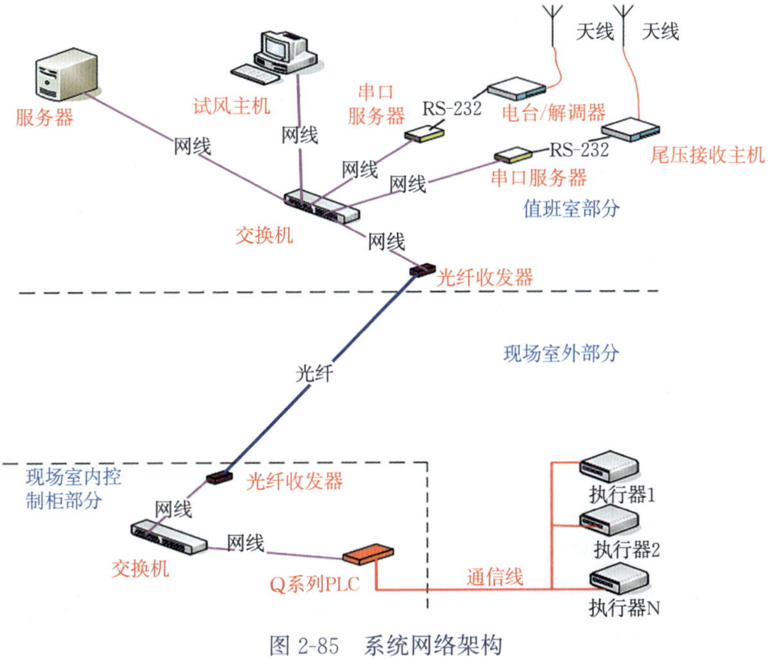

图 2-85　系统网络架构

系统主要采用单片机控制板进行控制，通过该系统，用户既可通过按钮进行现场试验的操作，也可使用对讲机发码进行远程遥控试验操作（电控与遥控的切换在每台大闸的里面进行操作），试风系统原理如图 2-86 所示。

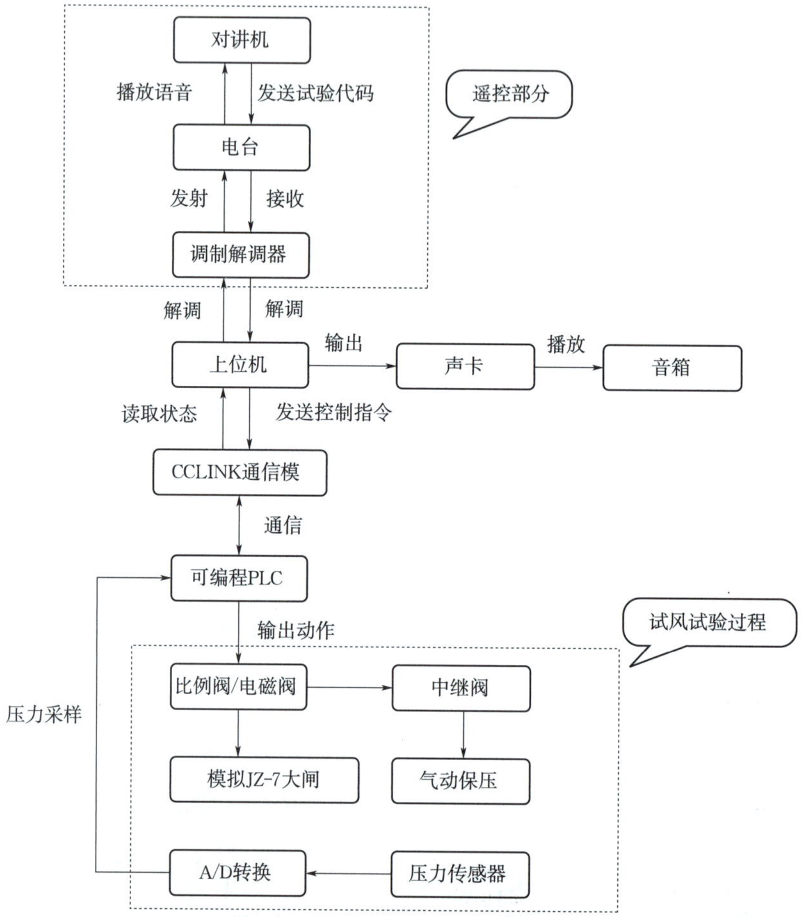

图 2-86　试风系统原理

试验过程中控制板在获取相应指令后，执行相应的试验过程，控制比例阀动作，由电磁阀之间的相互配合来模拟 JZ-7 型制动阀各个手把位的效果。试验过程中，压力传感器将所检测的压力数值反馈给上位机，上位机根据采集回来的数据判断试验结果、控制流程，输出音频信号到电台，并在试验过程中保存试验结果，留以存档。与此同时，语音系统通过对讲机与现场操作人员进行交互，实时播放试验过程的情况，并告知现场检车人员各项试验的试验过程，各部分功能如图 2-87 所示。

3. 试风过程

微控试风全过程一共包括 4 个试验步骤，试验全过程采用对讲机遥控方式进行控制。列车管前部风压值通过现场执行器内的压力传感器传送给上位机，监控上位机通过全列列车压力值变化对试验过程进行智能控制，然后在程序界面上以数值形式显示压力值，在表示每个执行器的状态窗口上实时显示试验过程。试验过程与执行情况由对讲机语音播放给现场作业人员，指导现场操作人员进行试风作业。

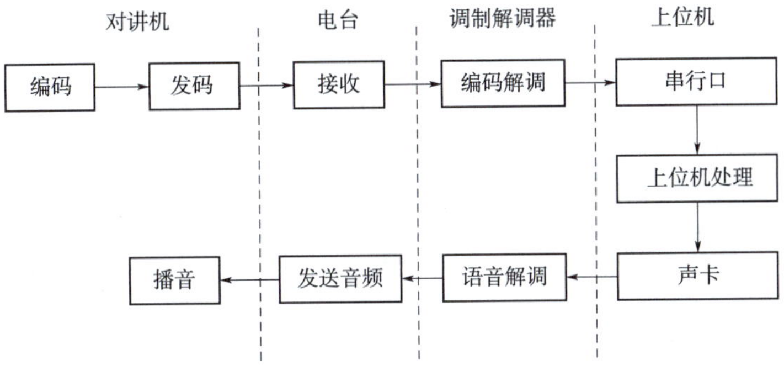

图 2-87　各部分功能

以一号执行器，货车车次 246、辆数 51 辆、第 5 股道，500 kPa 试风为例，对一趟车完整的试风作业进行举例说明。

(1)充风准备

在发送充风准备代码时，必须先要输入执行器号（占 2 位）、股道号（占 2 位）、辆数（占 2 位）、定压（占 1 位）、试风车次（按实际情况定），否则不能进入试风过程。

发送代码“0103515246”，试验开始，对讲机播放“第 5 道 246 次开始试风”。从该时间起 3 min 内，试风系统自动检测列尾风压是否已充至设置的最低压力以上，如果列车尾部达到设置的最低压力以上，则计算机提示“充风合格！”，对讲机播放“第五道充风合格！”，结束充风准备过程。此时，可以进入下一项试验项目，如果在 3 min 内列车尾部压力没有达到设置的最低压力以上，则对讲机播放“第五道充风不合格！”。

注：二号执行器试验代码为 0203515246；

　　三号执行器试验代码为 0303515246。

(2)感度保压试验

感度保压试验发送代码“013”，试验开始，对讲机播放“第 5 道感度试验开始！”，试风系统开始进行减压，对讲机播放“第五道开始减压！”。等待风压减压 50 kPa 后（60 辆以下减压 50 kPa，60 辆及 60 辆以上减压 70 kPa），对讲机播放“第 5 道开始保压”，此时已开始进入保压阶段。进入保压状态后，计算机会实时显示当前从列车管采集回来的压力值，保压 1 min 后，系统提示“第五道感度试验漏泄××kPa”，保压 3 min 后，弹出窗口提示“请观察第五道感度试验是否发生自然缓解？”，对讲机播放“请观察第五道感度试验是否发生自然缓解？”感度试验保压完毕后，需进行缓解（发代码“0101”）若在 1 min 内缓解到规定压力则提示“第五道感度试验合格”，否则提示“第一台感度试验不合格”，感度保压试验过程结束。

(3)安定试验

安定试验发送代码“014”，试验开始，对讲机播放“第五道安定试验开始！”，试风系统开始进行减压。“减压 140 kPa”，对讲机播放“第五道开始减压！”等待风压减压 140 kPa 后，对讲机播放“第五道开始保压”，此时已开始进入保压阶段；进入保压状态后，系统会实时显示当前采集回来的压力值，安定试验保压完毕后，需发码“0101”结束试验，这时安定试验过程结束。

(4)单独排风（只排风不记录）

发送代码“016”对讲机播放“第 5 道开始排风！”，试风系统开始紧急排风。

(5)试验记录(记录并排风)

试验记录发送代码“0103”对讲机播放“第五道结束试风!”,试风系统开始紧急排风,记录整个试验过程所有数据,到此整个试验过程结束。试风系统将自动结束该项试验过程。每台执行器在整个试验过程中须发代码见表 2-5。

表 2-5 试验记录代码

序　　号	充　风	感度保压试验	安定试验	试验记录	确认/缓解	单独排风
第一台	011	013	014	0103	101	016
第二台	021	023	024	0203	201	026
第三台	031	033	034	0303	301	036
第四台	041	043	044	0403	401	046
第五台	051	053	054	0503	501	056
第六台	061	063	064	0603	601	066

4. 操作界面说明

(1)主界面分为菜单栏、试验股道、选中股道试验曲线、选中股道试验结果、试验状态。

菜单栏主要由通信、执行器、机能试验、查询、统计、用户、系统、帮助等组成,如图 2-88 所示。

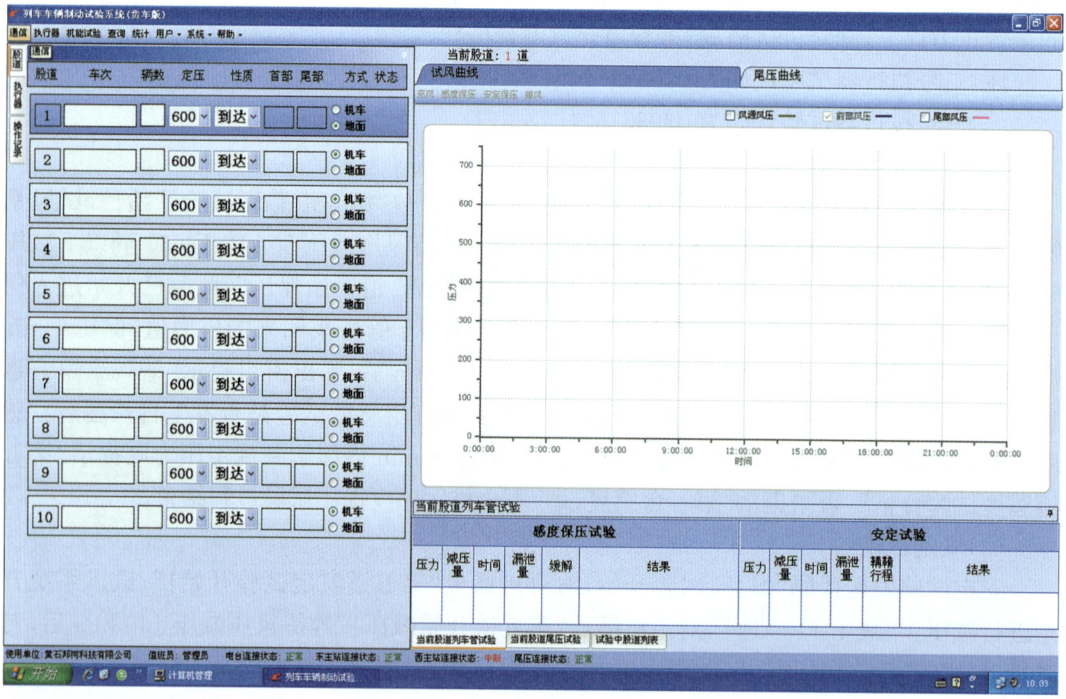

图 2-88 操作界面

(2)通信查看

在主界面点击菜单栏“通信”弹出通信界面默认为执行器通信,选择尾压通信可以查看尾压通信是否正常,如图 2-89 所示。

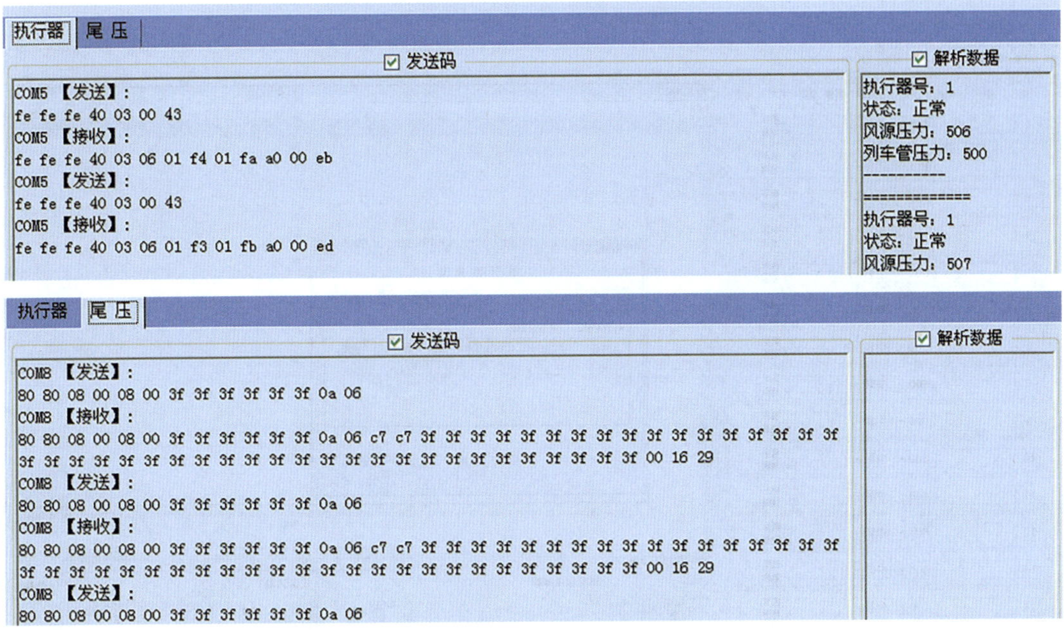

图 2-89　通信查看

(3)执行器

在主界面点击菜单栏“执行器”弹出数据界面，如图 2-90 所示。

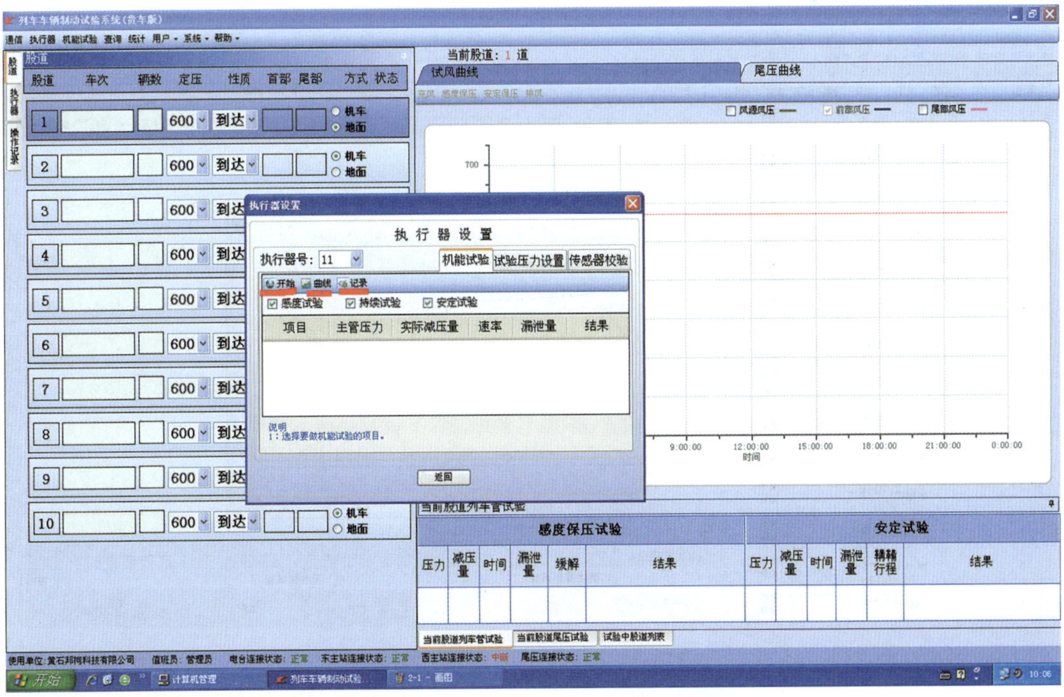

图 2-90　点击“执行器”弹出数据界面

机能试验选择“开始”弹出数据界面，如图 2-91 所示。

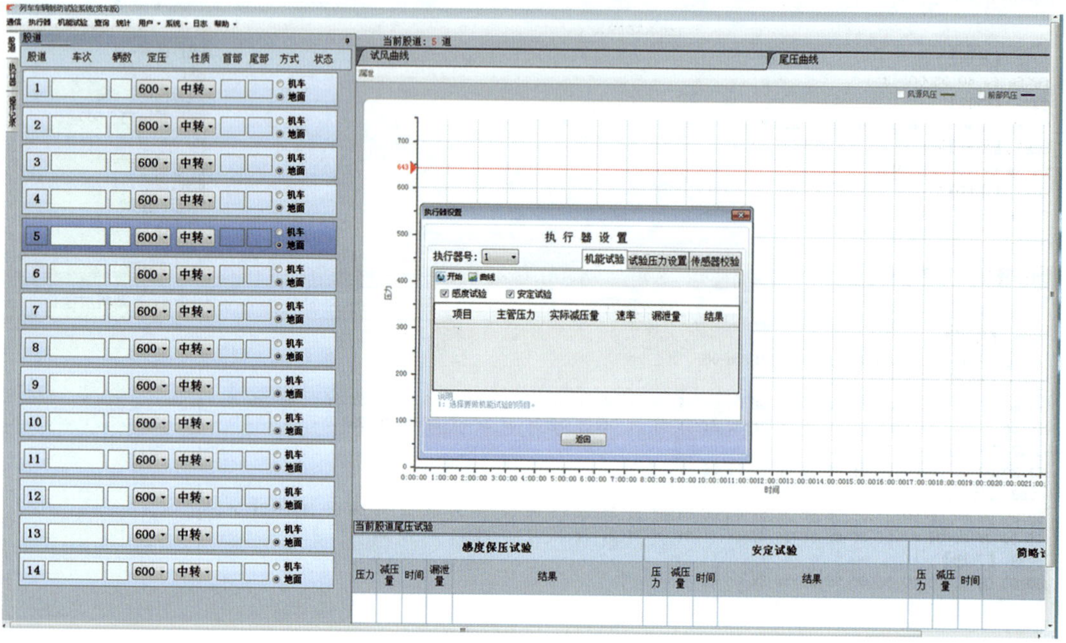

图 2-91　机能试验选择“开始”弹出数据界面

机能试验选择“曲线”弹出数据界面如图 2-92 所示。

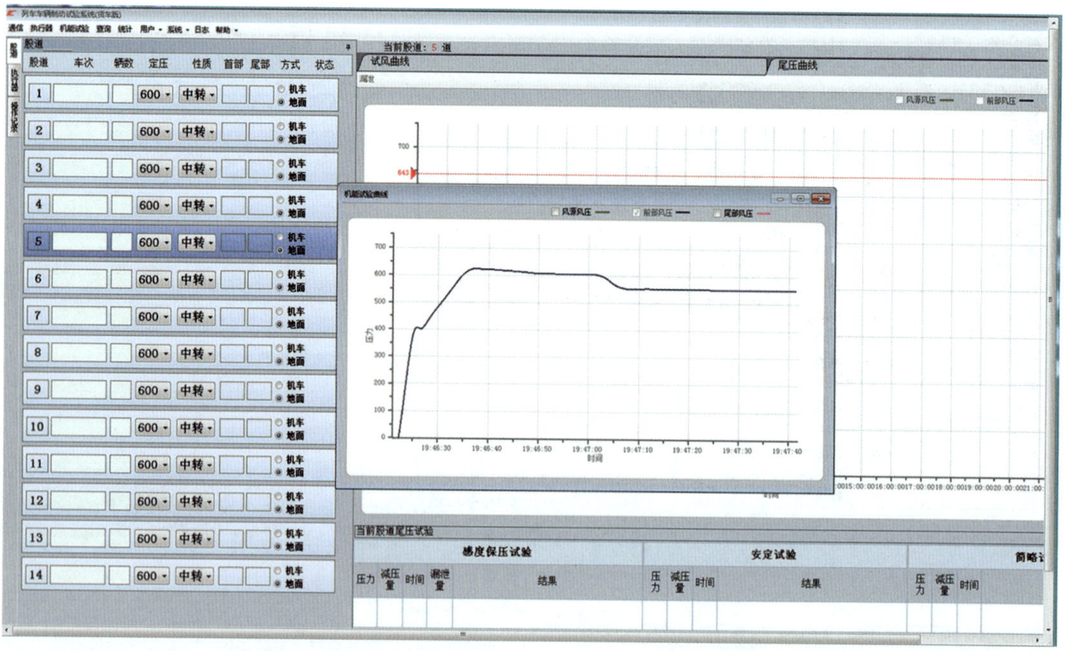

图 2-92　机能试验选择“曲线”数据弹出数据界面

机能试验选择“记录”弹出数据界面，如图 2-93 所示。

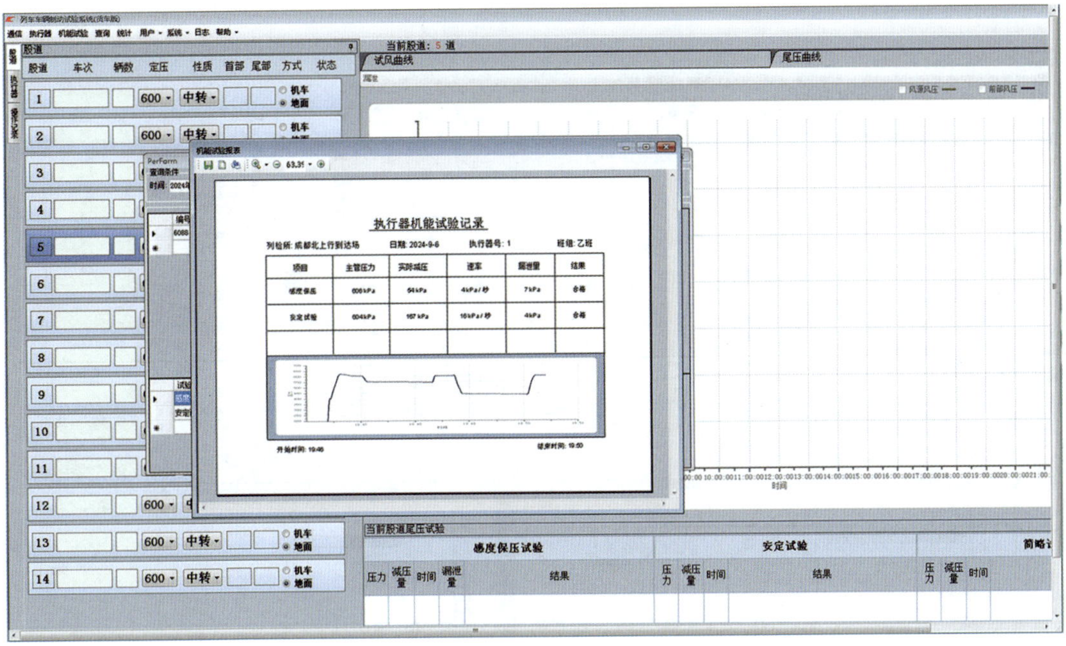

图 2-93　机能试验选择“记录”弹出数据界面

(4)机能试验

在主界面点击菜单栏“机能试验”弹出数据界面，如图 2-94 所示。

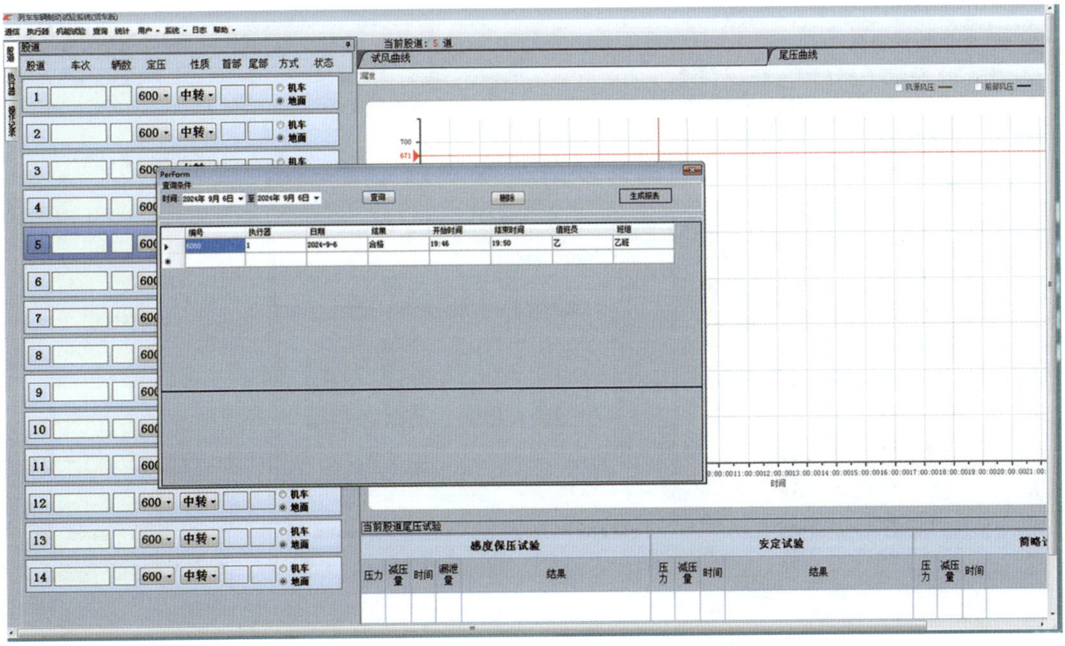

图 2-94　点击菜单栏“机能试验”弹出数据界面

(5)查询

在主界面点击菜单栏“查询”弹出数据界面,如图 2-95 所示。

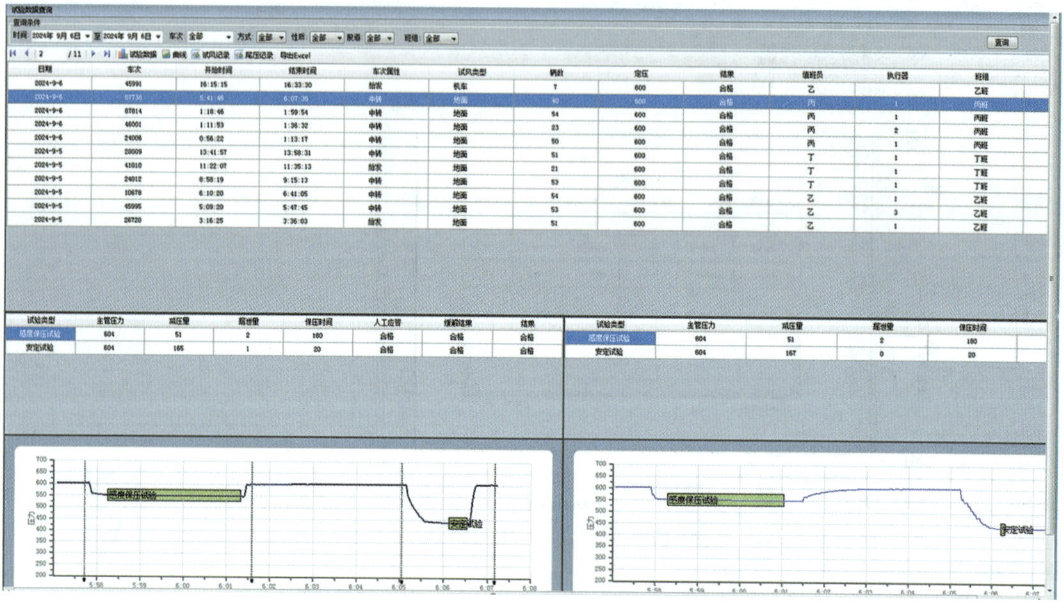

图 2-95　点击菜单栏“查询”弹出数据界面

(6)统计

在主界面点击菜单栏“统计”弹出数据界面,如图 2-96 所示。

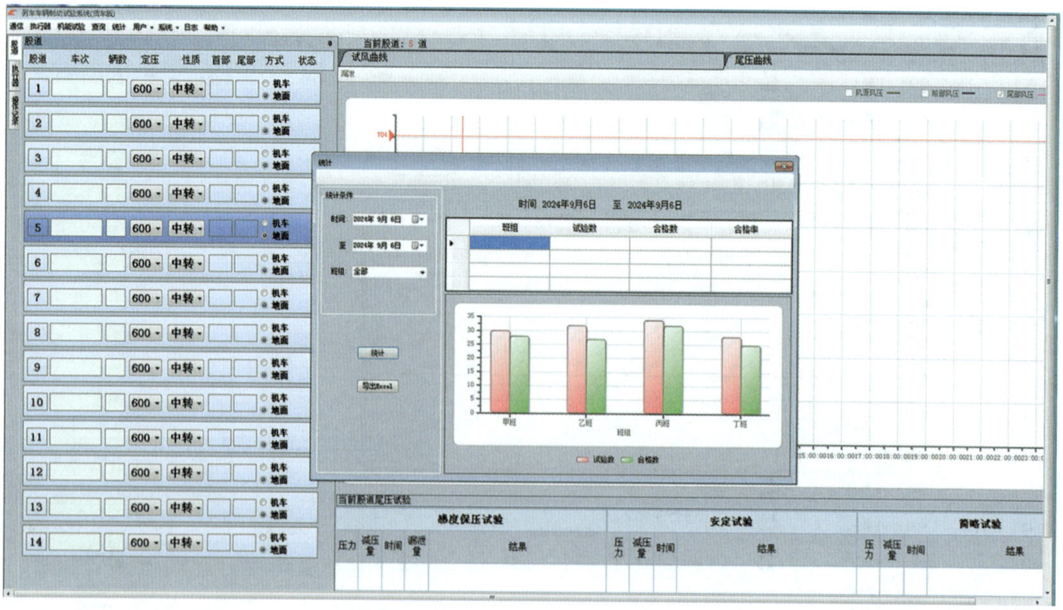

图 2-96　点击菜单栏“统计”弹出数据界面

(7)用户

在主界面点击菜单栏“用户”弹出数据界面,如图 2-97 所示。

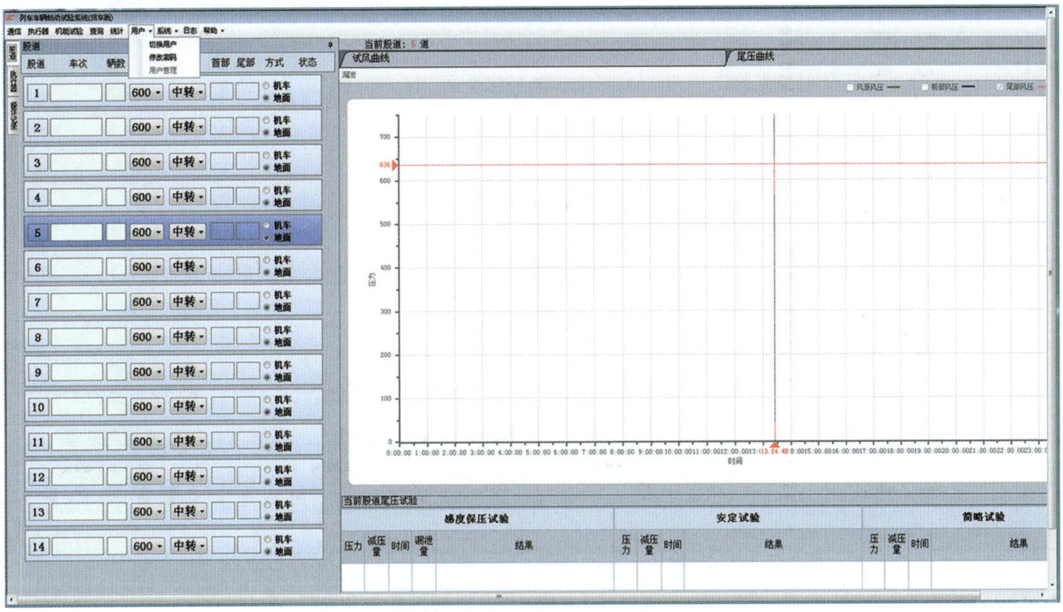

图 2-97　点击菜单栏“用户”弹出数据界面

选择“切换用户”选项弹出数据界面,如图 2-98 所示。

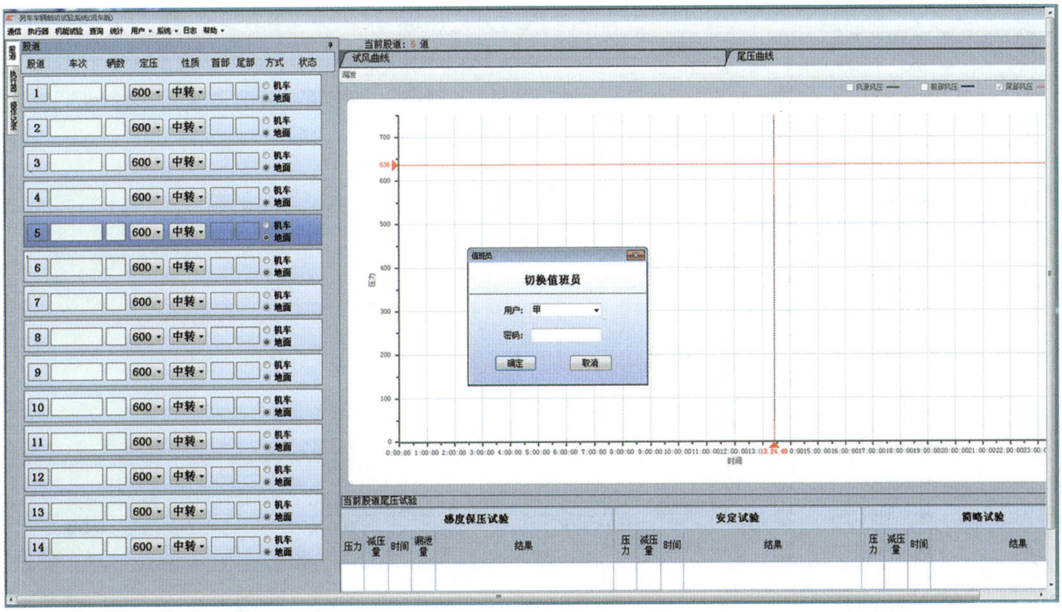

图 2-98　选择“切换用户”选项弹出数据界面

选择“用户修改”选项弹出数据界面，如图 2-99 所示。

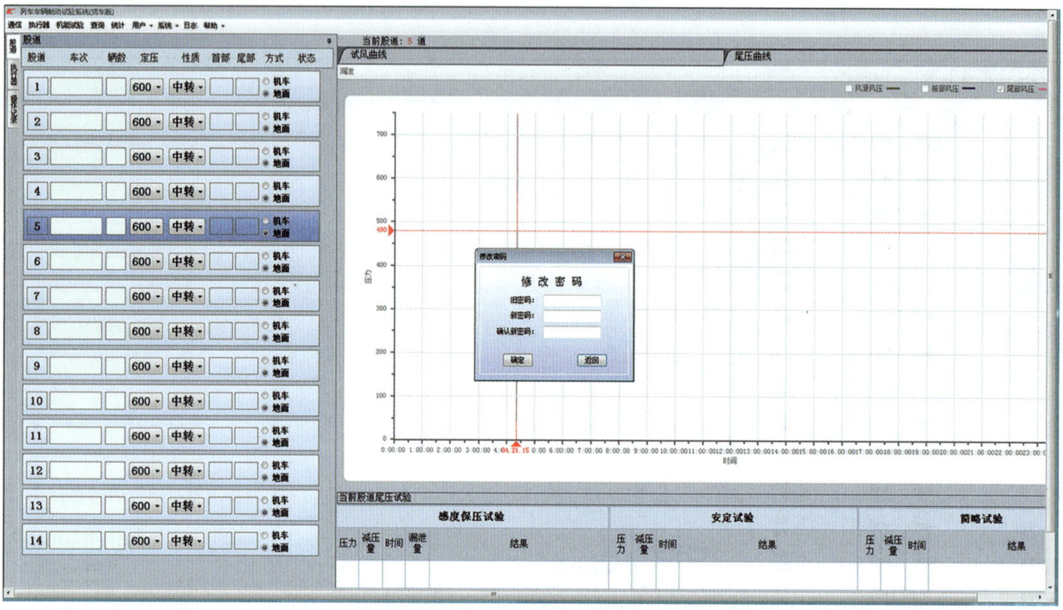

图 2-99　选择“用户修改”选项弹出数据界面

5. 试验说明

(1)感度试验

选择股道后输入“车次、辆数”鼠标点击右键后弹出界面，如图 2-100 所示。

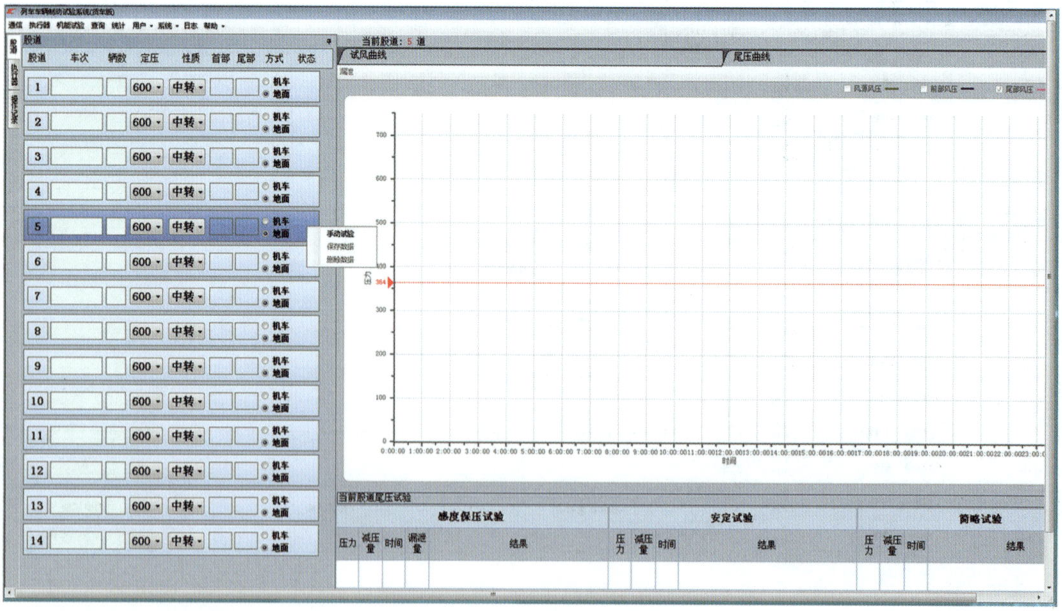

图 2-100　感度试验输入“车次、辆数”后弹出数据界面

选择“手动试验”后弹出数据界面，如图 2-101 所示。

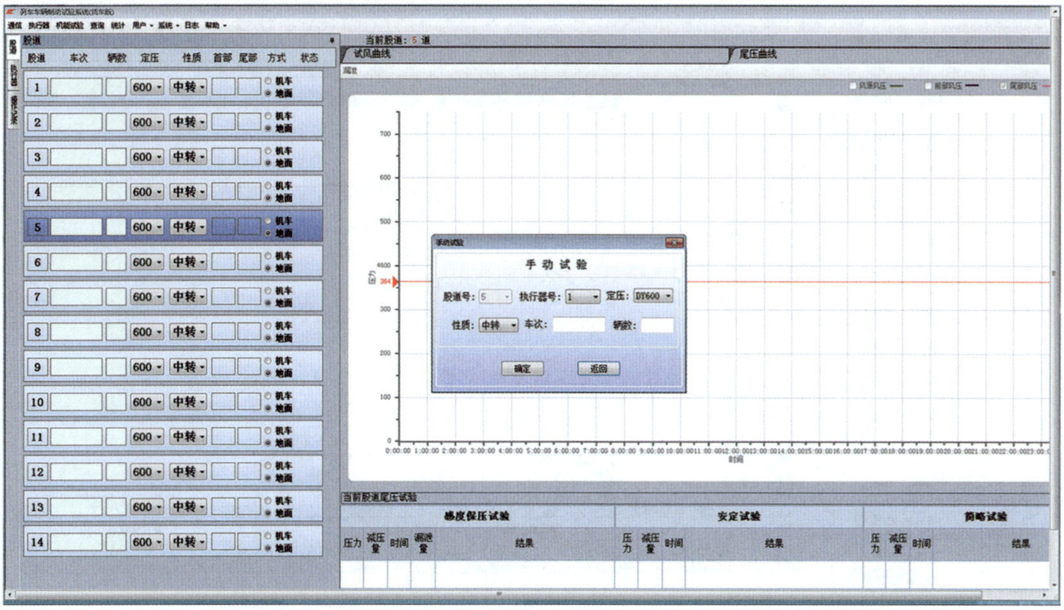

图 2-101　选择“手动试验”弹出数据界面

数据填写完成后，点击手动实验中“确定”按钮后弹出数据界面，如图 2-102 所示。

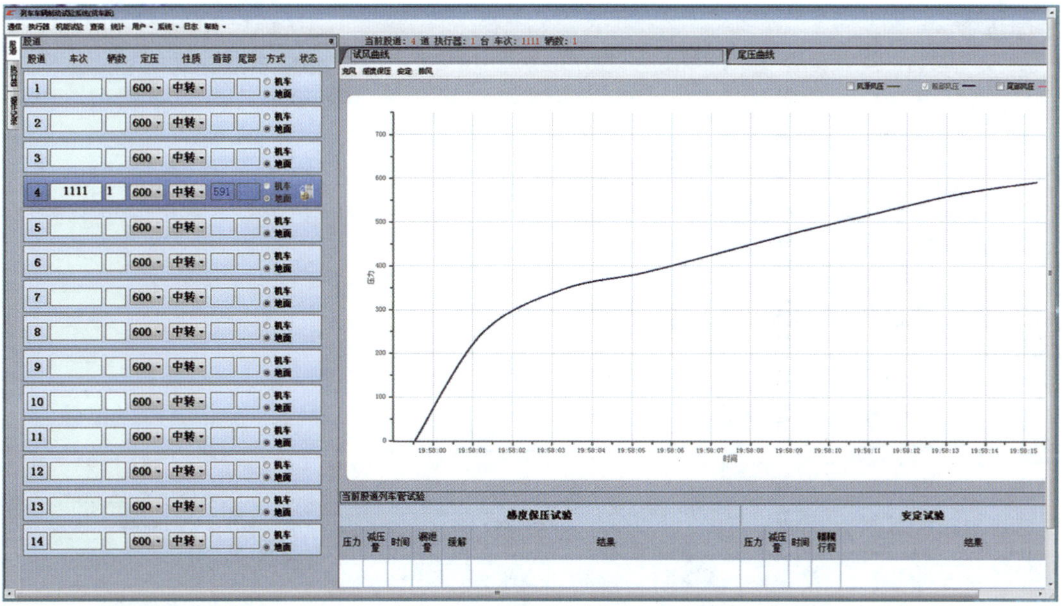

图 2-102　点击手动实验“确定”按钮弹出数据界面

点击右键可以弹出如图 2-103 所示界面,可以选择对数据进行保存和删除功能。

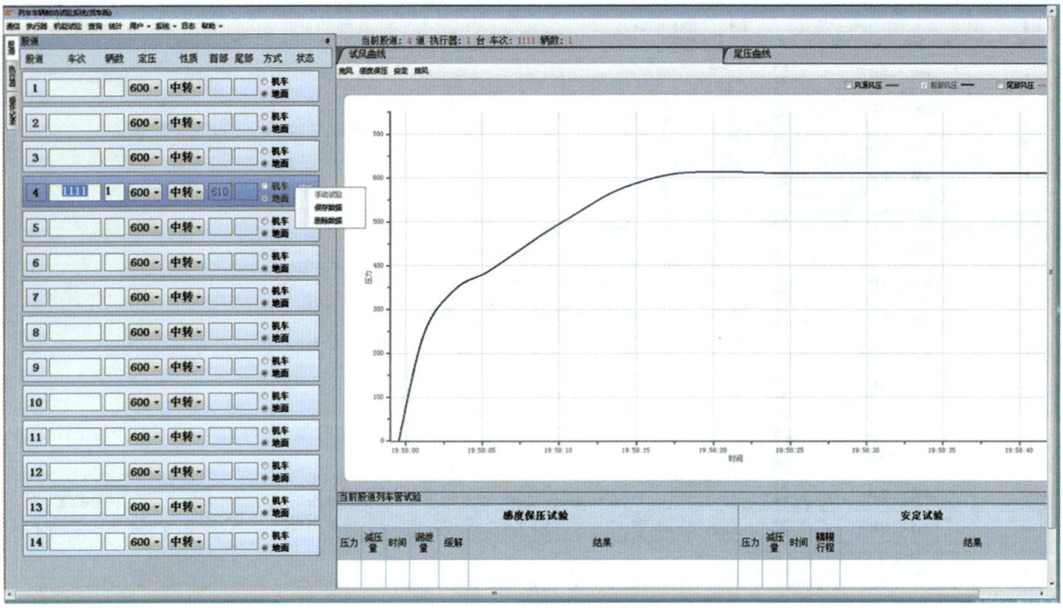

图 2-103　数据保存和删除功能数据界面

点击图 2-104 中“感度保压”按钮,开始进行感度保压试验。

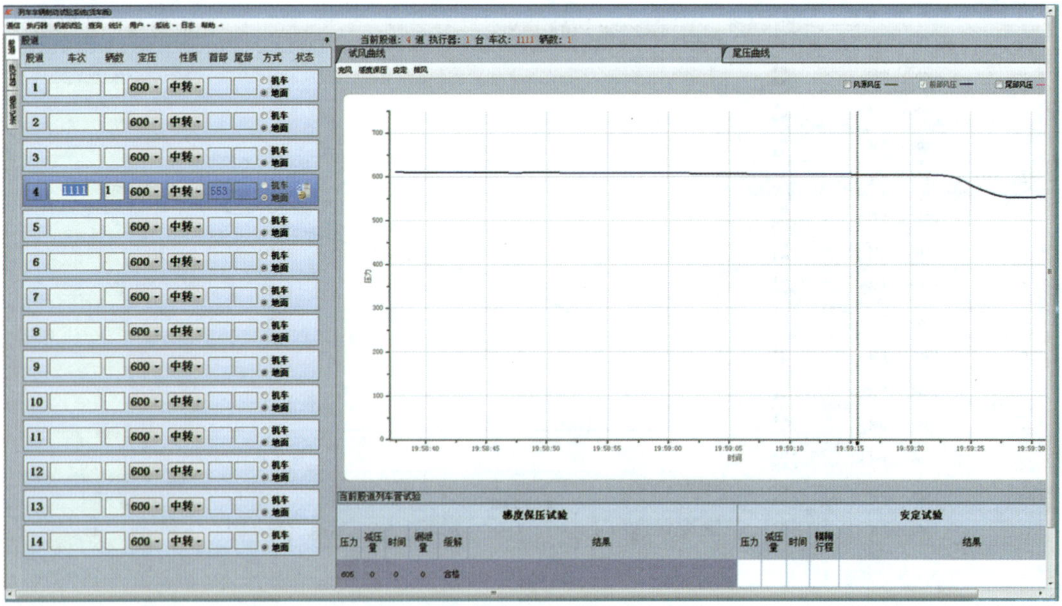

图 2-104　感度保压试验数据界面

当压力降到规定 50/70 kPa 时，弹出界面如图 2-105 所示。

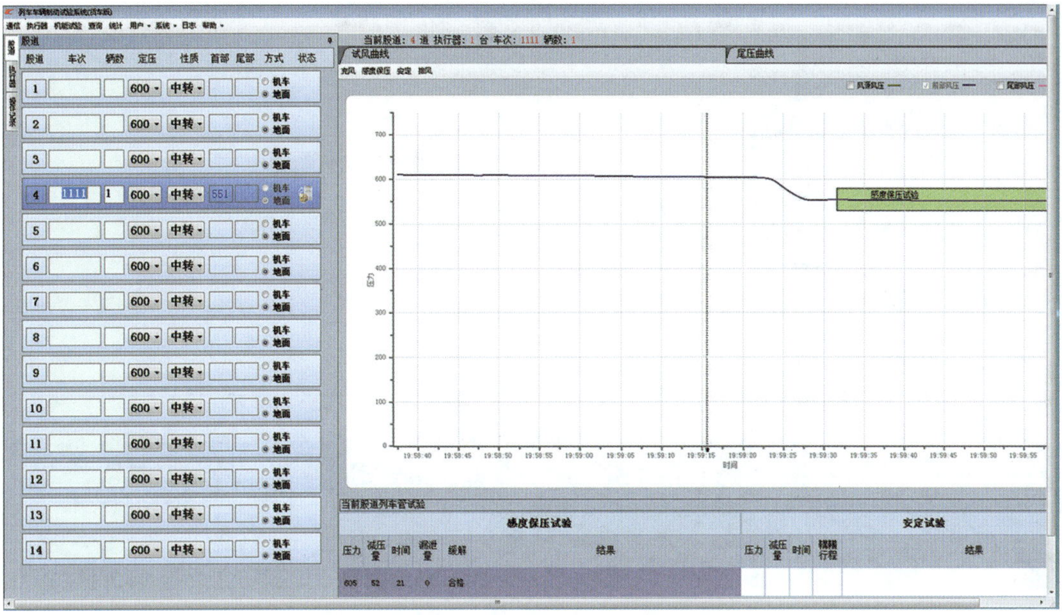

图 2-105　压力降到 50/70 kPa 弹出界面

当感度保压试验 180 s 后弹出界面如图 2-106 所示。

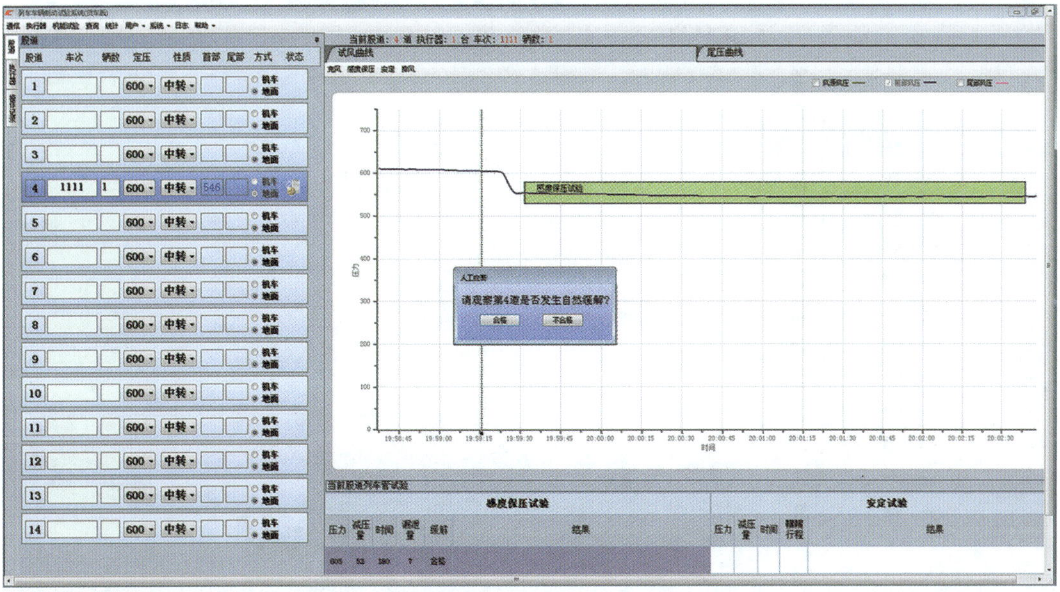

图 2-106　感度保压试验 180 s 弹出界面

待列检人员确认后点击“合格”或者“不合格”后感度试验结束，弹出界面如图 2-107 所示。

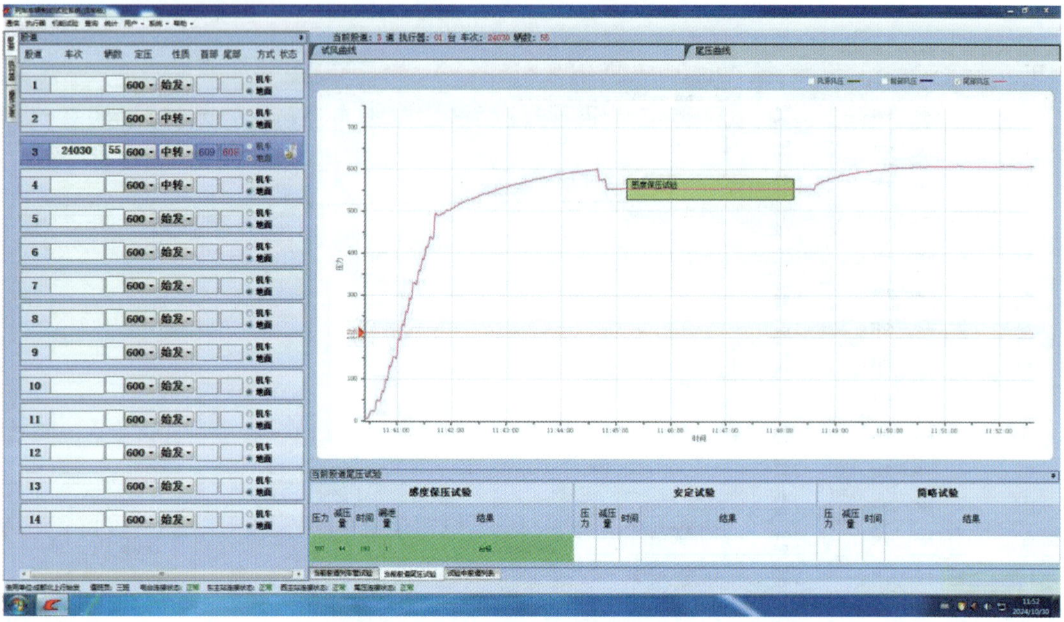

图 2-107　感度保压试验

(2)安定试验

点击图 2-108 中“安定试验”按钮，开始进行安定试验。

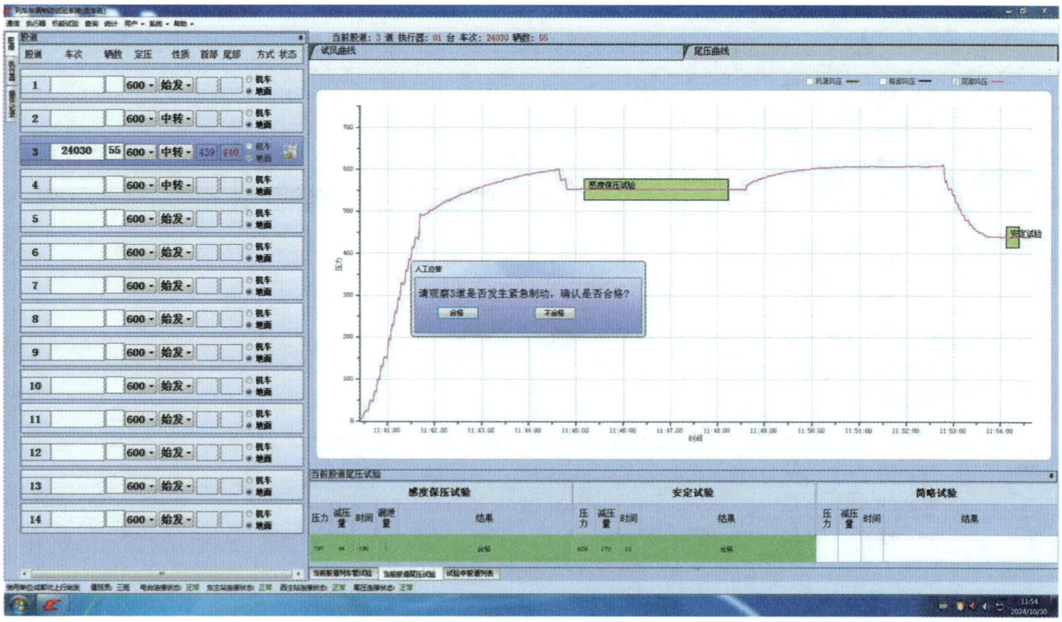

图 2-108　安定试验

当压力降到规定 140/170 kPa 时，开始弹出界面如图 2-109 所示。

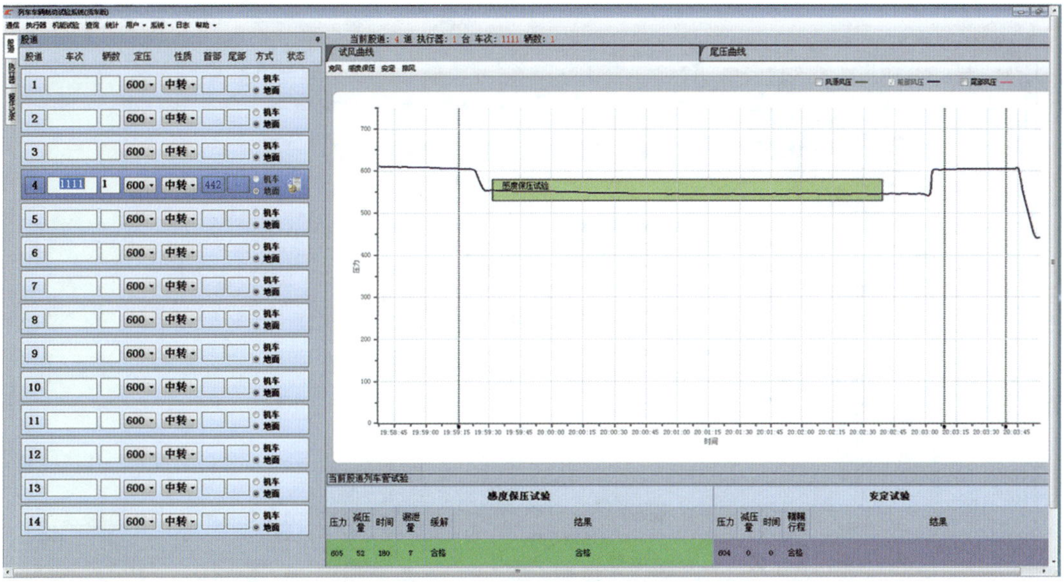

图 2-109　压力降到 140/170 kPa 弹出界面

当安定试验 180 s 后弹出界面如图 2-110 所示。

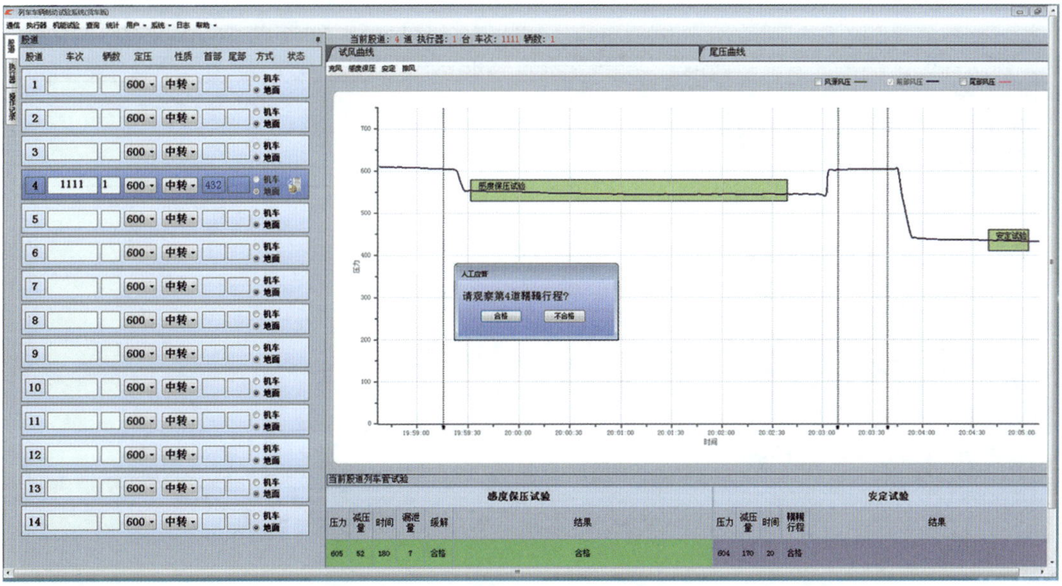

图 2-110　安定试验 180 s 弹出界面

待列检人员确认后点击“合格”或者“不合格”后安定试验结束。

(3)校验、设置

弹出校验、设置、机能菜单。可以进行相应的操作,如图 2-111 所示。

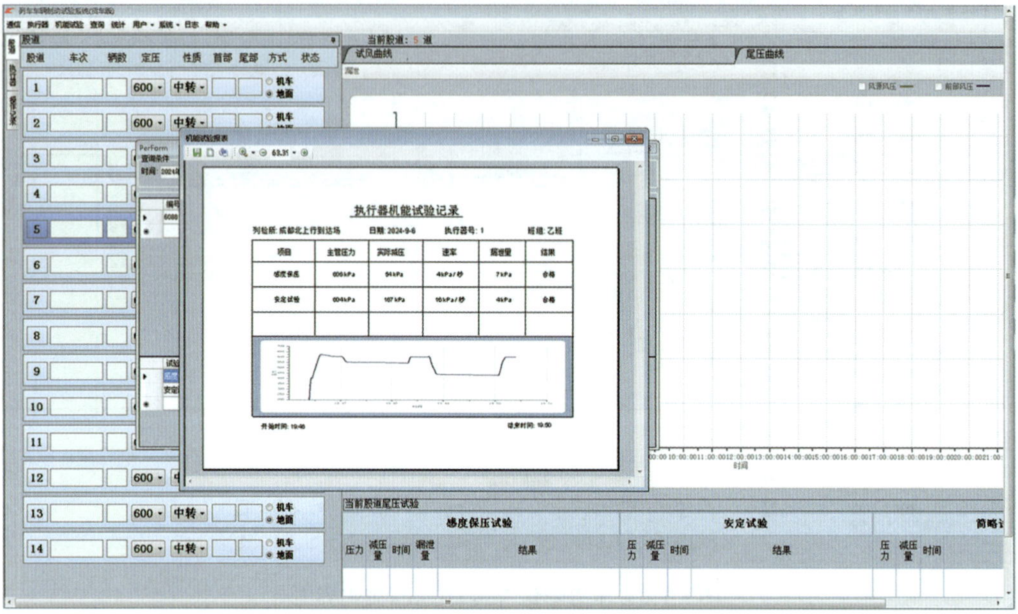

图 2-111　弹出校验、设置、机能菜单

(4)操作记录

记录当前班组所有的操作记录,如图 2-112 所示。

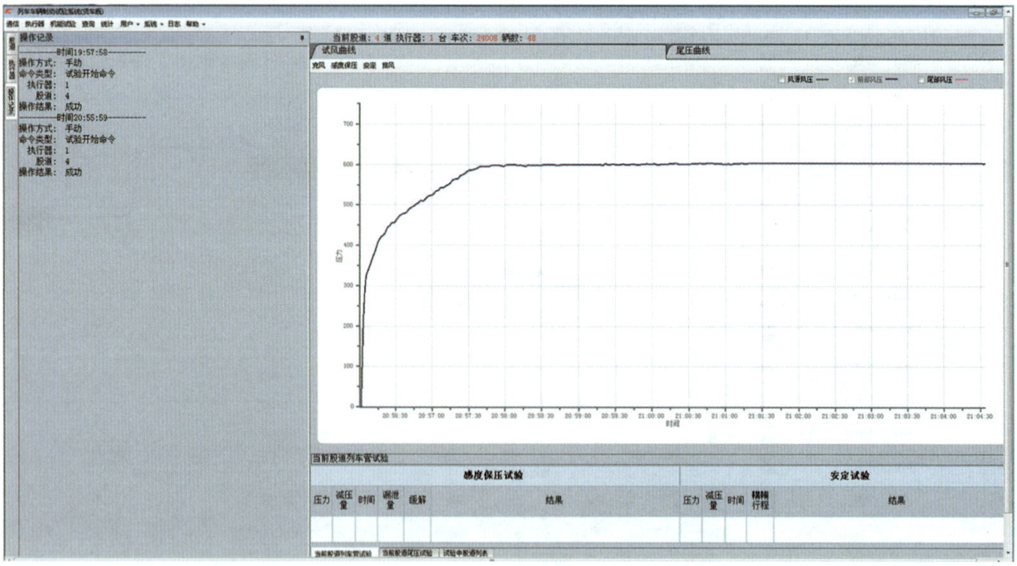

图 2-112　操作记录

(二)列车制动机试验作业标准

列车制动机试验分为持续一定时间全部试验和简略试验。

列检作业场进行列车制动机试验时,须使用制动机微控地面试验装置和列车车辆制动试验监测装置进行，试验、监测数据须进行分析，监测结果作为列车制动机试验过程及质量判别的依据，监测数据保存 1 个月。

列检作业场的列车制动机试验按以下规定进行：

1. 始发作业：发车前施行一次持续一定时间全部试验。

2. 中转作业：发车前施行一次持续一定时间全部试验。

列检作业场对始发、中转作业的列车连挂机车后须施行简略试验；始发、中转作业的列车制动机试验后停留超过 20 min 时，发车前还须再次施行简略试验。

列车制动机试验须符合以下标准：

(1)持续一定时间全部试验：在列车最后一辆车尾部制动软管上安装无线风压监测仪，并确认主管压力达到规定压力。

①感度保压试验：置常用制动位，减压 50 kPa(编组 60 辆及以上时减压 70 kPa)，全列车须发生制动作用；同时保压，第 1 min 内无线风压监测仪显示的列车主管压力下降不大于 20 kPa，3 min 内不得发生自然缓解，并确认制动缸活塞行程无异常。然后置运转位充风缓解，全列车须在 1 min 内缓解完毕。

②安定试验：置常用制动位，减压 140 kPa(列车主管压力为 600 kPa 时减压 170 kPa)，不得发生紧急制动，并确认感度保压试验发现异常的制动缸活塞行程是否符合规定。

(2)列检作业的简略试验：在列车最后一辆车尾部制动软管上安装无线风压监测仪，确认列车管压力达到规定后，通知机车乘务员减压 100 kPa，尾部检车员确认最后一辆车制动缸活塞发生制动作用后，向机车乘务员显示缓解信号并确认最后一辆车制动缸活塞发生缓解作用。

因制动机微控地面试验装置检修、停电及故障等不能使用时，应利用本务机车进行列车制动机试验。

3. 列车制动机试验时，须按以下方式显示手信号：

(1)制动信号：昼间——用检查锤高举头上，夜间——白色灯光高举。

(2)缓解信号(继续充风信号)：昼间——用检查锤在下部左右摇动，夜间——白色灯光在下部左右摇动。

(3)试验完毕信号：昼间——用检查锤由上部向车列方向作圆形转动，夜间——白色灯光由上部向车列方向作圆形转动。

六、列车中制动关门车规定

1. 关门车

因装载的货物规定需停止制动作用或自动制动机临时发生故障的铁路货车，准许关闭截断塞门(简称关门车)。在安全生产中，防止列车放飏事故是货车运用的核心工作。其控制措施之一就是列车队的关门车数量控制，一旦关门车超过列车编组的 6%，列车的换算闸瓦压力就会偏低，列车的运行速度就受到限制，对线路的坡度要求就高。

2. 列车中制动关门车规定

(1)列检作业场所在车站编组始发的列车，不得有制动故障关门车。

(2)编入列车的关门车数不超过现车总辆数的 6%(尾数不足 1 辆时按四舍五入计算)时，可不计算每百吨列车重量的换算闸瓦压力，不填发制动效能证明书；超过 6%时，按《铁路技术管理规程》规定计算闸瓦压力，并填发制动效能证明书交司机。

(3)关门车不得挂于机车后部 3 辆车之内;在列车中连续连挂不得超过 2 辆;列车最后一辆不得为关门车;列车最后第二、三辆不得连续关门。关门车须排净副风缸的压缩空气。

(4)组合的重载列车中每个单元列车的关门车数量和编挂位置均须符合上述规定。

(5)装有 2 个及以上自动制动机的铁路货车,在运行途中自动制动机发生临时故障,须采取关闭截断塞门时,应关闭全车截断塞门。列检作业场发现货物列车中的铁路长大货物车截断塞门关闭时,计算每百吨列车重量的换算闸瓦压力,填发制动效能证明书交司机。

第六节　货车车钩缓冲装置

一、车钩缓冲装置的组成及各部分作用

(一)组成及作用

车钩缓冲装置由车钩、前从板、前从板座、缓冲器、后从板、后从板座、钩尾框、钩尾销、钩托梁、冲击座等组成。车钩缓冲装置安装在车底架中梁的两端,安装位置如图 2-113 所示。

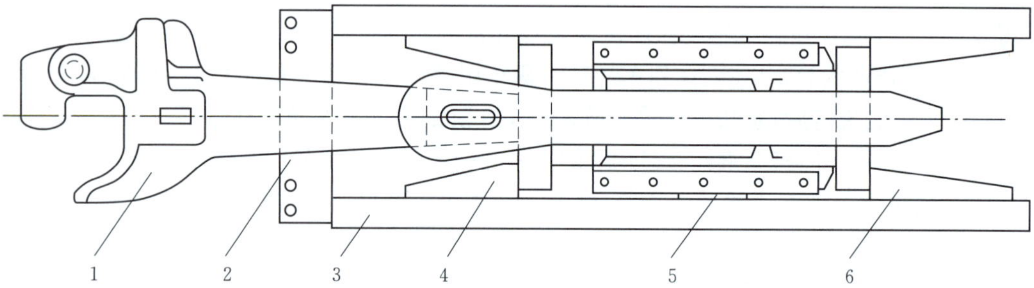

1—车钩;2—钩尾框;3—钩尾销;4—前从板;5—缓冲器;6—后从板。

图 2-113　车钩缓冲装置

车钩缓冲装置作用:实现车辆与车辆间、机车与车辆间的连挂和摘解,传递和缓冲牵引力及冲击力的作用。

(二)车钩的作用

车钩在实际生产中有三个作用位置,也就是我们常说的三态作用,开锁位置、全开位置、闭锁位置。

1. 开锁位置

两车钩摘解时,至少有一端车钩处于开锁位置。

锁铁停留在钩舌推铁的座锁面上,此时钩舌不能自动打开,如果钩舌受到牵引力就能绕钩舌销转动,此为开锁位置。

2. 全开位置

两车辆连挂时,必须有一端车钩处于全开位置,才能达到自动连挂的目的。

扳动钩提杆至极限位置,钩舌转动到最大开放位置,此为全开位置。

3. 闭锁位置

机车与车辆,或车辆与车辆之间连挂后,车钩必须处于闭锁位置。

当钩舌转动到闭锁位时，锁铁坐于钩舌尾部的座锁台上，钩舌不能绕钩舌销转动打开，此为闭锁位置，此时 17 型车钩闭锁显示孔完全可见，13 号系列车钩钩锁腿清晰可见。

运用限度：16、17 型车钩全开位置≥219 mm，闭锁位置≤100 mm；13A、13B 型车钩全开位置≤247 mm，闭锁位置≤132 mm；13 号车钩全开位置≤250 mm，闭锁位置≤135 mm。

二、车钩缓冲装置作用力的传递

车钩缓冲装置承受的作用力有两个：牵引力和冲击力。

1. 牵引时力的传递

当车辆受牵引时力的传递依次为车钩→钩尾销→钩尾框→后从板（无后从板者除外）→缓冲器→前从板→前从板座→牵引梁，车钩状态如图 2-114 所示。

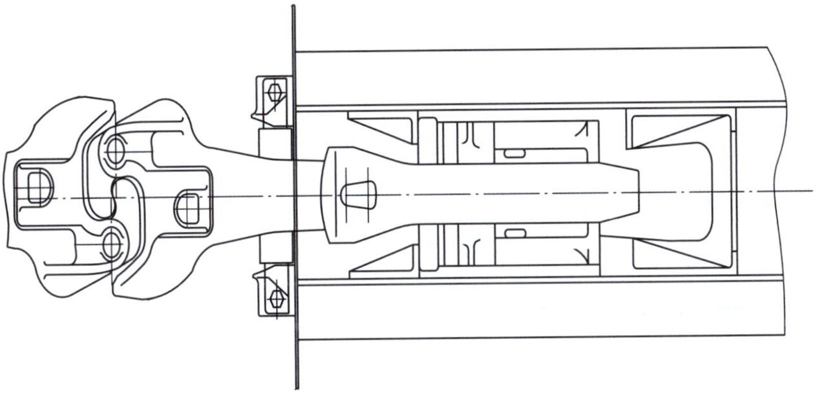

图 2-114　牵引时车钩状态

2. 冲击时力的传递

当车辆受冲击时力的传递依次为车钩→前从板→缓冲器→后从板（无后从板者除外）→后从板座→牵引梁，车钩状态如图 2-115 所示。

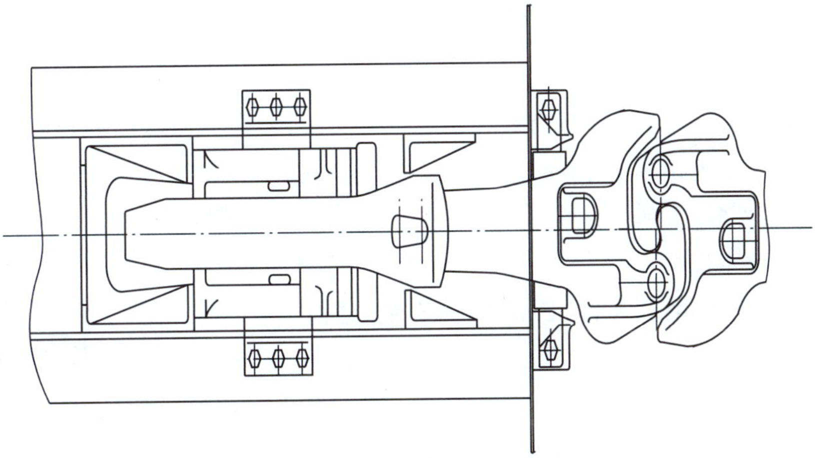

图 2-115　冲击时车钩状态

车钩中心高度：运用限度最高≤890 mm，重车最低≥815 mm，空车最低≥835 mm；两连接车钩中心水平线高度之差≤75 mm。

注：传递的力指的是纵向力，主要来源于机车牵引或者紧急制动时产生的纵向冲击，在调车作业过程中也有可能会发生，除此之外在驼峰溜放车辆时由于车站减速装置失效等原因导致车辆超速，注意对超速车辆、停留车辆及与停留车辆连挂的相邻车的延伸检查。

三、车钩应具备的条件

（1）具有良好的三态作用，以便完成车辆与车辆，车辆与机车之间的顺利摘解与连挂。

（2）不因有少量磨耗而失去主要部位的机能，不因冲突而使部件折损或弯曲。

（3）不因牵引或冲动而使钩舌销直接负担力量，在钩舌销折损时也不影响车钩的闭锁位置。

（4）牵引时，钩锁铁负担的力量，能均匀地传给钩头内侧壁的接触面。

（5）应具有防止在运用中因振动而自动脱落的装置，及防跳装置。

（6）不需要强力冲击就能连挂，遇有强振动或冲击时也不妨碍其连挂。

（7）应很轻快地达到闭锁或全开位置。

（8）容易确认完全连挂状态。

（9）使杂物不易进入钩头内部，以免阻碍其作用。

（10）安装在车辆上时，钩身上下左右须有自由活动的适当间隙。

四、车钩的主要形式及构造

（一）车钩分类

我国铁路货车车辆上所用的各类车钩均为自动车钩，有13号、13A型、13B型、16型、17型车钩。按照车钩开启方式不同可分为上作用式车钩和下作用式车钩，解钩装置在车钩上部，通过上锁销装置进行解钩的为上作用式车钩，解钩装置在车钩下部，通过下锁销装置进行解钩的为下作用式车钩。各型车钩可以互相自由连挂。

1. 上作用式车钩

上作用式车钩常用于C_{64K}、C_{64BK}、C_{64T}、P_{62NK}等车辆，结构如图2-116所示。

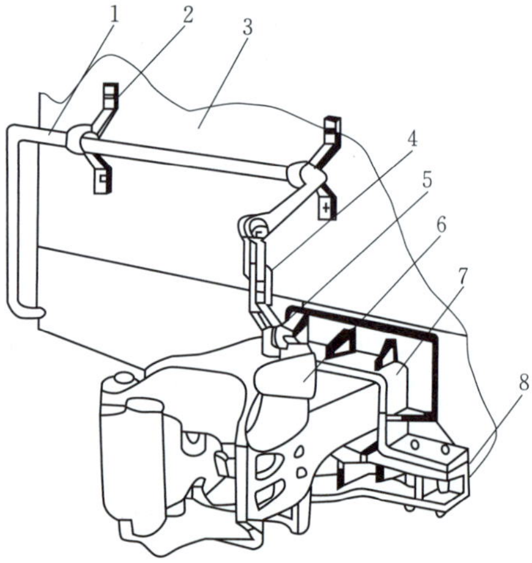

1—车钩钩提杆；2—车钩钩提杆座；3—车体端墙；4—提钩链；5—钩提销；6—钩头；7—冲击座；8—钩身托梁。

图2-116 上作用式车钩

2. 下作用式车钩

下作用式车钩常用于X_{6BK}、C_{70}、P_{70}等车辆，结构如图2-117所示。

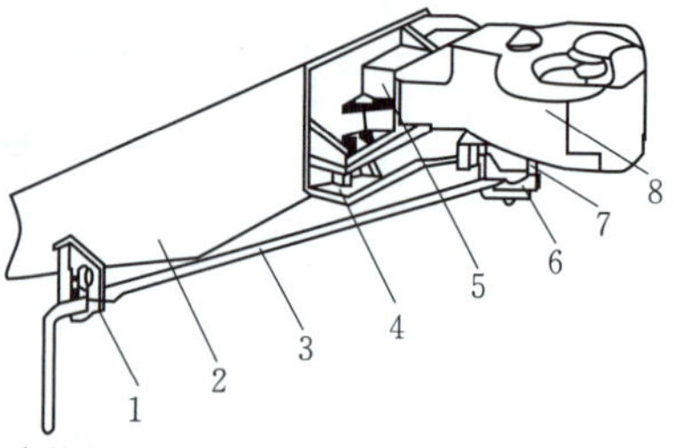

1—车钩钩提杆座；2—下端梁；3—车钩钩提杆；4—车钩托梁；5—冲击座；6—下锁销体；7—下锁销；8—钩头。

图2-117 下作用式车钩

（二）车钩构造

车钩主要由钩体（钩头、钩肩、钩身、钩尾）及内部配件组成，钩头主要由钩腕、钩耳、钩腔组成，钩腔内部配件主要包括钩舌、钩舌销、钩舌推铁、钩锁铁、转轴及下锁销组成，如图2-118所示。

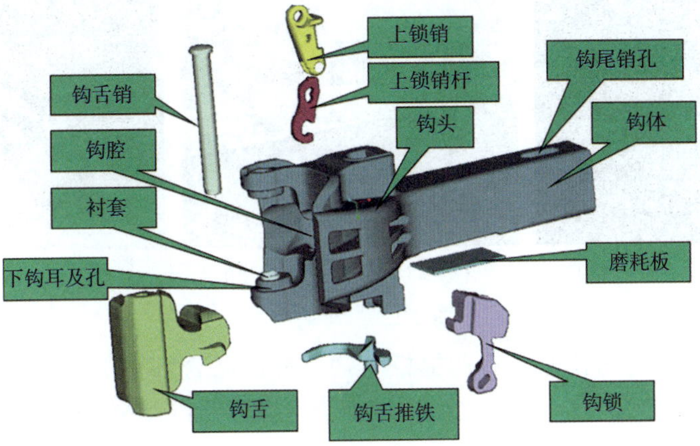

图 2-118 13A 型车钩钩体组成

1. 钩体组成及作用

钩体由钩头、钩身、钩尾三部分组成，主要作用：

钩头：主要起车钩连挂作用。

钩身：厚壁箱形结构，用以传递牵引力和冲击力。

钩尾：连接车钩和钩尾框。

2. 钩头组成及作用

钩头主要由钩腕、钩腔、钩耳等部分组成，主要作用：

钩腕：当两个车钩互相连挂后，用以容纳和控制对方车钩的钩舌。

钩腔：钩头的内部空腔，用以安装钩头内部配件。

钩耳：用以安装钩舌，分上下钩耳，分别设有圆孔，以便插入钩舌销。

3. 钩头内部配件

钩头内部配件包括钩舌、钩锁铁、钩舌推铁，如图 2-119 所示。

（a）钩舌　（b）钩锁铁　（c）钩舌推铁

图 2-119 钩头内部配件

钩舌：装在上下钩耳之间，插入钩舌销以钩舌销为回转轴，利用钩舌的开闭进行车辆的摘挂。

钩锁铁：又称锁铁，安装在钩腔内钩舌尾部的侧面。在闭锁位置时挡住钩舌尾部，起锁钩作用，在全开位置时推动钩舌推铁，能使钩舌张开。

钩舌推铁：横放在钩腔内，有一突起轴插入钩底部轴孔内，起转动轴的作用。推动钩舌张开达到全开位置。

（三）车钩的应用

图 2-120(a)为 60 t 级货车常用的 13 号系列上作用式车钩，C、P 等车型大量使用；图 2-120(b)为 13 号系列下作用式车钩，目前装用这种车钩的车型较少，常用在 N、K 等车型上；图 2-120(c)为 17 型车钩，常用在 70 t 级的货车上，如 C_{70}、X_{70}、P_{70} 等车型。

1. 防跳对比

(1)相对于上作用式车钩来说，下作用式车钩增加了一个 β 形防跳插销，下锁销二次防

（a）13号系列上作用式车钩　（b）13号系列下作用式车钩　（c）17型车钩

图 2-120　车钩应用

跳将钩提杆座改造成钥匙孔型及将钩提杆与钩提杆座结合部做成扁平状增加防跳保护功能，而 17 型下作用式车钩在此基础之上还增加了钩提杆复位弹簧，如图 2-121 所示。

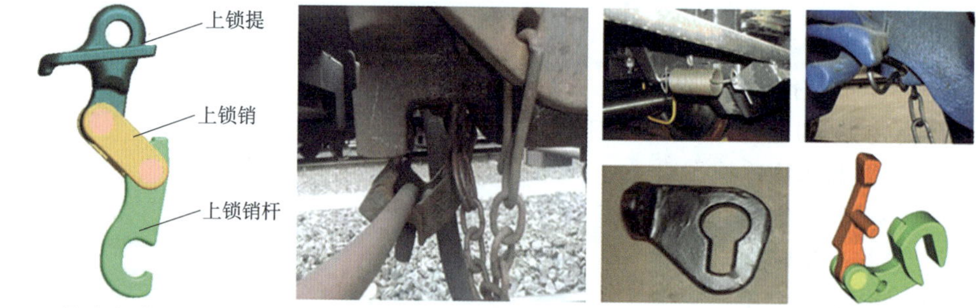

（a）13号系列上作用式车钩　（b）13号系列下作用式车钩　（c）17型车钩

图 2-121　防跳对比

（2）上锁销组成的对比，原形上锁销组成是二连杆机构，在钩腔内部只能形成“弓”字形防跳，而新型上锁销组成改造成三连杆机构，在钩腔内部形成反“Z”字形，增加了防跳可靠性。

（3）图 2-122（a）为 13 号系列上作用式车钩，钩提杆座是圆孔形，而钩提杆则是一根整体的圆柱形；图 2-122（b）为 17 型及 13 号系列下作用式车钩，在这基础上进行了改进，将钩提杆座做成钥匙孔形，而钥匙孔位置的钩提杆做成扁平状，在一定程度上起到了防跳作用，这个设计现在很多上作用式车钩也在相继地大量装车使用。

（a）13号系列上作用式车钩　（b）17型及13号系列下作用式车钩

图 2-122　上锁销组成对比

2. 车钩落锁对比

对这三个车钩进行对比，13 号系列车钩是否落锁，只需要看清楚它的锁脚是否清晰可见，17 型车钩只需要观察闭锁显示孔是否完全可见，对比如图 2-123 所示。

（a）13号系列上作用式车钩　（b）13号系列下作用式车钩　（c）17型车钩

图 2-123 车钩落锁对比

3. 主要零部件对比

钩尾销孔的比较，钩尾销孔为圆形多用于载重 70 t 的货车，扁形称为钩尾扁销，多用于载重 60 t 的货车。

4. 13 号系列车钩

13 号、13A 型、13B 型上作用式车钩，主要用在 C、P 等车型上；13 号、13A 型、13B 型下作用式车钩主要用在 N、K 等车型上。

(1)13 号系列车钩组成：上作用式车钩主要由钩体、钩舌、锁铁、上锁销、上锁销杆、钩舌推铁、钩舌销组成；下作用式车钩主要由钩体、钩舌、锁铁、下锁销、下锁销体、下锁销钩、钩舌推铁、钩舌销组成。

(2)13 号系列车钩优缺点

①13 号车钩缺点

a. 三态作用性能不够灵活，如开锁有的时候钩锁铁提不起来。

b. 全开位时钩舌回转慢。

c. 自重较大，钩头容易下垂。

d. 落锁不明显，钩锁铁脚落下后露出部分较少，列检人员不易发现。

②13A 型车钩特点

13A 型车钩的钩体、钩舌的材质为 C 级钢，锁铁为 E 级钢，其钩腔内零件均采用 B 级钢材质制造。13A 型车钩的钩舌为小间隙钩舌，钩体、钩舌上的型号铸造标记是“13A”。13A 型车钩的连挂间隙为 11.5 mm，比 13 号车钩连挂间隙 19.5 mm 减小了 8 mm，可有效地降低列车的纵向冲动。

③13B 型车钩特点

13B 型钩体主要在 13A 型车钩钩体基础上对钩体尾部结构进行了改进，13B 型钩体尾部取消钩尾端部工艺孔，改进了钩尾销孔处内腔结构，提高了结构强度。增加钩尾销的承载面积，改善钩尾销的受力状态。提高车钩的制造精度要求，材质由 C 级钢提高为 E 级钢，进一步提高车钩强度。

5. 16、17 型车钩

目前 16、17 型车钩及配套钩尾框已经装用在 C_{63}、C_{76} 型及 C_{80} 型系列等不摘钩则能进行翻车机卸货的货车上。在运用中保证了车辆的连续运转，提高卸货效率 25%以上。鉴于 17 型车钩具有连挂间隙小、结构强度高、联锁性能好及垂向防脱性能高等优点，以及多年来运用表现出的优良性能，我国 70 t 级货车采用了 17 型车钩及 17 型铸造或锻造钩尾框。

(1)车钩对比

除了常规车钩配件相同外,17 型和 13 号系列车钩的区别在于多了一个固定辅助支架、套头、套口外还将钩尾处做成了一个球形装置。主要作用是在运行过程中,实现车钩自动对中,防止车钩因车辆运行发生位移导致互钩差构成车钩分离等事故,此外与 13 号系列车钩在推铁及锁铁等配件也有不同的地方。17 型车钩与 16 型车钩从外观看,主要区别在钩身及钩尾外观,17 型为方形钩身、16 型为圆柱形钩身,如图 2-124 所示。

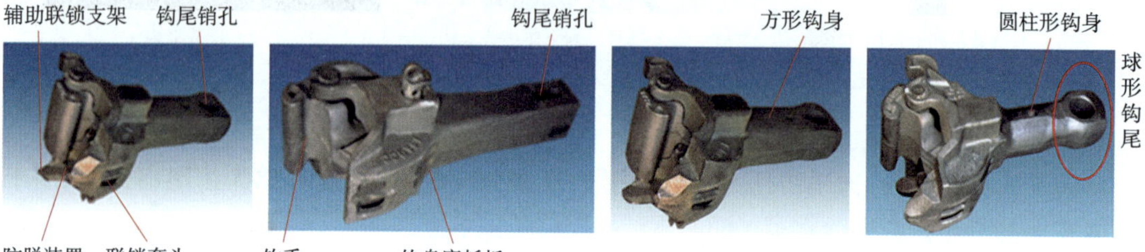

(a) 17型车钩　(b) 13号、13A型车钩　(c) 17型车钩　(d) 16型车钩

图 2-124　车钩对比

(2)主要性能参数

16、17 型车钩主要性能参数见表 2-6。

表 2-6　16、17 型车钩主要性能参数

车钩连接轮廓纵向移动间隙	9.5 mm
车钩最大横向摆角	13°
车钩最大垂直摆角	向上 5°30′,向下 7°
车钩连接线处最大横向位移	167 mm
水平面内最大相对转角	3°45′
垂直面最大相对转角	2°
两车钩连接时允许的车钩中心线高度差	≤75 mm
钩体静拉破坏载荷	≤4 005 kN
钩舌静拉破坏载荷	≤3 430 kN
16、17 型钩尾框(含锻造)最小极限载荷	≤4 005 kN

(3)17 型车钩的组成

17 型车钩的钩头、钩身、钩尾、钩耳、联锁套头、联锁套口、固定辅助支架、钩舌、钩舌销、锁铁、推铁、转轴、下锁销组成。

(4)17 型车钩配件结构

①17 型车钩钩体的钩头部分有联锁套口、套头、辅助联锁支架及防脱装置。

②17 型车钩钩身的形状与其他车钩相似,为箱形截面。

③钩尾端面由球形端面和两侧自动对中凸肩组成,球面半径为 133.5 mm,与从板的球面相接触。

(5)16 型车钩的组成

16 型车钩由车钩钩体、钩舌、钩舌推铁、钩舌销、锁铁组成、下锁销转轴和下锁销组成等零部件组成。

(6)16 型车钩配件结构

为了使车钩在进行翻卸作业时转动灵活，16 型车钩的钩身为圆柱形，钩身下面的磨耗板为嵌入式磨耗板，减小了车钩转动时的阻力。钩尾与从板接触的部位为半径 133.5 mm 的球面。

(7)16、17 型车钩特点

①连挂间隙小

17 型车钩的连挂间隙为 9.5 mm，比 13 号车钩的 19.5 mm 减少了 52%，比 13A 型小间隙车钩的 11.5 mm 间隙减少了 17%，可降低列车的纵向冲动、改善列车纵向动力学性能，延长车辆及其零件的使用寿命。

②结构强度高

17 型车钩的结构合理，钩体、钩舌及钩尾框均采用了 E 级钢制造，增加了车钩强度；同时，钩体最小破坏载荷 4 005 kN 与 AAR 标准规定相同，钩舌的最小破坏载荷为 3 430 kN，比 AAR 标准规定的 2 950 kN 提高 16%，钩尾框由 E 级铸钢改为 E 级锻钢，具有较高的强度储备。

③耐磨性能好

17 型车钩采用高强度的 E 级钢材质，提高了钩体、钩舌和钩尾框的硬度和耐磨性，并对钩尾端面及钩尾销孔后圆弧面进行了提高表面硬度的特殊处理，具有更高的硬度和更好的耐磨性；钩体下方增设了磨耗板，防止钩体磨耗，降低检修的工作量和成本。

④良好的防跳功能

17 型车钩具有下锁销防跳和下锁销杆防跳两级防跳功能，与上作用式车钩的一次防跳相比，具有更好的防跳性能。同时，17 型车钩的提杆装置加装了复位弹簧，进一步提高了车钩的防分离可靠性。在车钩钩头下面设有防脱装置，列车发生事故时仍能保持车钩的连挂性能，防止列车颠覆，并防止车钩相互脱离。

⑤曲线通过性能好

17 型车钩尾部设有自动对中凸肩和球型端面，可以使车钩在运行中经常保持正位，同时改善了车辆及列车的曲线通过性能；采用竖圆销与钩尾框垂直连接，提高了车辆的曲线通过能力。

⑥连挂性能好

17 型车钩可与我国现有铁路机车车辆使用的 13 号、13A 型及 15 号车钩等正常连挂使用。

⑦具有联锁功能

17 型车钩的钩体头部设有联锁装置，车钩连挂后可自动实现联锁，减少车钩的相对运动，具有类似牵引杆装置的作用；联锁装置还可以在车钩转动作业中起到附加旋转功能以降低对车钩的损坏。

⑧防自动解锁、效率高

16、17 型车钩锁铁上装有止动块，可以防止翻车机作业的时候，车钩自动开锁。16 型车钩可以转动，不用摘钩就可以在翻车机上卸货，提高了运输效率。

6. 车钩防跳

(1)防跳插销防跳

车钩通过防跳插销防跳来实现防护功能，如图 2-125 所示。

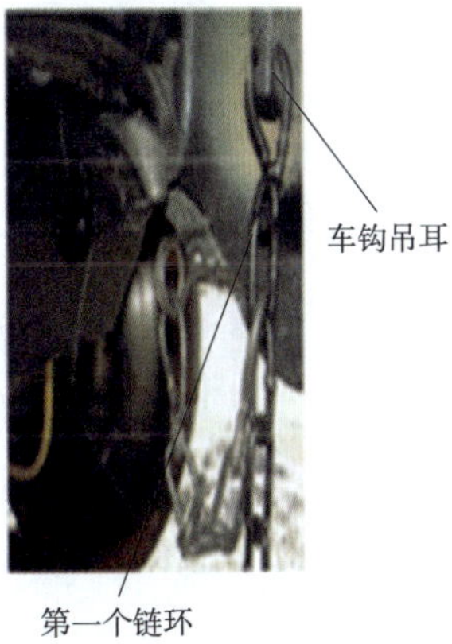

图 2-125　防跳插销

(2)下锁销防跳

车辆在振动过程中,下锁销上升与钩舌座锁面下面接触,可防止下锁销继续上升带动锁铁上升使车钩开锁,如图 2-126 所示。

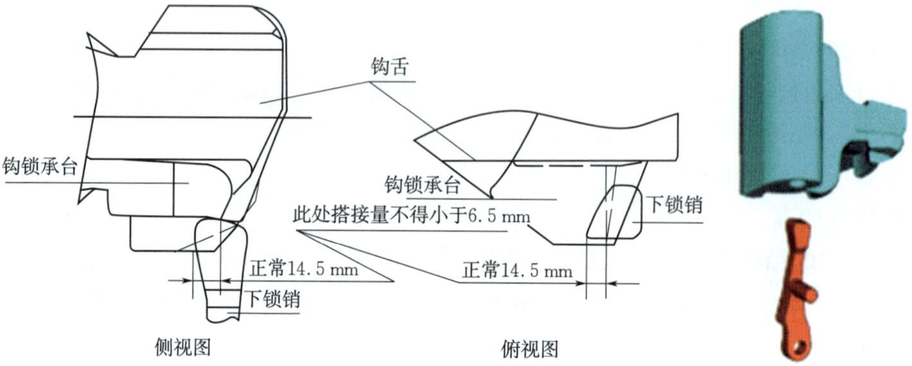

图 2-126　下锁销防跳

(3)下锁销杆防跳

车辆在振动过程中,下锁销杆上升使下锁销杆防跳台与钩体防跳台面接触,可防止下锁销杆的继续上升带动锁铁上升使车钩开锁,当下锁销杆处于抬起位置时防跳面必须贴合以防止锁铁上升或下锁销杆转动使车钩开锁,下锁销杆防跳装置如图 2-127 所示。

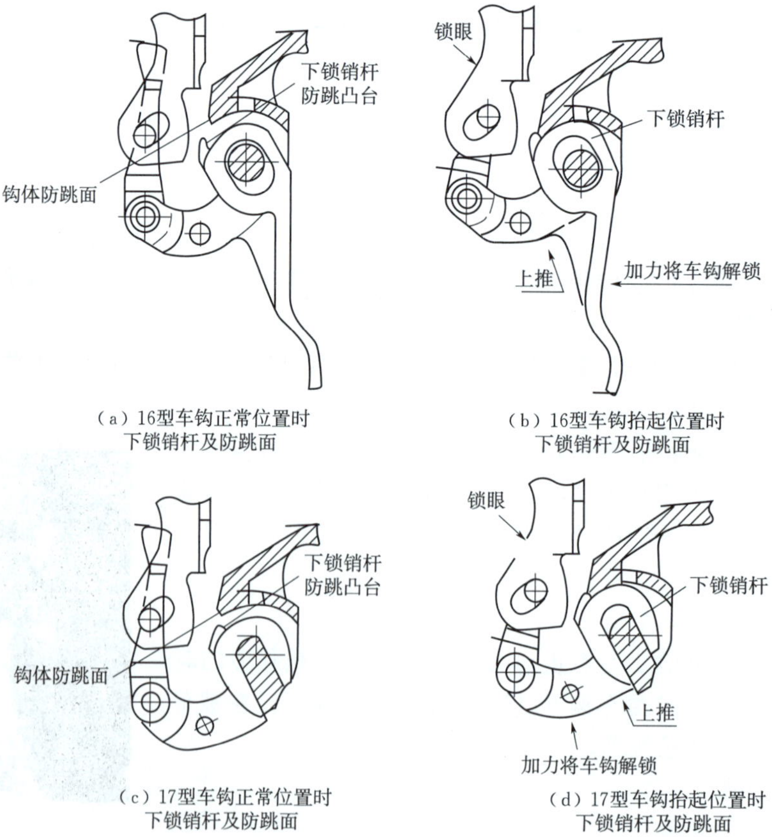

图 2-127　下锁销杆防跳装置

五、车钩缓冲器

为适应重载列车的开行，我国研制了 MT-2、MT-3、HM-1、HN-1 等型缓冲器，是现阶段货车常用的缓冲器，其发展过程如图 2-128 所示。

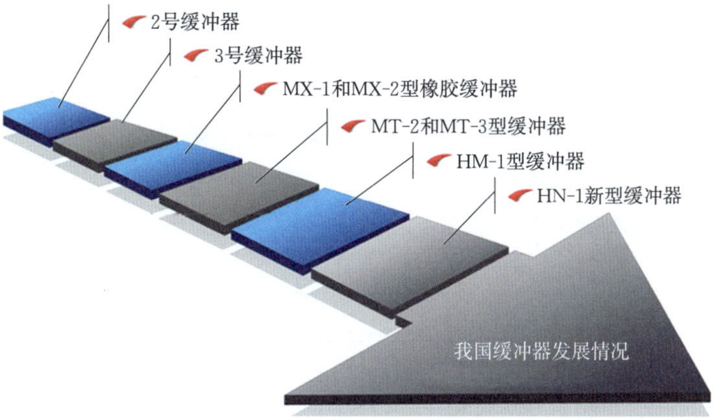

图 2-128 缓冲器发展过程

(一)缓冲器的功能、原理及分类

1. 功能及原理

(1)功能：缓冲器是用来减小列车纵向冲击、吸收冲击能量，从而减少对车体结构和货物的损伤，提高列车运行的平稳性。

(2)工作原理：与减振器相同，一方面借助压缩弹性元件来缓和冲击作用力；另一方面在变形过程中吸收冲击能量。

(3)行程：缓冲器受力后产生的最大变形量称为行程。

(4)最大阻抗力：缓冲器产生最大变形量(行程)时反弹作用外力。

(5)容量：缓冲器在全压缩过程中，作用力在其行程上所做的功的总和称为容量。

(6)能量吸收率：缓冲器在全压缩过程中，有一部分能量被阻尼所消耗，其所消耗部分的能量与缓冲器容量之比称为能量吸收率。

(7)初压力：缓冲器的静预压力。

(8)最大冲击速度：缓冲器达到最大阻抗力或行程时的车辆冲击速度。

2. 货车缓冲器分类

(1)MT 型缓冲器

MT 型缓冲器由 1 个箱体、2 个角弹簧座、4 个角弹簧、1 个外圆弹簧、1 个内圆弹簧、1 个弹簧座、1 个复原弹簧、2 个动板、2 个外固定板、2 个固定斜板、2 个楔块、2 个铜条组成，MT-2 型容量为 54～65 kJ，用于大秦线专用敞车；MT-3 型容量为 45 kJ，可用于一般的通用货车，MT-3 型缓冲器结构如图 2-129 所示。

摩擦耗能：当缓冲器受冲击时，中心楔块与楔块沿着固定斜板滑动，同时夹紧动板；当楔块移动到一定距离后与动板一起移动，这时动板、固定斜板和外固定板构成另一摩擦组，吸收消耗一部分动能。并推动弹簧座压缩内、外弹簧，将一部分冲击动能转变为弹簧的位能。当缓冲器卸载时，复原弹簧借助弹力使中心楔块复位，防止卡滞。

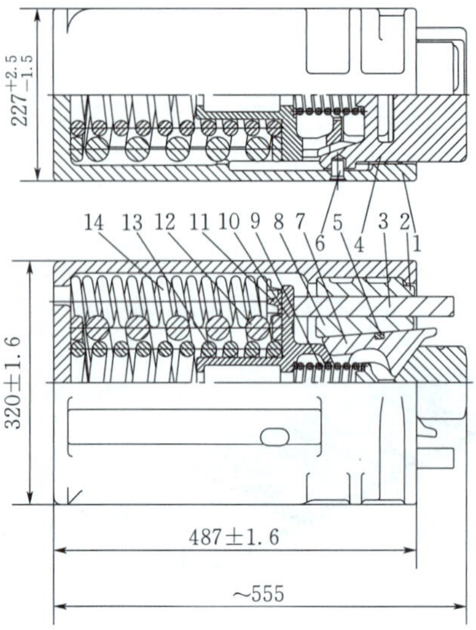

1—箱体；2—外固定板；3—动板；4—中心楔块；5—铜条；6—缩短销；
7—楔块；8—固定斜板；9—复原弹簧；10—弹簧座；11—角弹簧座；
12—外圆弹簧；13—内圆弹簧；14—角弹簧。

图 2-129 MT-3 型缓冲器结构(单位:mm)

(2)HM-1 型缓冲器

HM-1 型缓冲器是新型摩擦胶泥组合式缓冲器，由摩擦系统、弹性元件、箱体三部分组成，摩擦系统主要由中心楔块、动板、楔块等组成，弹性元件由圆钢弹簧和弹性胶泥组成。

作用原理：当活塞杆受力被推向腔内时，活塞杆挤压胶泥，同时活塞右侧的胶泥通过活塞杆与缸体之间的间隙(阻尼孔)流入活塞杆的左侧，当外力去除后，被压缩的胶泥膨胀，活塞杆回位，在胶泥流过阻尼孔的过程中，通过阻尼耗能和弹性耗能吸收了大部分外力所做的功，从而起到缓冲能量的作用。

特点：HM-1 型缓冲器具有容量大、抗冲击性能好、结构简单、可靠、稳定、使用寿命长、使用方便、安全、互换性能好等特点。可以有效地降低车辆间纵向冲击力，改善列车及车辆的纵向动力学性能，具有良好的综合经济和先进性。

HM-1 型缓冲器主要性能参数见表 2-7。

表 2-7 HM-1 型缓冲器主要性能参数

阻抗(kN)	容量(kJ)	行程(mm)	额定冲击速度(km/h)	安装缩短销后的高度(mm)
≤2 450	80	≤83	10	≤561

(二)缓冲装置其他配件

1. 钩尾扁销螺栓

(1)作用

钩尾扁销起着连接车钩与钩尾框的关键作用。钩尾扁销螺栓有托住钩尾扁销的作用，一旦丢失或折损，钩尾扁销借自重落下，会造成列车分离。

(2)技术状态要求

螺栓直径 ϕ20 mm，直径磨耗不得大于 2 mm。钩尾扁销螺栓须进行电磁探伤，有裂纹时更换。钩尾扁销螺栓须为方头，外方须装有弹簧垫圈和开口销，开口销应卷起。

2. 防跳插销

(1)作用

为进一步提高 17 型车钩的防分离可靠性，保证铁路运输安全，17 型车钩加装了 β 形防跳插销，为 17 型车钩增加一个防分离的安全可靠措施。

(2)安装使用要求

安装时，对装有制动软管吊链的车辆，防跳插销可安装在制动软管吊链的第一个链环中，与制动软管吊链一同安装在车钩上；对没有安装制动软管吊链的车辆，可直接安装在车钩下部的吊耳上。使用时将防跳插销插入 17 型车钩的闭锁指示孔中，可在车钩的两侧进行。

分解车钩前，在摘解制动软管时将插销从闭锁指示孔中拔出；车钩连挂后，在连接制动软管时将插销插入闭锁指示孔中。

防跳插销 β 部应贴靠，如果使用中该处间隙大于 8 mm 时应更换或调修恢复。

3. 钩尾框与钩尾销

钩尾框用钩尾销与钩尾连接，钩尾框内装有缓冲器和前、后从板，是传递牵引力和冲击力的配件。钩尾框用铸钢制成，钩尾销穿插在钩尾框和钩尾的钩尾销孔内，其下部于钩尾框耳处横牙钩尾销螺栓托住，钩尾销螺栓在螺母外侧必须安装开口销，以免钩尾销螺栓丢失造成列车分离事故。

4. 从板及从板座

从板安装在钩尾框内，缓冲器的前后各一块，前面的为前从板，承受牵引力；后面的为后从板承受冲击力(MT-2、MT-3 型缓冲器使用 1 块前从板，后从板由箱体代替)，借助从板接触冲击座使缓冲器实现缓和冲击、传递牵引力的作用。

5. 冲击座及钩体托梁

冲击座及钩体托梁位于底架端梁的中部，在冲击座下部装有钩体托梁，除具有保证车钩缓冲装置正常作用外，当受到较大的冲击力时，钩肩与冲击座接触，冲击座可将部分力直接传递给底架，可避免缓冲器破损。

6. 新型上锁销组成结构及特点

新型上锁销组成由上锁提、上锁销和上锁销杆组成，各零件均采用 B 级钢制造，可与 13 号、13A 型车钩组装。将原上锁销组成的两连杆机构更改为三连杆机构，并利用现用车钩钩腔空间呈反 Z 形，较原上锁销组成增强了防跳性能。新型上锁销具有防分离可靠性高、互换性好、适应性好、可靠性强等特点。

7. 货车重载牵引杆

货车牵引杆可分为三种结构形式：一端旋转一端固定结构、两端固定结构和两端旋转结构。牵引杆两端采用标准钩尾结构，可以实现与 16、17 型车钩互换，改善了曲线通过能力及自动复位，可以做到 360°转动。采用 E 级钢，强度可以满足 20 000 t 的牵引要求，强度是钩舌的 2 倍多，比车钩也提高将近 0.5 倍。

(三)车钩缓冲装置的检修标记

1. 钩体标记

钩体检修标记如图 2-130 所示。

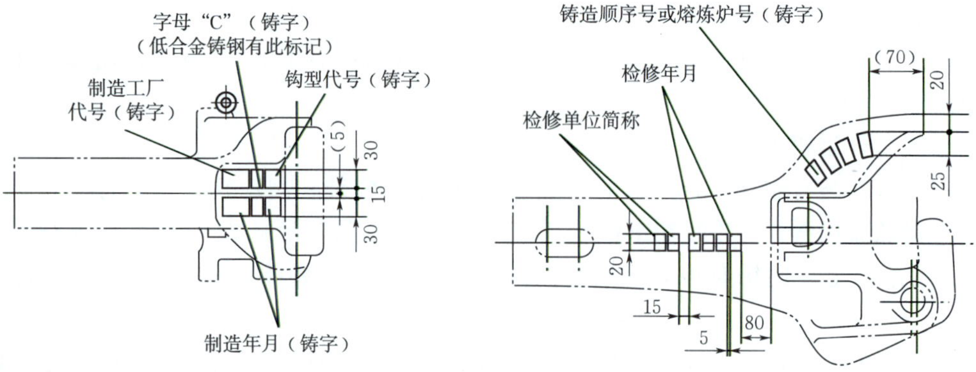

图 2-130　**钩体检修标记(单位:mm)**

2. 钩舌标记

钩舌检修标记如图 2-131 所示。

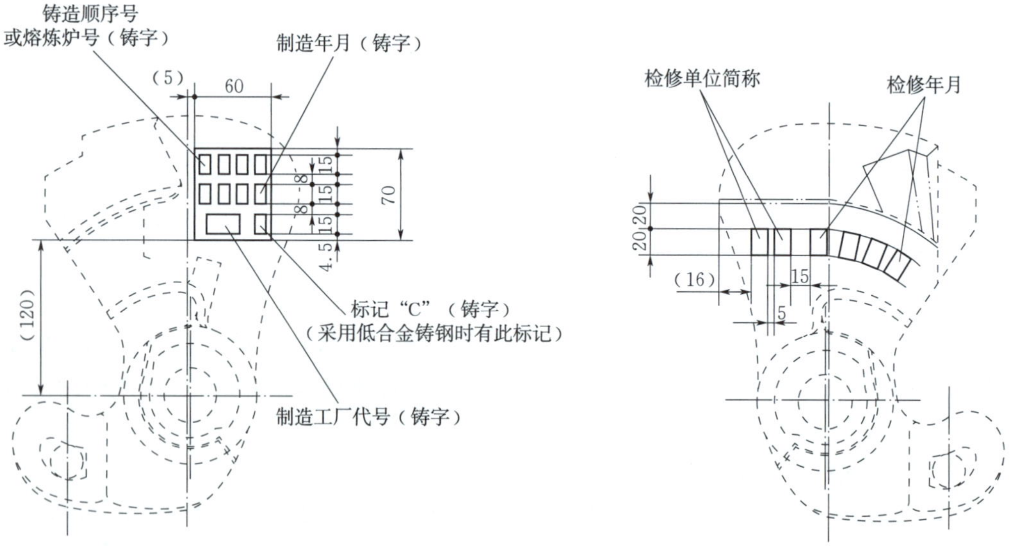

图 2-131　**钩舌检修标记(单位:mm)**

3. 钩尾框标记

钩尾框检修标记如图 2-132 所示。

4. 缓冲器标记

ST 型缓冲器箱体标记如图 2-133 所示。

(四)车钩缓冲装置的故障

1. 常见故障及原因

(1)车钩三态作用不良

闭锁不良。钩锁不能充分落下,是由于钩舌与钩锁接触面磨耗后焊修时堆焊过多,造成作用不灵活。

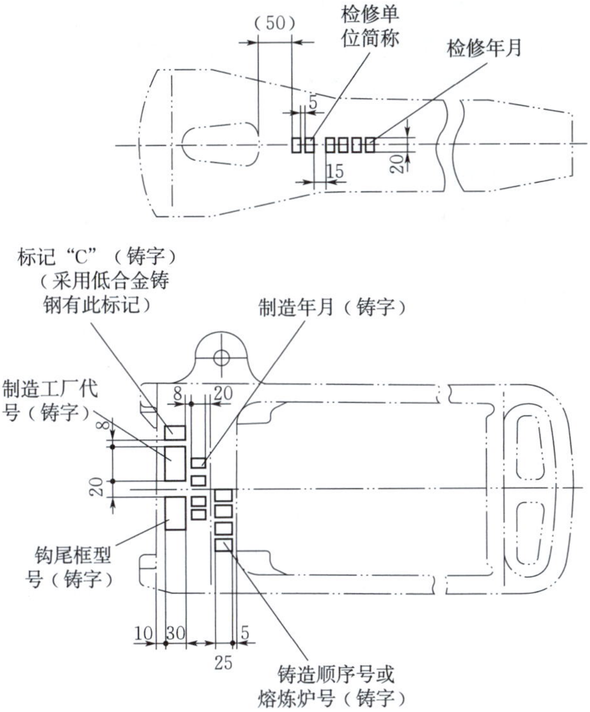

图 2-132　钩尾框检修标记(单位:mm)

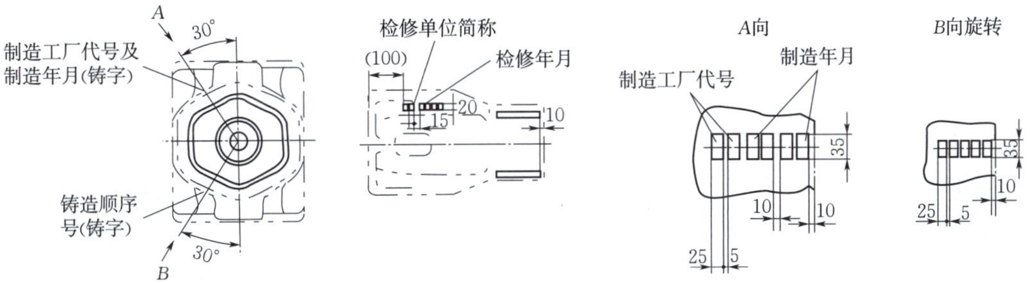

图 2-133　缓冲器箱体标记(单位:mm)

自动开锁。车钩防跳不良,钩锁销反装,造成防跳失效,钩提链松余量过短,下作用式钩提杆扁平部未入槽,人力制动机链反装于钩提杆下方。

开锁位置不良。止锁座磨耗,锁脚弯曲,钩头内部底壁有台阶形磨耗。

全开位置不良。钩锁销链过长,提钩力不足,钩舌推铁两端磨耗过度或弯曲变形。

(2)钩尾框裂纹

铆钉孔及弯角处,锻制钩尾框后堵孔处较多。钩尾扁销孔处、铸钢钩尾框前挡。

(3)钩体故障

钩体裂纹。一般多发生在钩头上下牵引凸缘根部、钩耳、钩身棱角、钩尾销孔、钩头与钩身连接处前后等部位。

钩体变形。钩体的变形主要表现为钩身弯曲、钩耳变形和钩腕外胀,多是由于运行及调车作业中过大的冲击造成的,钩身弯曲过大时容易造成钩舌及钩耳裂纹,钩腕外胀严重时,将导致车钩的自动分离。

钩体磨耗。钩体磨耗是钩体与相配合零件相对摩擦的结果，磨耗部位多发生在钩耳孔及钩身下方，钩尾侧面、端面、钩锁腔侧壁及钩锁腔内防跳台处也是容易发生磨耗的位置，车钩磨耗不仅削弱了强度，而且会影响车钩的作用。

(4)钩舌故障

钩舌的主要故障有裂纹和磨耗两种。裂纹多发生在钩舌内侧面的上下弯角处、钩舌销孔、牵引凸缘及冲击凸肩等处；磨耗的主要部位是钩舌的内侧面，其次是钩舌尾部侧面(与钩锁接触面)及钩舌销孔。

(5)钩锁腔内部零件故障

钩锁的主要故障是磨耗，磨耗的部位大多数在钩锁与钩舌尾部的接触处；钩舌推铁的主要故障是变形和磨耗，变形的原因是本身的刚度较小；钩锁销的主要故障是防跳台处的磨耗，磨耗严重时，会使车钩失去防跳作用。

2. 三态作用性能检查

(1)开锁

当车钩提钩杆手柄提到上部位置时，钩舌不能自动打开，仍处在闭锁位置，钩锁已离开闭锁位置，当放松提杆落下锁铁时，锁铁应该停留在钩舌推铁的座锁面上。此时用手扳动钩舌鼻部，钩舌能转动到全开位置。

(2)全开

车钩在开锁位的基础上，继续转动车钩提钩杆手柄，钩舌应能自动地转动到全开位。

(3)闭锁

当钩舌转动到闭锁位时，钩锁铁须能自由地落到钩舌尾部的座锁台上。钩头下方能看见钩锁锁脚或下锁销杆上的整个显示孔均可见时，表明车钩已经被锁闭。

(4)防跳性能差

①下锁销防跳(17 型车钩)

检查从钩头下部在锁腿与锁铁孔前壁之间用扁棒或改锥用力向后撬锁铁腿，同时从钩头正面用撬棍或凿子向上撬起锁铁，测量下锁销和钩舌落锁台的搭接量(防跳保护值)在6.5～14.5 mm 范围内，如果搭接量小于 6.5 mm 时，需更换下锁销或下锁销组成。但在某些情况下，还需换上新的钩锁或钩舌或者两者都更换，如果将这些零件换上新的后，仍不能解决问题，则可能是钩头下面提锁孔的后部上面已经磨耗过量，此时必须更换钩体。

②下锁销杆防跳性能检查

用右手将下锁销杆向上托起，使下锁销杆防跳台与钩体的防跳面贴靠，同时左手使其向车钩解锁方向加力，下锁销杆不得转动，锁铁不得上升。如此时锁铁上升或下锁销杆使车钩解锁，则需更换下锁销组成或更换钩体。

3. 车钩落锁和防跳作用的判断(13 号、13A 型、13B 型车钩)

车钩落锁时，钩舌尾部全部进入钩头内部钩锁全部落下，锁脚下部露出钩头底部孔。钩锁销滑入钩锁背部的斜沟内，防跳装置起防跳作用。往上托起钩锁时对其移动量 13 号、13A 型上作用式车钩不得大于 11 mm，下作用式车钩得大于 22 mm，且均不小于 3 mm。

4. 车辆连挂后确认事项

(1)须确认车钩是否处于完全连挂状态。

(2)客货车连挂时，货车上作用式车钩，其锁销的马蹄环须加固，防止车钩分离。

(3)跨装货物时,确认完全连挂后,提钩杆绑在杆托上,防止列车分离。

(4)车辆连挂后,须确认互钩高差不得超过 75 mm。

六、影响车钩高度的因素、车钩高度的调整方法

1. 影响车钩高度的因素

(1)车轮直径的大小。

(2)车轮踏面磨耗。

(3)上、下心盘的磨耗及心盘垫板的厚度。

(4)枕弹簧的衰弱,重车时枕簧的压缩。

(5)钩颈下面及钩体托梁的磨耗等因素。

2. 车钩高度调整方法

(1)对于车轮踏面磨耗严重者,可更换大直径车轮。

(2)下心盘磨耗严重及其垫板变形过薄时,可更换上下心盘或加心盘垫板。

(3)如弹簧高度不够,可更换弹簧或加弹簧垫板。

(4)钩身或钩托板磨耗下垂时,可加垫板。

(5)车钩上翘、下垂、变形严重时,可加修车钩,使其恢复原样或更换车钩。

(6)在轴箱上部加轴箱垫板,调整车辆一端的车钩,也要考虑同车另一端车钩的高度变化。

第七节　货 车 车 体

一、货车车体的组成及结构功能

(一)敞　　车

1. 车体

(1)通用敞车

通用敞车车体为全钢焊接结构,主要由底架、侧墙、端墙组焊而成。通用敞车车体结构如图 2-134 所示。

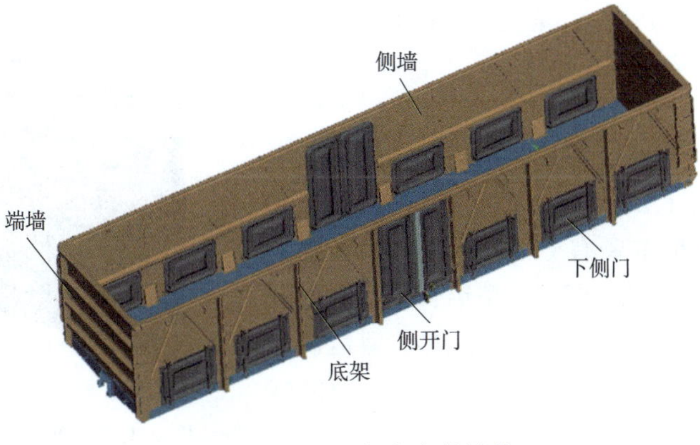

图 2-134　通用敞车车体结构

通用敞车底架由中梁、侧梁、横梁、端梁、枕梁、纵向梁、冲击座、脚蹬等组成，结构如图 2-135 所示。

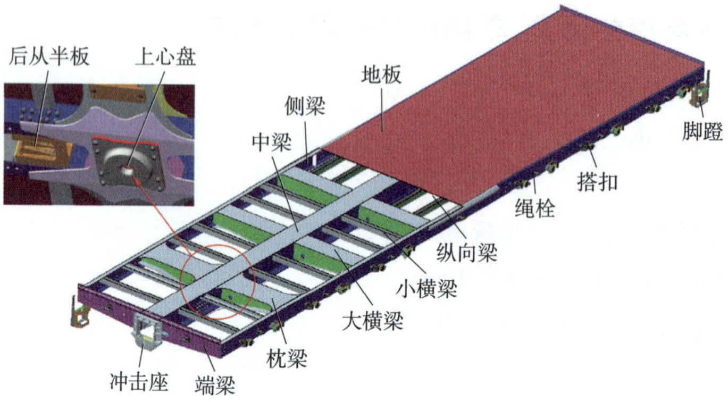

图 2-135　通用敞车底架结构

通用敞车侧墙为板柱式结构，由侧柱、上侧梁、侧板、上门梁、斜撑、侧柱连铁、侧柱补强板及侧柱内补强座等组焊而成，如图 2-136 所示。

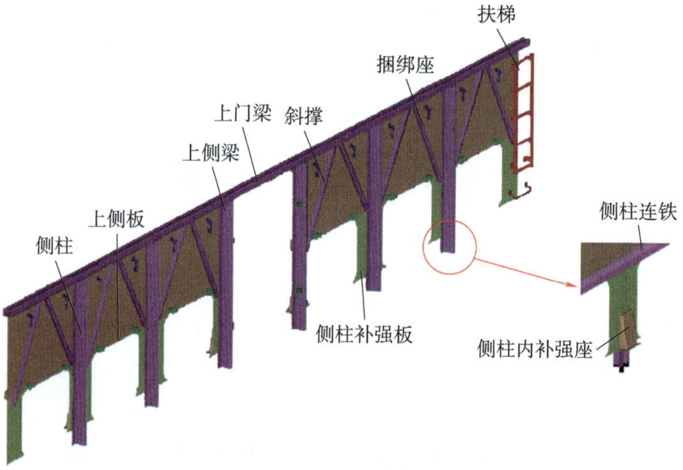

图 2-136　通用敞车侧墙结构

通用敞车端墙由上端梁、角柱、横带及端板等组焊而成，如图 2-137 所示。

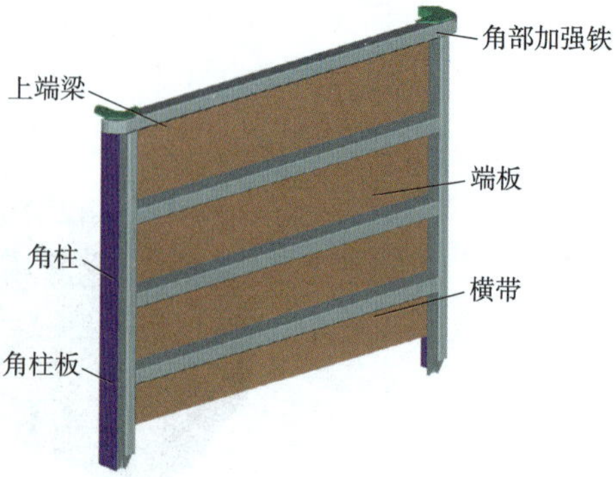

图 2-137　通用敞车端墙结构

(2)专用敞车

专用敞车主要由底架、侧墙、端墙、撑杆组成，按轴重分为 21 t、23 t、25 t、30 t 轴重专用敞车，其中 20 t 轴重专用敞车主要有 C_{80}、C_{80B} 型，30 t 轴重专用敞车主要有 C_{96} 型，即 C_{80} 型铝合金运煤专用敞车、C_{80B} 型不锈钢运煤专用敞车、C_{96} 型运煤专用敞车。C_{80} 型铝合金运煤专用敞车如图 2-138 所示。

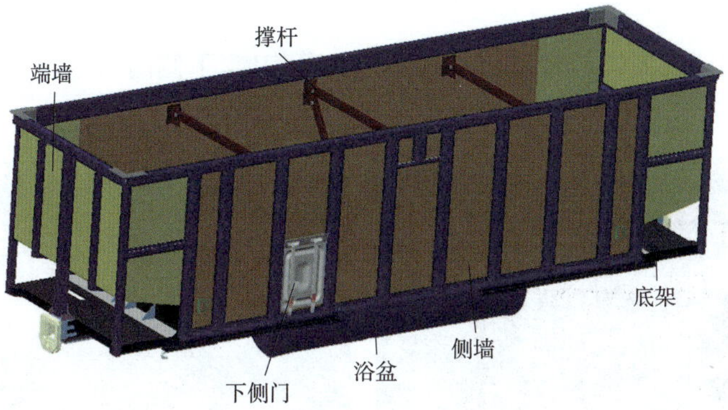

图 2-138　C_{80} 型铝合金运煤专用敞车车体结构

C_{96} 型运煤专用敞车如图 2-139 所示。

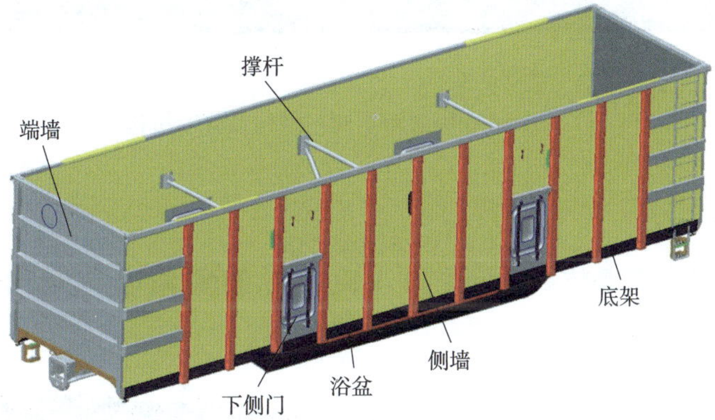

图 2-139　C_{96} 型运煤专用敞车车体结构

2. 车门及开闭装置

通用敞车每侧各设 1 扇对开式侧开门和 6 扇上翻式下侧门，专用敞车每侧各设有 2 扇上翻式下侧门，可作为装卸货操作和人员进出通道。

(1)侧开门

专用敞车侧开门主要由门板、折页、上门锁机构、下门锁机构、挡板组成等构成，如图 2-140 所示。通过操作上、下门锁机构来实现侧开门的开闭，如图 2-141 所示。

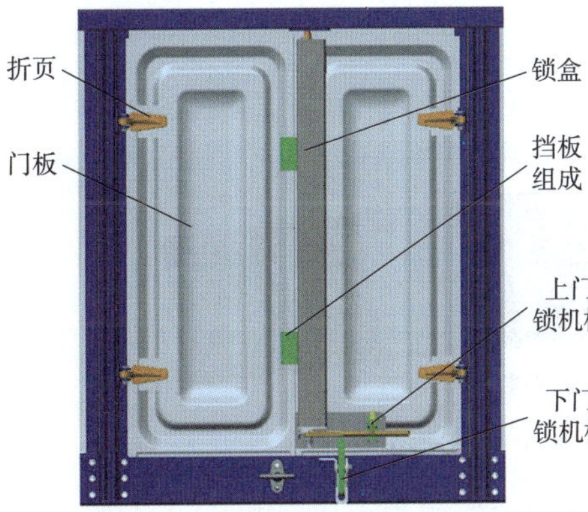

图 2-140　专用敞车侧开门结构

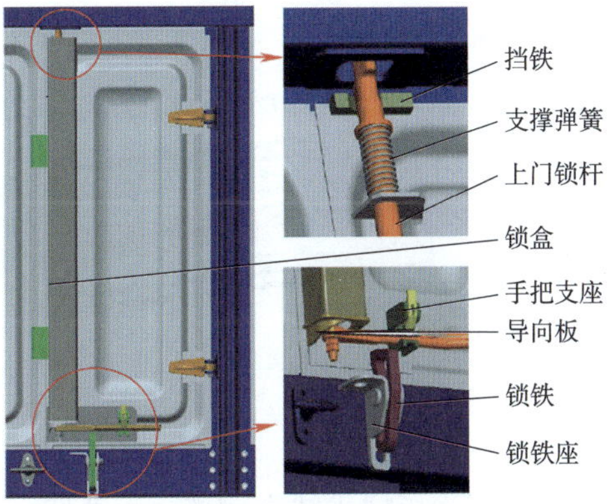

图 2-141　专用敞车侧开门开闭结构

(2)下侧门

专用敞车下侧门主要由门板、折页、锁闭搭扣等构成,下侧门结构及开闭结构如图 2-142 所示。

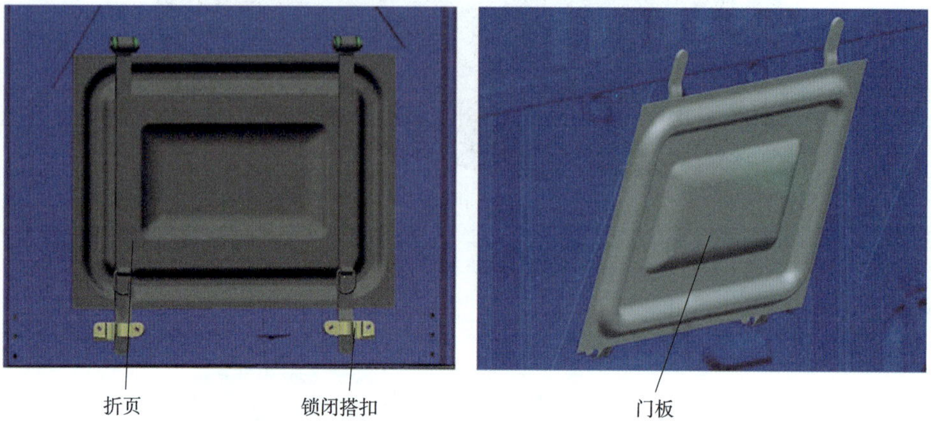

图 2-142　专用敞车下侧门结构及开闭机构

(二)棚　　车

1. 车体

棚车车体为全钢焊接整体承载结构,主要由底架、侧墙、端墙、车顶、车门、车窗、内衬等组成,如图 2-143 所示。

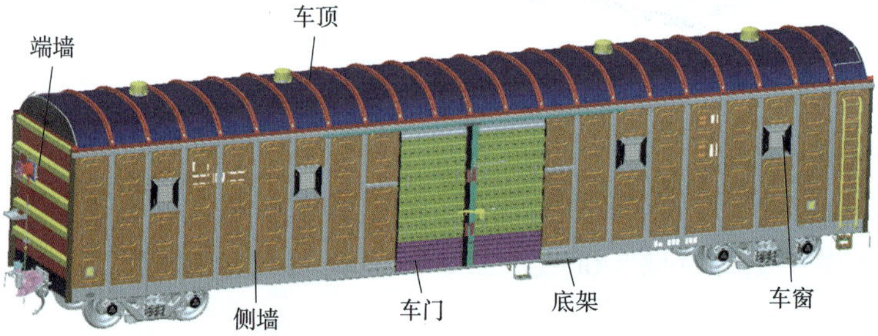

图 2-143　棚车车体结构

棚车底架由中梁、枕梁、下侧梁、大横梁、端梁、小横梁、纵向梁、竹材层压板等组成,如图 2-144 所示。

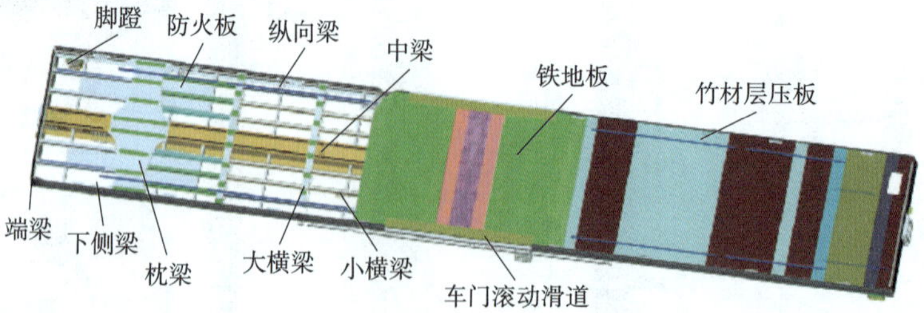

图 2-144　棚车底架组成

棚车端墙为板柱式结构,由端板、横带、角柱、上端梁等组焊而成,如图 2-145 所示。

棚车车顶由车顶板、车顶弯梁、车顶端弯梁、车顶侧梁组焊而成，如图 2-146 所示。

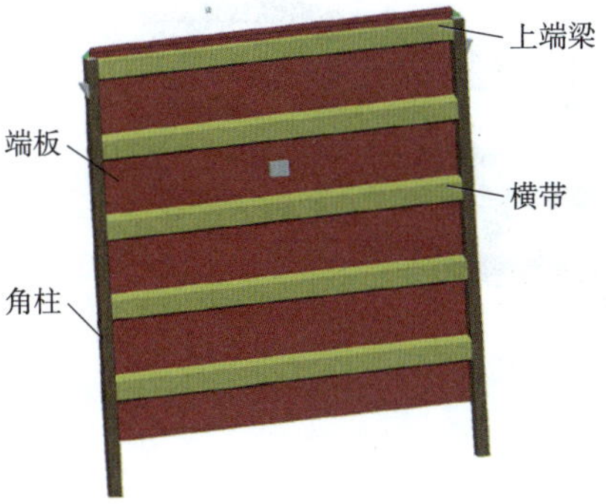

图 2-145　棚车端墙结构

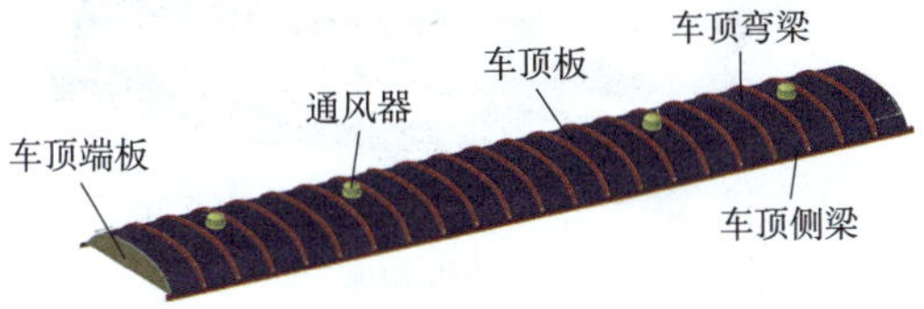

图 2-146　棚车车顶结构

2. 车门、车窗及锁闭装置

(1)车门

通用棚车每侧各设有一组推拉式对开车门。通过操作门锁来实现车门的开闭，结构如图 2-147、图 2-148 所示。

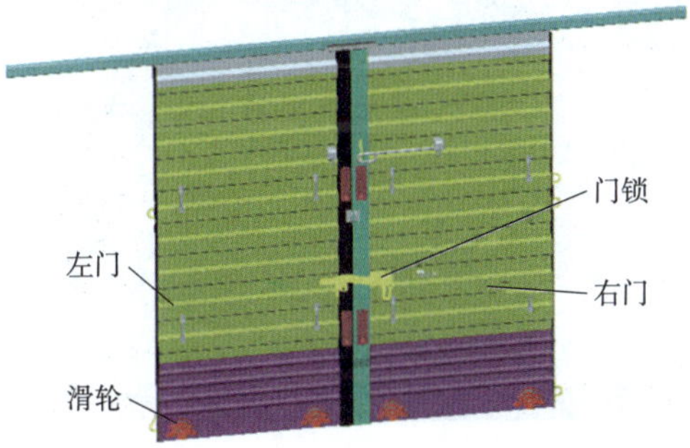

图 2-147　棚车车门结构

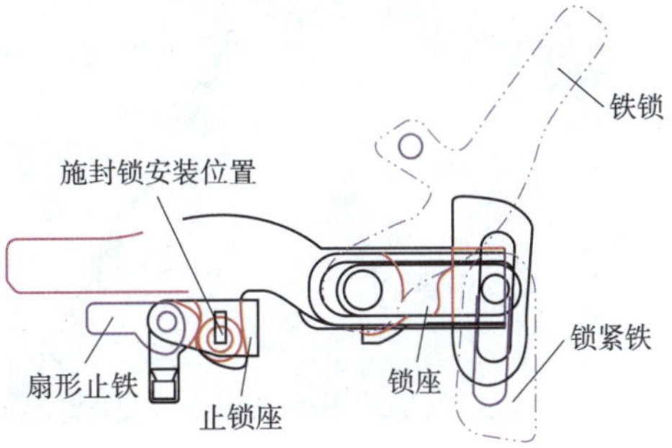

图 2-148　棚车锁闭装置结构

(2)车窗

车体每侧设 4 扇内翻式车窗。当运输货物时，车窗不打开，可自然通风；运输人员需要透光时，可放下窗板，打开车窗，如图 2-149 所示。

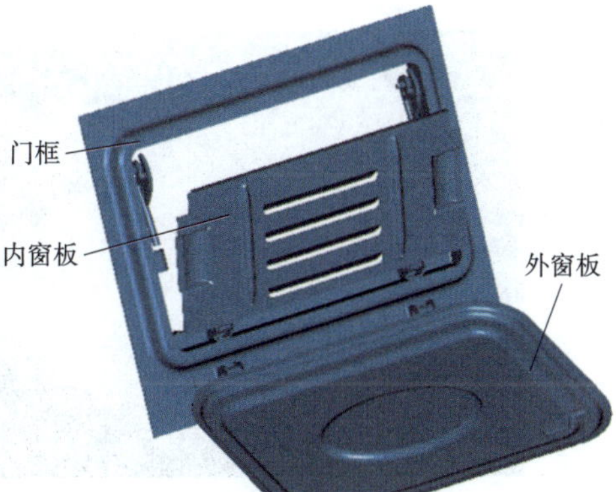

图 2-149　棚车车窗结构

(三)平车、平车—集装箱共用车

1. 车体

平车、平车—集装箱共用车底架为全钢焊接结构，主要由中梁、侧梁、枕梁、中央大横梁、大横梁、端梁、顺梁等组焊而成，并设置有防火板，如图 2-150 所示。平车—集装箱共用车设有用于安装集装箱锁闭装置的安装座。

2. 锁闭装置

底架上设有适应装载两个 20ft 集装箱或一个 40ft 集装箱的推拉翻转式锁闭装置。推拉翻转式锁闭装置由锁座、锁头、挡板及滑销等组成。锁头采用 F-TR 型锁，材质为 E 级钢，

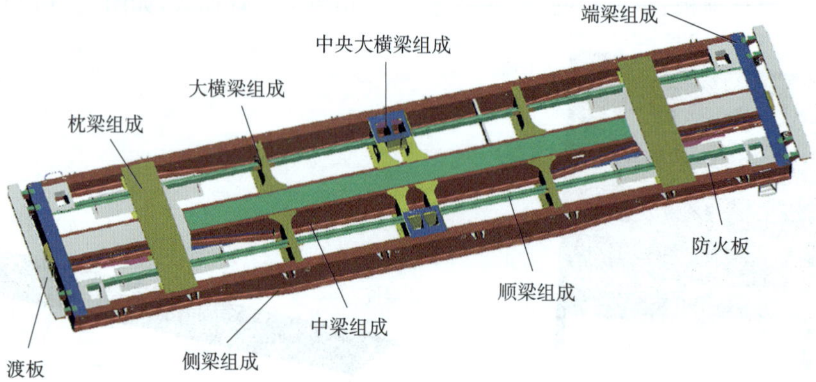

图 2-150　平车、平车—集装箱共用车底架结构

如图 2-151、图 2-152 所示；锁座材质为 B 级钢。底架端部为单锁组成，中部为双锁组成。

F-TR 锁头的头部朝上为工作位，朝下放置为非工作位。装载 20ft 集装箱时，所有集装箱 F-TR 锁头均应处于工作位，如图 2-153、图 2-154 所示。

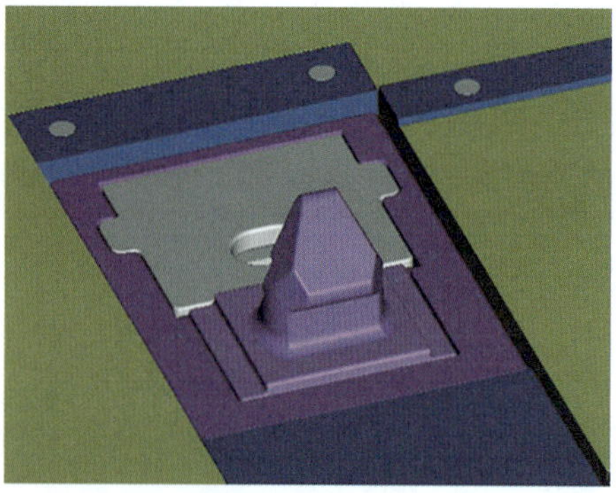

图 2-151　集装箱单锁组成

图 2-152　集装箱双锁组成

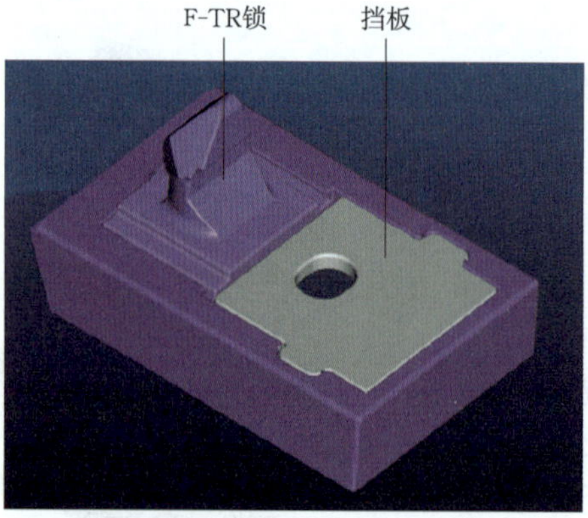

图 2-153　集装箱锁头工作位

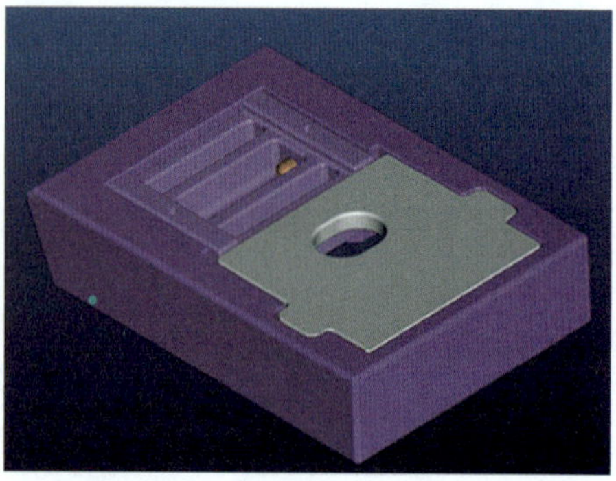

图 2-154　集装箱锁头非工作位

(四)集装箱专用平车

1. 车体

集装箱专用平车底架为全钢焊接结构，主要由中梁、侧梁、端梁、枕梁、中央大横梁、大横

梁、辅助顺梁等组焊而成，如图 2-155 所示。

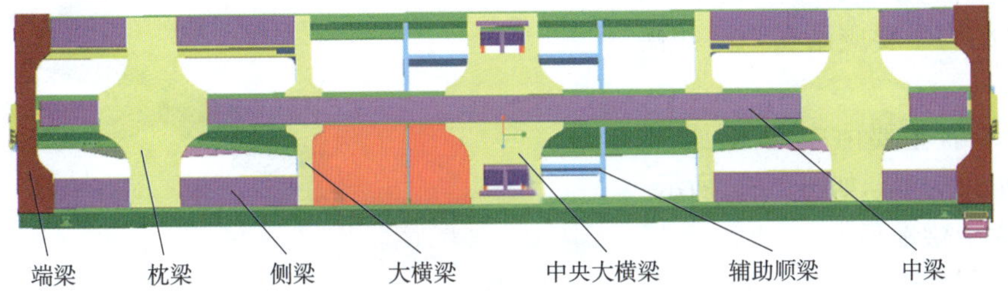

图 2-155　集装箱专用平车底架结构

2. 锁闭装置

集装箱平车底架上设有适应装载 20ft 集装箱和 40ft 集装箱的锁闭装置。端部一般采用固定式锁闭装置，中部采用活动式（推拉翻转式、原位翻转式、推拉平移式）锁闭装置。活动式锁闭装置一般由锁座、锁、挡板等组成，锁头为 F-TR 锁或者凸台锁，如图 2-156 所示；底架两端部设有门挡及扶手。

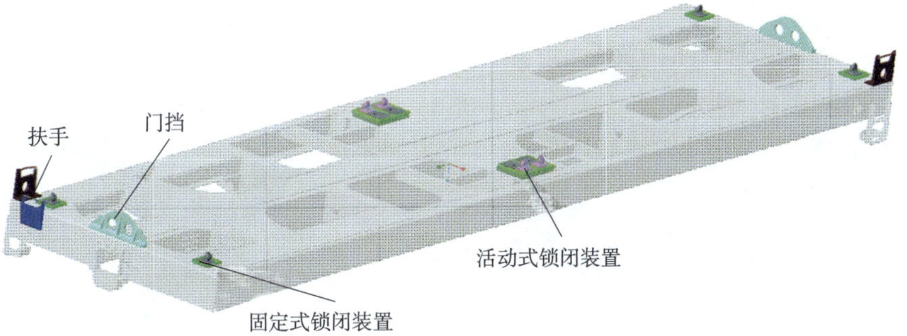

图 2-156　集装箱专用平车锁闭装置

（五）罐　　车

1. 车体

（1）有中梁罐车

有中梁罐车主要由罐体、底架、罐与底架连接装置、侧梯或端梯及走台等部件组成，如图 2-157 所示。罐体由筒体、封头、人孔装置、安全阀等组成；罐与底架连接装置有卡带连接

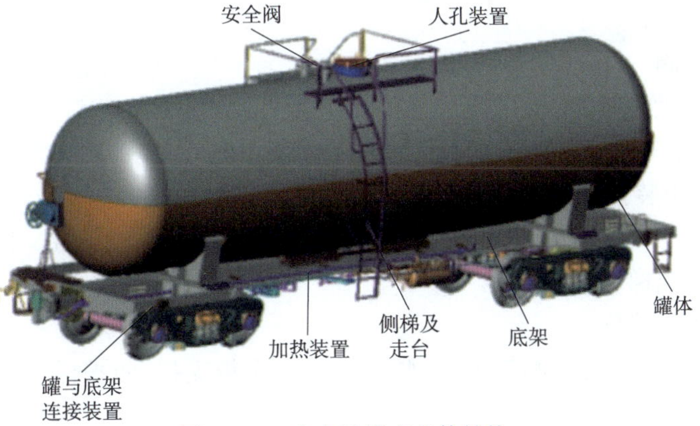

图 2-157　有中梁罐车车体结构

结构和压板连接结构两种，卡带连接结构主要应用在 60 t 级罐车上，压板连接结构主要应用在 70 t 级罐车上。

底架装置主要由中梁、侧梁、枕梁、端梁等组焊而成，如图 2-158 所示。

（2）无中梁罐车

无中梁罐车主要由罐体、牵枕装置、侧梯或端梯及走台等部件组成，如图 2-159 所示。根据装运介质的性质，部分罐车设有加热装置、保温装置或下卸装置。罐体由筒体、封头、人孔装置、安全阀等组成。

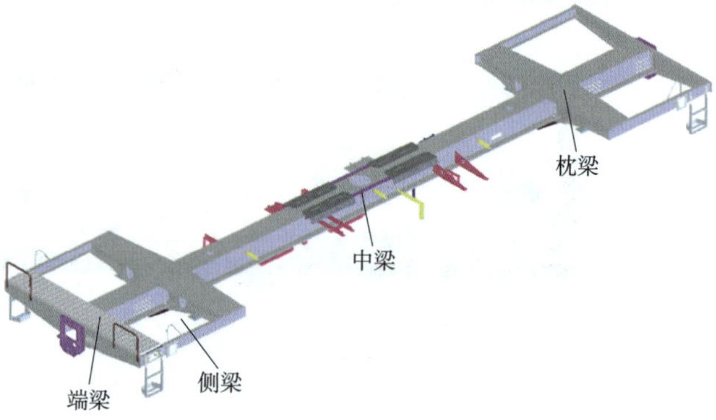

图 2-158　罐车底架结构

牵枕装置主要由牵引梁、枕梁、侧梁、端梁等组焊而成，如图 2-160 所示。

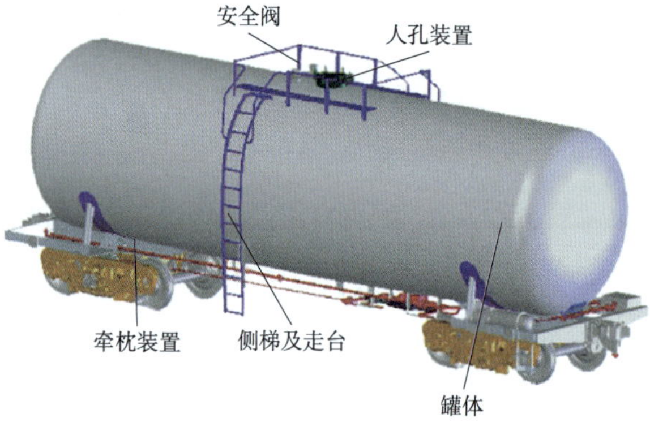

图 2-159　无中梁罐车车体结构

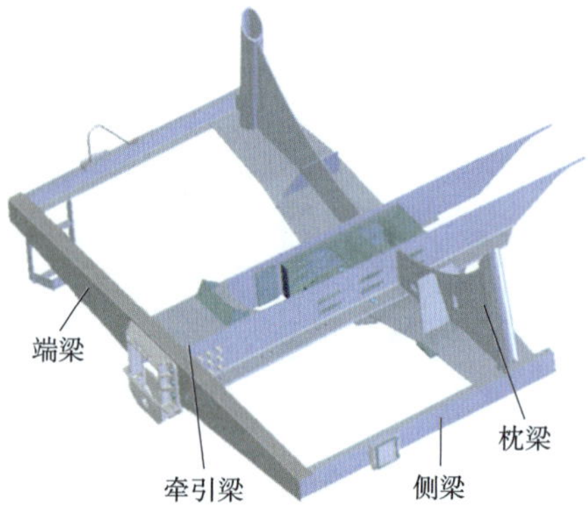

图 2-160　罐车牵引装置结构

2. 下卸阀

介质下卸时，罐车底部设有下卸阀。根据介质不同，下卸阀主要有球芯下卸阀和旋塞下卸阀。

（1）球芯下卸阀车

球芯下卸阀主要由阀盖、阀体、阀座、球芯、开闭轴、开闭挡、O 形密封圈等组成，如图 2-161 所示，应用于黏油罐车。

（2）旋塞下卸阀

旋塞下卸阀主要由阀体、塞子、接头盖、填料压盖、活节螺栓、蒸汽管接口等组成，如图 2-162 所示，应用于沥青罐车。

3. 车梯及走板装置

为方便操作人员在罐车顶部作业，罐车设有车梯及罐顶走板装置。根据车梯设置的位置，可分为侧梯和端梯。

（1）侧梯及走板装置

侧梯及走板装置主要由侧梯梯柱、脚蹬、立柱、走板支托、防护栏、车顶走板等组成，如图 2-163 所示。

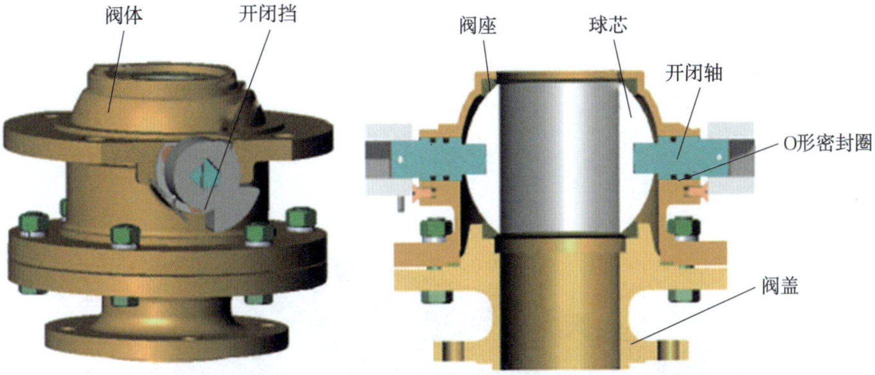

（a）球芯下卸阀外部机构　　（b）球芯下卸阀内部机构

图 2-161　球芯下卸阀结构

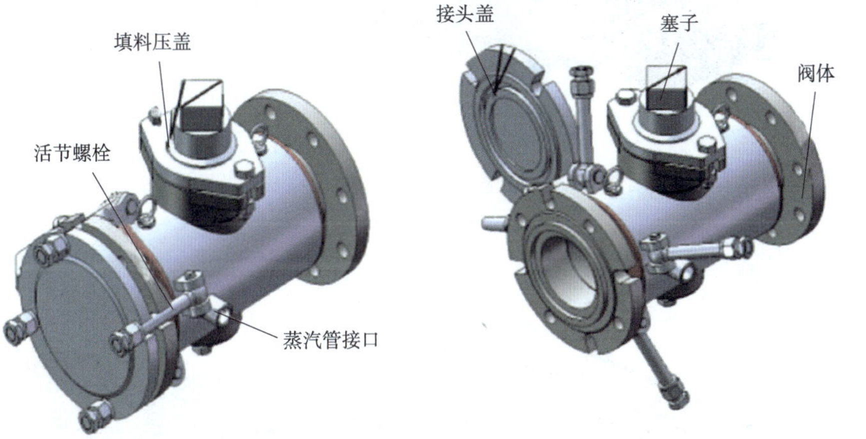

（a）接头盖关闭状态　　（b）接头盖打开状态

图 2-162　旋塞下卸阀结构

(2)端梯及走板装置

端梯及走板装置主要由端梯梯柱、脚蹬、立柱、走板支托、防护栏杆、车顶走板等组成，如图 2-164 所示。

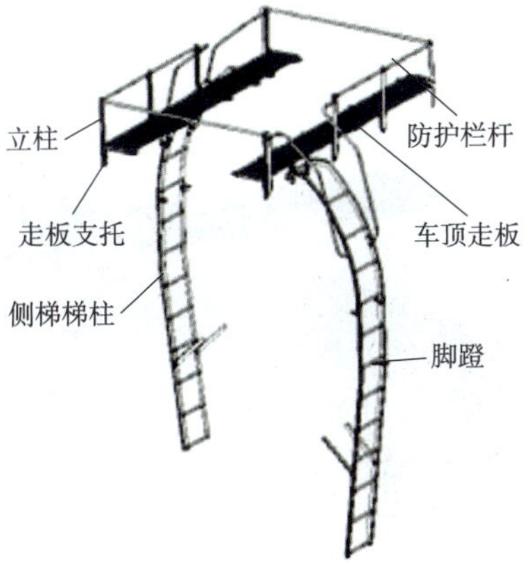

图 2-163　罐车侧梯及走板装置结构

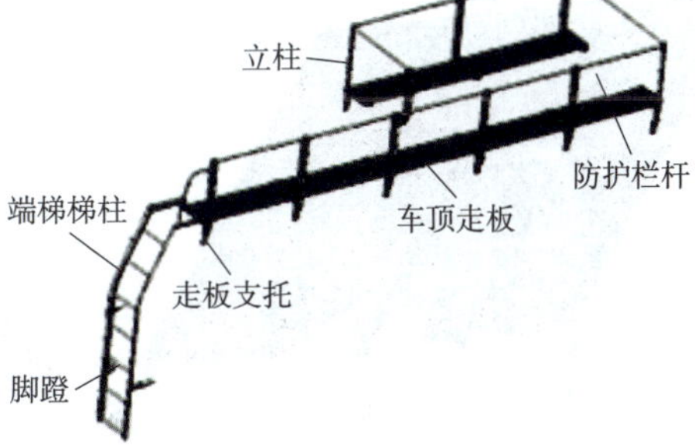

图 2-164　罐车端梯及走板装置结构

(六)矿 石 车

1. 煤炭漏斗车

(1)车体

煤炭漏斗车车体为全钢焊接结构,由底架、侧墙、端墙、漏斗、檐板扶梯及拉杆等组焊而成,如图2-165所示。

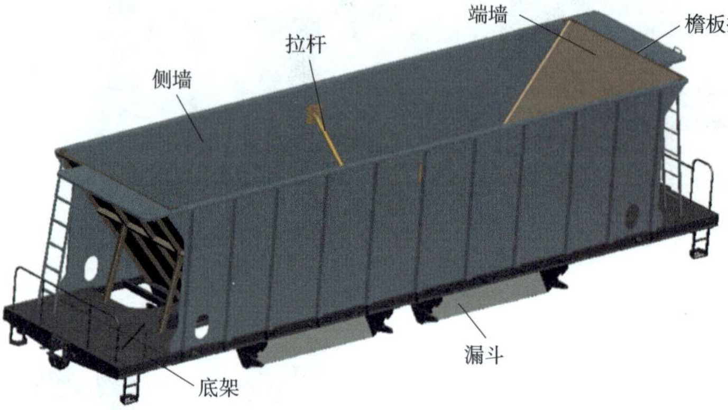

图2-165 煤炭漏斗车车体结构

底架主要由中梁、侧梁、枕梁、漏斗端板、端梁、地板及车端护栏等组焊而成,如图2-166所示。

侧墙为版柱式结构,由侧板、侧柱和上侧梁组焊而成,如图2-167所示。

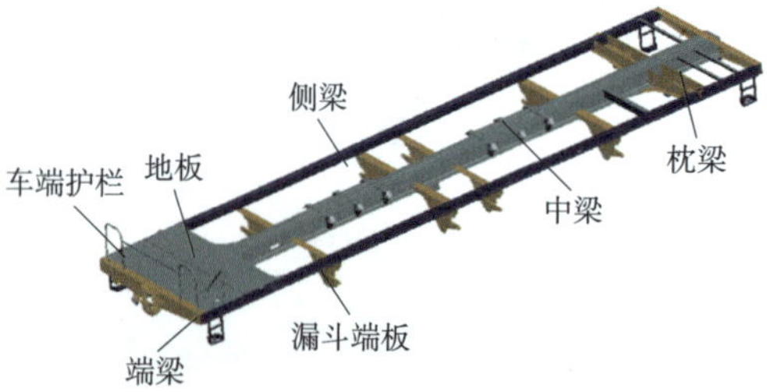

图2-166 煤炭漏斗车底架结构

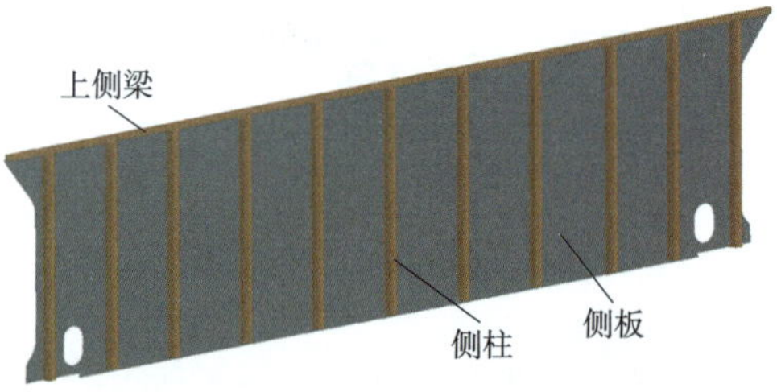

图2-167 煤炭漏斗车侧墙结构

端墙由端板、上端梁、端柱、角柱、斜撑及腰带等组焊而成,如图2-168所示。

漏斗由中央漏斗脊背、漏斗脊背、漏斗板、漏斗板支撑及中央漏斗斜板等组焊而成,将全车划分成四个漏斗区,如图2-169所示。

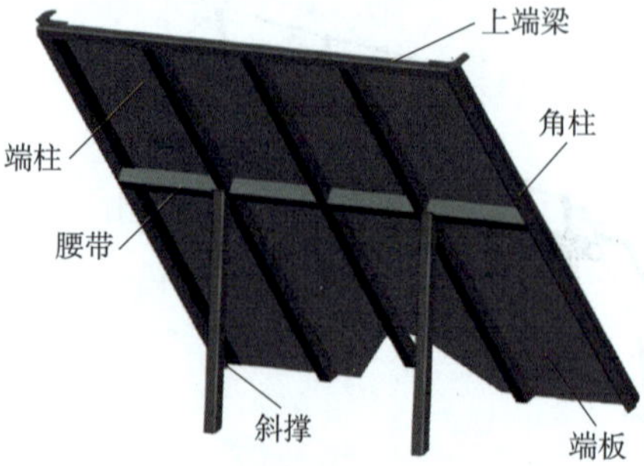

图2-168 煤炭漏斗车端墙结构

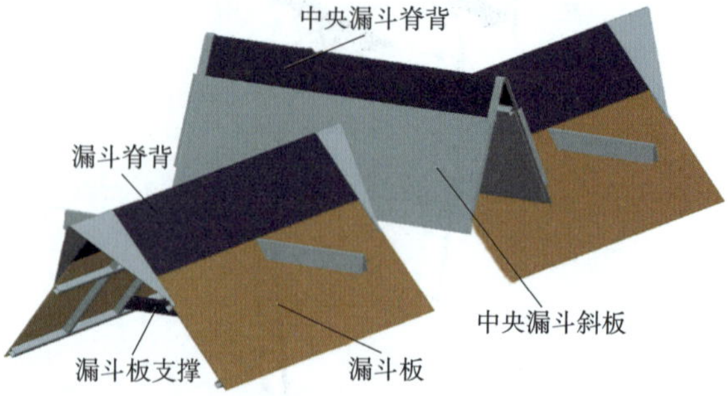

图2-169 煤炭漏斗车漏斗结构

在端墙顶部的外端设有檐板和扶梯，檐板由花纹钢板与角钢框架组焊而成，如图 2-170 所示。在中央漏斗脊背设有拉杆装置，拉杆通过支座和螺栓与侧墙连接，如图 2-171 所示。

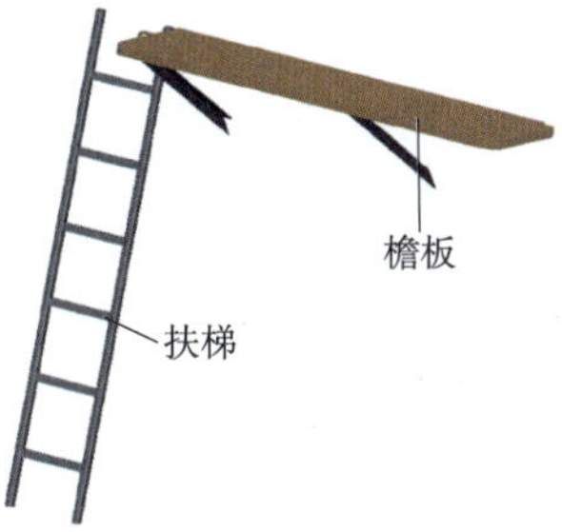

图 2-170　煤炭漏斗车檐板扶梯结构

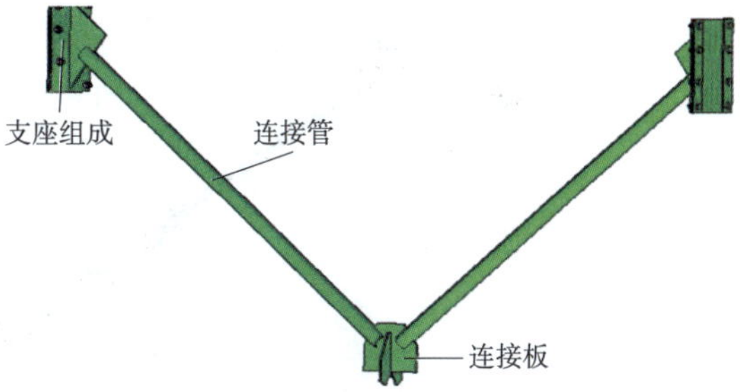

图 2-171　煤炭漏斗车拉杆结构

(2)底门及底门开闭机构

K18AT、K18AK、KM70 系列煤炭漏斗车以及 K18BK 型矿石漏斗车均采用顶锁式底门开闭机构，如图 2-172 所示，采用两级传动形式，通过连杆组成将上部传动装置和下部传动装置连接在一起。

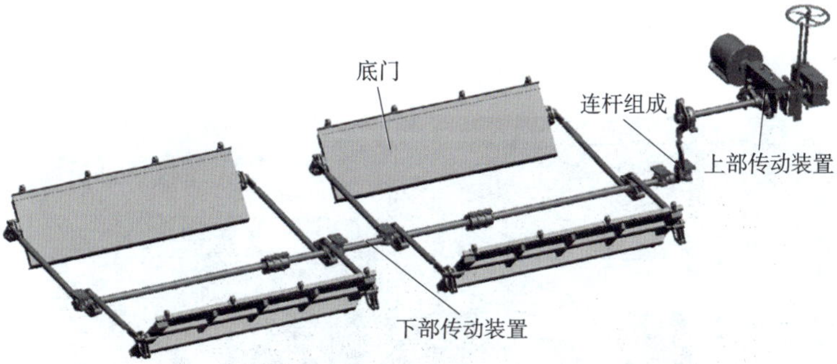

图 2-172　煤炭漏斗车底门及底门开闭机构结构

上部传动装置由上部传动轴、滚动轴承座、齿轮、限位器、上曲拐、离合器传动轴组成、减速器组成、356 mm×280 mm 旋压式双向风缸、齿条、手轮等组成，如图 2-173 所示。

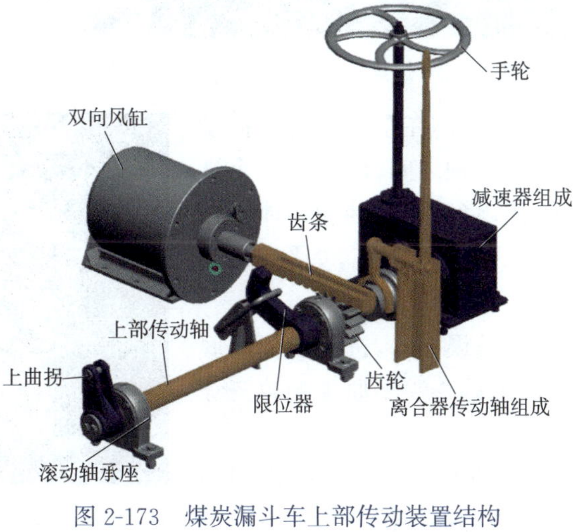

图 2-173　煤炭漏斗车上部传动装置结构

下部传动装置由下部传动轴、双联杠杆、长顶杆组成、短顶杆组成、联轴节组成、连杆组成、左右锁体、下曲拐等组成，如图 2-174 所示。

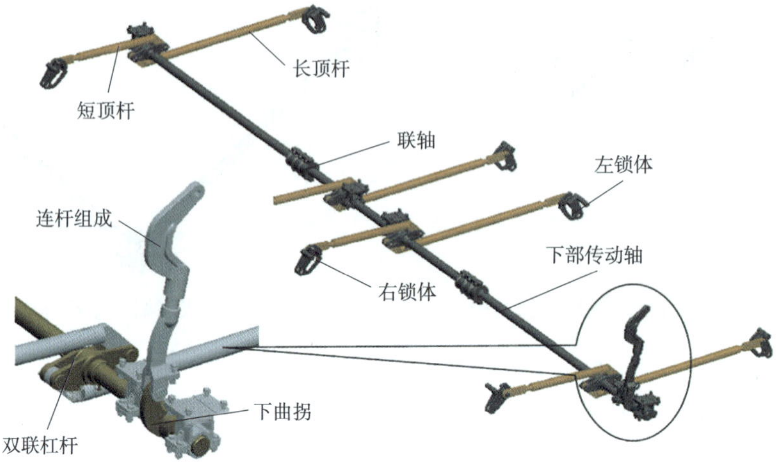

图 2-174　煤炭漏斗车下部传动装置结构

顶锁式底门开闭机构的锁体处于落锁位置，即一级锁闭到位，此时滑槽之端面与底门销贴紧，其最大间隙不大于 2 mm，如图 2-175 所示。

图 2-175　煤炭漏斗车一级锁闭到位锁体位置

为了确保闭锁可靠，防止锁体在空车运行时振动自开，在两级传动的上、下传动轴之间，设计了一个过死点才可以开启的连杆组成，将下传动轴和锁体锁在指定的转动位置，形成了二级锁闭状态，如图 2-176 所示。

为避免煤炭漏斗车底门被误操作，进一步提高底门锁闭的可靠性，设置了采用偏心锁闭原理的第三级锁闭装置，如图 2-177 所示。

底门由门板、底门横梁、立柱、上下门框、底门销和立门框等组焊而成，如图 2-178 所示。

图 2-176　煤炭漏斗车二级锁闭装车位置

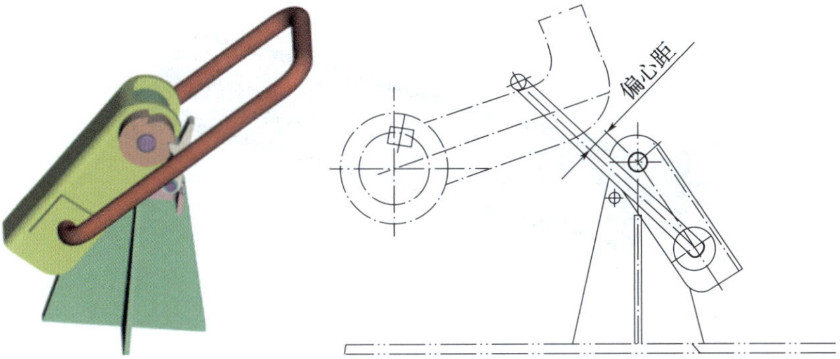

图 2-177 煤炭漏斗车三级锁闭装车位置

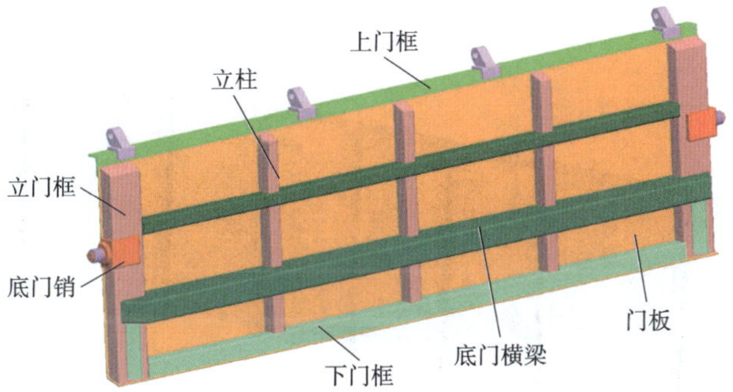

图 2-178 煤炭漏斗车底门结构

2. 石砟漏斗车

(1)车体

石砟漏斗车车体为无中梁全钢焊接结构,由底架、侧墙、端墙、漏斗、操纵室等部分焊接而成,如图 2-179 所示。

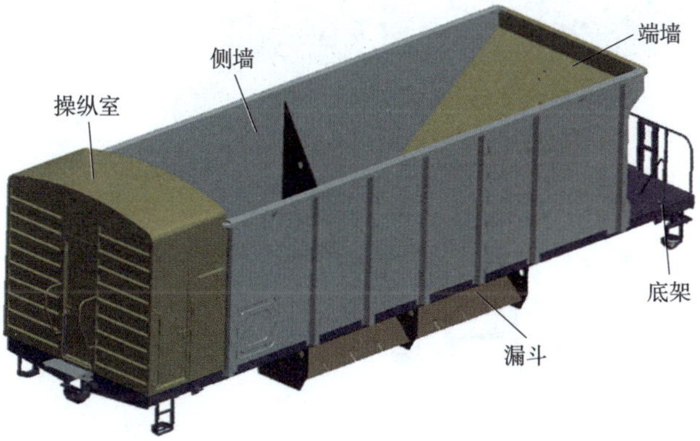

图 2-179 石砟漏斗车车体结构

底架由牵引梁、侧梁、枕梁、端梁、小横梁、地板及车端护栏等组焊而成,如图 2-180 所示。

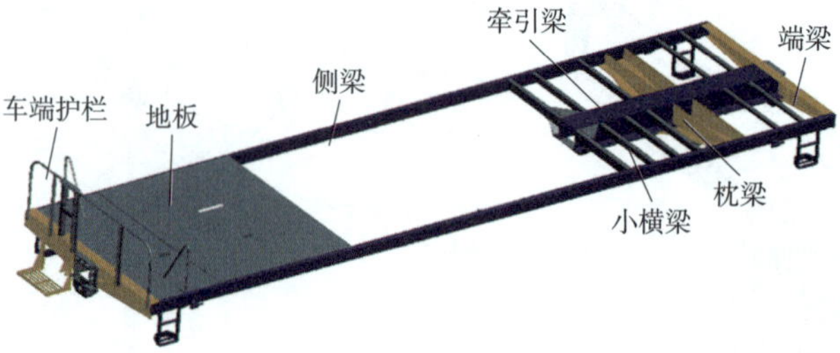

图 2-180　石砟漏斗车底架结构

侧墙为板柱式结构,由上侧梁、侧板、侧柱等组焊而成,如图 2-181 所示。

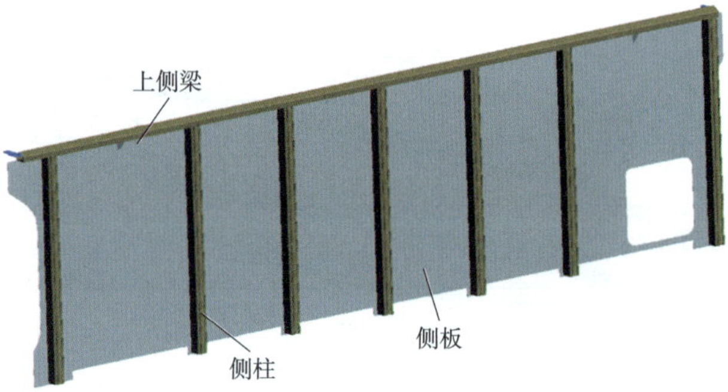

图 2-181　石砟漏斗车侧墙结构

端墙由上端梁、端板、腰带、端柱、斜撑等组焊而成,如图 2-182 所示。

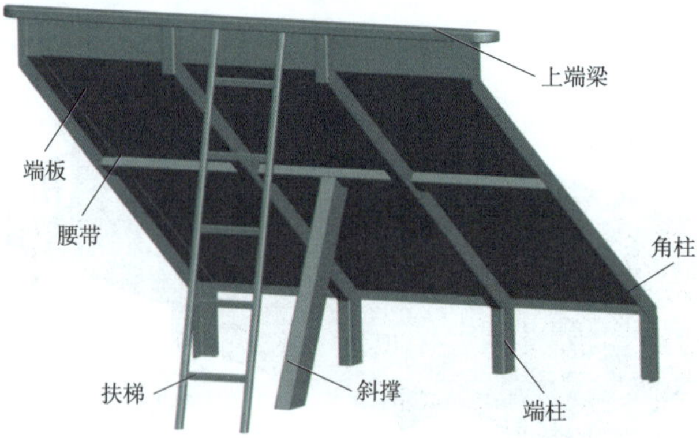

图 2-182　石砟漏斗车端墙结构

漏斗由中漏斗板、侧漏斗板、中隔板、端隔板、分砟梁等组焊而成,如图 2-183 所示。

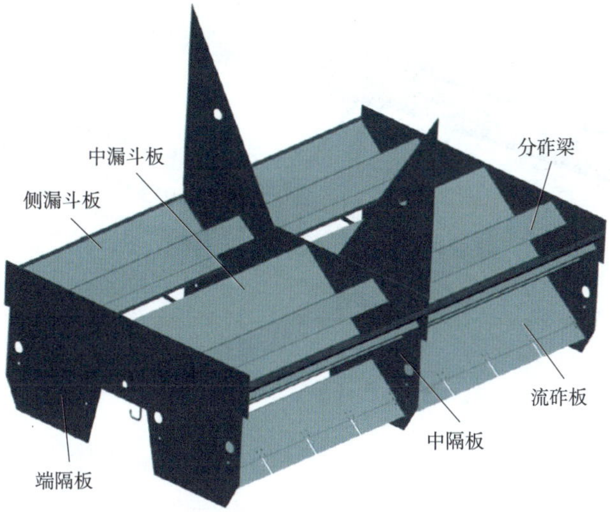

图 2-183　石砟漏斗车漏斗结构

操纵室采用圆弧顶、内外全钢结构，内壁衬装阻燃型隔热材料，内贴 ABS 装饰板。设有侧门、活动室侧窗等，侧门外装有安全链；端部设有端门，供操作人员同时操纵前后连挂车辆，如图 2-184 所示。

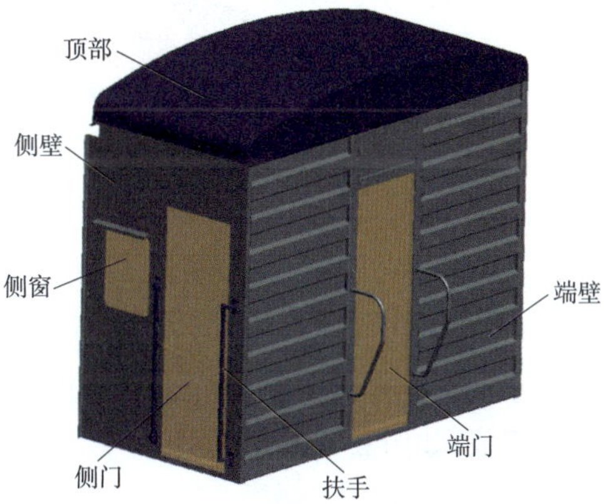

图 2-184　石砟漏斗车操纵室结构

(2)底门及底门开闭机构

K_{13} 系列、KZ_{70} 型石砟漏斗车，K_{13BK} 型石灰石漏斗车，K_{14K} 型矿石漏斗车均采用二级连杆式底门开闭机构，如图 2-185 所示。

下部传动装置包括传动轴、底门、底门连杆、底门连接拉杆等，如图 2-186 所示。

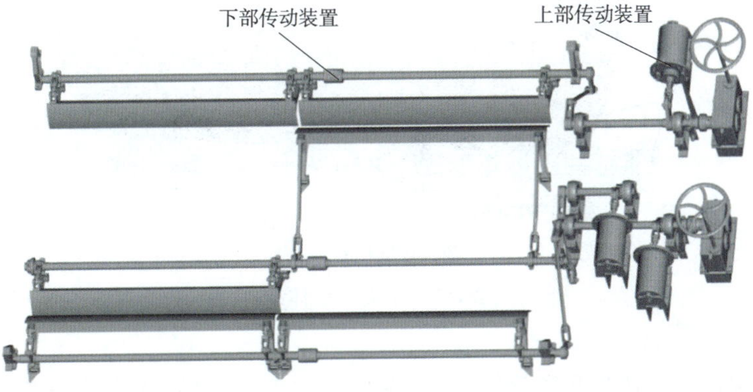

图 2-185　石砟漏斗车底门开闭机构结构

底门由底门包板、底门折页和底门侧板等组焊而成，如图 2-187 所示。

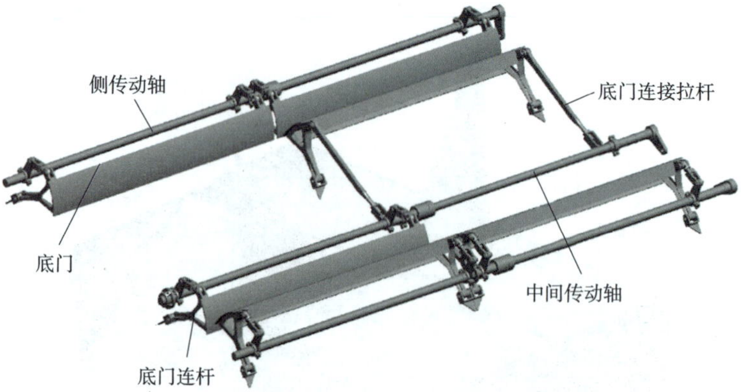

图 2-186　石砟漏斗车下部传动装置

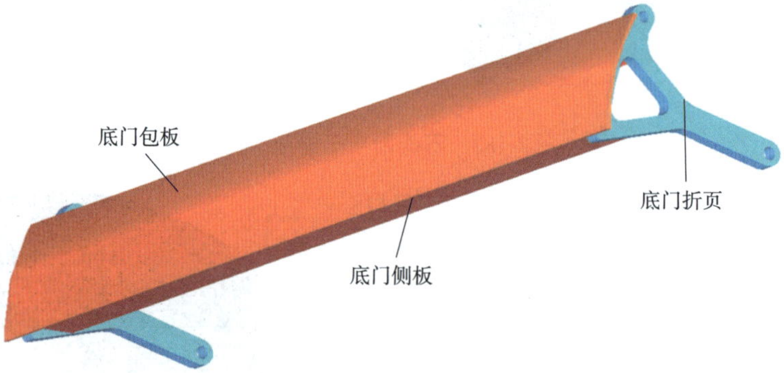

图 2-187　石砟漏斗车底门结构

(七)水 泥 车

水泥车主要由牵枕装配、罐体装配、风灰管路组成、风人力制动装置、车钩缓冲装置及转向架组成,如图 2-188 所示。

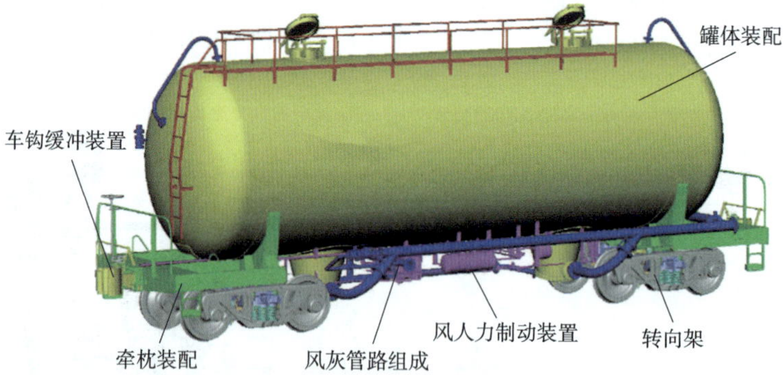

图 2-188　水泥车整体结构

1. 车体

车体钢结构包括牵枕装配和罐体装配,牵枕装配由牵引梁、枕梁及端梁组成,罐体装配是以由圆柱形筒体椭圆形封头组成罐体为主,在罐体顶部设二个装料口(兼作人孔)及外梯组成,罐体内部设有端斜板、中斜板及侧板,将罐体分隔为 2 个连通的斗形空间,并与罐体底部的锥斗相连,如图 2-189 所示。

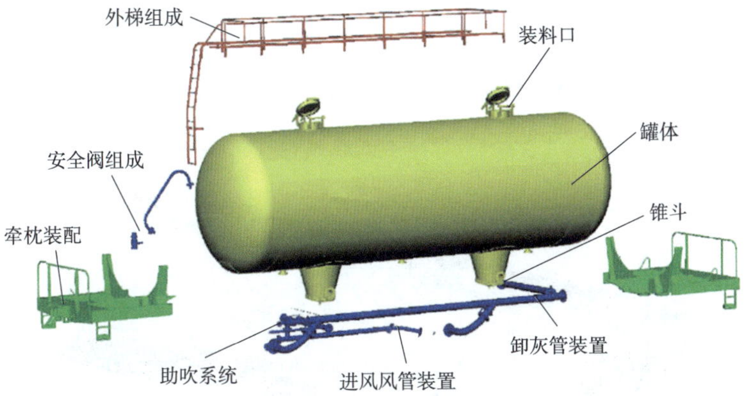

图 2-189　水泥车车体结构

2. 风灰管路

风灰管路装配一般包括卸灰管装置、进风风管装置、助吹系统、安全阀组成。

(八)运输汽车专用车

1. 车体

运输汽车专用车底架由侧梁、牵引梁、枕梁、横梁、端梁、下边梁、侧柱、侧墙板、小横梁、小顺梁及带有翻边长圆孔的钢质地板组焊而成,如图 2-190 所示。

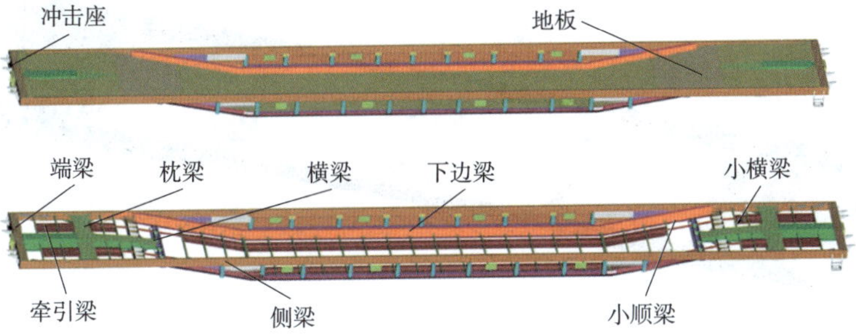

图 2-190　运输汽车专用车底架结构

2. 端门

端门为一体式,主要由门框、六扇对折端门、锁杆及门锁装置等部分组成,如图 2-191 所示。

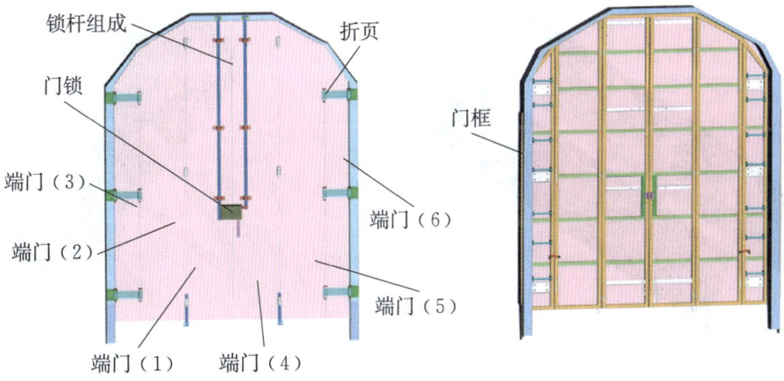

图 2-191　运输汽车专用车端门结构

(九)粮 食 车

1. 车体

粮食车车体为无中梁全钢整体焊接结构，主要由底架、侧墙、端墙、车顶、漏斗、装货口盖和底门组焊而成，如图 2-192 所示。

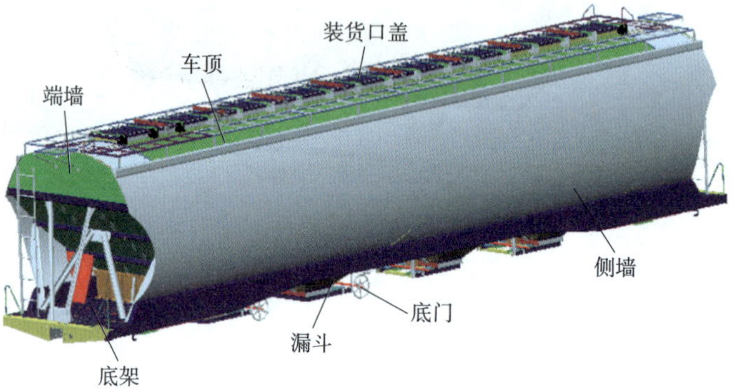

图 2-192　粮食车车体结构

底架主要由牵引梁、侧梁、枕梁、大横梁、端梁、小横梁及钢地板等组焊而成，如图 2-193 所示。

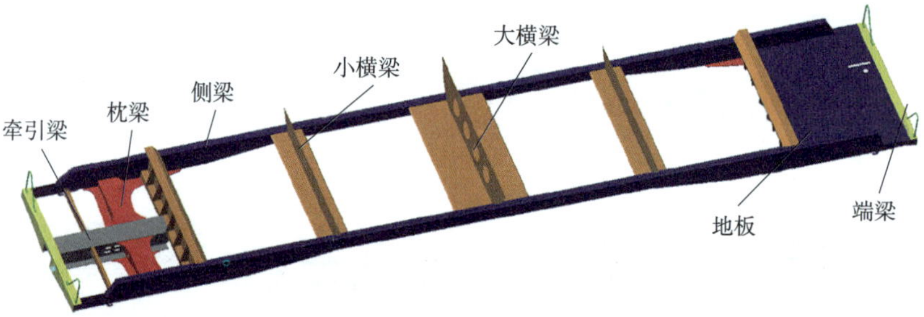

图 2-193　粮食车底架结构

侧墙为圆弧包板式结构，由上侧梁、支撑板、拉杆、侧板等组焊而成，如图 2-194 所示。

端墙为板柱式结构，由上端横梁、横带、斜撑、端板、补强板及扶梯等组焊而成，如图 2-195 所示。

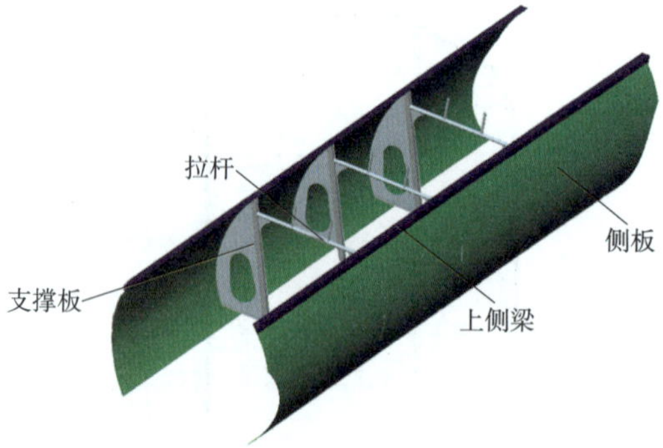

图 2-194　粮食车侧墙结构

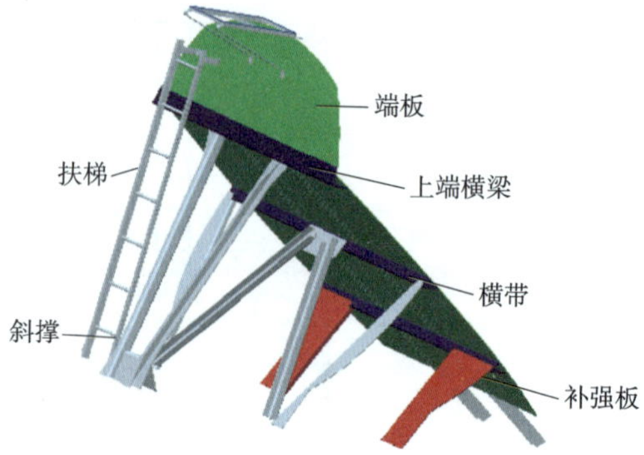

图 2-195　粮食车端墙结构

车顶为圆弧形板梁结构，由纵向梁、车顶弯梁、装货口边框、车顶板及走板、折页座等组焊而成，如图 2-196 所示。

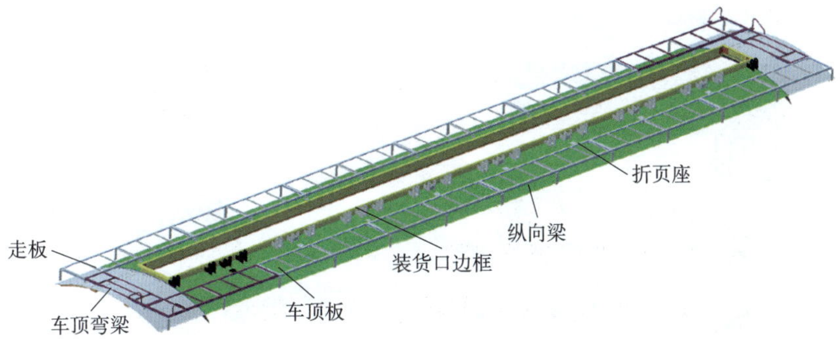

图 2-196　粮食车车顶结构

车体底部设有四个漏斗，由立柱、横梁、漏斗板等组焊而成，如图 2-197 所示。

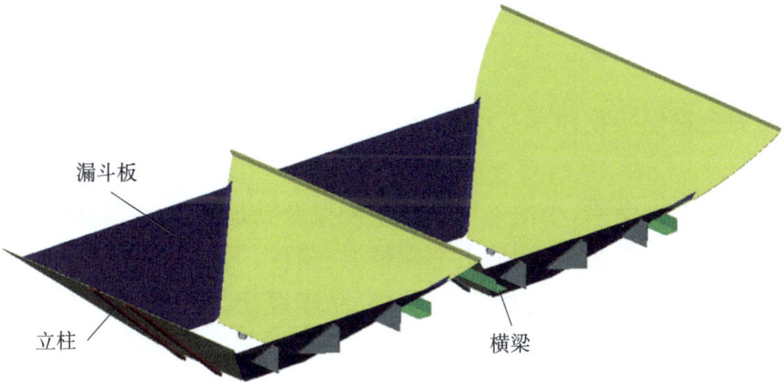

图 2-197　粮食车漏斗结构

车顶部设有具有缓冲功能的翻转式装货口盖。装货口盖主要由装货口盖板、防水盖、折页、压紧装置等组成，如图 2-198 所示。

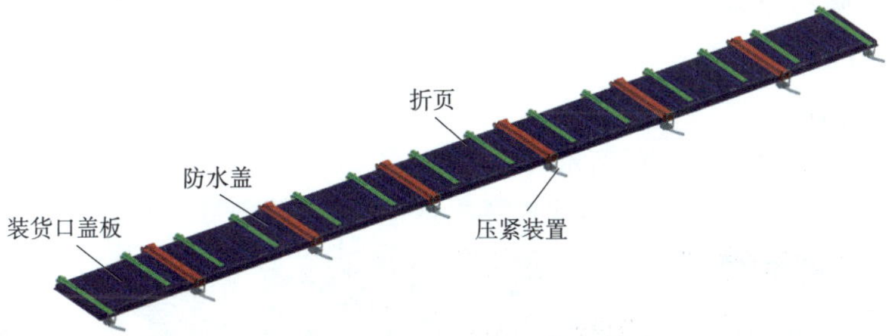

图 2-198　粮食车装货口盖结构

2. 底门及开闭装置

粮食车底部设有 4 个抽拉式底门，主要由底门框架、手动开闭机构及锁闭机构等组成。底门框架由纵向梁、横向梁及支撑梁等组焊而成，手动开闭机构由转陀、齿轮、齿条、轴及轴承等组成，如图 2-199 所示。

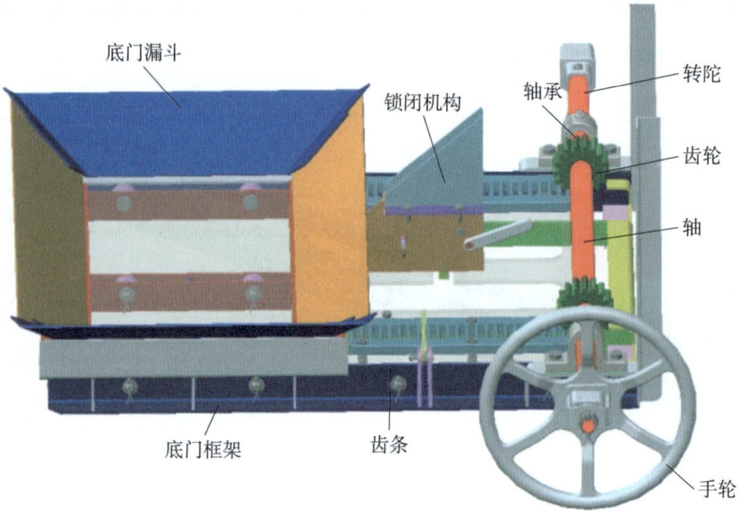

图 2-199　粮食车底开门及开闭装置结构

(十)毒 品 车

1. 车体

毒品车车体为全钢焊接整体承载结构，由底架、围板、侧墙、端墙、车顶、车门、遮阳板等部件组成。

底架由端梁、枕梁、大横梁、小横梁、中梁、下侧梁及铁地板等组焊而成，侧墙为板柱式结构，由侧柱、门柱及侧板组焊而成，端墙由上端横梁、角柱、端柱及端板组焊而成，车顶由车顶板与车顶侧梁、车顶弯梁、端弯梁等组焊而成，毒品车底架、端侧墙及车顶结构与棚车基本相同。

2. 车门及锁闭装置

毒品车车门及锁闭装置与棚车相同。

二、车体故障的分类及测量方法

(一)车体故障的分类

1. 底架故障

(1)钢底板破损

钢底板破损故障，如图 2-200 所示。

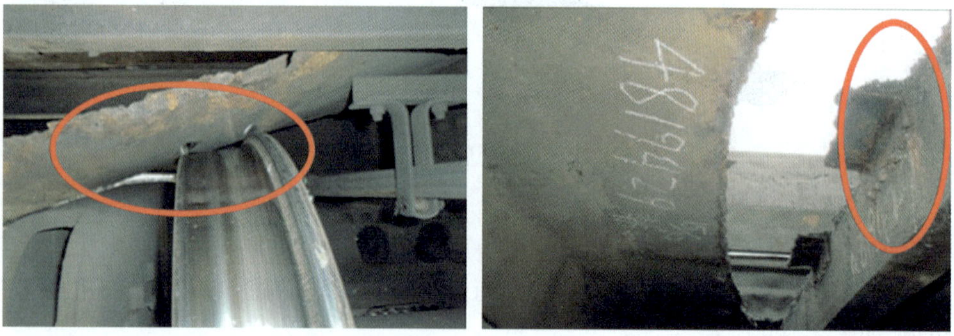

图 2-200　钢底板破损

(2)木底板破损

木底板破损故障,如图 2-201 所示。

图 2-201　木底板破损

(3)端墙、侧墙破损

端墙、侧墙破损故障,如图 2-202 所示。

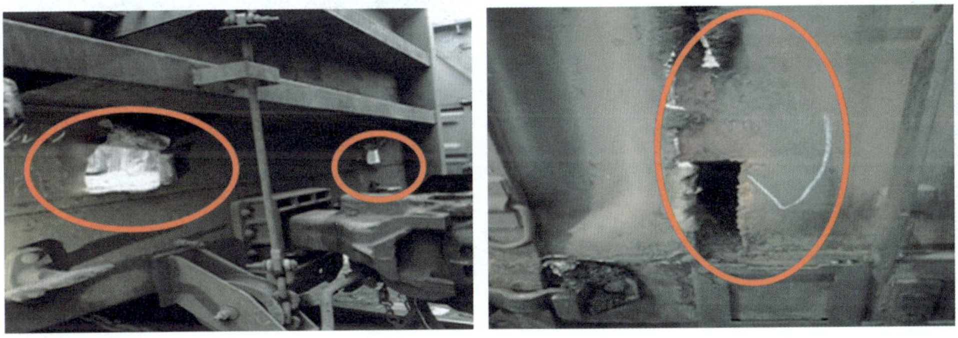

图 2-202　端墙、侧墙破损

(4)敞车上端梁、上侧梁折断

敞车上端梁、上侧梁折断故障,如图 2-203 所示。

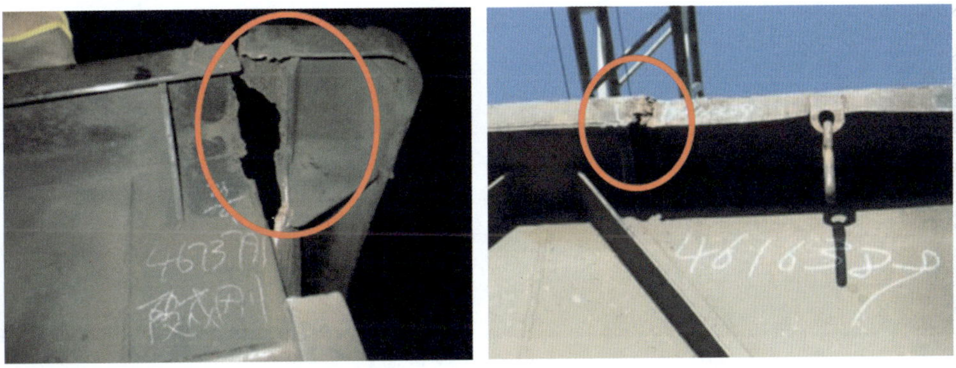

图 2-203　敞车上端梁、上侧梁折断

(5)防火板脱落

防火板脱落故障,如图 2-204 所示。

图 2-204　防火板脱落

2. 车门及锁闭故障

(1)车门脱落

车门脱落故障,如图 2-205 所示。

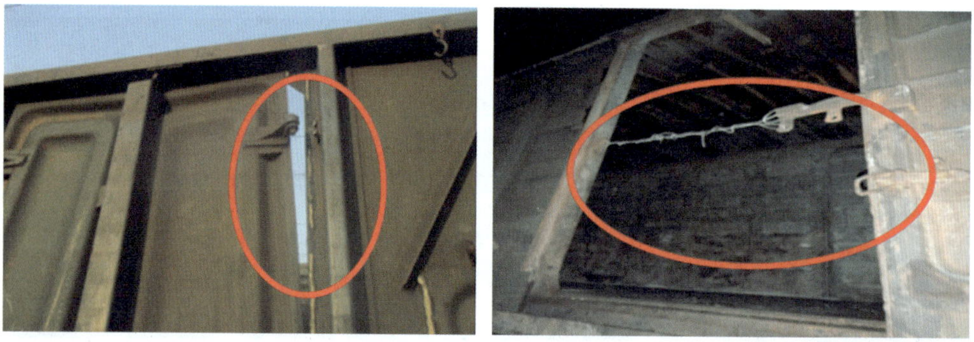

图 2-205　车门脱落

(2)车门折页折断

车门折页折断故障,如图 2-206 所示。

图 2-206　车门折页折断

(3)平车端板、渡板折页折断

平车端板、渡板折页折断故障,如图 2-207 所示。

图 2-207　平车端板、渡板折页折断

(4)棚车车门滑动轨道折断

棚车车门滑动轨道折断故障,如图 2-208 所示。

图 2-208　棚车车门滑动轨道折断

(5)棚车车门滑轮脱出轨道

棚车车门滑轮脱出轨道故障,如图 2-209 所示。

图 2-209　棚车车门滑轮脱出轨道

(6)车门锁闭装置丢失、破损

车门锁闭装置丢失、破损故障,如图 2-210 所示。

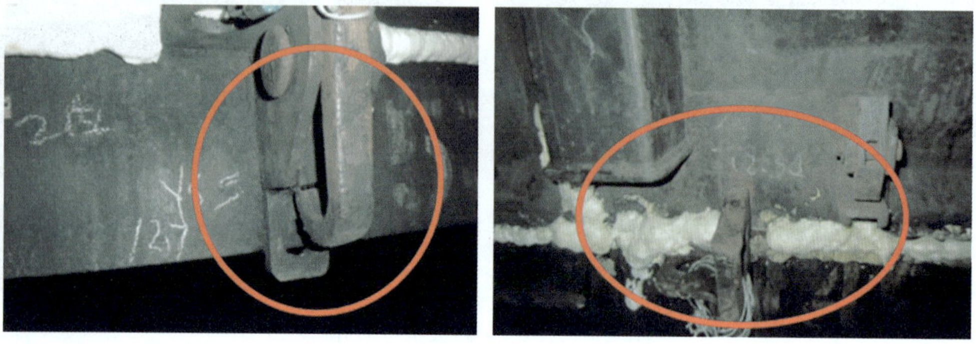

图 2-210　车门锁闭装置丢失、破损

(7)脚蹬、扶梯、集装箱锁头、门挡及车端护栏破损、折断

脚蹬、扶梯、集装箱锁头、门挡及车端护栏破损、折断故障,如图 2-211 所示。

图 2-211　脚蹬、扶梯、集装箱锁头、门挡及车端护栏破损、折断

(8)罐车上部防护栏脱落

罐车上部防护栏脱落故障,如图 2-212 所示。

(9)罐车卡带折断

罐车卡带折断故障,如图 2-213 所示。

图 2-212　罐车上部防护栏脱落

图 2-213　罐车卡带折断

(10)人孔盖及安全阀脱落

人孔盖及安全阀脱落故障,如图 2-214 所示。

图 2-214　人孔盖及安全阀脱落

(11)排油管、加热管及盖脱落

排油管、加热管及盖脱落故障,如图 2-215 所示。

图 2-215　排油管、加热管及盖脱落

(二)车体故障的测量

1. 检查端墙、上端梁变形测量方法

检查端墙、上端梁变形情况,端墙、上端梁变形时用定位铁、钢直尺、测绳测量端墙的内凹及外胀及上端梁的弯曲变形量。在墙板凹陷和外胀部位两侧未变形部位,使用定位铁拉与墙板平行的测绳,测绳处于墙板变形部位最上方(外侧),测绳不得与侧柱、加强筋等相抵触,用钢直尺检测墙板内凹或外胀最大处与测绳的距离,实测值与定位铁高度差,如图 2-216 所示。

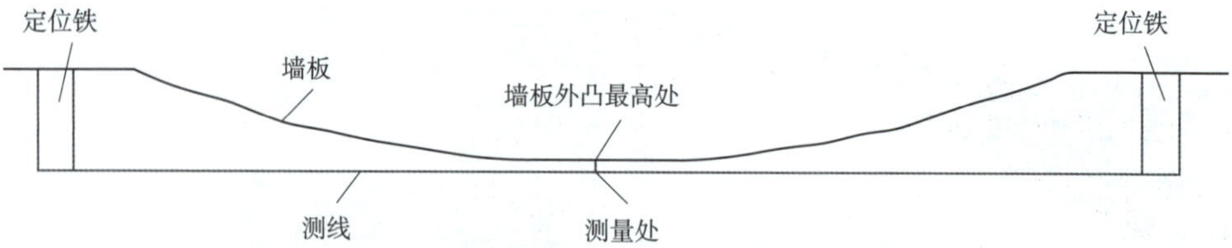

图 2-216　端墙、上端梁变形测量方法

2. 检测同一端梁上平面与轨面水平线的垂直距离左、右差测量方法

将直尺置于两钢轨上平面，有端梁上盖板车辆，用钢卷尺测量直尺下平面至端梁上平面两端处的垂直距离；无端梁上盖板车辆，用钢卷尺测量直尺下平面至两侧梁下翼板下平面处的垂直距离，如图 2-217 所示。

图 2-217　同一端梁上平面与轨面水平线的垂直距离左、右差测量方法

3. 检查车辆的侧墙及上侧梁变形测量方法

用定位铁、钢直尺、测绳测量变形部位，测量方法同检查端墙、上端梁变形测量方法，如图 2-218 所示。

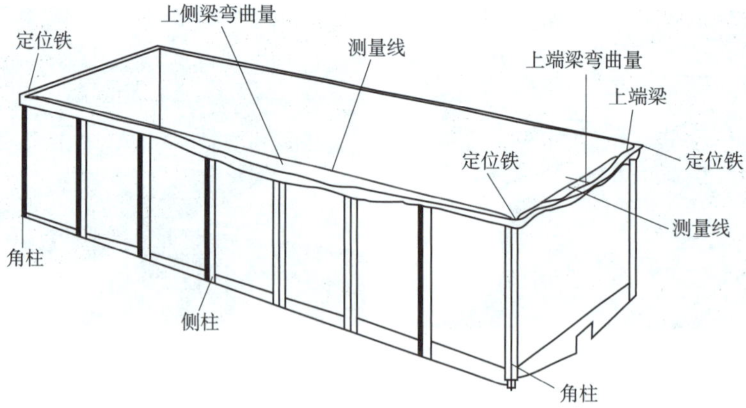

图 2-218　车辆侧墙及上侧梁变形测量方法

4. 检查底架各梁弯曲变形测量方法

将定位铁分别贴靠在中梁与 1、2 位枕梁结合处下翼板下边缘或侧梁与 1、2 位枕梁结合处腹板外侧下边缘，拉直测绳，用钢直尺测量中梁或侧梁下垂最低点与测绳的垂直距离。将定位铁分别贴靠在 1、2 位枕梁与中梁或侧梁结合处下翼下平面边缘，拉直测绳，用钢直尺测量中梁或侧梁旁弯最大与测绳的水平距离，如图 2-219 所示。

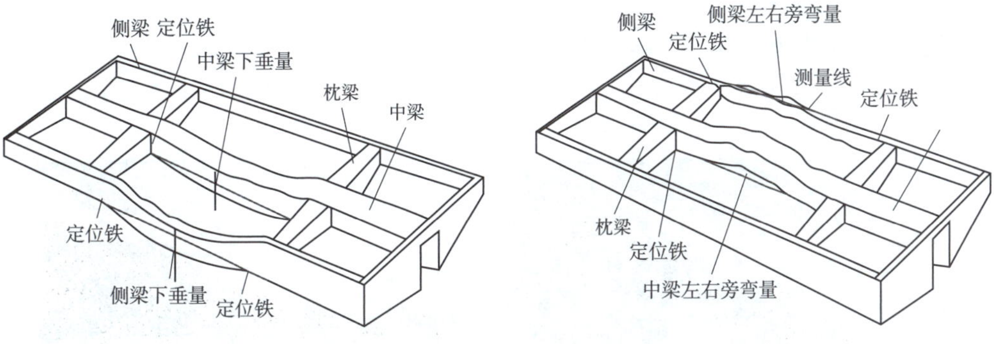

图 2-219　底架各梁弯曲变形测量方法

5. 用定位铁、钢直尺、测绳测量检查侧柱连铁的弯曲变形

在侧柱连铁变形部位两侧柱外侧未变形处，用等高定位铁拉与侧柱连铁平行的测绳，测绳不得与侧柱抵触，用钢直尺测量侧柱连铁弯曲最大处与测绳的水平距离，如图 2-220 所示。

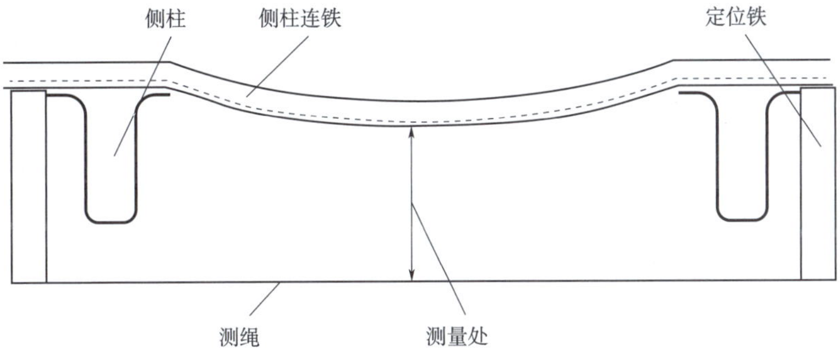

图 2-220　测量检查侧柱连铁的弯曲变形

6. 中、侧梁下垂检测

将中、侧梁测尺底座放于轨面，尺身置于中梁和侧梁外侧；要求中侧梁测尺测量时，尺身垂直于尺座，测尺底座与钢轨垂直。先在枕梁平直线处测量中、侧梁的高度，再测量中、侧梁下垂最低处。两测得的数据相减，得出的数据则为中、侧梁的下垂尺寸，如图 2-221 所示。

7. 车体倾斜检测

在车辆倾斜一侧上侧梁与侧墙板焊缝处设置线锤，线锤必须垂直放下，中间无任何配件阻挡，待线锤完全静止后，测量下侧梁量与线锤吊线之间的水平距离，如图 2-222 所示。

图 2-221　中、侧梁下垂检测

图 2-222　车体倾斜检测

8. 敞车车体外胀检测

首先联系车站将车辆送至非接触网区段平直的线路上，取车辆外胀最大处一侧上侧梁与侧墙板焊缝处设置线锤，线锤必须垂直放下，中间无任何配件阻挡，待线锤完全静止后，然后测量下侧梁与线锤吊线之间的水平距离，如图 2-223 所示。

图 2-223　敞车车体外胀检测

三、车体承受的载荷及承载方式

1. 车体承受的载荷

(1)垂向载荷：车体自冲击力。

(2)侧向力：包括风力及离心力，当货车装运散装货物时，还要计算货物对侧壁的压力。

(3)扭转载荷：车辆通过曲线区段或不平坦线路，或车体被不均匀顶起时，车体将承受扭转载荷。

2. 车体承载方式

根据承载特点可分为底架承载结构、侧墙底架共同承载结构、整体承载结构三类。

(1)底架承载结构：全部载荷由底架来承担的车体结构，如平车、长大货物车等。

(2)侧墙底架共同承载结构：载荷由侧墙、端墙与底架共同承担的车体结构，如敞车、矿石车等。

(3)整体承载结构：车体的侧墙、端墙、车顶、底架组成一整体，车体各部位均能承受垂向载荷及纵向力，如棚车、罐车等。

第八节　货车造修基础

一、车辆检修制度

1. 车辆检修制度的定义

车辆检修制度就是规定在什么情况下对车辆进行检修及修理后车辆应达到何种状态的一种技术制度。现在我国采用的是定期检修和日常保养相结合的车辆检修制度。我国铁路货车采用计划性预防修的检修制度。

2. 维修保养制度原则

铁路货车的维修保养制度采取以预防为主的原则，在预防性计划修的框架内，逐步实施状态修、换件修和零部件的专业化集中修，贯彻零部件的标准化、通用化。

(一)货车维修、管理、使用的特点

1. 无固定检修单位

铁路货车统由全路车辆部门负责检修,实行定期检修与日常检修相结合的制度,但对每辆货车不实行固定车辆段施修。因此货车按计划随扣随修。

2. 无固定管理单位

铁路货车运用管理统由运输部门根据运输任务,实行定期计划与日常调整相结合的制度,但对每辆货车不固定运行区段和车站管理。因此货车常年在全路流动。

3. 无固定使用单位

货车常年供全国各企业货主装用不同的货物,因此无固定使用单位。

(二)定期检修

1. 厂修

厂修是恢复铁路货车的基本性能,使其接近新造车水平,延续铁路货车使用寿命的重要手段。厂修在车辆修理工厂或有条件的车辆段施行。目前,厂修采用定期修为主、状态修为辅的管理制度,规定了货车及主要配件的使用寿命。

2. 段修

段修是维护货车的基本性能,保持在下次相应修程之前各部状态、性能良好,减少运用故障,减少临修,提高车辆使用寿命的重要修程。段修在车辆段检修车间施行。

3. 辅修

辅修主要是对制动装置和车钩缓冲装置进行检修,对车辆主要零部件实行换件修和专业化集中修,对其他部分进行外观检查和状态维修。

A 级修(大修)与铁路货车厂修作业内容、作业场所一致;B 级修(全面检查修)与铁路货车段修作业内容、作业场所一致。

(三)日常保养

日常保养目的主要为保证车辆的技术状态,确保行车安全。

1. 列车检修

列车检修主要是对到达和始发列车进行技术检查。发现故障尽可能利用技术检查的时间来修复。

2. 临修

临修是在列车技术检查中发现个别工作量大的故障车辆从列车队中摘下,送往站修作业场修理,使之符合车辆运用质量标准。

二、零件损伤

零件损伤主要包括车辆零件的磨损、车辆零件的腐蚀、车辆零件的变形、车辆零件的裂纹折断。

(一)车辆零件的磨损

磨损是零件在工作过程中,由于摩擦使零件表面材料受到损失,使几何尺寸和表面粗糙度发生变化的一种损伤。

1. 零件磨损分类

车辆零件的磨损有正常磨损和不正常磨损。

(1)正常磨损:正常磨损是不可避免的。

(2)不正常磨损:工作条件不正常或材质不良引起的偏磨或急剧磨损。磨损不仅速度快而且还会引起其他危害,如果消除了引起零件不正常工作的条件,不正常磨损是可以避免的。

2. 踏面圆周磨耗深度超限

(1)正常磨耗:车轮踏面长期运行与钢轨摩擦造成车轮踏面圆周磨耗,属于正常的磨耗。

(2)非正常磨耗:同一车轴上两车轮轮径差过大时,车体重心向小轮径一侧偏移,致使小轮径车轮的轮缘、踏面磨耗加剧。这种磨耗属于非正常磨耗。

3. 轮缘厚度磨耗超限

(1)正常磨耗:轮缘外侧与钢轨内侧面发生冲撞和磨耗,尤其是通过道岔和曲线时,磨耗更加加剧,这种磨耗是不能避免的,属于正常磨耗。

(2)非正常磨耗:由于转向架车轴中心线不平行,使转向架出现梯形,承重中心将偏向较小的一侧,使轮缘与钢轨经常贴近,而加剧该侧轮缘的磨耗。

(二)车辆零件的腐蚀

金属与周围介质发生化学作用或电化学作用或物理溶解而产生的破坏和变质,称为腐蚀。

1. 腐蚀的过程

腐蚀的过程是指使金属恢复自然状态,金属释放出能量回到热力学更稳定的自然存在形式(化合物状态),即金属从金属状态自发地变成离子状态,生成氧化物、硫化物等。

2. 与其他故障模式的区别

磨损、疲劳裂纹、断裂等均要外界能量的消耗;而腐蚀不同,金属释放的能量就是腐蚀的动力,不需要外界输入能量。

3. 车辆零件常见的腐蚀形式

(1)表面的均匀腐蚀(铁锈)。

(2)夹锈,发生在两连接件接触面之间,如图 2-224 所示。

(a)小横梁夹锈　(b)上侧横梁夹锈

(c)平车木地板蚀透垮塌　(d)钢地板蚀透垮塌置轮缘　(e)钢地板穿孔

图 2-224　车辆零件夹锈腐蚀

(3)局部穿孔或大面积蚀透,如图 2-225 所示。

(a) 罐体保温套腐蚀缺损

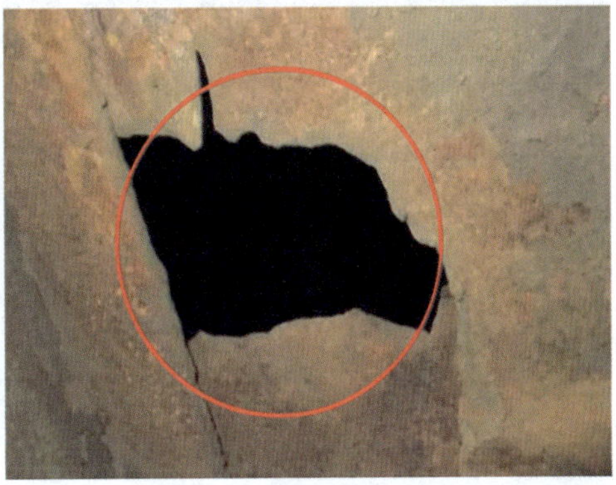

(b) 钢地板穿孔

图 2-225　局部穿孔或大面积蚀透

(4)腐蚀性裂纹,如图 2-226 所示。

(a) 下侧门门折页座裂纹

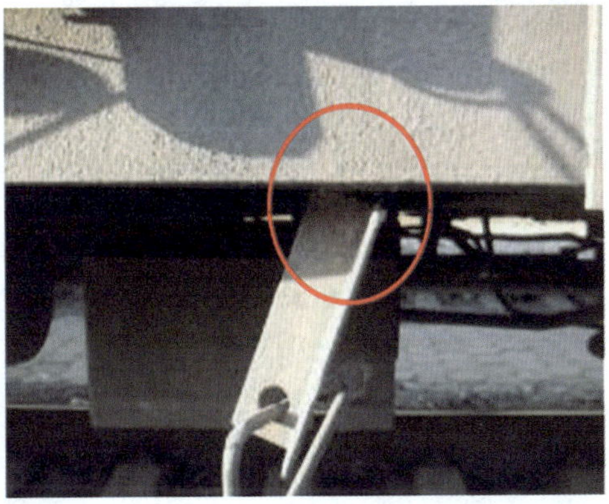

(b) 缓解阀拉杆座裂纹

图 2-226　腐蚀性裂纹

(三)车辆零件的变形

车辆零件刚度过低或受到过大的载荷会发生变形。零件变形会使车辆承载能力下降;会使车辆超出车辆限界,与线路两侧的设备碰撞造成事故。

1. 变形的原因

(1)在运用中受到不正常的冲击。

(2)零件设计不合理。

(3)受到腐蚀使零件强度不足造成变形。

零件发生变形后,状态也发生变化,往往使应力上升、变形发展加快或引起零件裂纹和断裂。

2. 故障表征

车辆零件发生变形故障表征如图 2-227 所示。

（a）人力制动机拉杆弯曲

（b）集装箱锁闭头变形

（c）中侧门变形外胀

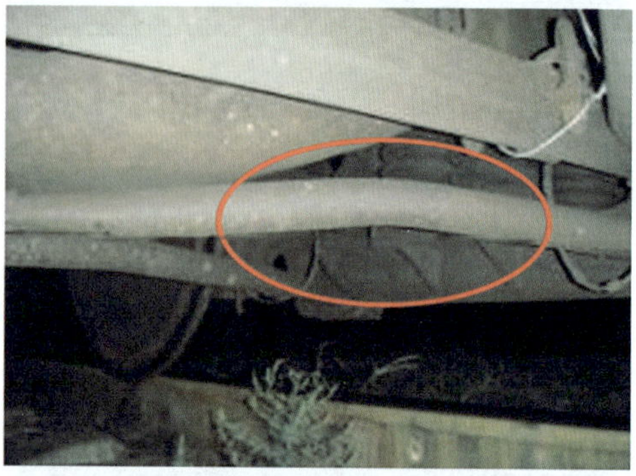

（d）交叉杆杆体弯曲

（e）钩体中部裂纹

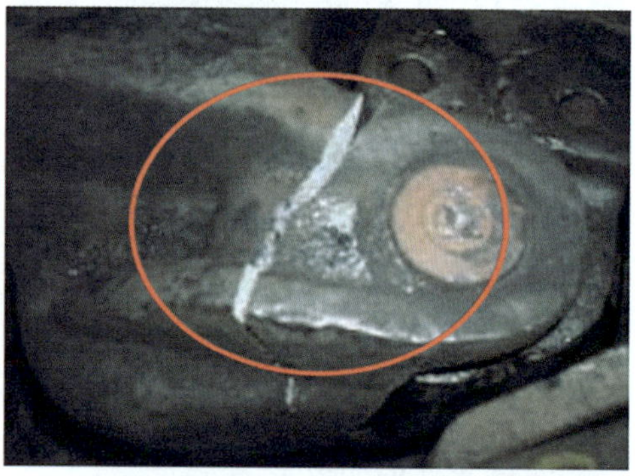

（f）钩体钩耳裂纹

（g）棚车车门受外力冲击破损

（h）受冲击后车门滑轮脱出

图 2-227　车辆零件发生变形故障表征

(四)车辆零件的裂纹折断

车辆零件的断裂主要有冲击断裂、静载断裂和疲劳断裂,此类典型故障分别如图 2-228、图 2-229、图 2-230 所示。

车辆零件发生的断裂大部分属于疲劳断裂。由于车辆的主要零部件在车辆运行中所受载荷是交变性或有交变载荷的成分,因此在运用中极易产生金属疲劳而导致零件断裂。

由于疲劳裂纹不断扩展,使零件的有效承载断面逐渐减小,因此应力不断增加。当应力超过材料的断裂强度时,则发生断裂,形成了最后断裂区。这部分分断口与静负荷下带有尖锐缺口形态的端口相似。塑性材料断口为纤维状,呈暗灰色;脆性材料断口为结晶状。

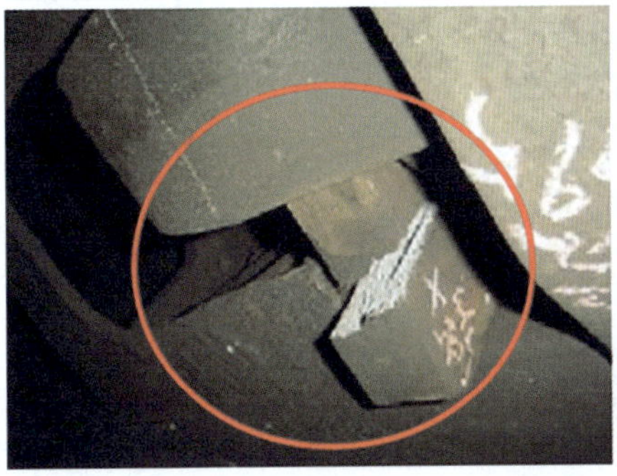

(a)后从板折断

(b)锁腿折断

(c)钩尾框中部折断

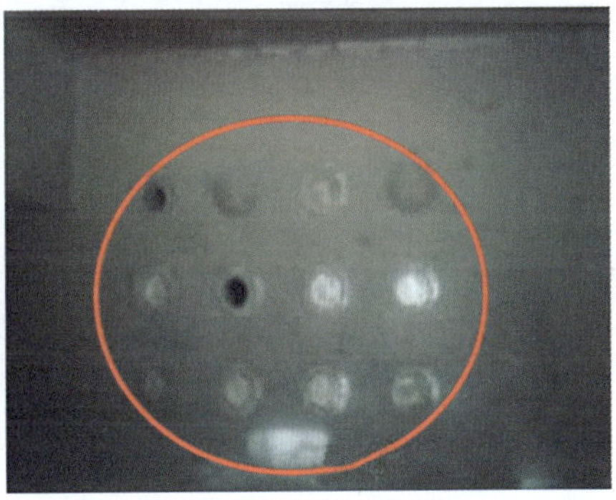

(d)后从板铆钉折断

图 2-228 冲击断裂故障

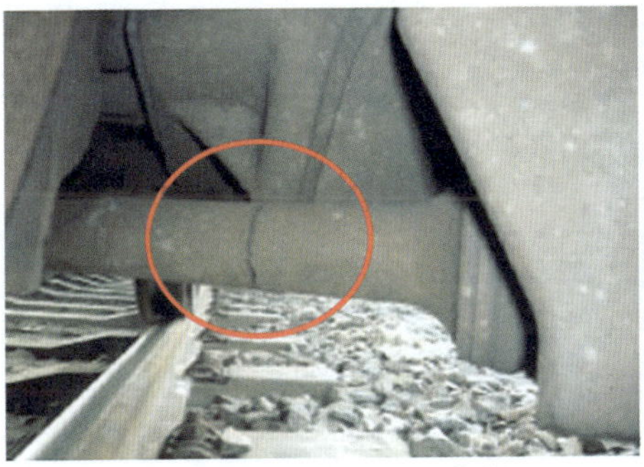

(a)交叉杆杆体环形焊缝折断

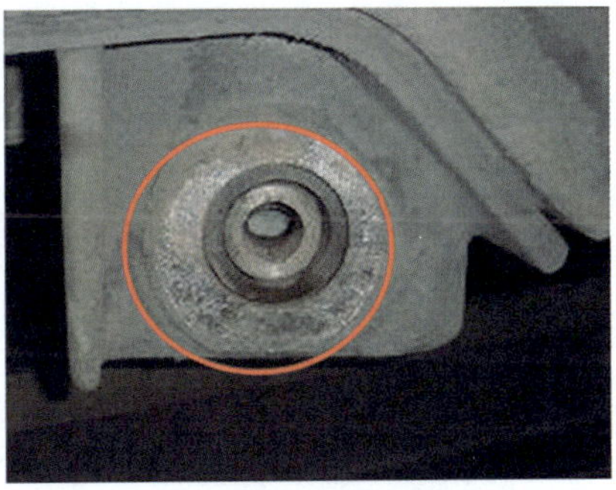

(b)交叉杆端头螺栓折断

图 2-229 静载断裂故障

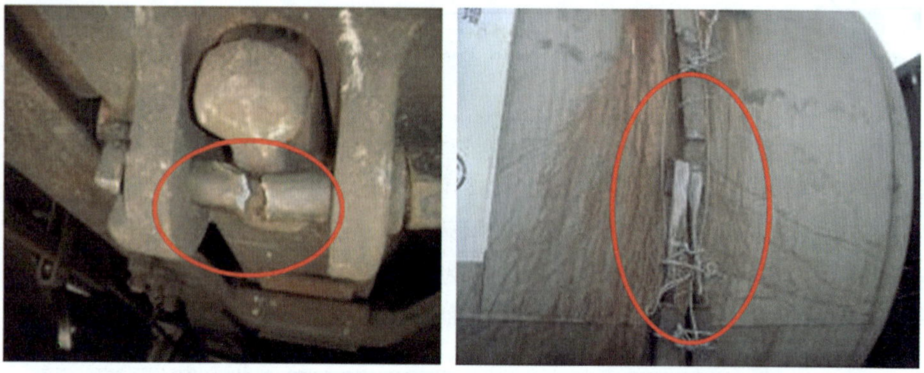

（a）钩尾销螺栓折断　　（b）罐车卡带折断

图 2-230　疲劳断裂故障

三、铁路货车检修周期

根据《铁路技术管理规程》的规定，车辆实行定期检修，并逐步扩大实施状态修、换件修和主要零部件的专业化集中修。

货车定期检修分为厂修、段修、辅修；滑动轴承还有轴检修程。

铁路货车定检周期分为以时间和运行里程结合时间两种。以时间确定定检周期的铁路货车分为厂修、段修两级修程。以运行里程结合时间确定定检周期的铁路货车分为 A 级修（大修）、B 级修（全面检查修）两级修程。以走行公里结合时间确定定检周期的铁路货车，二者之一满足时为到期。各级修程同时到期，按照高级修程施修，段修过期距厂修到期不足 4 个月时，按照厂修施修，见表 2-8。

表 2-8　铁路货车定期检修周期

车　　种	车　　型	厂修（A 级修）	段修（B 级修）	备　　注
棚车	P_{80}	第一次 10 年，第二次 8 年	2 年	
	P_{70}、P_{70H}	8 年	2 年	
		9 年	2 年 3 个月	实施修程修制改革的国铁货车
	P_{70A}、P_{70B}	8 年	2 年	
	P_{65}	6 年	1 年	
	P_{64AK}、P_{64AT}、P_{64GH}、P_{64GK}、P_{64GT}、P_{64K}、P_{64T}	9 年	1 年 6 个月	
		10 年	1 年 8 个月	实施修程修制改革的国铁货车（2000 年及以后新造出厂）
	P_{62NK}、P_{62NT}、P_{63K}、PT	9 年	1 年 6 个月	
	P_{62N}、P_{64}	9 年	1 年 6 个月	
	P_{62K}、P_{62T}、P_{66K}、P_{66H}	6 年	1 年 6 个月	

续上表

车　种	车　型	厂修(A级修)	段修(B级修)	备　注
棚车	P_{62}	6年	1年6个月	
	P_{61}	5年	1年	
	PB	5年或80万km	1年	
敞车	C_{70}、G_{70H}、G_{70E}、G_{70EH}、$C_{70E\text{-}A}$、$G_{70EH\text{-}A}$	8年	2年	
		9年	2年3个月	实施修程修制改革的国铁货车
	C_{70F}、C_{70A}、C_{70AH}、C_{70C}、C_{70EF}、C_{100A}、C_{100AH}	8年	2年	
	C_{70B}、C_{70BH}	12年	2年	
	C_{80B}、C_{80BH}	8年或160万km	2年或40万km	
		9年	2年3个月	实施修程修制改革的国铁货车(非配属)
	C_{76}、C_{76H}、C_{76A}、C_{76B}、C_{76C}、C_{80}、C_{80H}、C_{80A}、C_{80AH}、C_{80BF}、C_{80C}、C_{80CA}	8年或160万km	2年或40万km	
	C_{80E}、C_{80EH}、C_{80EF}	第一次10年 第二次8年	2年	
	C_{64K}、C_{64H}、C_{64T}、C_{64AT}	9年	1年6个月	
		10年	1年8个月	实施修程修制改革的国铁货车(2000年及以后新造出厂)
	C_{62BK}、C_{62BT}、IC_{6GK}	9年	1年6个月	
	C_{63}、C_{63A}	6年	1年	
	C_{62B}	9年	1年6个月	
	C_{62A}(车号为14、44字头)、C_{62}、C_{62M}	5年	1年	
	CFK	6年	1年	
	CF	6年	1年	
罐车	GF_{70}、GF_{70H}	8年	2年	
	酸碱类罐车、液化石油气罐车、液氯罐车、黄磷罐车等	4年	1年	
	其他型罐车	5年	1年	
	GH_{65K}	5年	1年	
矿石车	KF_{70}、KM_{70}、KM_{70H}、KM_{70A}、KZ_{70}、KZ_{70H}、KZ_{70A}、KF_{60H}、KF_{60AK}、KF_{60Q}(耐候钢)	8年	2年	

续上表

车　　种	车　　型	厂修(A级修)	段修(B级修)	备　　注
矿石车	KM_{70B}	12年	2年	
	K_{13AK}、K_{13AT}、K_{13NAK}、K_{13NK}、K_{13NT}、K_{13BK}、K_{14T}、K_{18AK}、K_{18AT}、K_{18BK}、K_{18DFK}、K_{18DK}、K_{18DT}等型提速耐候钢矿石车	8年	1年	
	K_{13N}、K_{13NA}、K_{13B}、K_{13D}、K_{14E}、K_{16}、K_{16A}、K_{18AE}、K_{18D}、K_{18DA}、K_{18DF}、K_{18DG}、K_{18DJ}、KF-60N、KF_5、KG-2、KG_2、KH型等非提速耐候钢矿石车	8年	1年	
	K_{13K}、K_{13T}、KF_{60QK}(普碳钢)、K_{18DK}(普碳钢)	5年	1年	
	K_{13}、K_{18}、K_{18F}、KF_{60}等型普碳钢车	5年	1年	
水泥车	U_{70}	8年	2年	
	U_{61WK}、U_{61WT}、U_{6IWZK}	9年	1年6个月	
	U_{61W}、U_{61WE}、U_{61WZ}	9年	1年6个月	
	U_{60WK}	5年	1年	
	U_{60},U_{60W}、U_{15}	5年	1年	
集装箱平车	X_{70}、X_{2H}、X_{2K}、X_{4K}	8年	2年	
		9年	2年3个月	实施修程修制改革的国铁货车
	X_{6K}	8年	2年	
	X_{3K}	9年	1年6个月	
	X_{6AE}	6年	1年	
	BX_{1K}、X_{6BK}、X_{6BT}、X_{6CK}、X_{6CT}	6年	1年6个月	
平车、平车—集装箱共用车	N_{30},NP_{70}	8年	2年	
	其他型平车、平车—集装箱共用车	5年	1年	
小汽车运输专用车	JSQ_{3K}	9年	1年6个月	
	JSQ_{4K}、JSQ_5	6年	1年6个月	
	JSQ_6	6年	2年	
	JSQ_7运输汽车—普货两用车	8年	2年	
粮食车	L_{70}、L_{18}	8年	2年	
	L_{17}	5年	1年	
	L_{17K}	5年	1年	

续上表

车　种	车　型	厂修(A级修)	段修(B级修)	备　注
毒品车	W_{70S}	8年	2年	
	W_{5SK}、W_{6S}	5年	1年	
	W_5	5年	1年	
长大货物车	D_{12}、D_{22G}	9年或90万km	3年或30万km	
	D_{10A}	8年或80万km	2年或20万km	
	D_{15B}、D_{28}	9年或90万km	3年或30万km	
	D_{11}、D_{2A}、D_{22}、D_{23G}、D_{25}、D_{26}、D_{26B}、D_{30A}	8年或80万km	2年或20万km	
	D_5	5年	1年	
	D_{15A}、D_{32}、D_{5A}、DK_{29}、DK_{36}、DL_1、DNX_{17K}	8年或80万km	2年或20万km	
	D_{9A}、D_{22A}、D_{32A}、D_{45}、DA_{21}、DA_{25}、DA_{26}、DA_{37}、DK_{17A}、DK_{23}、DK_{36A}、DQ_{35}、DQ_{45}	10年或100万km	2年或20万km	
	D_{15}、D_{17A}、D_{26A}、D_{26AK}、D_{30G}、D_{38}	8年或80万km	2年或20万km	
	D_2、D_{2G}、D_{18A}、D_{25A}	8年或80万km	2年或20万km	
	D_{70}	9年或90万km	3年或30万km	
	D_{12K}	9年或90万km	3年或30万km	
	D_{10}	9年或90万km	3年或30万km	
特种车	T_6、T_{6D}	6年	1年6个月	
	T_{6DK}	6年	1年6个月	
	T_{6FK}、T_7、TP_{11}、T_8、T_{8P}、T_{8D}	8年	2年	
	TP_{10}	8年	1年	
	NJ_1、NJ_2、NJ_3、NJ_4、NJ_5、NJ_6、NJ_7、NJ_8、NJ_9、NJ_{10}型铺轨(架桥)机组车辆	8年	2年	
	其他型铺轨(架桥)机组车辆	5年	1年	
	长钢轨车、60 t的凹型车	5年	1年	
	其他特种车、专用车	8年	2年	

注:1. 专用车指:救援车、机械车、线桥工程车、宿营车、发电车、磅秤修理车、生活供应车、战备车等按照车辆型号合格证和制造许可证生产的车辆(不含未经国铁集团车辆主管部门批准的改造部分)。

2. 按走行公里检修的铁路货车检修周期以走行公里为主,兼顾运用时间,实行“先到为准”原则。

另外,大秦铁路股份有限公司配属的C_{80B}、C_{80BH}、C_{80BF}、C_{80E}、C_{80EH}、C_{80EF}型货车,根据轮轴和车钩状态,开展二级整备,B级修周期延长至45万km,A级修周期延长至180万km。其他铁路局集团公司配属使用的 C_{80B}、C_{80BH} 等型专用货车，由配属使用的铁路局集团公司参考《铁路货车段修规程》，制定并发布修程修制方案，报国铁集团货车主管部门备案。

第九节　车辆故障处理

一、主要零部件常见故障形式及处理方法要求

（一）主要零部件常见的故障种类及处理方法

铁路货车故障处理种类分为摘车临修、列车队较大故障修理（以下简称大件修）、列车队一般故障修理（以下简称小件修）、临时整修等。大件修、小件修按处理方式分为更换、补装、调整、紧固、恢复、修复等。

1. 摘车临修

列检作业场发现影响行车安全且在列车队中无法施修或处理故障超过列车技检时间影响车站解体作业或正点发车时，应摘车送站修作业场临修。对有运到时限要求的铁路货车，在确保安全的情况下可以运行到货物到达站，在无法保证安全的情况下应积极采取措施消除故障，减少停时。摘车临修的故障范围为：

（1）车轮轮缘垂直磨耗、内侧缺损超限；踏面碾堆、擦伤、剥离、局部凹下、缺损、圆周磨耗超限；轮缘厚度、轮辋厚度不符合规定；辐板孔裂纹超限等需更换轮轴的故障。

（2）滚动轴承故障；滚动轴承甩油，外圈、轴箱破损，轴端螺栓松动、脱出、丢失，前盖丢失；承载鞍破损，转 K2 型转向架承载鞍顶面金属碾出；侧架导框、副构架导框纵向与滚动轴承外圈接触；轴箱橡胶垫中间橡胶与上、下层板错位等需更换轮轴或分解修理的故障。

（3）摇枕、侧架、一体式构架、副构架折断；副构架与连接杆连接用螺母丢失；上心盘铆钉折断，下心盘螺栓折断，心盘脱出；侧架立柱磨耗板、斜楔及主摩擦板破损、窜出、丢失，侧架立柱磨耗板折头螺栓、铆钉折断、丢失，摇枕斜楔摩擦面磨耗板窜出；摇枕斜面磨耗板折头螺栓丢失；旁承体破损、丢失，双作用弹性旁承上旁承与下旁承尼龙磨耗板有间隙、旁承滚子或旁承尼龙支承板与上旁承磨耗板接触，间隙旁承间隙超限；交叉支撑装置盖板及交叉杆体变形、折断，扣板螺栓、铆钉丢失，交叉杆端部螺栓松动、脱出、丢失；轴箱弹簧折断、窜出或丢失，重车摇枕弹簧及减振弹簧折断、窜出或丢失；转向架弹簧托板、折头螺栓折断等需架车修理的故障。

（4）钩体破损，牵引杆、钩尾框折断；钩锁锁腿折断，下锁销组成配件丢失、脱落；钩提杆座裂损；钩提杆折断、丢失，钩提杆链松余量不符合规定；从板折断，从板座、缓冲器、冲击座破损；钩体支撑座、钩尾框托板、钩尾销托梁、从板、缓冲器箱体含油尼龙磨耗板窜出、丢失；钩体支撑座止挡铁铆钉丢失；列车队无法调整的车钩高度超限故障等需分解修理及更换的故障。

（5）制动缸活塞作用不良；集成制动装置制动缸活塞行程指示器显示制动、缓解位置不正确，标志牌丢失；副风缸、加速缓解风缸、容积风缸、降压风缸缸体裂损，吊架折断；制动缸脱落，吊架折断；制动阀作用不良、防盗罩脱落；制动主管、支管、连接管折断；空重车自动调整装置限压阀、调整阀、传感阀破损，横跨梁折断；缓解阀拉杆、空重车调整杆折断，吊架裂损；闸调器破损；脱轨自动制动装置调节杆折断，拉环脱落、丢失，拉环与车轴接触，塞门关闭等需分解修理、焊修及更换的故障。

（6）制动梁梁体、支柱裂损，支柱夹扣螺母、闸瓦托铆钉折断、丢失，制动梁吊裂损；制动梁

安全链折断，制动梁脱落；基础制动装置各拉杆、杠杆、链蹄环折断或丢失，拉铆销套环丢失，拉杆、杠杆吊架裂损、脱落，固定杠杆支点座拉铆钉丢失等需要更换、补装、焊修及铆接的故障。

(7)人力制动机配件破损、脱落、丢失，附加杠杆、拉杆丢失，人力制动机轴链折断、拉铆销套丢失，集成制动装置人力制动杠杆及销轴丢失等影响人力制动机使用的故障。

(8)中梁、侧梁、端梁、枕梁、横梁及牵引梁折断等需要焊修的故障，侧梁下垂、车体倾斜或外胀超限；铁路货车车号自动识别标签失效、丢失，防火板脱落、丢失。

(9)侧柱、端柱、角柱裂损，敞车上端梁、上侧梁折断；车门、车窗脱落或丢失，底开门关闭不良，棚车漏雨，车门、端板或渡板折页及座折断；车门滑动轨道折断，车门滑轮脱出轨道；墙板、门板、地板、浴盆板破损或腐蚀穿孔超限，车门锁闭装置配件破损或丢失；绳栓折断，柱插破损或丢失；脚蹬、车梯扶手、集装箱锁头、门挡及车端护栏破损、折断、丢失；罐车卡带折断，罐体及阀漏泄，人孔盖及安全阀丢失，下卸式排油管脱落，罐车上部车顶走板、防护栏配件脱落、窜出或丢失等需要焊修、补装及处理的故障。

(10)从板座及冲击座铆钉折断、丢失等其他需焊修、铆接的故障。

(11)发生铁路交通事故及有撞车、脱轨等痕迹需扣车鉴定的铁路货车；轴承遭遇水浸或火灾的铁路货车。

(12)铁路货车运行安全监控系统预警需扣修的铁路货车。

(13)其他危及行车安全且因结构在列车队中无法处理的铁路货车故障。

2. 大件修

列检作业场发现铁路货车大件修故障，须使用专用工具、机具，按照相应的质量标准进行修理。大件修范围规定为：

(1)更换、补装：钩舌、钩舌推铁、钩锁、下锁销组成、车钩托梁、空车摇枕弹簧及减振弹簧、制动阀、制动软管、折角塞门、直端塞门、截断塞门、组合式集尘器、远心集尘器、罐车卡带圆销等。

(2)调整：互钩差、脚蹬及车梯扶手弯曲、钩提杆链松余量等。

(3)恢复：承载鞍错位，摇枕弹簧及减振弹簧窜出，钩体支撑座、钩尾框托板、钩尾销托梁含油尼龙磨耗板窜出等。

(4)修复：主管、支管、连通管漏泄，下拉杆下垂超限、关门车等。

3. 小件修

列检作业场发现铁路货车小件修故障，须按相应的质量标准进行修理。小件修范围规定为：

(1)更换、补装：钩舌销、车钩防跳插销、钩体支撑座止挡铁、钩提杆复位弹簧、钩提杆链，闸瓦、闸瓦插销、闸瓦插销环，下拉杆安全索、交叉杆安全索，各风缸堵、各管系卡子及螺母，折角塞门卡子及螺母，闸调器螺杆连接螺母定位片，人力制动拉杆链环、螺栓、螺母、圆销、开口销，塞门手把、制动软管胶圈、轴承挡键等。

(2)紧固：螺栓、螺母等。

(3)恢复：闸瓦插销、下锁销组成不正位等。

(4)修复：制动梁安全链、人力制动机拉杆吊架脱落等。

(二)故障修理标准

货车运用作业场对不摘车施修的铁路货车故障，修理标准为：

(1)圆销、螺栓或拉杆、杠杆上组装的圆开口销须为新品,双向劈开角度不小于 60°;钩尾销螺栓,钩尾销安全吊架螺栓,钩托梁螺栓,人力制动轴上、下端及制动轴链羊眼螺栓的圆开口销和下拉杆、中拉杆等扁开口销安装后须劈开卷起。

(2)扁孔圆销长度允许在上下两个规格范围内调整,组装后扁孔圆销的窜动量为 2～10 mm。

(3)斜向或竖向安装的圆销应由上向下装入,横向安装的圆销应以车体纵向中心线为准,由里(左)向外(右)装入(无安装空间者及有特殊要求的除外);车轮附近的直立式杠杆圆销,由车轮侧由外向里装入;横向安装的圆销应在开口销与被连接件之间装平垫圈。

(4)各阀和风缸吊架安装螺栓应由上向下装入(无安装空间者除外),在长圆孔侧加平垫圈;制动阀防盗罩螺栓须紧固。各螺栓组装紧固后,螺杆上的螺纹须露出螺母 1 扣以上,但不能超过 1 个螺母厚度(U 形管吊卡和风缸吊卡除外)。使用 4 个螺栓连接紧固的配件,须对角进行紧固;处理螺母丢失的故障时,填补基本母紧固后须加装备母(防松螺母及有弹簧垫圈者除外)。

(5)处理制动管故障时,管系螺纹处须使用聚四氟乙烯薄膜缠绕或涂抹黑铅粉油,缠绕不得超过螺纹端部,连接处紧固后须外露 1 扣以上的完整螺纹,旋入部分不得少于 4 扣;主管端接管(辅助管)长度为 250～400 mm;分解管系时,橡胶密封件须更换新品,橡胶密封圈须使用 E 型密封圈。

(6)橡胶密封圈、接头体、法兰体组装时,螺栓应均匀紧固,不得发生漏泄。

(7)更换折角塞门时,折角塞门体中心线与主管垂直中心夹角为 30°;更换制动软管时,软管连接器连接平面与车体中心夹角为 45°;有特殊要求的除外。

(8)更换远心集尘器或组合式集尘器时,集尘器体的安装箭头方向须符合安装要求;更换的集尘器下体在组装时胶垫正位,密封线须向上,止尘伞位置正确,螺栓均匀紧固。更换的制动阀在组装时安装座胶垫须正位,螺栓须均匀紧固。

(9)更换闸瓦时,须使用有生产资质厂家的良好闸瓦,且闸瓦型号及生产厂家代码标记清晰,禁止高、低摩合成闸瓦互换安装使用。闸瓦插销穿入闸瓦托与瓦背的插销孔内正位入底,闸瓦插销下部环孔需露出,并须安装闸瓦插销环。

(10)更换钩舌及钩腔内部配件时,须使用符合要求的配件,钩舌尾部及钩锁的工作面须涂抹二硫化钼耐磨剂。

(11)更换和补装空重车自动调整装置横跨梁螺栓时,须使用标准专用螺母,并安装圆开口销;安装后,螺栓垂向移动量不小于 3～5 mm,开口销须插入螺母的槽口,双向劈开,调整垫圈数量不超过 3 个。

(12)更换折角塞门、直端塞门、截断塞门、制动阀、制动软管等空气制动配件时,装车前须取下各通路防护件包装、密封防护物,并确认无异物进入通道。

(13)新安装配件不得与邻近的零部件、管系发生干涉。

(14)装用交叉支撑装置的转向架需要进行滚动轴承转动检查时,侧架顶升高度单侧不得超过 70 mm,同轴两侧均不得超过 100 mm。

(15)处理空气制动故障后,须进行持续一定时间全部试验。

(16)其他故障处理执行《铁路货车站修规程》临修标准。

(三)故障修理要求

(1)列检作业场发现需要摘车临修的故障,经鉴定不能安全运行至站修作业场的,应摘车送临时整修线路进行整修，整修后应按规定办理回送手续，并承担相应的回送安全责任。对列车队中因处理故障影响车站解体作业或正点发车的铁路货车，可摘车送临时整修线路进行修理。

(2)到达列车中的制动故障关门车，须全数处理。到达列车中的定检过期空车，须办理扣车。到达、中转列车中的定检过期重车，卸车地点在本铁路局集团公司管内的，须对卸空后的车辆办理扣车。

(3)到达作业时，对司机反映途中列车制动故障和作业中发现铁路货车存在车轮踏面温度异常偏高、轮辋变色严重、闸瓦异常磨耗等疑似抱闸迹象时，须施行制动机持续一定时间全部试验，确认并查找故障原因，按规定处置；需进行制动机试验时，列检值班员通知车站值班员待列车制动机试验结束后，再进行排风作业。

(4)列检作业场进行人机分工或人工检查发现因货物超载、偏载、偏重、集重引起铁路货车技术状态异常的，列检值班员通知车站值班员，由车站通知货运部门进行现车确认和处理，处理后，车站值班员须通知列检值班员，安排对上述铁路货车进行技术检查，符合铁路货车运用标准后方可挂运，双方应做好记录备查。

(5)对到达列车中提示标签信息故障的铁路货车，使用标签读出器检查、确认，读不出信息或标签丢失的须扣车处理。

(6)列检作业场所在车站发现棚车漏雨、透光以及调车、装卸作业、停运列车等发生铁路货车配件损坏、丢失故障时，应及时通知列检作业场按规定处置。

(7)无列检作业场的车站，当临时发生故障的车辆不能挂入列车运行时或因列车中铁路货车技术状态不良摘车后，车站值班员应及时报告列车调度员。列车调度员通知铁路局集团公司车辆调度员，铁路局集团公司车辆调度员通知车辆段派员检查、处理。

①故障处理符合始发列车检查范围和质量标准后，按规定办理恢复运用车手续。

②需临修时，应确保安全回送到就近的站修作业场。

(8)回送的故障铁路货车编入列车前，应派检车员对各部进行检查和整修，必要时派员护送；不能编挂于列车中部，需挂于尾部(每列以 1 辆为限)时，须上报车辆段调度员，由车辆段调度员上报铁路局集团公司车辆调度员申请挂运，调度所安排挂运；如该车辆的自动制动机不起作用时，须采取防止车钩分离的措施；需限速运行时，应由车辆专业技术人员鉴定，由车辆段调度员上报铁路局集团公司车辆调度员申请限速，调度所安排挂运，车辆部门在检修车回送单中注明。

(9)装运需停止制动作用的货车时，车站或货运部门应书面通知所在地货车车辆段，由货车车辆段组织相关运用作业场派员关闭截断塞门并施封，封上应有“停止制动”字样，货运部门在运单上注明“停止制动”。到站卸车后，车站或货运部门应书面通知所在地货车车辆段，由货车车辆段组织相关运用作业场派员拆封，并确认铁路货车自动制动机技术状态良好后开启截断塞门。因货物装载原因而关闭或开启铁路货车截断塞门时，现场检车员均须在检车员工作记录手册中做好记录。

(10)列检作业场对扣修铁路货车的有关信息须及时录入 HMIS 运用子系统。

(11)货车运用作业场使用和储备的材料配件须符合段修标准(闸瓦除外)，应按照规定进行储存管理，安装使用前须外观检查，破损、标记不清、使用寿命到期或储存时间过期时不得装车使用。

(12)货车运用作业场储备的材料配件不得露天存放,有防尘要求的管接头、制动阀、制动软管等空气制动配件,须装外套(盖)式或外包式、平罩型防护件进行密封防护,不得使用通道内嵌式防护件。所有材料配件须上架入箱存放,配件储存期管理如下:

①各型橡胶密封件自制造完成之日起至使用前的储存期不得超过 6 个月。

②空气制动阀检修完成后,储存期不得超过 3 个月。

③编织制动软管总成、塞门、组合式集尘器检修完成后,储存期不得超过 6 个月。

④闸瓦自制造完成之日起至装车使用的储存期不得超过 18 个月。

⑤钩舌自检修完成后,储存期不得超过 24 个月。

(13)经分解更换、补装的铁路货车配件须满足相应的质量标准,质量保证至现车相应修程。实行寿命管理的配件,当剩余寿命不足现车相应修程时,经检查确认质量状态良好者,可装车使用,并承担超过使用寿命期的责任。

二、车辆运用限度及测量方法

(一)车辆运用限度

1. 车体运用限度

车体运用限度见表 2-9。

表 2-9　车体运用限度

序号	名　称		限　度	备　注
1	侧梁下垂	空车	≤40 mm	在两枕梁之间测量
		重车	≤80 mm	
2	敞车车体外胀	空车	≤80 mm	
		重车	≤150 mm	
3	车体倾斜		≤75 mm	
4	端墙板、侧墙板、地板、门板、浴盆板破损或腐蚀穿孔		≤50 mm×50 mm	
5	棚车、平车非金属地板破损		≤100 mm×100 mm	

2. 转向架运用限度

转向架运用限度见表 2-10。

表 2-10　转向架运用限度

序号	名　称		限　度	备　注
1	间隙旁承同一转向架左右旁承间隙之和		2～20 mm	任何一侧旁承间隙须大于 0,载重 280 t 及以上铁路长大货物车须大于 2 mm
	双作用弹性上下旁承间隙		0	
2	双作用弹性旁承滚子或旁承尼龙支承板与上旁承间隙		>0	
3	各垂下品与轨面水平线垂直距离	钢轨内侧	≥60 mm	钢轨上部垂下品不得小于 25 mm
		钢轨外侧	≥80 mm	

3. 轮轴运用限度

轮轴运用限度见表 2-11。

表 2-11 轮轴运用限度

序号	名称		限度	备注
1	车轮轮辋厚度	无辐板孔	≥23 mm	
		有辐板孔	≥24 mm	
2	车轮轮缘厚度	棚车、集装箱平车、平车—集装箱共用车、小汽车运输专用车及 120 km/h 货物列车中的铁路货车	≥25 mm	
		其他	≥23 mm	3 轴及多轴转向架的中间轮对轮缘厚度列检可不掌握
3	轮缘垂直磨耗(接触位置)高度		≤15 mm	
4	轮缘内侧缺损	长度	≤30 mm	
		宽度	≤10 mm	
5	车轮踏面圆周磨耗深度		≤8 mm	
6	车轮踏面擦伤及局部凹下深度		≤1 mm	
7	车轮踏面剥离长度	一处	≤50 mm	1. 沿圆周方向测量。 2. 测量时规定如下: (1)两端宽度不足 10 mm 的,不计算在内。 (2)长条状剥离其最宽处不足 20 mm 的,不计算在内。 (3)两块剥离边缘相距小于 75 mm 时,每处长不得超过 35 mm;多处小于 35 mm 的剥离,其连续剥离总长度不得超过 350 mm。 (4)剥离前期未脱落部分,可不计算在内
		二处(每一处均)	≤40 mm	
8	车轮踏面缺损	相对轮缘外侧至缺损部位边缘之距离	≥1 508 mm	从缺损部内侧边缘起测量
		缺损部位之长度	≤150 mm	沿车轮踏面圆周方向测量
9	车轮辐板孔边缘周向裂纹		≤30 mm	
10	滚动轴承温升		≤55 ℃	

4. 制动运用限度

制动运用限度见表 2-12。

表 2-12　制动运用限度

<table>
<tr><th>序号</th><th colspan="4">名　称</th><th>限　度</th><th colspan="2">备　注</th></tr>
<tr><td rowspan="15">1</td><td rowspan="15">制动缸活塞行程</td><td rowspan="8">装有闸调器的单式闸瓦</td><td rowspan="2">356×254制动缸</td><td>空车位</td><td>115～135 mm</td><td rowspan="2">未装闸调器</td><td>85～135 mm</td></tr>
<tr><td>重车位</td><td>125～160 mm</td><td>110～160 mm</td></tr>
<tr><td rowspan="2">305×254制动缸</td><td>空车位</td><td>145～165 mm</td><td colspan="2"></td></tr>
<tr><td>重车位</td><td>145～195 mm</td><td colspan="2"></td></tr>
<tr><td rowspan="2">254×254制动缸</td><td>空车位</td><td>145～165 mm</td><td colspan="2"></td></tr>
<tr><td>重车位</td><td>145～195 mm</td><td colspan="2"></td></tr>
<tr><td rowspan="2">203×254制动缸</td><td>空车位</td><td>115～145 mm</td><td colspan="2"></td></tr>
<tr><td>重车位</td><td>125～160 mm</td><td colspan="2"></td></tr>
<tr><td rowspan="3">装有闸调器的复式闸瓦</td><td rowspan="2">B_{21}、B_{22-1} 型车</td><td>空车位</td><td>120～130 mm</td><td colspan="2"></td></tr>
<tr><td>重车位</td><td>150～160 mm</td><td colspan="2"></td></tr>
<tr><td colspan="2">B_{19}、B_{22-2}、B_{23} 型车</td><td>130～150 mm</td><td colspan="2"></td></tr>
<tr><td rowspan="2">集成制动装置</td><td colspan="2">BAB 系列</td><td>行程指示器在制动标志孔内</td><td colspan="2" rowspan="2"></td></tr>
<tr><td colspan="2">DAB 系列</td><td>行程指示器在行程标志环带内</td></tr>
<tr><td>2</td><td colspan="4">高、低摩合成闸瓦磨耗剩余厚度</td><td>≥20 mm</td><td colspan="2" rowspan="2"></td></tr>
<tr><td>3</td><td colspan="4">C_{100} 型敞车二、三位转向架闸瓦磨耗剩余厚度</td><td>≥25 mm</td></tr>
<tr><td>4</td><td colspan="4">同一制动梁两端闸瓦厚度差</td><td>≤20 mm</td><td colspan="2" rowspan="2">更换闸瓦后确认</td></tr>
<tr><td>5</td><td colspan="4">C_{100} 型敞车二、三位转向架同一制动梁两端闸瓦厚度差</td><td>≤10 mm</td></tr>
</table>

5. 车钩运用限度

车钩运用限度见表 2-13。

表 2-13　车钩运用限度

<table>
<tr><th>序号</th><th colspan="3">名　称</th><th>限　度</th><th>备　注</th></tr>
<tr><td rowspan="2">1</td><td colspan="2" rowspan="2">13 号钩舌与钩腕内侧距离</td><td>闭锁位置</td><td>≤135 mm</td><td rowspan="2"></td></tr>
<tr><td>全开位置</td><td>≤250 mm</td></tr>
<tr><td rowspan="2">2</td><td colspan="2" rowspan="2">13A、13B 型钩舌与钩腕内侧距离</td><td>闭锁位置</td><td>≤132 mm</td><td></td></tr>
<tr><td>全开位置</td><td>≤247 mm</td><td></td></tr>
<tr><td rowspan="2">3</td><td colspan="2" rowspan="2">16、17 型钩舌与钩腕内侧距离</td><td>闭锁位置</td><td>≤100 mm</td><td></td></tr>
<tr><td>全开位置</td><td>≥219 mm</td><td></td></tr>
<tr><td>4</td><td colspan="3">钩提杆链松余量</td><td>40～55 mm</td><td></td></tr>
<tr><td>5</td><td colspan="3">两连接车钩中心水平线高度之差</td><td>≤75 mm</td><td></td></tr>
<tr><td rowspan="3">6</td><td rowspan="3">车钩中心高度</td><td colspan="2">最高</td><td>≤890 mm</td><td></td></tr>
<tr><td rowspan="2">最低</td><td>空车</td><td>≥835 mm</td><td></td></tr>
<tr><td>重车</td><td>≥815 mm</td><td></td></tr>
</table>

(二)常见车辆运用限度测量

1. 车钩类尺寸测量

(1)上作用式车钩钩提杆链松余量检测

移动钩提杆头部,使钩提杆头部圆销沿车辆纵向垂直于上锁提圆销头部,将钩提杆头部圆销与上锁提圆销头部置于同一垂直线,使用钢直尺测量两圆销中心距离尺寸,如图 2-231(a)所示,然后提起钩提杆头部,使钩提杆链处于绷紧状态,但不得带动上锁提,再次测量两圆销中心距离尺寸,如图 2-231(b)所示,两次测量数据相减,得出钩提杆链松余量尺寸。

(a) (b)

图 2-231 测量两圆销中心距离

(2)17 型车钩闭锁位及全开位检测

①闭锁位检测

全开位时,将钩舌缓慢地向钩口里推动,钩锁以自重落下。落锁后,用力向外扳动钩舌使之呈牵引状态,将量规 100Z 端垂直于车钩正面插入钩舌鼻部到钩体正面之间,检测上、下两处(圆角处除外),止住时合格,如图 2-232 所示,测量 16、17 型钩舌鼻部与钩体正面的垂直距离,测量时不包括距离上、下面各 10 mm 圆角处。

图 2-232 17 型车钩闭锁位检测

②全开位检测

闭锁位时,用力提起钩提杆,钩锁上升到最高位置,钩锁推动钩舌推铁,钩舌推铁将钩舌顺利推至完全张开。此时用力向外扳动钩舌,右手将量规 219T 端垂直于钩舌牵引面插入钩舌与钩腕内侧之间,均匀检测上、中、下三处(不包括距离上、下面各 10 mm 圆角处),通过时合格,如图 2-233 所示。钩舌鼻部与钩腕的最小距离,测量时不包括距离上、下面各 10 mm 圆角处。

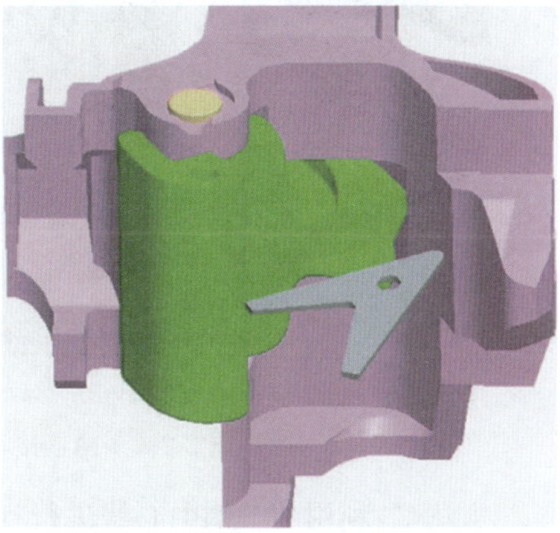

图 2-233 17 型车钩全开位检测

(3)13 号系列车钩闭锁位及全开位检测

①闭锁位检测

取出量规,在闭锁位时,左手向外扳住钩舌鼻部静止不动，右手将量规 LZ 端垂直于钩舌牵引面插入钩舌与钩腕内侧之间，均匀检测上、中、下三处（不包括上、下圆角 10 mm 处），止住时合格，此时用力向外扳动钩舌使之呈牵引状态，使用 13A、13B 型车钩闭锁位量规在车钩正面上、中、下三处，分别测量 13 号、13A 型、13B 型钩舌鼻部与钩腕的最小距离，装用 13A、13B 型钩舌的 13 号钩体按 13A 型标准进行测量，测量时不包括距离钩舌上、下面各 10 mm 圆角处，如图 2-234 所示。

②全开位检测

闭锁位时，用力提起钩提杆，钩锁上升到最高位置，钩锁推动钩舌推铁，钩舌推铁将钩舌顺利推至完全张开。右手扳动上（下）锁销组成，使钩舌处于最大张开位置（全开位），此时左手扳住钩舌鼻部停止不动，右手将量规 LZ 端垂直于钩舌牵引面插入钩舌与钩腕内侧之间，均匀检测上、中、下三处（不包括上、下圆角 10 mm 处），装用 13A、13B 型钩舌的 13 号钩体按 13A 型标准进行测量，如图 2-235 所示。

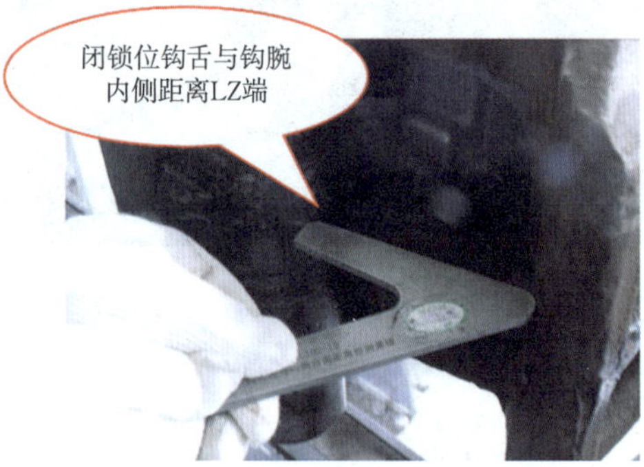

图 2-234　13 号系列车钩闭锁位检测

图 2-235　13 号系列车钩全开位检测

（4）两连接车钩中心水平线高度差检测

方法一：使用直尺对两连接车钩钩舌鼻部上平面之差数据进行测量[图 2-236(a)]，再使用直尺对两连接车钩钩舌鼻部下平面之差数据进行测量[图 2-236(b)]，两处数据相加除以二得出的数据为实际两车钩中心水平线高度之差。

（a）

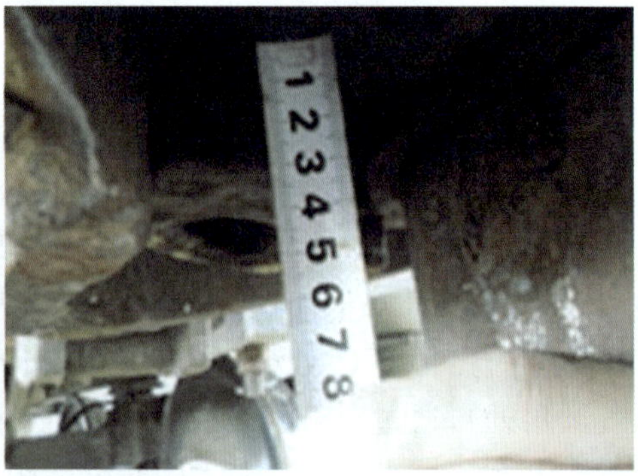

（b）

图 2-236　两连接车钩中心水平线高度差检测（方法一）

方法二：利用两车钩中心线进行互钩差测量，将卷尺放在一端车钩中心线外侧，卷尺与两中心线垂直，测量两中心线外线距离，如图 2-237 所示。

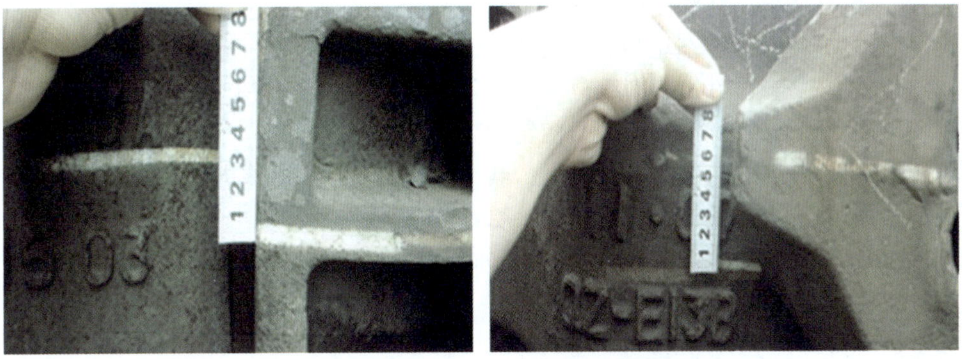

图 2-237　两连接车钩中心水平线高度差检测(方法二)

(5)车钩高度检测

将钩高尺底座垂直放于轨面,尺身置于钩舌在轨面垂直投影线外侧;钩高尺钩舌卡具卡在钩舌外侧上下平面;使用中部游标尺对准钩舌中心线,直接从游标尺处读出车钩高度的数值。要求钩高尺测量时,尺身垂直于轨面,测尺底座与钢轨垂直(13 号车钩与 16、17 型车钩测量尺必须分别使用),如图 2-238 所示。

图 2-238　车钩高度检测

2. 轮轴类尺寸测量(以 LLJ-4A 型第四种检查器为例)

(1)定位 70 mm 刻线测量 LM 型车轮踏面圆周磨耗、轮辋厚度、轮缘厚度、轮缘高度、轮缘垂直磨耗。

定位方法一:移动踏面圆周磨耗测尺尺框,使踏面定位测头定位在滚动圆中心 70 mm 处,紧固尺框定位钉,如图 2-239 所示。

定位方法二:用定位块快速定位,动作要领为推、顶、拉、紧。即向左推动螺钉,使轮缘厚度测尺达到极限位置,顶为同时向上顶动圆周磨耗测尺达到极限位置后,向右拉动踏面圆周磨耗测尺框,拉不动为止到达快速定位块,即踏面定位测头定位在滚动圆中心 70 mm 处,紧固尺框定位钉,如图 2-240 所示。

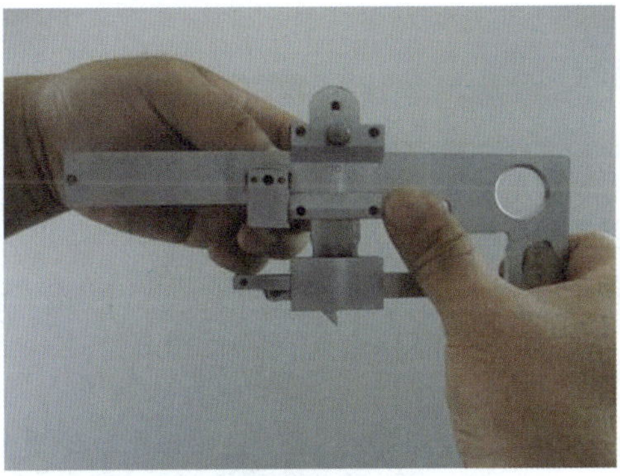

图 2-239　定位方法一

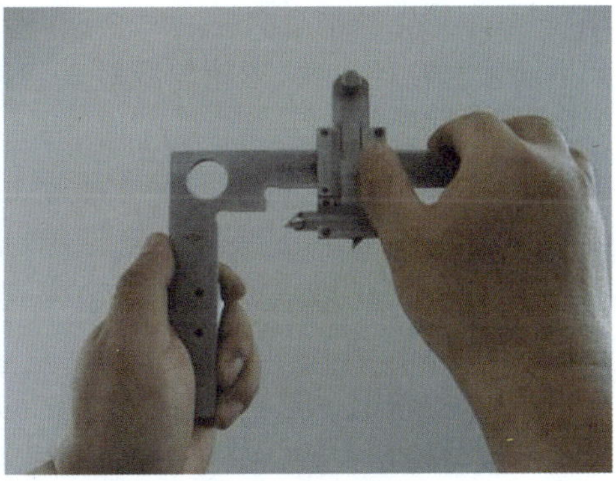

图 2-240　定位方法二

(2)测量踏面圆周磨耗深度

尺平面须与轮径一致,车轮踏面圆周磨耗深度的允许误差±0.1 mm。首先采用定位方法一或定位方法二定准 70 mm 刻线位置,然后将检查器置于车轮踏面上,踏面定位测头分别与轮辋侧面和踏面滚动圆中心靠紧,使轮缘高度测量定位面紧靠车轮轮缘顶点,主尺的轮辋厚度测尺定位角铁贴靠在轮辋内侧面上,其尾端指向车轴中心线即主尺平面通过轮心;再向下推动踏面磨耗测尺,使之与车轮踏面接触,读取踏面磨耗测尺上面刻线与踏面圆周磨耗尺框刻线重合的数值(整数加游标值)即为踏面圆周磨耗数值,如图 2-241 所示。

(3)测量车轮轮缘厚度

尺平面须与轮径一致,车轮轮缘厚度的允许误差±0.1 mm。

在测量踏面圆周磨耗深度的步骤基础上,然后推动轮缘厚度测尺,使其测头接触轮缘,读取轮缘厚度测尺上面刻线与轮缘厚度尺框刻线重合的数值(整数加游标值)即为轮缘厚度数值,如图 2-242 所示。

图 2-241　踏面圆周磨耗深度测量

图 2-242　车轮轮缘厚度测量

(4)测量车轮轮缘高度

尺平面须与轮径一致,车轮轮缘高度的允许误差±0.1 mm。

在测量踏面圆周磨耗深度的步骤基础上,然后用原形 27 mm 加上踏面圆周磨耗数值即为轮缘实际高度数值。

(5)测量车轮轮缘垂直磨耗

尺平面须与轮径一致,车轮轮缘垂直磨耗的允许误差±0.1 mm。

在测量踏面圆周磨耗深度的步骤基础上,然后推动轮缘厚度测尺,使其测头接触轮缘,如果垂直磨耗测头接触轮缘说明车轮轮缘垂直磨耗到限,如图 2-243 所示。

图 2-243　车轮轮缘垂直磨耗测量

(6)测量车轮轮辋厚度

尺平面须与轮径一致,车轮轮缘垂直磨耗的允许误差±0.1 mm。

在测量踏面圆周磨耗深度的步骤基础上，然后读取轮辋内侧边缘与轮辋厚度测尺内侧刻度线对应数值再减去踏面圆周磨耗数值即为轮辋实际厚度。

(7)测量车轮轮辋宽度

尺平面须与轮径一致，车轮轮缘垂直磨耗的允许误差±0.1 mm。

将检查器置于车轮踏面上，使轮缘高度测量定位面紧靠车轮轮缘顶点，如图 2-244 所示，主尺的轮辋厚度测尺定位角铁贴靠在轮辋内侧面上，其尾端指向车轴中心线即主尺平面通过轮心，踏面圆周磨耗测尺尺框推向右侧，使踏面圆周磨耗测尺的测头贴靠(或指向)车轮外侧面，读取踏面圆周磨耗尺框左侧面对应轮辋宽度测尺的数值即为轮辋宽度。如果踏面外侧有碾宽，应减去踏面碾宽数值即为轮辋实际宽度。

(8)测量踏面擦伤深度

尺平面须与轮径一致，车轮轮缘垂直磨耗的允许误差±0.1 mm。

首先将检查器置于车轮踏面上，使轮缘高度测量定位面紧靠车轮轮缘顶点，主尺的轮辋厚度测尺定位角铁贴靠在轮辋内侧面上，其尾端指向车轴中心线即主尺平面通过轮心移动踏面圆周磨耗测尺框并移动踏面圆周磨耗测尺，使踏面磨耗测尺的测头对准踏面擦伤部位最深处，并紧固踏面圆周磨耗尺框紧固螺钉，读取踏面圆周磨耗测尺上面刻线与踏面圆周磨耗测尺框刻线相重合的数值(整数加游标值)做好记录。然后沿车轮圆周方向移动主尺测量同一圆周未擦伤部位的踏面圆周磨耗深度值(整数加游标值)，两个量值的差值即为踏面擦伤的深度，如图 2-245 所示。

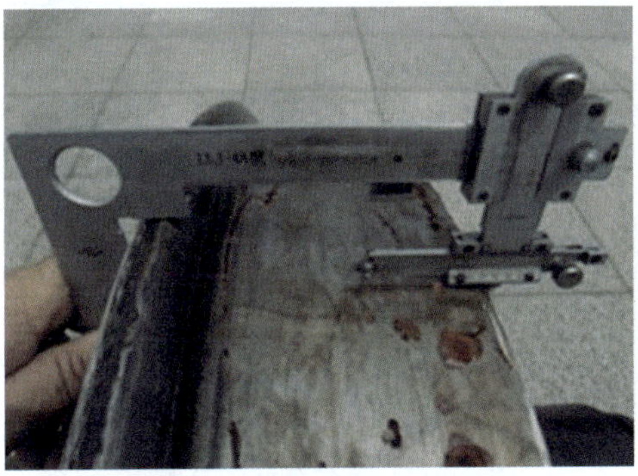

图 2-244 车轮轮辋厚度测量

图 2-245 测量踏面擦伤深度

(9)测量踏面剥离长度

用车轮检查器的轮辋厚度测尺的外刻线沿车轮圆周方向测量车轮擦伤的局部平面的长度即为踏面剥离的长度。

3. 垂下品与轨面水平线垂直距离检测

在垂下品的正下方，用卷尺拉在钢轨平面作为测量基准平面，然后用钢直尺测量基准平面与垂下品最低点之间的垂直距离。垂下品钢轨内测不小于 60 mm(闸瓦插销不小于 25 mm)，钢轨外侧不小于 80 mm，如图 2-246 所示。

4. 旁承间隙检测

(1)间隙式旁承测量

装用转 8A 型转向架的左、右旁承间隙之和为 2～20 mm，任一侧间隙不小于 0；旁

图 2-246　垂下品与轨面水平线垂直距离检测

承体下至少有一块厚度不小于 2 mm 的垫板，旁承体座入量不得小于 35 mm，如图 2-247 所示。

(2)常接触式旁承测量

装用转 8AB、转 8B、转 K2、转 K6 型转向架的上旁承下平面与下旁承滚子(或支撑磨耗板)的间隙不小于 0；塞尺不能卡入时，用检车灯在旁承滚子处进行透光检查，光线能够通过为合格。

5. 制动缸活塞行程检测

在安定试验、制动缸活塞筒停止运动后；沿制动缸前盖至活塞筒白色内侧基线测量活塞行程长度，如图 2-248 所示。

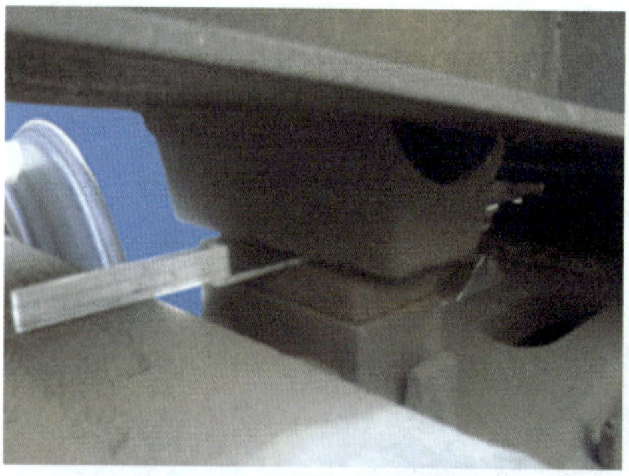

图 2-247　间隙式旁承测量

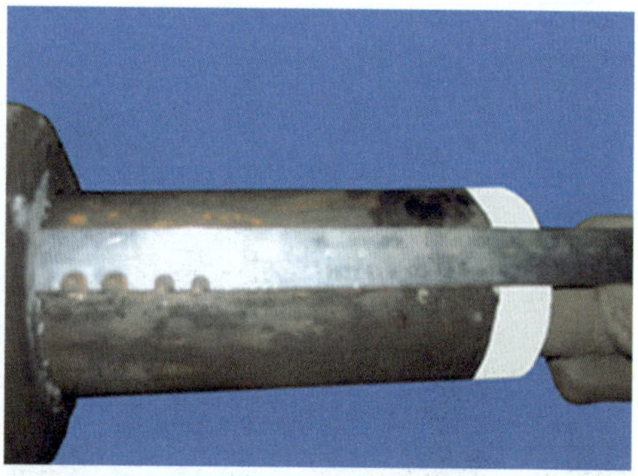

图 2-248　常接触式旁承测量

6. 闸瓦磨耗剩余厚度检测

(1)对闸瓦须进行外观检查，裂纹、破损时更换。

(2)高摩合成闸瓦、低摩合成闸瓦允许有非贯通毛细裂纹。

(3)用卷尺检查闸瓦剩余厚度最薄处。高摩合成闸瓦、低摩合成闸瓦磨耗剩余厚度不小于 20 mm，如图 2-249 所示。

7. 中、侧梁下垂检测

将中、侧梁测尺底座放于轨面，尺身置于中梁和侧梁外侧；要求中、侧梁测尺测量时，尺身垂直于尺座，测尺底座与钢轨垂直。先在枕梁平直线处测量中、侧梁的高度，再测量中、侧梁下垂最低处。两测得的数据相减，得出的数据则为中、侧梁的下垂尺寸，如图 2-250 所示。

8. 车体倾斜检测

在车辆倾斜一侧上侧梁与侧墙板焊缝处设置线锤，线锤必须垂直放下，中间无任何配件阻挡，待线锤完全静止后，测量下侧梁与线锤吊线之间的水平距离。车体倾斜不大于 75 mm，如图 2-251 所示。

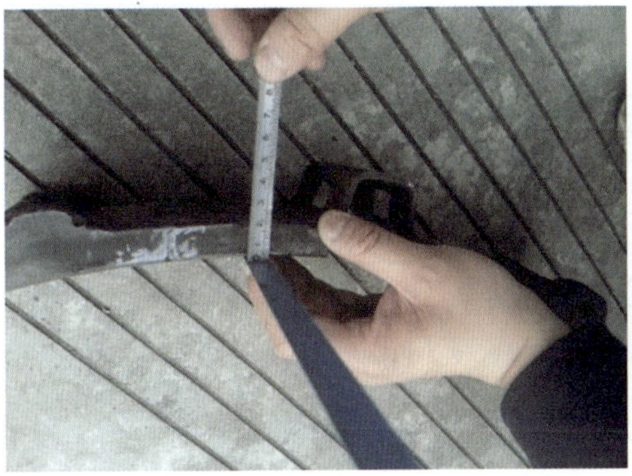

图 2-249　闸瓦磨耗剩余厚度检测

图 2-250　中、侧梁下垂检测

9. 敞车车体外胀检测

首先联系车站将车辆送至非接触网区段平直的线路上，取车辆外胀最大处一侧上侧梁与侧墙板焊缝处设置线锤，线锤必须垂直放下，中间无任何配件阻挡，待线锤完全静止后，然后测量下侧梁量与线锤吊线之间的水平距离。车体外胀空车不大于 80 mm，重车不大于 150 mm，如图 2-252 所示。

图 2-251　车体倾斜检测

图 2-252　敞车车体外胀检测

第三章 货车运用与管理

第一节 货车运用与管理概述

一、铁路货车运用维修工作内容及特点

(一)铁路货车运用维修主要工作内容

铁路货车是铁路运输的重要装备。铁路货车运用维修工作是确保铁路运输安全和畅通的重要环节,是铁路运输的重要组成部分。

(1)负责货物列车的技术检查、货物列车自动制动机性能试验、铁路货车故障处置和修理等。

(2)负责定检到(过)期车、技术状态不良车(含沿途发生故障的铁路货车)及事故车的扣修和回送工作。

(3)负责铁路货车运行安全监控系统的运用管理。

(4)负责翻车机翻前卸后、散装货物解冻库解冻后的铁路货车的技术交接检查和故障处理。

(5)负责进出厂矿、港口、地方铁路、合资铁路、专用铁路、企业专用线和工程临管线等单位的铁路货车的技术交接检查和故障处理。

(6)负责国际联运货物列车的技术交接。

(7)负责往返循环开行的快速货物班列、局管内固定编组开行的货物快运列车等整备作业。

(8)负责铁路货车运用技术质量的分析、评价和管理,组织开展货物列车技术质量监控;负责铁路货车设计、新造、检修和主要配件的质量监督与反馈。

(9)负责爱护铁路货车工作,组织爱车宣传并指导、监督和检查铁路货车的使用,制止损坏铁路货车的行为,负责损坏铁路货车的索赔和管理。

(10)按规定负责重点物资运输及超限货物列车和机械冷藏车的技术作业及车辆乘务等工作。

(11)按规定协助进行铁路货车新车型、新技术、新型配件运用考核的相关工作。

(12)参加相关铁路交通事故的调查和事故救援,协助铁路货车交通事故的处理和管理,负责铁路货车行车设备故障的调查、处理和管理。

(13)国铁集团和铁路局集团公司规定的其他有关工作。

(二)铁路货车维修、管理、使用的特点

1. 配属

铁路货车原则上实行无固定配属管理,全国运行。

2. 技术标准及安全负责制

(1)货车运用工作由国铁集团统一领导,统一技术标准要求,并执行国家有关技术规范和技术政策。

(2)在造修源头质量保证基础上,货车运用安全实行区段负责制,并实施质量追溯。

(3)货车运用作业场按规定的检查范围和质量标准,对货物列车或铁路货车进行技术作业,承担相应的安全保证责任,保证铁路货车相应部位在正常运用条件下,安全到达下一个负责检查该部位的货车运用作业场。

3. 坚持方针及工作目标

货车运用工作坚持“安全第一、预防为主、综合治理”的方针,应用先进的检查、检测、修理技术,及时发现和处理铁路货车故障;应适应运输组织需要,不断优化列检布局,推进作业方式变革,采用科学管理手段,加强安全基础建设,提高作业人员素质,实现布局合理、防范有力、技术先进、管理规范、素质过硬、安全稳定的货车运用工作目标。

4. 技术作业要求

(1)货车运用工作应充分发挥铁路货车运行安全监控系统作用,科学合理界定作业范围。优化到达作业,为始发作业打好列车技术质量基础;强化始发作业,确保始发列车达到货物列车运用质量标准;加强中转作业,保证列车安全和运输畅通。

(2)货车列检、动态检查作业场的列车技术作业包括列车技术检查、列车制动机试验、铁路货车故障处理等。列车技术检查方式分为:动态检查、人工检查、人机分工检查等。

(3)经人工检查或人机分工检查方式进行列检作业后发出的列车,在沿途铁路货车运行安全监控系统设置符合规定的情况下,列检作业安全保证距离原则上应为 1 000 km 左右。

(4)货车运用作业场要积极利用专用的修理工具、机具在列车队中进行铁路货车故障处理,处理后须达到相应的质量标准和要求。对符合摘车临修的故障铁路货车应扣入站修作业场进行修理。铁路货车因故障在沿途车站甩车时,车辆段应组织修理或回送,回送时须采取相应的措施保证运用安全。

5. 货车运用工作三级管理

(1)货车运用工作实行国铁集团、铁路局集团公司、车辆段三级管理。按照领导负责、分工负责、专业负责、岗位负责的要求,实施严格的管理和考核机制,不断提升货车运用管理水平。

(2)车辆处(车辆部)是铁路局集团公司货车运用工作的业务主管部门,同时负责铁路局集团公司车辆运行安全中心监测站的专业管理和业务指导。铁路局集团公司依据《铁路货车运用维修规程》,结合运用工作实际,细化制定《铁路货车运用工作管理细则》,指导车辆段落实规程中各项要求。

(3)车辆段是铁路局集团公司货车运用工作管理的实施单位,负责落实运用规章制度、细化作业标准。货车运用车间是车辆段的主要生产车间,管辖一个或几个货车运用作业场,负责运用工作的生产组织、执行相关作业标准,确保运用货车技术状态良好。车辆段依据国铁集团《铁路货车运用维修规程》和《铁路货车运用工作管理细则》相关规定,制定完善有关运用工作的制度、办法,并根据技术标准要求和生产实际,编制货车运用作业指导书,落实运用工作各项要求。

(4)货车运用作业场按规定的检查范围和质量标准,对货物列车或铁路货车进行技术作业,承担相应的安全保证责任,保证铁路货车相应部位在正常运用条件下,安全到达下一个负责检查该部位的货车运用作业场。

6. 设备保障

既有和新建、改建的线路,须按运输组织和铁路货车运行安全的需要,设置货车运用作业场和铁路货车运行安全监控系统,货车运用作业场须配齐生产生活设施和作业人员,满足作业和人身安全的要求。

7. 人员素质要求

货车运用一线生产人员上岗前须经培训考核,合格者按规定持证上岗并定期复审。车辆新技术、新设备、新规章、新工艺投入应用前,以及生产组织、作业方式变化前,应对货车运用有关人员进行必要的适应性培训和安全教育。

二、定检车及故障车扣修

(一)检修标记

标注在货车侧墙板上,标记分段修、厂修两栏,检修标记如图 3-1 所示。

图 3-1　检修标记

(二)定检到、过期车扣车流程

1. 值班员打开 HMIS 运用子系统,HMIS 运用子系统获取到(过)期车信息(通过列检作业场的到达作业列车),列检值班员将要扣的车号通知现场检车员,现场检车员确认现车车辆信息并和预测信息相比对,符合扣修条件的反馈列检值班员,列检值班员复核后通过请令,调度命令批令后,由“车统—23 登记”界面录入扣修信息并确认,并向铁路运输信息集成平台推送 MQ、电子货票信息,回送施修地点。

2. 现场发现符合修程修制改革的到(过)期车 HMIS 运用子系统未预报的,先扣车再办理调度命令,由“车统—23 登记”界面录入扣修信息并确认,并向铁路运输信息集成平台推送 MQ、电子货票信息,回送施修地点。“车统—23 登记”相关界面如图 3-2 所示。

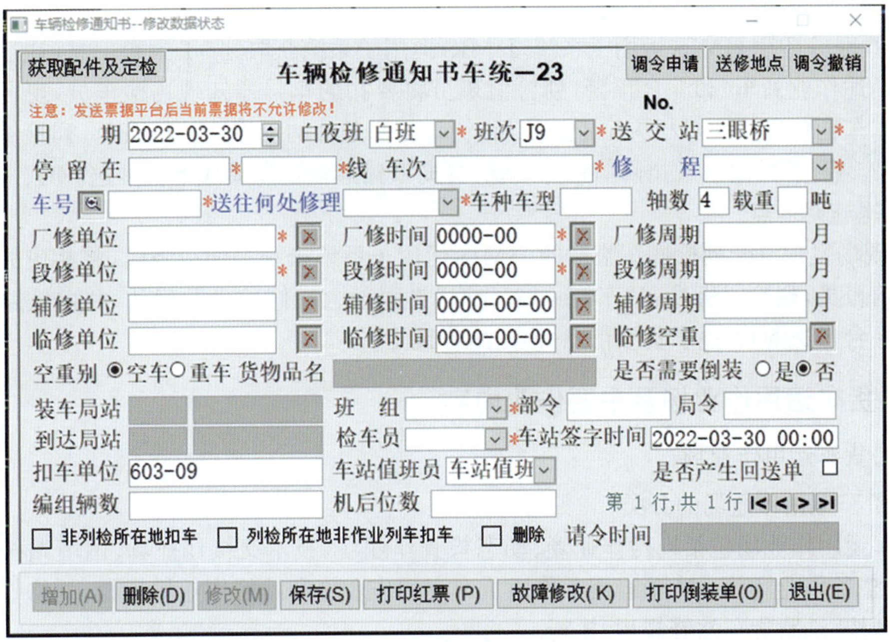

（a）检修通知书

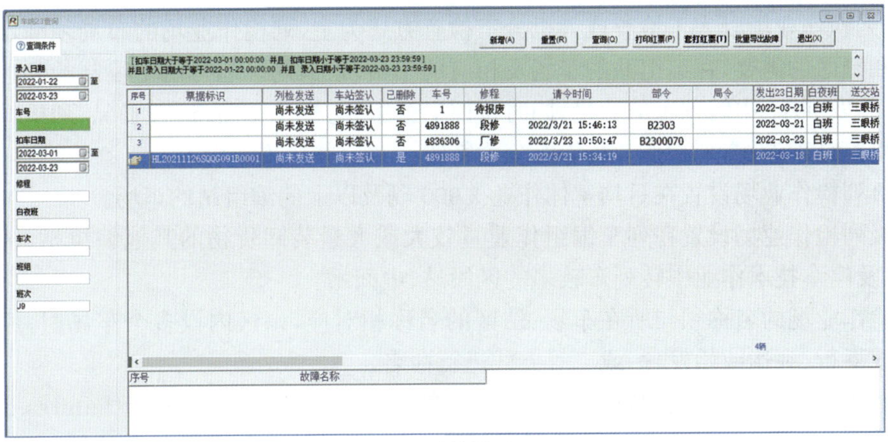

（b）查询界面

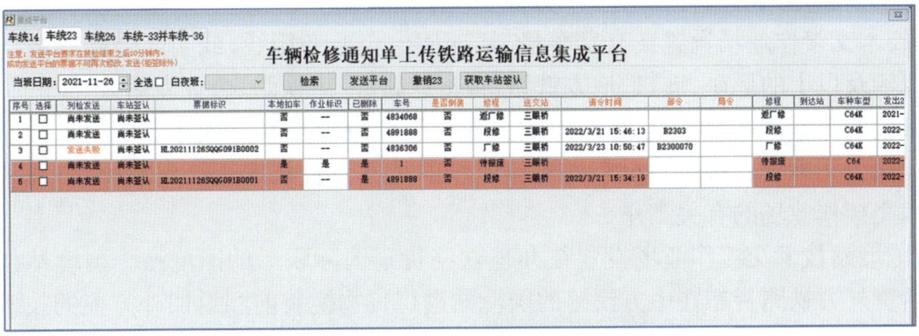

（c）车辆检修通知单上传铁路运输信息集成平台

图 3-2 “车统—23 登记”相关界面

(三)故障车扣修

1. 值班员打开 HMIS 运用子系统，HMIS 运用子系统获取到 5T 预警信息(通过列检作业场的到达作业列车)和综合预警，列检值班员将要扣的车号通知现场检车员，现场检车员确认现车车辆信息并比对相应位置故障后，符合扣修条件的反馈列检值班员，列检值班员在"车统—23 登记"界面录入扣修信息并确认，并向铁路运输信息集成平台推送 MQ、电子货票信息，回送施修地点。

2. 现场发现符合列检摘车临修的 HMIS 运用子系统未预报的故障时，将相应故障信息报列检值班员，列检值班员在"车统—23 登记"界面录入扣修信息并确认，并向铁路运输信息集成平台推送 MQ、电子货票信息，回送施修地点。

三、货车运用作业场及主要作业内容

(一)货车运用作业场

1. 货车运用作业场的分类

货车运用作业场包括列检作业场、动态检查作业场、技术交接作业场、国境站技术交接作业场、整备作业场等。货车运用工作由货车运用作业场和站修作业场承担，站修作业场的技术管理按《铁路货车站修规程》执行。

2. 货车运用作业场的设置

(1)列检作业场以人工检查或人机分工检查方式为主，列检作业场的布局须满足铁路运输安全和畅通的需要，在编组站的车场及相应的车站，根据列车运行图中编制的到达解体列车、编组始发列车、中转列车的数量，同时按照运输组织、机车交路、运行工况、列检作业安全保证距离等合理设置，列检作业场等级分为特级、一级，并按规定设置：

特级列检作业场设置在日均解体作业 3 000 辆及以上的编组站的车场。

一级列检作业场设置在列车编组作业量较大或大量装卸货物的其他编组站、区段站的车场，以及停车技术作业中转列车较多的区段站、中间站。

列检作业场的名称须与所在车场、站区的名称相对应，站区内设多个车场时，原则上采用上行或下行、到达或始发、一或二等方式进行命名。

(2)动态检查作业场利用货车故障轨旁图像检测系统(train of freight failures detection system，TFDS)以动态检查方式进行列车技术检查，动态检查作业场的名称须与所在车场、站区或集中作业地点的名称相对应。动态检查作业宜集中进行。

(3)技术交接作业场设置在有翻车机、解冻库的企业专用线，或实际装卸车数量每昼夜平均 300 辆及以上的厂矿、港口、地方铁路、合资铁路、专用铁路、企业专用线、工程临管线等与国铁接轨的车站。在翻车机、解冻库的企业专用线设置技术交接作业场的工作量标准由铁路局集团公司确定。接轨站设有列检作业场的可不设置技术交接作业场，由列检作业场承担技术交接作业场的有关工作。

(4)国境站技术交接作业场设置在办理铁路货车国际联运的国境站。国境站技术交接作业场负责外方铁路货车在中方铁路的国境站进行货物换装前和返回外方前的技术交接工作，以及外方铁路货车在中方铁路的国境站换装中方转向架前和换回外方转向架后的技术交接工作；负责中方铁路货车在外方铁路的国境站进行货物换装前和返回中方前的技术交接工作。

(5)整备作业场设置在对往返循环开行的快速货物班列车辆、局管内固定编组开行的货物快运列车车辆定点、定期进行集结整备作业的车站。

3. 成都局集团公司货车运用设置概况

目前成都局集团公司货车运用设置有 3 个车辆段分别为成都北车辆段、重庆西车辆段、贵阳南车辆段。15 个运用车间，其中成都北车辆段 6 个，重庆西车辆段 4 个，贵阳南车辆段 5 个。16 个列检作业场，其中特级 12 个，一级 4 个。成都北车辆段有 6 个列检作业场，其中特级为成都北上行到达、上行始发、下行到达、下行始发，一级为广元南和西昌南。重庆西车辆段有兴隆场上行到达、上行出发、下行到达、下行出发 4 个列检作业场，均为特级。贵阳南车辆段有 6 个列检作业场，其中特级为贵阳南上行到达、上行始发、下行到达、下行始发，一级为六盘水南到达、六盘水南到发。

成都局集团公司有动态检查作业场 7 个，其中成都北车辆段有成都北、西昌南、密地动态检查作业场，重庆西车辆段有达州、内江、重庆西动态检查作业场，贵阳南车辆段有贵阳南动态检查作业场。

成都局集团公司有技术交接作业场 34 个，其中成都北车辆段辖内 7 个，重庆西车辆段辖内 19 个，贵阳南车辆段辖内 8 个。

成都局集团公司有 6 个站修作业场，其中成都北车辆段辖内有成都北、广元南、西昌南，重庆西车辆段辖内有兴隆场，贵阳南车辆段辖内有贵阳南下行、六盘水。

(二)铁路货车运用作业场相关工作

1. 列车作业计划

列检作业计划由基本作业计划、班作业计划组成。

(1)铁路局集团公司组织车辆段按照列车运行图规定的作业列车对数及列车到达、始发或通过时刻，结合列检作业场劳动组织、作业性质、作业方式制定 24 h 列检基本作业计划。当列车运行图调整时，应及时组织调整基本作业计划。运输阶段性调整计划时应及时通知车辆部门，车辆部门调整基本作业计划。

(2)列检值班员根据基本作业计划和车站提供的 12 h 班计划及阶段计划，编制列检班作业计划。

2. 列检劳动组织

(1)货车运用职工的工作时间须符合国家相关法规，列检作业场、动态检查作业场的劳动组织及人员配备按照“以列定组、以辆定人”的原则和作业需要，由铁路局集团公司车辆部门协助主管部门核定：

按列车运行图核定作业场日均列检作业列数，并结合上一年度实际作业量，按以列定组的原则配备作业组数；在核定作业组数时，应合理考虑待检时间和作业列车中接送车、连续到发转线等辅助准备工作时间以及简略试验等作业时间。

根据作业场列车作业性质、技术检查方式、检查范围和质量标准，按列车运行图规定的区段牵引定数核算列均辆数，并结合上一年度实际作业量，合理核定作业组应配备的生产人员，并按规定配备预备人员。TFDS 动态检查原则上每人每列不超过 10 辆。实行人机分工检查方式的到达列车，原则上人工检查每人每列单侧不超过 30 辆；实行人工检查方式的到达列车，原则上每人每列单侧不超过 20 辆；中转列车，原则上每人每列单侧不超过 20 辆；始发列车，原则上每人每列单侧不超过 15 辆。

根据列检作业场实际合理配备故障修理人员，负责列车队铁路货车故障处理及临时铁路货车故障整修。

列检作业场昼夜作业量差异较大时，应合理安排劳动班制、作业组数。

设置在高原铁路或气候寒冷地区的列检作业场，可适当增加作业人员。

(2)列检作业场、动态检查作业场按生产组织要求，应采用四班制轮班方式，班组的名称为一班、二班、三班、四班，工作量较少的可采用三班制。每班的作业组数根据实际作业列数确定，分为一组、二组、三组等。

列检作业场、动态检查作业场每班设工长 1 人，副工长设定人数由铁路局集团公司根据班组人数及作业组数量核定。列检作业场每班须配备列检值班员，动态检查作业场根据工作需要可配备列检值班员，具体配备标准根据作业量核定。

列检作业场、动态检查作业场的动态检查作业组须配备动态检车组长。

(3)其他货车运用作业场的生产人员，由铁路局集团公司根据实际需要核定。

3. 技检时间

列检作业场人机分工检查和人工检查的列车技术作业时间(以下简称技检时间)，以列车技术作业脱轨器装置上轨时分为开始时分，下轨时分为结束时分，采取锁闭道岔方式防护的列车以插设停车信号时间为开始时间，以撤除停车信号时间为结束时间，计算技检时间不包括摘、挂机车时间。规定如下：

(1)到达作业与始发作业技检时间原则上合计为 60 min，始发作业为 35 min，到达作业为 25 min。

(2)列检现场有人工作业的无调中转作业技检时间为 35 min，列检现场有人工作业的有调中转作业技检时间为 40 min。

(3)通过作业需处理铁路货车运行安全监控系统预报的故障时，故障处置时间原则不超过 35 min。

(4)经整备作业的快速货物班列无调中转作业技检时间为 25 min，有调中转作业技检时间为 35 min。其他快速货物班列无调中转作业技检时间为 35 min，有调中转作业技检时间为 40 min。

(5)编组 60 辆及以上的在上述规定的基础上增加 5 min。

(6)TFDS 动态检查时间原则上按 10 min(50 辆/列)的标准掌握。

(7)技术交接的技检时间原则上不低于 40 min。

(8)关口列检作业场对进入高原铁路的列车进行整备时，整备作业时间不少于 2 h；其他整备作业时间不少于 4 h。

(三)作业防护要求

1. 列检作业手信号须依次逐段显示传递，昼间能见度能满足要求的须使用检查锤，夜间或昼间能见度不能满足要求的须使用白色灯光检车灯。禁止使用红旗(红灯)代替检查锤(检车灯)显示传递。遇恶劣天气、曲线线路及显示距离不可视等特殊情况时，信号传递可采用无线对讲机等辅助手段，具体辅助手段及传递方法由铁路局集团公司组织车辆段制定。

2. 传递安全防护插设信号时，由车列(列车)首部检车员依次逐段传递至尾部检车员，尾部检车员接到信号后，依次逐段向首部检车员传递确认信号；传递安全防护撤除信号时，由车列(列车)尾部检车员依次逐段传递至首部检车员，首部检车员接到信号后，依次逐段向尾部检车员传递确认信号。具体安全防护信号显示方式，由铁路局集团公司组织制定。

3. 在作业线路上检查、修理、整备作业时，应在列车两端来车方向的左侧钢轨上，设置带有脱轨器的固定或移动信号牌（灯）进行安全防护，前后两端的安全防护距离均应不小于20 m，插设固定脱轨器安全防护距离不足 20 m 或固定脱轨器不能正常使用时，应使用移动脱轨器进行安全防护；防护距离不足时，应使用连接语音记录功能的通信设备通知车站将道岔锁闭在不能通往该线的位置，现场应在车列首尾车辆端部来车方向的左侧车体上设置停车信号（昼间红旗，夜间频闪红灯）进行安全防护，车列中部不得设置停车信号。在旅客列车到发线上进行列检作业时，其安全防护办法和前后两端防护距离不足 20 m 时是否锁闭道岔及道岔锁闭办法由铁路局集团公司制定。

4. 列检作业摘解机车或连挂机车进行制动机试验时，应使用停车信号进行安全防护，停车信号应按以下规定设置：

(1)到达、中转列车摘解机车时，应在机后一位车辆前端列车运行方向左侧车体上插设停车信号，关闭机后一位车辆前端和机车的折角塞门，摘解制动软管后撤除停车信号，方可摘解机车。

(2)连挂机车进行制动机试验时，待机车与车列连挂后，在机后一位车辆前端和列车尾部最后一辆车后端列车发出方向左侧车体上插设停车信号，制动机试验结束后，及时撤除停车信号。

5. 插撤脱轨器时，应确认股道正确，列车（车列）、机车停留位置符合规定，同对检车员之间、检车员与列检值班员之间要做好联系和互控；移动脱轨器应按规定存放和使用。要做到脱轨器插撤有监督、反馈有记录。禁止无安全防护作业。铁路局集团公司须组织制定脱轨器的使用、管理办法。

6. 在沿线调查、处理故障和事故时，要在车站登记，通知车站将道岔锁闭在不能通往调查处置线路的位置，并在车列首尾端部来车方向的左侧车体上设置停车信号进行安全防护后进行检查处理。作业结束并撤除防护信号后，通知车站。

(四)列车中车辆检查及修理

1. 列检作业应按规定范围和技术作业过程进行。货物列车停车技术作业的，检查与修理应有分工，现场检查和修理应进行平行作业；不停车技术作业的，应对危及行车安全的车辆故障及时报告拦停，并由故障专修人员对故障进行确认和处理。应积极利用专用修理机具在列车或车列中修理车辆故障，减少摘车临修，充分利用技术作业时间并在规定时间内完成技术作业，保证发出列车符合质量标准。应建立车辆故障诊断指导组，对途中车辆故障进行远程诊断、指导和故障处置确认。

2. 无列检车站始发的货物列车，应在途经第一个列检作业场安排停车技术作业。对长期不经列检进行停车技术作业的固定编组、循环使用车组，铁路局应按照列检安全保证距离的要求，制定上述车组的列车技术作业办法，跨局运行时由相邻铁路局联合制定。

3. 车辆编入列车须达到运用状态。下列主要部件，必须作用良好，并符合质量要求。

(1)轮对、轴承、摇枕、侧架（构架）、弹簧、吊轴、制动盘。

(2)同一转向架旁承游间左右之和（弹性旁承及旁承承载结构的除外），客车为 2～6 mm，货车为 2～20 mm；常接触式旁承上下无间隙。

(3)车辆轮对的允许限度应符合要求。

(4)自动制动机、人力制动机和货车的自动制动机空重车调整装置状态良好、位置正确，制动梁及吊、各拉杆、杠杆无裂损。

(5)车钩、尾框、从板座、缓冲器无裂损。

(6)车底架的中、侧、枕、端梁无裂损，罐体卡带无裂损、无松动，罐体无漏泄。

4. 在有列检作业的车站，发现列车中有技术不良的车辆，因条件限制不能修理时，应由列车中摘下修理。在其他车站发现列车中有技术不良的车辆，因特殊情况不能摘下时，如能确保行车安全，经车辆调度员同意，可回送到指定地点进行处理。

5. 运用中的车辆应按规定的周期检修。扣修和出入厂、段的车辆应建立定时取送制度，并纳入车站日班计划。

6. 制动机试验：

(1)货列检制动机试验按照货车新版运规规定执行。

(2)无列检作业场车站始发的列车，在途经第一个列检作业场进行无调中转技术检查作业时施行一次始发全部试验。

(3)列检作业场对运行途中自动制动机发生故障的到达列车，须施行一次始发全部试验。

(4)站内设有试风装置时，应使用列车试验器试验，连挂机车后只做简略试验。对装有空气弹簧等装置的旅客列车应同时检查辅助用风系统的漏泄。

(5)货车列检对始发列车、中转作业列车连挂机车后，须施行简略试验。

(6)更换机车或更换机车乘务组时，须施行简略试验。

(7)无列检作业的始发列车发车前，须施行简略试验。

(8)列车软管有分离情况时，须施行简略试验。

(9)列车停留超过 20 min 时，须施行简略试验。

(10)列车摘挂补机，或第一机车的自动制动机损坏交由第二机车操纵时，须施行简略试验。

(11)机车改变司机室操纵时，须施行简略试验。

(12)单机附挂车辆时，须施行简略试验。

(13)列车进行摘、挂作业开车前，须施行简略试验。

(14)在站简略试验：有列检作业的由列检人员负责，无列检作业的由车辆乘务员负责，无车辆乘务员的由车站人员负责。挂有列尾装置的列车由司机负责(挂有列尾装置的旅客列车，始发前、摘挂作业开车前及在途中换挂机车站、客列检作业站，有列检作业的由列检人员负责，无列检作业的由车辆乘务员负责)。

(15)有列检作业场的车站发出的货物列车运行前方途经长大下坡道区间的，在始发、中转作业时应进行持续一定时间的全部试验，列检应填发制动效能证明书交给司机；在有列检作业场车站至长大下坡道区间的各站始发或进行摘挂作业的列车，是否进行持续一定时间的全部试验并填发制动效能证明书交给司机，由铁路局规定。具体试验和凉闸的地点、办法、由铁路局集团公司规定。

7. 长大下坡道规定：

线路坡度超过 6‰，长度为 8 km 及以上；线路坡度超过 12‰，长度为 5 km 及以上；线路坡度超过 20‰，长度为 2 km 及以上。

8. 车辆上翻车机前和翻卸后，以及进入解冻库前和解冻后，必须由所在地车辆段派列检人员对车辆进行技术检查，对解冻后车辆进行制动机性能试验。具体技术检查作业地点由铁路局集团公司规定。

9. 货物列车在编组站、区段站发车前，有关人员应做到：

列检人员检查车辆，发现因货物装载超载、偏载、偏重、集重引起技术状态不正常时，应及时通知车站处理；车辆自动制动机的空重位置不符合时，应进行调整。

第二节 5T及信息系统

一、车辆安全防范系统

(一)车辆安全防范系统的基本介绍

1. 车辆轴温智能探测系统(train hotbox detection system，THDS)
2. 车辆运行品质轨旁动态监测系统(train performance detection system，TPDS)
3. 车辆滚动轴承故障轨旁声学诊断系统(train acoustic detection system，TADS)
4. 货车故障轨旁图像检测系统(train of freight failures detection system，TFDS)
5. 客车运行安全监控系统(train of passenger vehicle central detection system，TCDS)
6. 客车故障轨旁图像检测系统(train of passenger vehicle failures detection system，TVDS)
7. 动车组运行故障图像检测系统(train of EMU failures detection system，TEDS)
8. 轮对尺寸动态检测系统(train wheelset detection system，TWDS)

(二)系统组成及工作原理

1. 车辆轴温智能探测系统(THDS)

利用轨边红外线探头，动态监测通过列车轴承温度，发现热轴故障，并通过配套故障智能跟踪装置，实现车次、车辆的热轴精确跟踪和预报，实现了车轴轴承故障人机分工检查，强化了燃切轴事故防范能力。

2. 车辆运行品质轨旁动态监测系统(TPDS)

利用安装在铁路正线直线段上的轨边检测平台，通过配套的铁路车号自动识别系统，动态监测轮轨间包括脱轨系数、减载率等动力学参数，实现对车辆的运行状态评判，对踏面损伤以及货物超偏载的分级评判。

3. 车辆滚动轴承故障轨旁声学诊断系统(TADS)

利用现代声学技术，通过在轨边实时采集运行货车的滚动轴承噪声阵列、进行数据分析，及早发现轴承早期故障。重点检测货车滚动轴承内外圈滚道、滚子等故障。

4. 货车故障轨旁图像检测系统(TFDS)

采用高速连续数字照相技术、大容量图像数据实时处理技术和精确定位技术，利用轨边高速摄像头，通过人工比对识别，对运行货物列车进行动态检查，及时发现货车运行故障，重点检查货车走行部、制动梁、悬吊件、枕簧、大部件、钩缓等安全关键部位配件丢失、折断、缺损、窜出等。

5. 客车运行安全监控系统(TCDS)

利用车载安全监测装置，对客车制动装置、转向架、客车供电系统以及轴温报警器、电子防滑器、车门等设备的安全隐患进行实时监测，并通过车地无线传输，实现客车运行安全全程监控。

6. 客车故障轨旁图像监测系统(TVDS)

利用轨边高速摄像头,检测运行客车走行部、制动配件、底架悬吊件、钩缓连接装置、车体两侧下部等部位图像,通过网络实时传输至动态检测室内终端进行人工比对识别并向现场预报故障的客车运行安全监控系统,并纳入5T系统,实现对旅客列车的动态检查。

7. 动车组运行故障图像检测系统(TEDS)

利用轨边安装的高速摄像头,采集动车组底部及侧部可视部件的外观图像,采用图像自动识别技术和人工比对识别相结合,对采集到的图像进行比对分析和故障预报。

8. 轮对尺寸动态检测系统(TWDS)

采用多激光组合的方式,内外侧相机拍摄以不同角度投射到车轮踏面形成包含踏面外形尺寸信息的光截曲线,经图像采集、图像处理获得车轮外形尺寸。

(三)铁路货车运行安全监控系统

1. 综合要求

(1)铁路货车运行安全监控系统须按照国铁集团统一规划,不断优化和完善探测站布局,实现探测站、铁路局集团公司、国铁集团三级联网,列检作业场、车辆段、铁路局集团公司三级复示应用,满足点线成网、跟踪运行、局间互控的需求。

(2)铁路局集团公司设车辆运行安全中心监测站,车辆段设动态检查作业场、列检作业场复示站或动态检车室。

(3)铁路货车运行安全监控系统须实现远程检测、联网监测、跟踪运行、信息共享,通过对探测信息的综合分析,建立智能综合判别模型,实现对铁路货车运行状态的全方位监控、综合预报警和跨局、跨线间的全程跟踪。铁路货车运行安全监控系统信息综合利用,应以车号为基础信息自动关联、同屏显示和预报,将安全防范的关口前移。

(4)铁路货车运行安全监控系统须自动判别列车运行方向、车次、车种车型车号、自动测速、计轴、计辆;具备系统自检、运行状态监测、远程维护及数据查询分析、统计报表自动生成等功能;具备数据传输功能,预留各系统间、与其他系统间信息交互接口;各级终端须统一规范用户界面、功能及操作流程,具备自动校对时间功能。

(5)铁路货车运行安全监控系统须满足在不同的地理位置、气候条件下不间断运行的要求,采用双路电源供电并具有自动转换功能,配备不间断电源(UPS)、防雷装置,具备抗干扰能力;服务器、数据存储设备、监控(复示)终端和网络通道须有可靠的备份机制,实行一主一备或双机热备。

(6)铁路货车运行安全监控系统在设备工程验收合格且试用结束后,应进行运用验收,运用验收合格后方可投入正式使用。铁路货车运行安全监控系统要按规定检修,确保设备的正常使用;当设备发生故障时,须及时组织修复。因系统性能未满足技术条件或设备停机、非正常运行导致漏探、误探、漏预报铁路货车故障等影响铁路货车安全时,属系统设计技术结构缺陷、制造质量不良的,追究设备生产厂家责任;属检修、日常维护质量不良或系统故障未及时修复的,追究设备检修或日常维护单位责任。

(7)THDS、TPDS、TADS、TWDS探测站自动生成列车报文并逐级上传至相应的列检作业场和动态检查作业场、铁路局集团公司、国铁集团。列车报文由列车基本信息和预报警信息等组成,基本信息主要包括:探测站名称、列车通过时间、车次、运行方向、平均速度、编组辆数、编挂位置、车种车型车号、铁路货车标签安装位置判别、列车中铁路货车的总轴承数。预报警信息主要包括：故障类型、预报警级别、故障方位等。

(8)铁路货车运行安全监控系统轨边设备的安装位置须避开曲线、长大下坡道、桥涵和调速区段，确保探测准确性。探测站的名称由车站名、线路名、方向别及系统名四部分组成。设置的基本原则如下：

①THDS 探测站沿铁路线路平均距离 30 km 设置，特殊情况不超过 35 km。列检作业场所在车站进站信号机外均须安装，且须具备内、外探功能。

②TFDS 探测站根据动态检查作业的需要设置，布点平均距离为 300 km，距列检作业场不小于 10 km。

③TPDS、TWDS 探测站在进入列检作业场的前方铁路线路设置，布点平均距离为 400 km。

④TADS 探测站在进入列检作业场的前方铁路线路设置，布点平均距离为 500 km。

(9)配备列检手持机系统的列检作业场，列检值班员将铁路货车运行安全监控系统预报的信息通过列检手持机系统直接传递给检车员，检车员根据提示的故障信息进行检查、处理、反馈。

(10)铁路货车运行安全监控系统的预报模型和预报标准，由国铁集团机辆部或授权铁路局集团公司根据货车技术结构及运用实际优化调整。

2. THDS 运用要求

(1)THDS 预报标准按不同程度的热轴故障，由低到高分为微热、强热、激热三个等级。

(2)THDS 热判标准应按照安全可靠的原则，由铁路局集团公司根据铁路货车轴承运转热的变化规律，结合铁路货车技术结构和各探测站的列车运行状况、线路情况、环境气候、地理位置等因素组织制定。

(3)按照“微热跟踪，强热前方车站停车，激热立即停车”的原则，微热由系统自动跟踪。铁路局集团公司红外线调度员负责强热、激热铁路货车的预报，THDS 动态检车员负责本站人机分工、人工检查作业列车的微热预报。

(4)对铁路局集团公司红外线调度员预报的激热报警的列车，列车调度员应立即安排就地停车；机车乘务员接到就地停车的口头通知后，立即停车按职责分工开展检查。

(5)对铁路局集团公司红外线调度员预报的强热报警的列车，列车调度员要立即安排列车在前方站停车并通知机车乘务员，机车乘务员根据通知在前方站停车。列车到达前方站后，停车车站有列检作业场的，由列检人员检查、处理。无列检作业场的，由车站安排将该车从列车中摘下，按规定通知车辆部门派员前往检查处理。

(6)对采取人工检查或人机分工检查方式进行列检作业的到达、中转列车，THDS 动态检车员要将微热报警信息通知列检值班员，由列检值班员通知检车员，检车员对微热报警的轴承进行轴温测量和起轴转动检查，对温升超过规定或转动检查有问题的铁路货车须扣修，并将检查处理结果报告列检值班员。

(7)当 THDS 探测站预报微热、下一个 THDS 探测站遇有以下情况时，须按强热预报处理。对采取人工检查或人机分工检查方式进行列检作业的到达、中转列车，列检作业场 THDS 探测站遇有以下情况时，须安排检车员对未正常探测的铁路货车进行人工轴温检查。

①THDS 发生临时故障。

②THDS 受到干扰出现异常。

③列车在 THDS 探测站调速或停车影响探测。

④因停电、维修、线路施工及其他因素等造成 THDS 无法探测。

(8)列检作业场对采取人工检查或人机分工检查作业方式进行列检作业的到达、中转列车中有轴箱滚动轴承和因铁路货车结构轴承底部有遮挡的无轴箱滚动轴承铁路货车须进行人工轴温检查。

(9)人工轴温检查须使用具备数据存储功能的便携式红外线测温仪。检查部位为无轴箱滚动轴承为轴承外圈底部、前后排滚子所处外圈相应部位的运行方向后侧;有轴箱滚动轴承为轴箱前盖里侧轴箱体上部。发现轴温异常或外观异状,须转动检查。

(10)对无列检作业场的车站摘下的热轴铁路货车,列检人员应及时到达甩车车站进行热轴故障检查和图像采集,并将检查结果报车辆段调度员,车辆段调度员分别向铁路局集团公司红外线调度员、车辆调度员报告;铁路局集团公司红外线调度员须在发生时刻起 24 h 内将检查处理结果录入 THDS。

(11)对有列检作业场的车站摘下的热轴铁路货车,列检作业场应及时进行热轴故障检查和图像采集,并将检查结果报告车辆段调度员,车辆段调度员分别向铁路局集团公司红外线调度员、车辆调度员报告。铁路局集团公司红外线调度员须在发生时刻起 6 h 内将检查结果录入 THDS。

(12)对车站摘下的 THDS 预报热轴铁路货车,须更换轮轴处理;对不具备更换轮轴条件的车站,车辆段须在确保安全的前提下制定铁路货车限速运行方案,运行到就近地点进行更换。

(13)热轴铁路货车更换轮轴后,须在规定的时间内将热轴轮轴送车辆段检修车间进行轴承退卸、分解。形成 THDS 热轴轴承故障诊断分析报告,并妥善保存轴承故障损品。有关退卸和分析结果,故障数码照片自系统预警之日起 10 日内录入 THDS。THDS 热轴轴承故障诊断分析报告格式,内容由铁路局集团公司制定。

3. TFDS 运用要求

(1)动态检查作业应按照“直通优先、先开优先”的原则安排检查顺序,每列车的动态检查作业须由 1 个动态检车组完成。

(2)网络通道带宽、传输距离及设备软硬件须满足动态检查需要,探测图片存储不少于 1 个月;TFDS 作业平台须具备交接班,设备监控,智能分组、分车、分辆,探测图片显示,故障智能跟踪,丢图、窜图、曝光等质量不良图片标识,数据分析等功能;与列检复示终端实现故障预报、反馈、跟踪、确认的闭环管理。

(3)动态检查作业发现“通过作业 TFDS 动态检查范围和质量标准”范围内的故障和其他危及行车安全的故障,按照“先报告后提交”的原则,向铁路局集团公司红外线调度员进行预报拦停,办理拦停手续。

①TFDS 动态检车员立即口头报告动态检车组长,由动态检车组长快速判断确认后,立即使用语音记录装置良好的直通电话将需要拦停的车次、故障铁路货车编挂位置和车种车型车号、故障等情况通知铁路局集团公司红外线调度员。

②铁路局集团公司红外线调度员立即使用语音记录装置良好的直通电话通知列车调度员立即安排就地停车,同时填写铁路货车运行安全监控系统拦停通知卡,送列车调度员签字确认。

③列车调度员接到拦停列车的信息后，立即安排列车就地停车。

④机车乘务员接到就地停车的口头通知后，立即停车。列车在区间停车时，由车辆乘务员负责确认，无车辆乘务员的由机车乘务员负责确认。按照拦停信息确定故障铁路货车编组位置，并确认能否继续安全运行到车站，可以继续运行的，及时报告车站值班员并转报列车调度员，根据口头指示，运行到前方车站或退行至后方车站；不能继续运行的，铁路局集团公司启动应急处置预案。列车在有列检作业场的车站停车时，由车辆段调度员通知列检作业场确认、处理；无列检作业场的，由车站安排将该故障铁路货车从列车中摘下，车辆段调度员通知列检作业场确认、处理。

⑤列检人员须将预报拦停的故障确认、处理结果反馈给列检值班员，列检值班员报车辆段调度员和动态检车组长，动态检车组长将故障处理方式、处理人、处理时间等内容，自故障发生时刻起 24 h 内录入 TFDS，车辆段调度员报铁路局集团公司红外线调度员和车辆调度员。

(4)对到达、中转作业的列车，动态检车组长应将每列预报确认的故障信息复核后通知列检值班员。列检值班员以辆为单位向现场预报，检车员确认、处理后，将结果报告列检值班员，列检值班员核对、汇总后反馈给动态检车组长，动态检车组长确认故障处理方式、处理人、处理时间等内容，并录入 TFDS。

(5)TFDS 发生丢图、窜图、曝光等故障及停机、停电、设备检修等无法正常进行动态检查时，实行人机分工检查方式的列车，应安排人工补充检查；实行动态检查方式的列车，只对能正常探测的部位进行动态检查。

4. TPDS 运用要求

(1)TPDS 预警信息由车轮踏面损伤预警、运行品质预警和超偏载预警组成。车轮踏面损伤预警根据车轮踏面损伤程度由重到轻顺序分为一级、二级、三级，超偏载预警根据超载吨数、偏载尺寸、偏重吨数由重到轻顺序分为一级、二级。

(2)采取人机分工检查或人工检查方式进行列检作业的到达、中转列车，TPDS 动态检车员须查看该列车车轮踏面损伤及运行品质预警信息，将预警信息报文内容通知列检值班员，由列检值班员通知检车员进行处理。对到达列车中踏面损伤一级预警或运行品质预警铁路货车，须立即扣车；对其他踏面损伤预警铁路货车车轮进行检查，车轮踏面擦伤、剥离、局部凹下、缺损超限或车轮辐板、轮辋裂损、车轮踏面碾堆的，须扣车处理。检车员将检查处理情况报列检值班员，列检值班员核对后通知 TPDS 动态检车员将预警铁路货车的检查和处理结果录入 TPDS。

(3)铁路局集团公司红外线调度员对 TPDS 预报超偏载一级预警的铁路货车，在排除设备误报的情况后，须立即将车次、编组辆数、预警时间、TPDS 探测站、辆序、车种车型车号、预报类别等内容使用语音记录装置良好的电话通知列车调度员，并填写超偏载铁路货车通知卡送列车调度员，双方签字。列车调度员接到红外线调度员的电话通知后，按要求立即安排列车在运行前方站停车，并通知有关车站或货运部门，具体单位由铁路局集团公司自定；被通知单位对预报的铁路货车按规定程序确认和处理；被通知单位要将处理情况(是否换装整理)电话通知列车调度员，列车调度员将处理情况反馈红外线调度员；红外线调度员要将车次、辆序、车种车型车号、预报类别、预报时间、是否甩车换装等内容录入 TPDS。

5. TADS 运用要求

(1)TADS 预警信息包括单次预警信息和联网预警信息。单次预警等级根据轴承故障的严重程度由重到轻顺序分为一级、二级、三级。

(2)对采取人机分工或人工检查方式进行列检作业的到达、中转列车，TADS动态检车员须查看该列车TADS预警信息，将一级预警或联网预警信息报文内容通知列检值班员，由列检值班员通知检车员进行处理。对到达列车中一级预警或联网预警铁路货车须立即扣车；对其他列车中一级预警或联网预警铁路货车的预警轴承进行转动检查，确认有故障时应扣车处理。检车员将检查处理情况报列检值班员，列检值班员核对后通知TADS动态检车员将预警铁路货车的检查和处理结果录入TADS。

(3)故障铁路货车送站修作业场更换轮轴后，须及时将故障轮轴送至车辆段对故障轴承进行退卸、鉴定分析，形成TADS预警轴承故障诊断分析报告，并妥善保存轴承故障损品。有关退卸和分析结果、故障数码照片自系统预警之日起10日内录入TADS。TADS预警轴承故障诊断分析报告格式、内容由铁路局集团公司制定。

6. TWDS运用要求

(1)TWDS预警信息包括：轮缘垂直磨耗预警、踏面圆周磨耗预警、轮缘厚度预警、轮辋厚度预警等。

(2)TWDS动态检车员对采取人机分工检查或人工检查方式进行列检作业的到达、中转列车，须查看每列车TWDS预警信息，将预警信息报文内容通知列检值班员，由列检值班员通知检车员进行处理。对预警铁路货车车轮进行检查，车轮轮缘垂直磨耗、踏面圆周磨耗深度、轮缘厚度、轮辋厚度超限的，应扣车处理。检车员将检查处理情况报列检值班员，列检值班员核对后通知TWDS动态检车员将预警铁路货车的检查和处理结果录入TWDS。

7. 综合预警运用要求

采取人机分工检查或人工检查方式进行列检作业的到达列车，列检值班员须将每列车的铁路货车运行安全监控系统综合预警信息通知检车员进行扣车处理。检车员将检查处理情况报列检值班员录入系统。

二、铁路货车技术管理信息系统

(一)V 5.0版本主要升级内容

(1)菜单界面规范统一，通过HMIS与TADS、TPDS、THDS、现在车等信息系统整合减少现场录入工作，实现车辆报警5T回填闭环管理。

(2)规范列检全过程作业流程，实行一列作业管理流程，实现作业管理有序可控。

(3)与车站实现货票电子化传输。

(4)车号信息上传、故障信息全部上传。

(二)HMIS 5.0运用子系统一列作业流程管理

(1)始发列车：车站通知→作业准备→始发列车→信号插设→试风开始→试风结束→信号撤除→连挂机车→简略试验→列车发出。

(2)到达列车：车站通知→作业准备→列车到达→预警通知→信号插设→试风开始→试风结束→信号撤除→列车发出。

(3)中转列车：车站通知→作业准备→列车到达→预警通知→信号插设→试风开始→试风结束→信号撤除→连挂机车→简略试验→列车发出。

（4）一列作业管理流程（始发车）。

点击“车站通知”按钮，弹出录入接车信息界面，如图 3-3 所示。

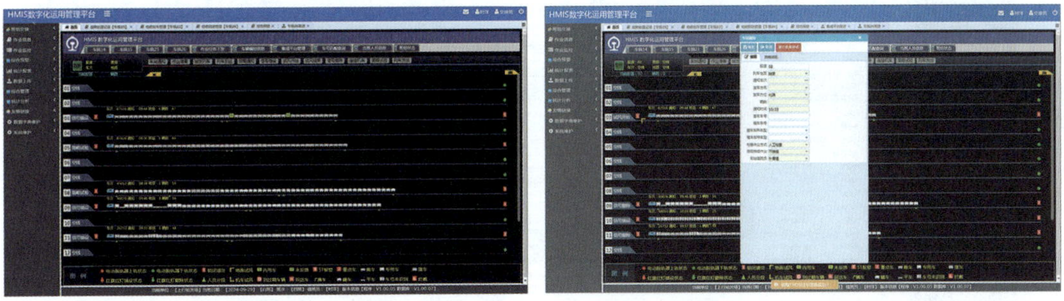

图 3-3 始发车一列作业管理流程

（1）列车性质一定要选择始发。

（2）通知车次可以手工录入，也可以从编成报告 AEI 等途径进行选择。

（3）对于始发车可以暂时不录入首车车号、尾车车号，系统匹配编组后会自动补全。

（4）作业组、车站值班员、检查作业方式、发出方位等按实际情况填写。

（5）点击“确定”按钮时系统会自动打开从现在车系统获取始发列车编组信息的界面，如图 3-4 所示。

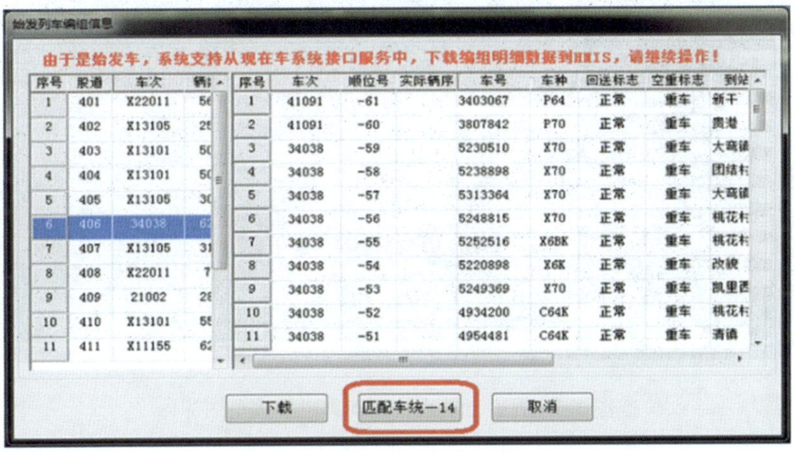

图 3-4 获取始发列车编组信息界面

（6）下载到编组信息之后，选择接车股道，确认首车车号、尾车车号、辆数与车站通知是否一致，如果一致点击“匹配车统—14”可以将编组与车统—14 关联；如果不一致请确认获取实际是否合适，或者相关参数是否配置正确，如图 3-5 所示。

（7）匹配成功，股道自动进行刷新画出小火车图标，如图 3-6 所示。

5. 一列作业管理流程（到达/中转）

点击某一空闲股道，然后点击“车站通知”按钮，弹出录入接车信息界面。列车性质一定要选择到达或者中转。通知车次优先从下拉列表中进行选择，这样可以将首车车号、尾车车号、辆数等信息自动填入下面的信息项。从下拉菜单中选择通知车次时优先选择 THDS 接车信息，如果 THDS 接车车次是否为“****”号，判断首尾车号与 CIPS 一致时，就选择“****”号的车次后在“通知车次”栏对车次进行修改，若无 THDS 信息，选择 AEI 过车信息。若

图 3-5　将编组与 14 关联界面

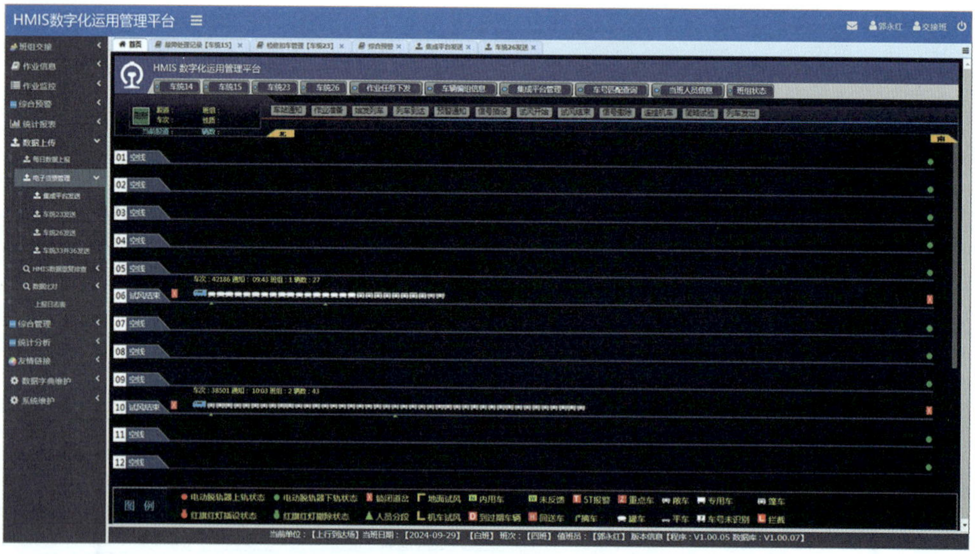

图 3-6　股道自动进行刷新画出小火车图标

没有 AEI 过车信息，要及时通知车间技术员进行处理，同时手动输入车次。手动输入车次时，运输集成平台中无车号明细，将不能对扣修及关门车信息进行操作，影响运输集成平台的三率，如图 3-7 所示。

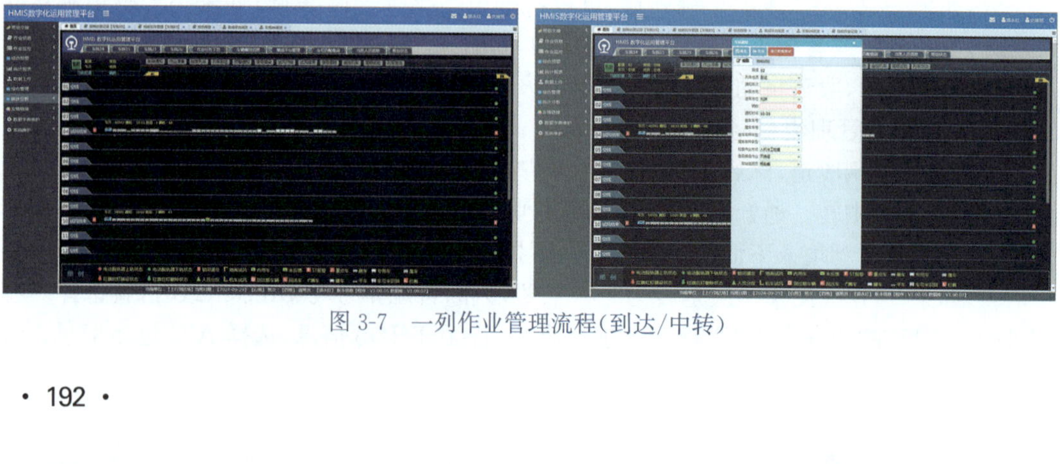

图 3-7　一列作业管理流程（到达/中转）

三、电子货票上传

(一)电子货票车统—23 发送扣修车

1. 集成平台操作

(1)点击编组中需要扣修的车后边的“扣修”按钮，弹出车统—23 录入界面，如图 3-8 所示。

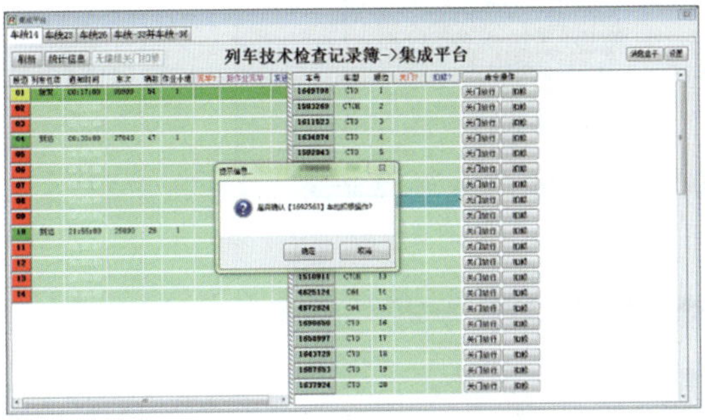

(a) 操作界面

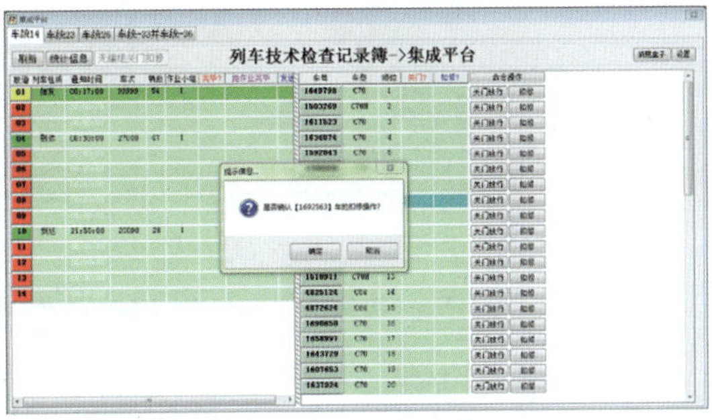

(b) 录入界面

图 3-8　集成平台扣修操作

(2)双击当前记录打开车统—23 详细页面可以进行信息的审核。如果在“车站通知”栏录入时车次来源选择的是 THDS，则对于车号的定检信息会自动生成，列检值班员须对自动生成的定检进行核对。如果车次来源选择的是 AEI，则需要列检值班员手动录入车号的定检信息，如图 3-9 所示。

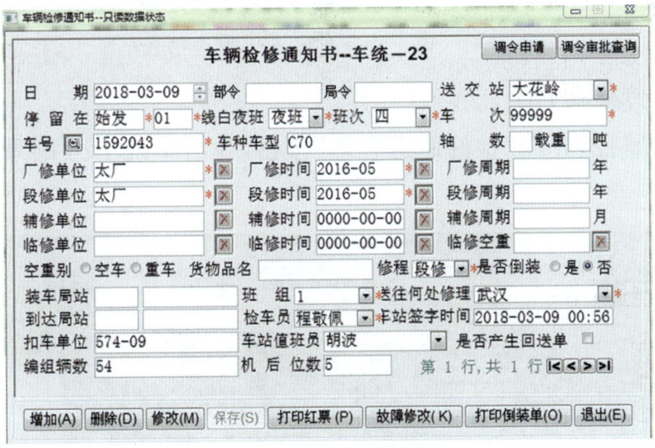

图 3-9　集成平台信息审核操作

2. 集成平台发送扣修

技检开始时间至技检结束 10 min 之内发送到集成平台，此步骤是影响集成平台三率的关键，如图 3-10 所示。

3. 电子货票车统—23 发送扣修车

技检开始时间至技检结束 10 min 之内需要发送到集成平台电子货票，并及时获取车站签认信息，如图 3-11 所示。

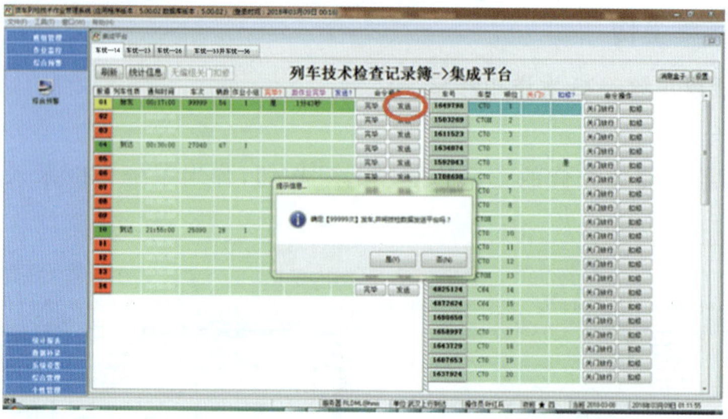

图 3-10　集成平台发送扣修

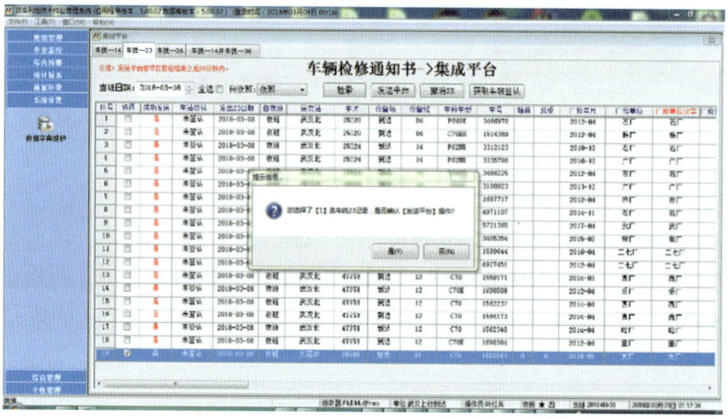

图 3-11　电子货票车统—23 发送扣修车

(二)回送车上传集成平台

(1)点击"作业监控"界面"检修回送管理"按钮,弹出车统—26 的录入界面,如图 3-12 所示。

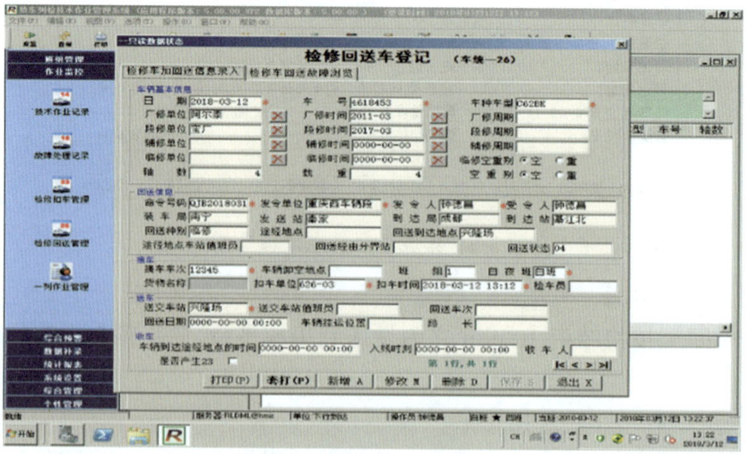

图 3-12　回送车上传集成平台

(2)电子货票车统—26 发送扣修车。技检开始时间至技检结束 10 min 之内需要发送到集成平台电子货票,并及时获取车站签认信息。

(三)车统—33 并车统—36 的录入及发送

1. 车统—33 并车统—36 的生成

修程选择其他即可生成车统—33 并车统—36 记录。主要用于列检将车辆扣修至临时整修专用线路时使用,如图 3-13 所示。

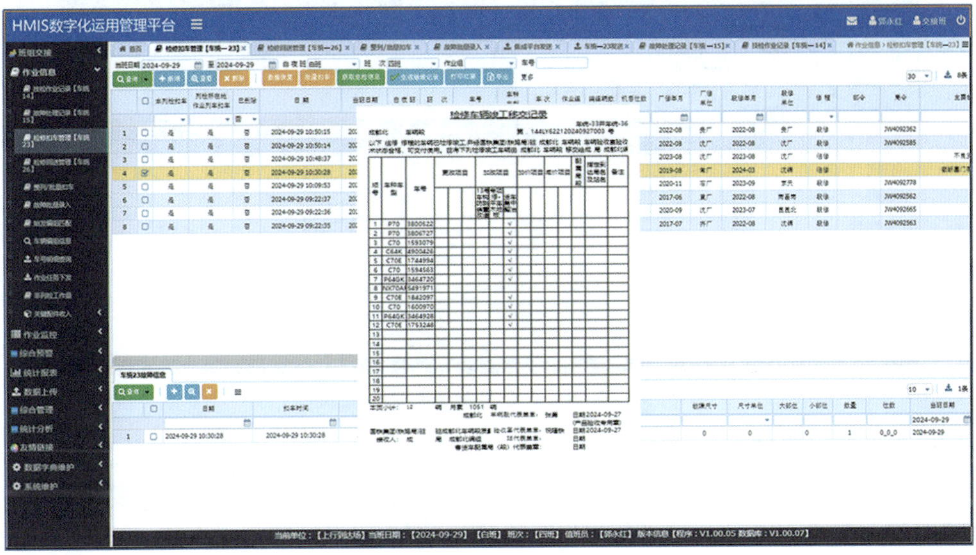

图 3-13　车统—33 并车统—36 的生成

2. 信息上传确认

发送完毕可以到集成平台查看是否发送成功,集成平台能查询到,说明 HMIS 上传成功,如果平台车站签认部分无信息,可与车站沟通敦促其尽快签认,如果集成平台不能查询到,说明 HMIS 与集成平台之间传输有问题,可再次尝试上述操作,无效则须通知段设备部门处理,如图 3-14 所示。

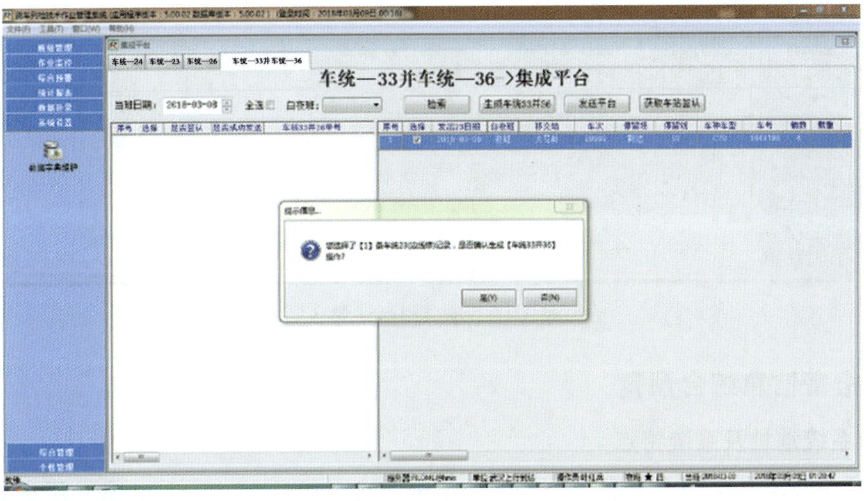

图 3-14　车统—33 并车统—36 的录入及发送

(四)电子货票发送扣修车查询

发送完毕可以到集成平台查看是否发送成功,集成平台能查询到,说明 HMIS 上传成功,如果平台车站签认部分无信息,可与车站沟通敦促其尽快签认。如果集成平台不能查询到,说明 HMIS 与集成平台之间传输有问题,须通知段设备部门处理,如图 3-15 所示。

图 3-15　电子货票发送扣修车查询

(五)小件修故障录入

按国铁集团最新要求,车统—15 全部故障要上传国铁集团,且所有故障要求统一用 14 位故障编码。车统—15 的故障必须为实际故障,国铁集团机辆部将对车统—15 故障的真实性进行通报,如图 3-16 所示。

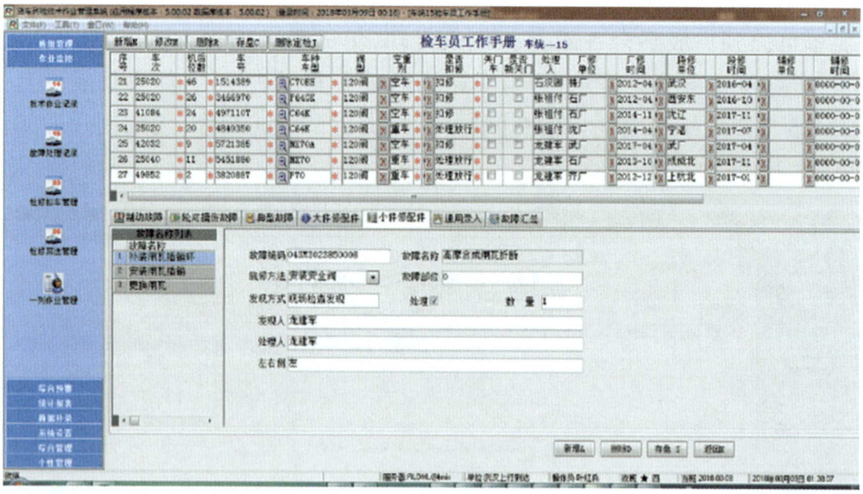

图 3-16　小件修故障录入

四、报警信息综合预警

(一)系统地址及系统特点

“列检作业场车辆综合预警”系统,IP:https://10.194.2.143/zhyj,输入用户名和密码进入监控界面,如图 3-17 所示。

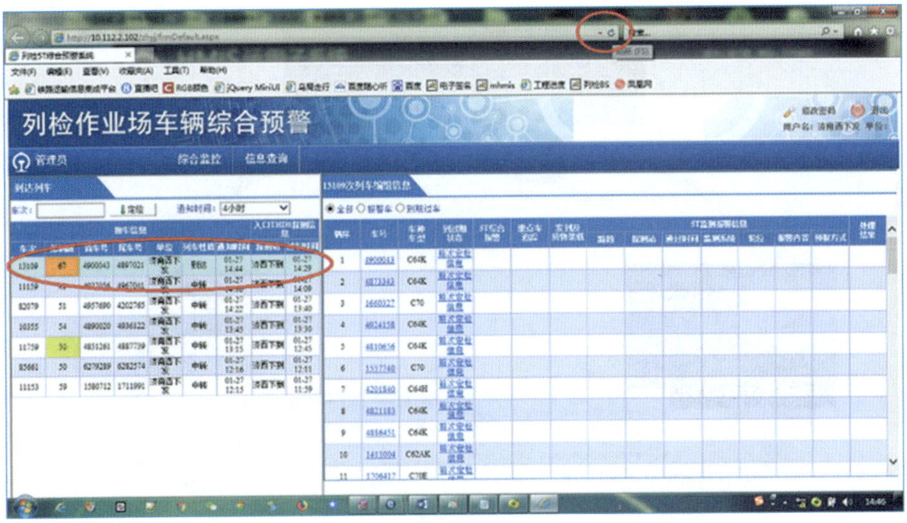

图 3-17 系统监控界面

1. 列辆信息集成为列检作业场提供信息服务

(1)到达、中转列车。入口 THDS 列辆为主线,在铁路局集团公司整合 THDS、TPDS、TADS 监测信息、重点车信息、到(过)期车信息、前次定检信息,并下发到列车到达/中转作业列检。

(2)始发列车。通过运输集成平台获取车站现在车编组信息。

2. 实现车辆运行安全监测 5T 综合预警

在执行既有预报标准处置的基础上,对符合下列条件的铁路货车综合预警:

(1)THDS 预报微热及以上报警,且往前 30 日内同辆同轮(轴)位 TPDS 预报踏面损伤三级及以上或同辆同轮(轴)位 TADS 预报三级及以上或同辆同轮(轴)位 TFDS 预报轴承甩油且未换轮的报警。

(2)TPDS 预报踏面损伤三级及以上报警,且往前 30 日内同辆同轮(轴)位 TADS 预报三级及以上或同辆同轮(轴)位 THDS 预报微热及以上或同辆同轮(轴)位 TFDS 预报轴承甩油且未换轮的报警。

(3)TADS 预报三级及以上报警,且往前 30 日内同辆同轮(轴)位 TPDS 预报踏面损伤三级及以上或同辆同轮(轴)位 THDS 预报微热及以上或同辆同轮(轴)位 TFDS 预报轴承甩油且未换轮的报警。

3. 追踪重点车实现闭环管理

重点车追踪,对源头质量问题的一批重点车辆预警,并进行闭环管理。通过数据分析,判断为源头质量问题时,根据阶段性工作要求,对一定车号范围以及故障特征的一批重点车辆(如 2016、2017 年组织的对部分厂家生产的存在安全隐患的钩舌、制动梁、侧架进行排查)进行预警,预警信息预报至列检作业场。

4. 整合安全监控终端实现统一反馈

对 TPDS、TADS 报警车辆信息,只需要在该系统中进行回填,THDS、TPDS、TADS 单点登录系统只负责对漏探情况进行监控,如图 3-18 所示。

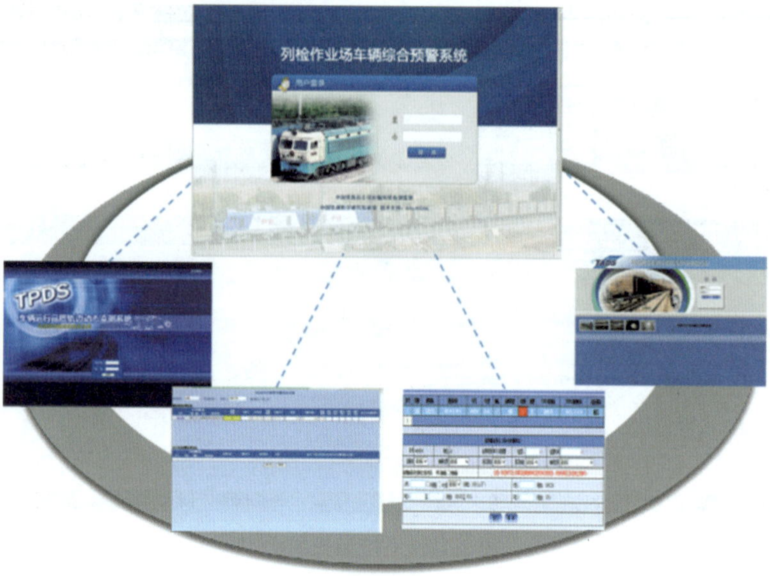

图 3-18　安全监控终端

(二)系统功能介绍

1. 预警通知

按实际到达列辆集成 5T 报警信息、到(过)期车、重点车辆信息,进行 5T 综合预警,如图 3-19 所示。

82207次列车编组信息

◉全部 ○报警车 ○到过期车 ○重点车　车号未识别：1辆（输入现车号，确认是否报警）

辆序	车号	车种车型	到过期状态	5T综合报警	重点车追踪	发到及货物装载	5T监测报警信息						
							路局	探测站	通过时间	监测系统	轮位	报警内容	预报方式
1	2635478	NX70	到期	A1 A3	一位侧架排查：0129	发站：太原 到站：秦皇岛 空重：重 品名：原煤	京局	丰台	2015-05-03 15:20	THDS	A1/右1	外102 | 内89	本地探测
							京局	丰台	2015-05-03 15:20	THDS	A2/左1	外72 | 内89	本地探测
							京局	丰台	2015-05-02 18:20	TPDS	A3/右2	当量19	本地探测
							京局	丰台	2015-05-02 21:20	TADS	A7/右4	外圈	本地探测
2	8564231	NX70	前次定检信息	A3	一位车钩排查：0252	发站：太原 到站：秦皇岛 空重：空 品名：	京局	丰台	2015-05-03 15:20	THDS	A6/左3	外65 | 内70	本地探测
							太局	湖东	2015-05-02 18:20	TPDS	A3/右2	当量19	联网推送
							沈局	通辽	2015-05-02 18:20	TPDS			联网推送
							京局	丰台	2015-05-02 21:20	TADS	未知/右1	滚子	本地探测
3	8546332	NX70	前次定检信息				京局	丰台	2015-05-03 15:20	THDS	A1	外72 | 内89	本地探测
4							京局	丰台	2015-05-03 15:20	THDS	A1	外72 | 内89	本地探测
3	3641585	NX70	前次定检信息										

图 3-19　预警通知

2. 综合监控

以 HMIS 填报接车信息为触发,利用列检作业场入口的 THDS 监测车号,按照列辆集成整合 5T 系统报警车辆信息、定检到(过)期车信息、重点车信息进行综合展示,如图 3-20 所示。

3. 5T 预警信息的回填

点击菜单"综合预警",将显示最近接车情况,其中有预警信息的车次有颜色区分,右侧有具体预警信息,找到处理结果一列,未回填时显示"未回填",单击进入具体处理页面,如图 3-21 所示。

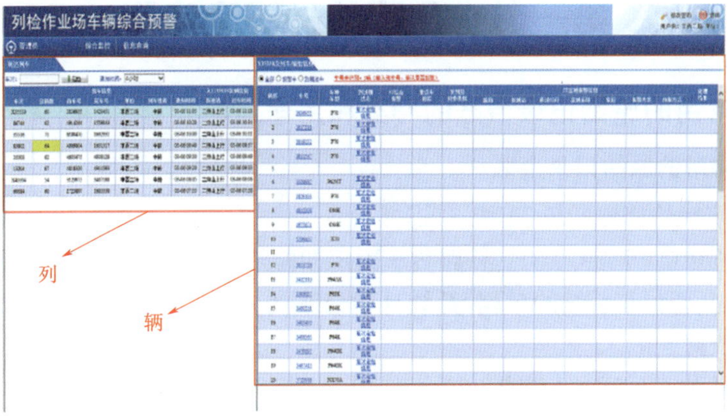

图 3-20　综合监控

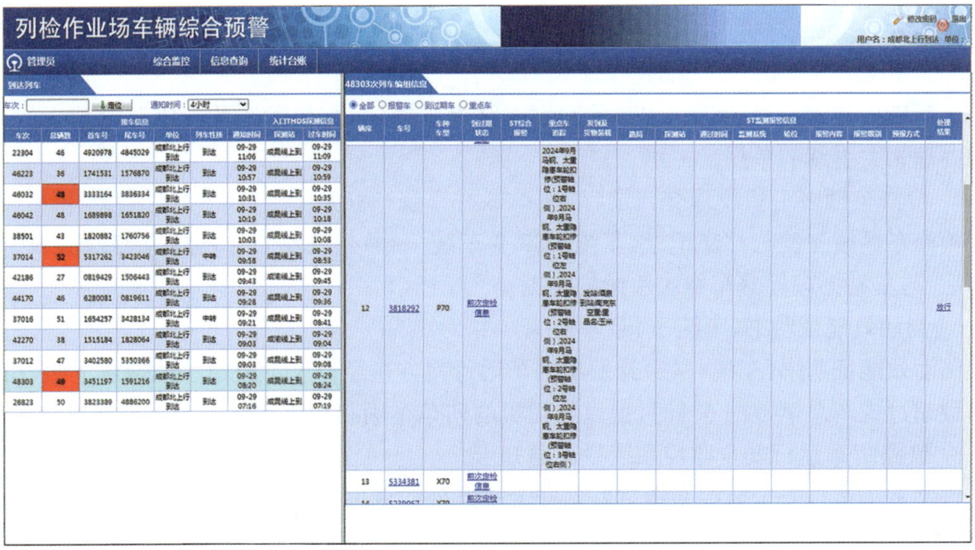

图 3-21　5T 预警信息的回填

将处理结果，复核人等信息填写完整，保存即可。此处的回填和在单 T 系统进行回填，效果是一致的，如图 3-22 所示。

图 3-22　信息保存

第三节　台账的种类和用途

一、列检常用的原始记录台账的种类和用途

(一)列检常用的原始记录台账

1. 电子版车辆检修通知单(车统—23)

车辆检修通知单(车统—23)是铁路货车因定期检修、临修、故障整修及其他原因等需要扣车时,与车站办理扣车手续的单据,是统计检修车的依据,同时也是判定扣修车禁止越出本站区运行的依据。

2. 电子版检修车回送单(车统—26)

检修车回送单(车统—26)是铁路货车检修车回送时,与车站办理回送手续的单据,是统计回送以及回送途中检修车的依据,同时也是判定扣修车允许在规定区段内运行的依据。

3. 车辆破损技术记录(车统—25)

车辆破损技术记录(车统—25)是发生铁路货车损坏时,与车站及造成车辆破损的责任单位办理相关手续的单据。

4. 检修车辆竣工验收移交记录(车统—33 并车统—36)

检修车辆竣工验收移交记录(车统—33 并车统—36)是铁路货车检修车修竣验收、监造合格后,与车站办理检修车修竣手续的单据。

5. 制动效能证明书(车统—45)

制动效能证明书(车统—45)是发出列车运行前方途经长大下坡道区间或编入列车的关门车数超过现车总辆数的 6%时,提供给司机的列车车辆制动机状态证明的单据。

6. 铁路货车运行安全监控系统拦停通知卡

铁路货车运行安全监控系统拦停通知卡是红外线调度员与列车调度员办理铁路货车运行安全监控系统报警拦停手续的单据。

7. 列车技术检查记录簿(车统—14A、车统—14B)

列车技术检查记录簿(车统—14A、车统—14B)是列检作业场在列检作业中,实时记录作业信息的台账,是与车站办理列检作业技检时间等信息签认的依据。

车辆段应根据其他货车运用作业场记录检查、交接、整备作业信息和与车站办理有关信息签认手续的需要,比照列车技术检查记录簿自行制定车辆翻前卸后技术检查、技术交接及整备技术作业等的技术作业记录簿,并组织实施。

8. 检车员工作记录手册(车统—15A)

检车员工作记录手册(车统—15A)是检车员记录列检作业、发现和处理故障、铁路货车运行安全监控系统预报警确认及临时工作等信息的手册,是货车运用技术管理的基础信息源。负责爱车工作,组织爱车宣传并指导、监督和检查铁路货车的使用,制止损坏铁路货车的行为,负责损坏铁路货车的索赔和管理。

9. 运用作业场检修车统计簿(车统—31A)

运用作业场检修车统计簿(车统—31A)是运用作业场记录铁路货车检修车信息的台

账，信息来源主要由车辆检修通知单、检修车回送单、检修车辆竣工验收移交记录等单据提供。

10. 发现处理铁路货车故障记录簿(车统—81A)

发现处理铁路货车故障记录簿(车统—81A)是列检作业场在列检作业中记录发现、处理、跟踪铁路货车故障的管理台账。信息来源主要由检车员工作记录手册等提供。

(二)常见色票、手册、单据及台账填写

1. 总体填写要求

各种运输生产用票据、台账的填写应字迹工整、清晰，不褪色；需复写的票据应保证每联字迹清晰；需签认的单据、证明、台账，应明确签认、办理流程，确保单据、证明、台账的有关信息及时、准确、完整。积极推进信息化管理方式，取代纸质票据、台账。

2. 具体填写要求及示范

(1)检车员工作记录手册(车统—15A)，如图 3-23 所示。

填写要求：

车统—15A 是检车员记录列车技术作业、发现和处理故障明细、TADS、TPDS、TFDS、THDS、TWDS 等预报警确认、处理及临时工作等信息的手册，检车员须使用不易褪色的书写笔填写，确保字迹清晰、工整，并录入 HMIS 运用子系统，保存电子和纸质台账。

检车员在列车技术作业中，均须在检车员工作记录手册中填记 1～3 项。如发现铁路货车故障，还需选择填记 4～13 项。

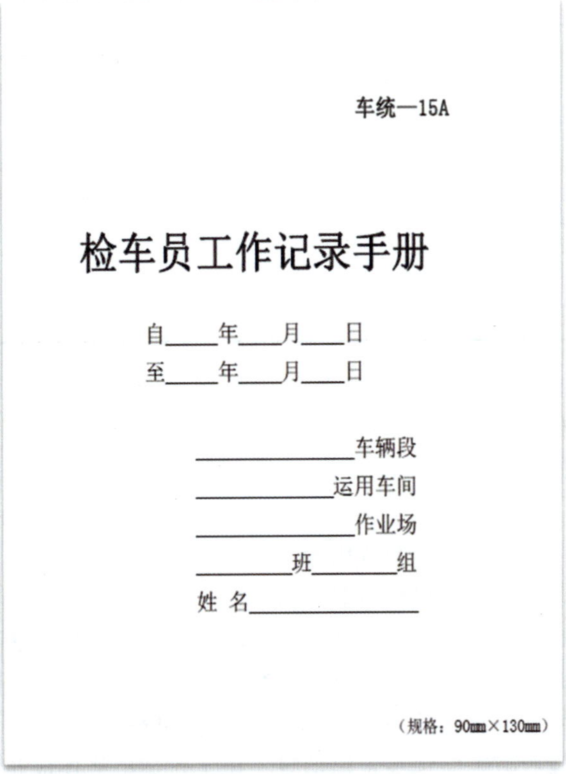
车统—15A

检车员工作记录手册

自____年____月____日

至____年____月____日

____________车辆段

____________运用车间

____________作业场

________班________组

姓 名____________

(规格：90㎜×130㎜)

图 3-23　检车员工作记录手册

当班日期：自______年___月___日___时___分 至______年___月___日___时___分

股道	车次	编组辆数	编挂位置	车种车型	车号	空重别	前次定检情况		
							厂修日期	段修日期	临修日期
							厂修单位	段修单位	临修单位
1	2	3	4	5	6	7	8	9	10
班工作记事栏									

主要故障情况	处理方式	备注
11	12	13

图 3-23 检车员工作记录手册(续)

主要故障情况项填写内容及要求：

①顺序填写发现的具体故障方位、部位、名称、型号、尺寸等。

②故障配件及换上的配件有制造和检修标记要求的，应填写制造和检修标记。

③轴承故障应填记标志板和施封锁内容。

④定检到(过)期车填写过期修程，如厂修过期。

⑤关门车应同时填记关门原因、制动机型号，如关门车、支管折断、120 型空气制动阀，对多制动机的铁路货车还应填记故障制动机位数。

小件修主要填写发现的具体故障方位、部位、名称、型号、尺寸等。

典型故障和大件修故障等应填写定检信息。班工作记事栏还应记录当班工作中临时工作事项和其他需要记录的内容，如图 3-24 所示。

车统－15A（填写样本）

当班日期：自 2013 年 01 月 01 日 08 时 00 分　至 2013 年 01 月 01 日 18 时 00 分

股道	车次	编组辆数	编挂位置	车种车型	车号	空重别	前次定检 厂修日期/厂修单位	前次定检 段修日期/段修单位	前次定检 辅修日期/辅修单位	前次定检 临修日期/临修单位	主要故障情况	处理方式	备注
1	2	3	4	5	6	7	8	9	10	11	12	13	14
3	D45110	46	J1	C64K	4928001								
			J2 Y2	C62BK	4601009						转K2　3位轮轴外观检查正常,	放行	最大值
											环温25℃,实测40℃		
			J3	P62	3103654	Z	10.2	11.8			前台1位车钩钩差78mm	调整	
							威厂	成庆			(较前台1位车钩钩差超限3mm)		
			J8	C62AK	4500398						右侧1位闸瓦过限	更换	
											左侧4位闸瓦插销丢失	补装	
			J9	C62AK	4501391						前台2位尾框托板螺母松动3颗	紧固	
			J10	C62AK	4501392		10.2	11.8			TFDS预报左侧3位轴承挡键丢失，属实	补装	
							威厂	成庆					
			J11	G60K	6223127	K	10.2	11.8			关门车，制动制动缸后堵丢失	处理	鉴定人
							威厂	成庆					XXX
			J15	C70	1553662	Z	10.2	11.8			关门车，支管折断，120阀	扣修	鉴定人
							威厂	成庆			(较关门车，120阀作用不良)	放行	XXX
			J16	C64K	4923554	K	11.5	11.5			段修过期	扣修	
							石厂	石厂					
			J17	C70	1553664	Z	10.2	11.8			前台3位L-B型制动梁梁体裂纹45mm；QC0501；	更换	鉴定人
							威厂	成庆			0502郑月，换上：QC0522；0511包固。		XXX
			J18	C70	1553665						分车位		
班工作记事栏	1、10时18分至14时40分，电动脱轨器故障停用，该阶段作业均使用移动脱轨器进行安全防护。												

图 3-24　车统—15A 填写

(2)车辆检修通知单(车统—23),如图 3-25 所示。

车辆检修通知单作为车辆检修扣留的原始依据,在发出车统—33 并车统—36 前,是计算检修车的依据。

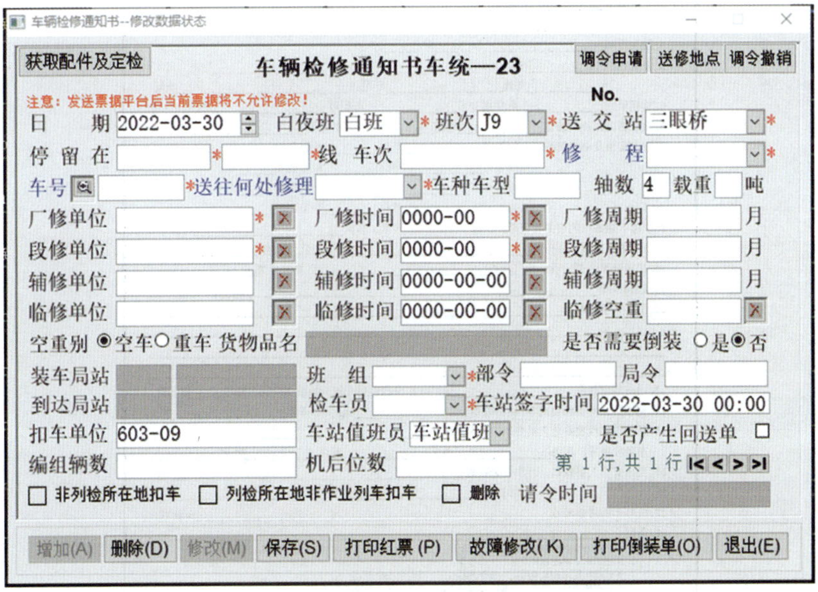

图 3-25　车统—23 车辆检修通知单

(3)检修车回送单(车统—26),如图 3-26 所示。

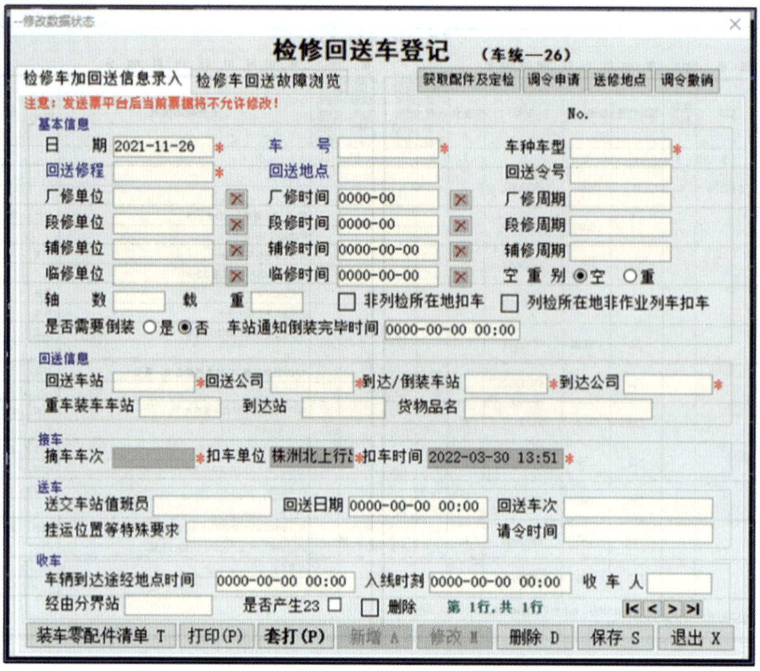

图 3-26　车统—26 车辆检修回送单

（4）车辆破损技术记录（车统—25），如图 3-27 所示。

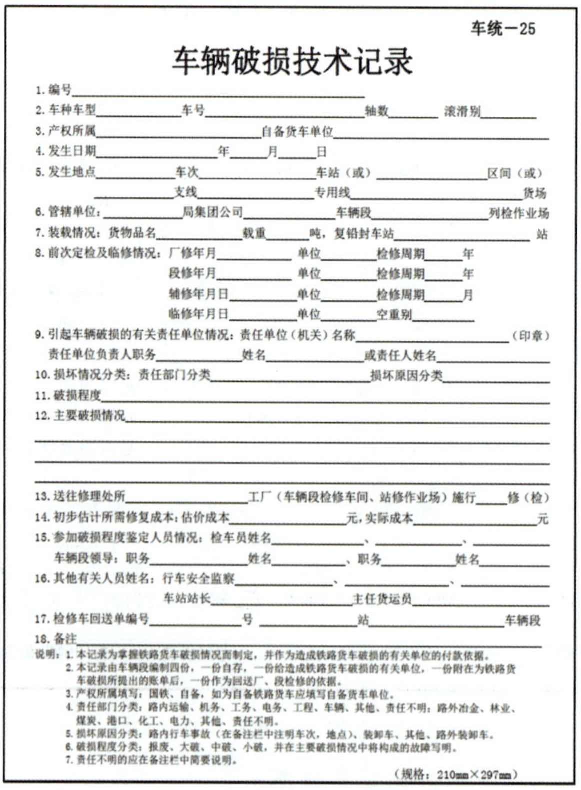

车统—25

车辆破损技术记录

1. 编号____________
2. 车种车型________车号________轴数______滚滑别______
3. 产权所属____________自备货车单位____________
4. 发生日期__________年____月____日
5. 发生地点________车次__________车站（或）__________区间（或）
________支线__________专用线____________货场
6. 管辖单位：________局集团公司________车辆段__________列检作业场
7. 装载情况：货物品名________载重______吨，复铅封车站__________站
8. 前次定检及临修情况：厂修年月________单位______检修周期______年
段修年月________单位______检修周期______年
辅修年月日________单位______检修周期______月
临修年月日________单位______空重别______
9. 引起车辆破损的有关责任单位情况：责任单位（机关）名称____________（印章）
责任单位负责人职务________姓名__________或责任人姓名__________
10. 损坏情况分类：责任部门分类____________损坏原因分类__________
11. 破损程度____________
12. 主要破损情况____________
13. 送往修理处所____________工厂（车辆段检修车间、站修作业场）施行____修（检）
14. 初步估计所需修复成本：估价成本__________元，实际成本__________元
15. 参加破损程度鉴定人员情况：检车员姓名__________、__________、__________
车辆段领导：职务________姓名________、职务________姓名________
16. 其他有关人员姓名：行车安全监察__________、__________、__________
车站站长__________主任货运员__________
17. 检修车回送单编号________号________站__________车辆段
18. 备注____________

说明：1. 本记录为掌握铁路货车破损情况而制定，并作为造成铁路货车破损的有关单位的付款依据。
2. 本记录由车辆段编制四份，一份自存，一份给造成铁路货车破损的有关单位，一份附在为铁路货车破损所提出的账单后，一份作为回送厂、段检修的依据。
3. 产权所属填写：国铁、自备，如为自备铁路货车应填写自备货车单位。
4. 责任部门分类：路内运输、机务、工务、电务、工程、车辆、其他、责任不明；路外冶金、林业、煤炭、港口、化工、电力、其他、责任不明。
5. 损坏原因分类：路内行车事故（在备注栏中注明车次，地点）、装卸车、其他、路外装卸车。
6. 破损程度分类：报废、大破、中破、小破，并在主要破损情况中将构成的故障写明。
7. 责任不明的应在备注栏中简要说明。

（规格：210mm×297mm）

图 3-27　车统—25 车辆破损技术记录

填写要求：

①本记录为掌握铁路货车破损情况而制定，并作为造成铁路货车破损的有关单位的付款依据。

②本记录由车辆段编制四份，一份自存，一份给造成铁路货车破损的有关单位，一份附在为铁路货车破损所提出的账单后，一份作为回送厂、段检修的依据。

③产权所属填写：国铁、自备，如为自备铁路货车应填写自备货车单位。

④责任部门分类：路内运输、机务、工务、电务、工程、车辆、其他、责任不明；路外冶金、林业、煤炭、港口、化工、电力、其他、责任不明。

⑤损坏原因分类：路内行车事故（在备注栏中注明车次，地点）、装卸车、其他、路外装卸车。

⑥破损程度分类：报废、大破、中破、小破，并在主要破损情况中将构成的故障写明。

⑦责任不明的应在备注栏中简要说明。

(5)制动效能证明书（车统—45），如图 3-28 所示。

制动效能证明书（正面）　　　　车统—45

______年__月__日

本证明书由检车员填写两份，一份交机车司机，一份自存。

____车辆段　____运用车间　____列检作业场　填写人员签名____　机车司机签名____

车　次		机车型号及号码			牵引重量	
列车自动制动机状况						
列车编组总辆数		无自动制动机辆数				
有效自动制动机辆数		换算高摩合成闸瓦总闸瓦压力（kN）				
截断塞门关闭车辆数		每百吨列车重量换算闸瓦压力（kN）				
列车主管压力（kPa）		列车试验列车主管漏泄量（kPa/min）				
列车中途摘挂状况						
站名或区间	摘　下		挂　上		签名	
	辆数	闸瓦压力（kN）	辆数	闸瓦压力（kN）		

（规格：210mm×148.5mm）

车辆换算闸瓦压力表（背面）

种类	车　型			每辆换算闸瓦压力（kN）自动制动机列车主管压力 500kPa	600kPa	辆　数	闸瓦压力（kN）
客车	普通客车（120km/h）	（踏面制动）			（350）		
	新型客车（盘形制动，120 km/h，140 km/h，160 km/h）	120 km/h	自重 41～45 t		137（412）	(　)	(　)
			自重 46～50 t		147（441）	(　)	(　)
			自重 51～55 t		159（477）	(　)	(　)
			自重≥56 t		173（519）	(　)	(　)
		双层			178（534）	(　)	(　)
		140 km/h 及 160 km/h	自重 41～45 t		146（438）	(　)	(　)
			自重 46～50 t		156（468）	(　)	(　)
			自重 51～55 t		167（501）	(　)	(　)
			自重≥56 t		176（528）	(　)	(　)
特快货物班列中的车辆（盘形制动，160 km/h）					180（540）	(　)	(　)
铁路货车	快速货物班列中的车辆（18 t 轴重）		重车位		140		
			空车位		55		
	普通货车（21 t 轴重）		重车位	145	165		
			空车位	60	70		
	普通货车（23 t 轴重）		重车位	160	180		
			空车位	65	75		
	重载货车（25 t 轴重）		重车位	170	195		
			空车位	70	80		
	重载货车（27 t 轴重）		重车位	140（175）	160（195）	(　)	(　)
			空车位	65（80）	75（90）	(　)	(　)
总计						(　)	(　)

注：1. 按 H 高摩合成闸瓦计算，客车的括弧内为按铸铁闸瓦计算。铁路货车的括弧内为按 G 高摩合成闸瓦计算。

2. 空重车自动调整装置的空重位压力比为 1:2.5；对装有空重车手动调整装置的车辆，当车辆总重（自重＋载重）达到 40 t 时，按重车位调整。

3. 快速货物班列车辆和货车以外的其他车辆，在列车主管压力为 500 kPa 时的闸瓦压力，按 600 kPa 时的闸瓦压力的 1:1.15 换算。

图 3-28　车统—45 制动效能证明书

填写要求：

①按 H 高摩合成闸瓦计算，客车的括弧内为按铸铁闸瓦计算。铁路货车的括弧内为按 G 高摩合成闸瓦计算。

②空重车自动调整装置的空重位压力比为 1∶2.5；对装有空重车手动调整装置的车辆，当车辆总重（自重＋载重）达到 40 t 时，按重车位调整。

③快速货物班列车辆和货车以外的其他车辆，在列车主管压力为 500 kPa 时的闸瓦压力，按 600 kPa 时的闸瓦压力的 1∶1.15 换算。

（6）列车技术检查记录簿（车统—14A、车统—14B），如图 3-29、图 3-30 所示。

车统－14A

列车技术检查记录簿

（到达、始发列车）

自____年___月___日

至____年___月___日

__________车辆段

__________运用车间

__________列检作业场

（规格：210mm×297mm）

当班日期：自____年____月____日____时____分 至____年____月____日____时____分

序号	作业组别	线路股道	接入/发出方向	列车作业性质	检查作业方式	车次	编组辆数	列车首号		列车尾号		车站通知时间	实际接入/编完时间
								车种车型	车号	车种车型	车号		
1	2	3	4	5	6	7	8	9	10	11	12	13	14

说明：1. 本记录用于到达、始发铁路货物列车技术作业时使用。

2. 第 14 项：到达列车填写列车实际接入停车时间，始发列车填写车列实际编完时间，始发列车车站通知时车列已编完，第 13 项＝第 14 项。

班次________ 值班员________、________ 工长________、________

技术作业时间分析					列车制动机试验类别	关门车数原/处理后	列车发出时分		列车晚点时分	列车晚点原因	车站值班员签字	备注
技检开始时分	技检结束时分	技检时间	挂机时分	简略试验结束时分			图定	实际				
15	16	17	18	19	20	21	22	23	24	25	26	27
						/						
						/						
						/						
						/						
						/						
						/						
						/						
						/						
						/						
						/						
						/						
						/						
						/						
						/						
						/						
						/						
						/						
						/						
						/						
						/						

3. 第 17 项＝第 16 项－第 15 项，第 18 项、19 项只在始发列车技术作业时填写。

4. 第 24 项＝第 23 项－第 22 项。

图 3-29　车统—14A 列车技术检查记录簿

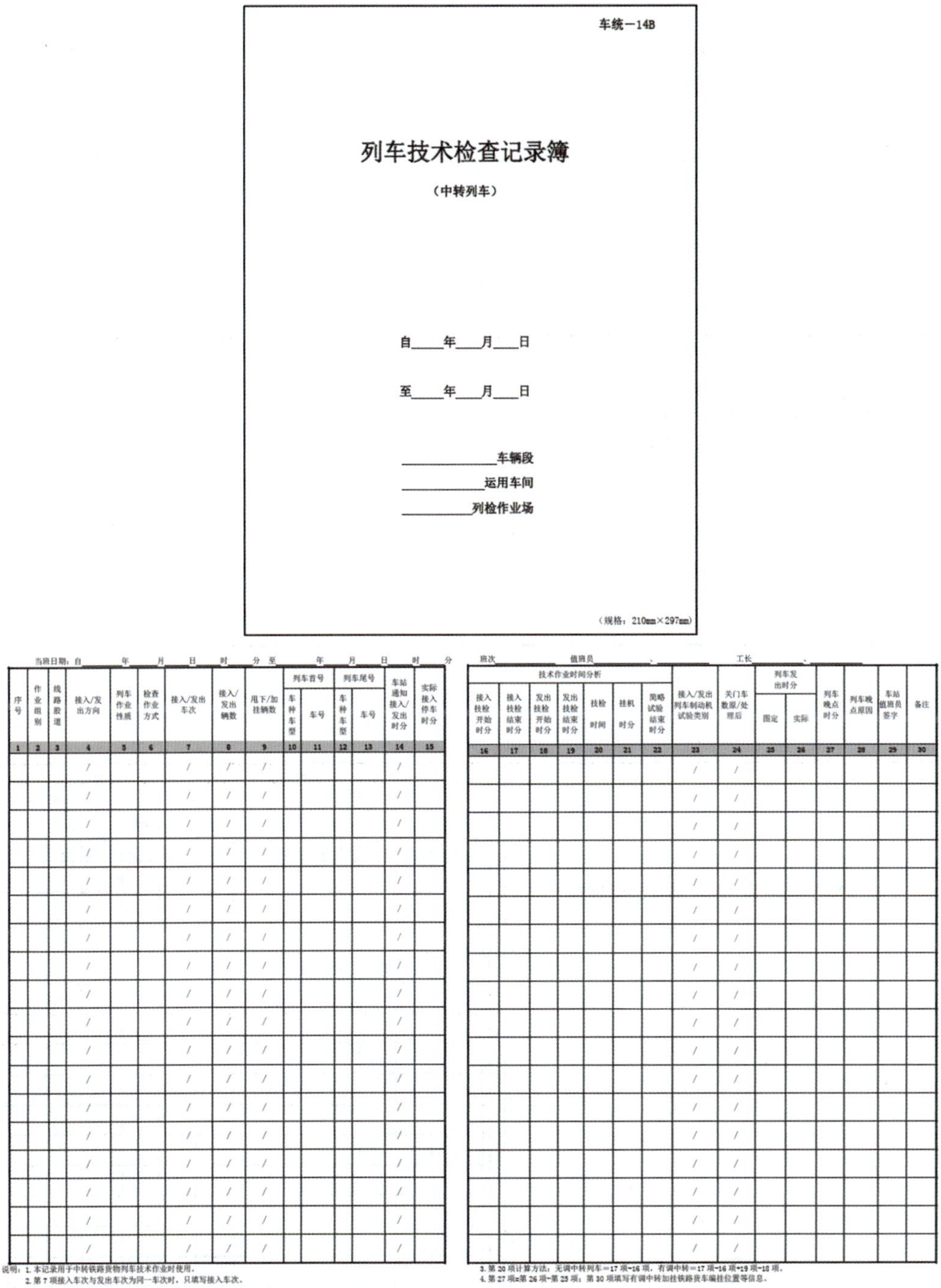

车统—14B

列车技术检查记录簿

（中转列车）

自____年____月____日

至____年____月____日

____________车辆段

____________运用车间

__________列检作业场

（规格：210mm×297mm）

当班日期：自____年____月____日____时____分　至____年____月____日____时____分

序号	作业组别	线路股道	接入/发出方向	列车作业性质	检查作业方式	接入/发出车次	接入/发出辆数	甩下/加挂辆数	列车首号		列车尾号		车站通知接入/发出时分	实际接入停车时分
									车种车型	车号	车种车型	车号		
1	2	3	4	5	6	7	8	9	10	11	12	13	14	15

说明：1. 本记录用于中转铁路货物列车技术作业时使用。
2. 第7项接入车次与发出车次为同一车次时，只填写接入车次。

班次________　值班员________、________　工长________、________

技术作业时间分析							接入/发出列车制动机试验类别	关门车数原/处理后	列车发出时分		列车晚点时分	列车晚点原因	车站值班员签字	备注
接入技检开始时分	接入技检结束时分	发出技检开始时分	发出技检结束时分	技检时间	挂机时分	简略试验结束时分			图定	实际				
16	17	18	19	20	21	22	23	24	25	26	27	28	29	30

3. 第20项计算方法：无调中转列车=17项-16项，有调中转=17项-16项+19项-18项。
4. 第27项=第26项-第25项；第30项填写有调中转加挂铁路货车编挂位置等信息。

图 3-30　车统—14B 列车检查记录簿

车统—14A 填写要求：

①本记录用于到达、始发铁路货物列车技术作业时使用。

②第 14 项：到达列车填写列车实际接入停车时间，始发列车填写车列实际编完时间。始发列车车站通知时车列已编完，第 13 项＝第 14 项。

③第 17 项＝第 16 项－第 15 项，第 18 项、19 项只在始发列车技术作业时填写。

④第 24 项=第 23 项一第 22 项。

车统—14B 填写要求：

①本记录用于中转铁路货物列车技术作业时使用。

②第 7 项接入车次与发出车次为同一车次时，只填写接入车次。

③第 20 项计算方法：无调中转列车=17 项-16 项，有调中转=17 项-16 项+19 项-18 项。

④第 27 项=第 26 项一第 25 项；第 30 项填写有调中转加挂铁路货车编挂位置等信息。

(7)运用作业场检修车统计簿（车统—31A），如图 3-31 所示。

车统-31A

运用作业场检修车统计簿

自___年___月___日

至___年___月___日

______车辆段______运用车间______作业场

（规格：297mm×210mm）

序号	车种车型	车号	铁路货车扣车日期		扣车车站	扣车修程	主要故障情况	空重车	装载货物情况			倒装情况	车辆修竣时刻（车统-33并-36车站签收日期及时刻）		撤消检修车原因
			月日	时分					品名	装车站	到达站	是/否	月日	时分	

图 3-31　车统—31A 运用作业场检修车统计簿

(8)发现处理铁路货车故障记录簿（车统—81A），如图 3-32 所示。

车统—81A

发现处理铁路货车故障记录簿

自____年___月___日

至____年___月___日

__________车辆段

__________运用车间

__________列检作业场

（规格：210mm×297mm）

当班日期：自____年___月___日___时___分 至____年___月___日___时___分

车次	编组辆数	编挂位置	车种车型	车号	转向架型号	制动机型号	空重别	定检过期修程	前次定检日期及单位			
									厂修	段修	辅修	临修
1	2	3	4	5	6	7	8	9	10	11	12	13

图 3-32　车统—81A 发现处理铁路货车故障记录簿

(9)列检、动态检查作业场班组交接班记录簿,如图 3-33 所示。

列检、动态检查作业场班组交接班记录簿

自____年____月____日

至____年____月____日

____________车辆段

___________运用车间

_____________作业场

(规格:210mm×297mm)

当班日期:自　　年　　月　　日　　时　　分 至　　年　　月　　日　　时　　分

交班				接班				备注
班组		值班员签字		班组		值班员签字		
工长签字		动态组长签字		工长签字		动态组长签字		

现场交班遗留相关工作	
工装、设备、工具交接情况	
领导指示、文电及命令内容	

当班班组出勤情况分析	应出	实出	其中			欠勤情况分析			
			现场及值班员人数	动态检车员人数	其他	病欠	事欠	公出	其他
	当班作业段数	一组	二组	三组	四组	五组	故障修理人数		
当班列车技术作业工作量	到达列辆	始发列辆	无调中转列辆	有调中转列辆					
				到达列辆	始发辆列	摘下辆数	挂上辆数		
	/	/	/	/	/				
当班检修车扣留辆数	厂修		辅修		需回送		事故车		
	段修		临修		临时整修		其他		

典型、重点故障发现概况	
现场交班需移交的工作	
临时工作完成情况	

当班天气情况 ____________　　值班干部(签字) ______________

铁路货车运行安全监控系统交班		铁路货车运行安全监控系统接班	
班组		班组	
铁路货车运行安全监控系统交班遗留相关工作			
铁路货车运行安全监控系统设备交接情况			

铁路货车运行安全监控系统作业量					
系统名称	TFDS	THDS	TPDS	TADS	TWDS
检查列辆	/	/	/	/	/

TFDS 设备故障情况	整列漏探、白图	丢图、窜图、曝光	未正确读取车号
	列	辆	辆

铁路货车运行安全监控系统设备故障报修情况								
设备名称	故障状态	发生时间	通知维修时间	处理情况	处理人	设备恢复时间	停机时间/月合计(min)	未探测列数/月合计
							/	/
							/	/
							/	/
							/	/

铁路货车运行安全监控系统发现典型故障信息概况	
铁路货车运行安全监控系统交班需移交的工作	
当班全班工作完成情况及其相关工作记事	

图 3-33　列检、动态检查作业场班组交接班记录簿

(10)铁路货车运行安全监控系统拦停通知卡,如图 3-34 所示。

(11)自备铁路货车、企业内用铁路货车过轨技术检查合格证,如图 3-35 所示。

填写要求:

①编号填写车辆段简称及合格证序号。

②此证由车辆段运用车间填发,涂改无效。

铁路货车运行安全监控系统拦停通知卡

填卡单位：	局集团公司监测站	编号：
日期：　　年　　月　　日　　时　　分		
概况：______次列车，编组____辆，于____时____分，经过铁路货车运行安全监控系统探测站，预报机后___辆，运行方向____侧第____位，车种车型____车号________，发现故障，已达拦停甩车标准，请将该车在______站甩下。 信息来源：□TADS　□TFDS　□THDS　□TPDS　□TWDS		
系统值班员签字： 列车调度员签字：		
备注：		

（规格：210mm×148.5mm）

图 3-34　铁路货车运行安全监控系统拦停通知卡

自备铁路货车、企业内用铁路货车
过轨技术检查合格证

编号________

企业名称：________________

经________检查，以下车辆（计___辆，具体车号见背面）

技术状态符合国铁货车运用规定，准许进入国铁营业线运行。

过轨技术检查车站________

国铁______　货车车辆段________运用车间填发

______年___月___日（印章）

说明：1.编号填写车辆段简称及合格证序号。
2.此证由车辆段运用车间填发，涂改无效。

（规格：148.5mm×210mm）

序号	车种车型	车号	序号	车种车型	车号
1			26		
2			27		
3			28		
4			29		
5			30		
6			31		
7			32		
8			33		
9			34		
10			35		
11			36		
12			37		
13			38		
14			39		
15			40		
16			41		
17			42		
18			43		
19			44		
20			45		
21			46		
22			47		
23			48		
24			49		
25			50		

图 3-35　自备铁路货车、企业内用铁路货车过轨技术检查合格证

(12)自轮运转特种设备过轨技术检查申请表，如图 3-36 所示。

(13)自轮运转特种设备过轨技术检查合格证，如图 3-37 所示。

填写要求：

①编号填写车辆段简称及合格证序号。

②按“经(检查单位)检查，(自轮运转特种设备名称)技术状态符合国铁货车运用规定，准许进入国铁营业线运行”填写。

③此证由车辆段运用车间填发，涂改无效。

(14)超偏载铁路货车通知卡，如图 3-38 所示。

自轮运转特种设备过轨技术检查申请表

____局集团公司____车辆段：

现有我单位所属自轮运转特种设备____辆，车型车号分别是____停靠在__________，经我单位技术检查，上述设备技术状态符合过轨技术检查质量标准，因__________需要，请安排过轨技术检查，运行区段__________站至__________站。

联系人：　　　　联系电话：

单位：

年　月　日（公章）

（规格：210mm×297mm）

图 3-36　自轮运转特种设备过轨技术检查申请表

自轮运转特种设备过轨技术检查合格证

编号__________

自轮运转特种设备所属单位名称____________________

经__________检查，__________________技术状态符合国铁货车运用规定，准许进入国铁营业线运行。

发站________________　到站________________

国铁__________货车车辆段__________运用车间填发

__________年____月____日（印章）

说明：1.编号填写车辆段简称及合格证序号。
2.按“经（检查单位）　检查，（自轮运转特种设备名称）技术状态符合国铁货车运用规定，准许进入国铁营业线运行”填写。
3.此证由车辆段运用车间填发，涂改无效。

（规格：148.5mm×210mm）

图 3-37　自轮运转特种设备过轨技术检查合格证

超偏载铁路货车通知卡

编号：______________

填卡单位		日　期	
红外线调度员		列车调度员	

________次列车，编组______辆，于______时______分经过_____TPDS 探测站，预报机后______辆，车种车型________车号______________，预报超载一级，超______t；偏载一级，偏______mm；偏重一级，偏________t；请通知______对该车进行处理。

（规格：210mm×148.5mm）

图 3-38　超偏载铁路货车通知卡

(15)封存/解封铁路货车登记表，如图 3-39 所示。

填写要求：

本表封存、解封共用，封存填表时应将表名中“解封”划掉，填写 1～8 项；解封填表时应将表名“封存”划掉，填写 1～13 项。

(16)解封铁路货车登记表，如图 3-40 所示。

封存/解封铁路货车登记表

________车辆段________运用车间________作业场　　制表时间：_____年___月___日

序号	铁路局	存放车站	存放线路	车种车型	车号	封存命令号	封存日期	解封命令号	解封日期	定检延期时间	解封作业日期	备注
1	2	3	4	5	6	7	8	9	10	11	12	13

填表说明：本表封存、解封共用，封存填表时应将表名中"解封"划掉，填写 1~8 项；解封填表时应将表名"封存"划掉，填写 1~13 项。

车辆部门签字：　　　　　　　　车站签字：

图 3-39　封存/解封铁路货车登记表

解备铁路货车登记表

________车辆段________运用车间________作业场　　制表时间：_____年___月___日

序号	铁路局	备用车站	备用线路	车种车型	车号	备用命令号	备用日期	解备命令号	解备日期	定检延期时间	解备作业日期	备注
1	2	3	4	5	6	7	8	9	10	11	12	13

图 3-40　解封铁路货车登记表

第四节　货车运用与基础管理

一、铁路货车备用与解备

(一)铁路货车备用与解备要求

(1)为保证完成临时紧急任务需要储备的技术状态良好的备用国铁铁路货车空车(以下简称备用车)须在铁路局集团公司公布的地点、港口和国境站备用。

(2)调度所接到国铁集团铁路货车备用命令后，及时下达调度命令通知有关车务站段将拟备用铁路货车集结成列(组)，停放在符合备用条件的车站，同时下达调度命令通知有关车辆段。

(3)车辆段派员对备用车辆(成列)进行检查，连接制动软管，车列首尾端部制动软管加装防尘堵。

(4)不免收车辆使用费备用车的备用、解除备用须通知所在地车辆段派员检查，不得将技术不良车、定检过期车列入备用车。

(5)车辆段应制定备用车管理办法,并设备用铁路货车登记簿,按备用和解除备用调度命令号、日期、车种车型车号等项内容进行登记。

(6)备用时应按当日调度命令进行技术检查,发现备用车故障应进行处理和记录。符合备用条件的,在备用铁路货车登记簿上登记;不符合时通知车站取消备用,并按规定送检修地点修理。

(7)解除备用时应按铁路局集团公司当日调度命令进行技术检查和记录,经检查符合运用车技术条件的,在备用铁路货车登记簿上登记。

(8)备用车符合备用和解除备用条件时,应在车站填写的运用车转变记录(运统—6)上签字。

(二)免收车辆使用费备用车的备用、解除备用的补充规定

(1)备用货车解备时,铁路局集团公司调度所及时通知有关车辆段,车辆段组织运用车间做好铁路货车解备有关工作。

(2)运用车间将解备铁路货车车种、车型、车号、备用车站、线路、备用命令号、备用日期、解备命令号、解备日期等录入 HMIS 封存备用子系统解备车管理模块,查询检修延期时间,记录在解备铁路货车登记表中。对与备用信息不匹配的,按未备用办理,不顺延检修时间。

(3)承担铁路货车解备工作的检车员携带解备调度命令、车统—15A、解备铁路货车登记表和有关工具等前往解备铁路货车存放车站。

(4)检车员到达存放车站后,联系车站确认备用货车存放线路、机车安排等相关事项,待车站将通往存车线路两端道岔锁闭后,按规定进行安全防护。

(5)检车员对备用铁路货车须进行技术检查,执行发出列车质量标准;进行制动机持续一定时间的全部试验;对车辆故障按规定进行处理。

(6)根据解备铁路货车登记表记录的检修延期时间,在铁路货车两侧定检标记附近涂打检修延期标记,标记不得覆盖车辆其他标记。

(7)检车员在车统—15A 中记录解备货车车种、车型、车号、定检、发现处理故障等信息。

(8)运用车间将解备货车是否符合备用要求、解备作业日期和发现处理故障等信息录入 HMIS 封存备用子系统解备货车管理模块。

(9)其他要求。

①备用铁路货车按号码制进行管理,车辆段要及时用 HMIS 封存备用子系统了解掌握国铁集团发布的备用、解备调度命令、铁路货车车号和存放地点等信息,并及时进行铁路货车的现场确认和检修延期时间的计算。

②铁路货车一次性备用 10 天及以上的方进行厂段修延期时间统计。备用时间进行累加,20 天及以上、30 天以下统计为 1 个月(不足 20 天不统计),并计算厂段修延期时间,按月延期,一个段修期最长延期 3 个月,段修后重新统计。

③在定检顺延期内,新造质量、检修质量、配件质量等保证期同步顺延。

④涂打检修延期标记时,应清除原有延期标记,重新涂打;车辆段应按顺延时间后的检修到期时间扣修铁路货车。

⑤铁路货车厂修时,车体标记厂修到期时间加上延期时间加上厂修周期作为下次厂修到期时间。例如,一辆 C_{70} 型货车,厂修前厂修到期标记为 15.03,因备用延期 2 个月;厂修时,下次厂修到期时间应涂打为 23.05,段修到期时间应涂打为 17.05。

⑥铁路货车段修时，车体标记段修到期时间加上延期时间加上段修周期作为下次段修到期时间，车体标记厂修到期时间加上延期时间作为厂修到期时间。例如，一辆 C_{70} 型货车，段修前段修到期标记为 15.03，厂修到期标记为 19.03，因备用延期 2 个月；段修后，下次段修到期时间应涂打为 17.05，厂修到期时间应修改为 19.05。

⑦铁路货车厂、段修时，车辆段应清除延期标记。对现车检修延期标记、HMIS 封存备用子系统记录的检修顺延时间，缺少其中一项的不顺延检修时间，两者不一致的以 HMIS 封存备用子系统记录为准，同时应书面上报车辆部，由车辆部上报国铁集团。

⑧铁路货车备用、解备技术作业时间原则上 50 辆不得低于 4 h。

⑨对一次备用时间较长的铁路货车，每三个月须进行一次动车作业，保证往返移动距离各不小于 10 m。由停放备用车的车务站段牵头实施，车辆段配合完成。

⑩车站按规定做好备用铁路货车的防溜工作，并加强对防溜的巡视检查。

⑪铁路备用货车不得擅自解备、使用和排空。车辆段发现在备用期间有违反规定使用的情况时，不统计检修延期时间，并书面向车辆部报告。

二、爱车工作

（一）铁路局集团公司爱车工作领导小组

（1）铁路局集团公司成立由主管运输的公司领导牵头，运输部、货运部、车辆部、调度所、总工程师室、安全监察室、公安局等相关部门组成的爱车工作领导和协调小组，负责铁路局集团公司的爱车工作组织和部署。车辆部负责日常具体爱车工作。

（2）各站区应成立由车辆部门牵头，车务、货运、公安等部门及有关企业组成的爱车联合协调工作小组，负责站区爱车工作制度、实施办法的细化和落实，定期召开路企和站区的爱车协调会议，开展装卸机具及设备监管，及时通报爱车工作情况，修订路企或站区间的爱车协议。车辆段负责具体日常爱车工作，建立翻车机、解冻库等装卸机械设备技术资料、使用和监测情况数据库，并定期统计分析损坏铁路货车情况。

（二）爱车工作的相关要求

（1）车站站区治安管理单位要加强治安管理，防止停留的铁路货车配件被盗或人为损坏。集团公司应定期组织车辆段对管辖区域车站进行车辆专业知识培训。

（2）装卸作业须严格执行《铁路货物装卸安全技术规则》和国铁集团公布的其他有关货车使用、货物运输、装载加固的规定和要求，不得损坏铁路货车。

（3）铁路局集团公司应根据爱车工作的有关要求，制定爱车活动方案，明确爱车活动主题、内容、重点、分工和责任，宣传爱车活动意义，对易损坏铁路货车的装卸设备、装卸方法和调车方式，立即组织改进、完善。

（4）翻车机、解冻库应进行定期检修和测试。新设、大修及重大技术改造的翻车机应符合《铁路货车翻车机和散装货物解冻库检测技术条件》（GB/T 18818—2021），并经有资质的机构检测合格后方可投入使用。其他装卸设备应满足爱护铁路车辆的有关要求。新设翻车机、解冻库时，还须将铁路货车检查维修场地、人员、房屋、设备等纳入设计内容。

（5）车辆段要对爱车人员颁发爱车检查证，爱车人员凭爱车检查证进入爱车区域内的车站、货场、厂矿、港口、地方铁路、合资铁路、专用铁路、企业专用线和工程临管线等单位进行爱车宣传，检查、监督爱车协议的执行情况和铁路货车的使用情况。爱车人员对违反铁路货车使用规定、违章操作损坏铁路货车或装卸货物影响行车安全的行为，有权制止并通知有关部门处理，同时向上级主管部门报告；对未经国铁集团批准擅自改变铁路货车技术结构或安装永久性配件和装置的行为，须立即制止，并向上级主管部门报告。

(6)车站、货场、厂矿、港口、地方铁路、合资铁路、专用铁路、企业专用线和工程临管线发生调车冲撞、脱轨及因违规装卸作业等导致铁路货车损坏时，须立即如实向车辆部门报告。

(7)路内外单位损坏铁路货车时，发生地车辆段须填写车辆破损技术记录，由双方共同检查签认，作为损坏车辆赔偿的依据，并按规定准确、足额计算铁路货车损坏赔偿费用，及时收取损坏铁路货车赔偿费。

(三)爱车周活动

(1)货车段要制定“全国爱车周”活动方案，明确活动主题、内容、重点、分工和责任，宣传爱车活动意义，全面检查管内装卸、调车作业情况，监督爱车协议及车辆技术交接协议的落实情况。

(2)货车段应结合各自具体实际制作爱车宣传手册，组织爱车管理和工作人员进一步深入车站、货场、厂矿、港口、地方铁路、合资铁路、专用铁路、企业专用线和工程临管线，利用走访、讲解和座谈等方式向路内外各用车单位大力开展爱车宣传工作。

(3)货车段应督促管内各运用车间与管内路外企业单位或部门召开一次协调联系会，共同分析爱车协议的执行情况和铁路货车破损情况，并研究解决企业提出的问题。

(4)货车段对管内翻车机要组织一次专项检查，重点检查设备技术状态及管理情况、操作人员持证上岗及实际操作情况、安全教育和继续培训情况、经翻车机作业后车辆损坏及维修情况、使用监控情况等，对发现的问题及时通报，责令使用单位和相关车辆段限期整改。

(5)货车段爱车专职须围绕提高铁路货车使用可靠性及防治铁路货车损坏等爱车工作重点，并结合具体实例进行专题调研分析。

三、新造、定检质量反馈及故障索赔

(一)新造、定检质量反馈

(1)铁路局集团公司车辆部要定期组织对铁路货车运用中发生的故障进行统计分析，根据故障发生特点和规律，分析铁路货车设计、制造和检修中存在的缺陷和检修工艺质量问题，向国铁集团汇报。

(2)发现新造、定检的铁路货车因设计、制造、检修原因，产生的车辆故障，如确需返回责任工厂或责任车辆段修理时，应逐级上报，并根据车辆调度命令回送责任工厂或责任车辆段。新设翻车机时，还须将铁路货车检查维修场地、人员、房屋、设备等纳入设计内容。

(二)故障索赔

货车运用作业场发现新造、定检铁路货车在质量保证期内，因设计、制造、修理原因造成摇枕、侧架、一体式构架、各梁、车钩、钩尾框、制动装置(制动阀、制动梁、闸调器等)、交叉杆、轴承等故障时，要及时报车辆段，车辆段向责任单位进行索赔，责任单位须按规定进行赔偿或提供配件。对车轮裂纹、摇枕和侧架折断等故障，各车辆段须在发现故障的 6 h 内向车辆部汇报，铁路局集团公司车辆部须在 24 h 内报国铁集团机辆部。

四、特种货物运输

(一)特种货物运输特点

车辆载重和自重均较大,车轴数目较多,车辆中部最大宽度受限制,或设有专门的侧移机构,以安全通过曲线。

(二)特种货物车辆

特种货物车辆有长大平板车、凹底平车、落下孔车、钳夹车、机械冷藏车、双层小汽车运输车等。

1. BSY 型冷冻板冷藏车

(1)用途:BSY 型冷冻板冷藏车外观如图 3-41 所示。该车在标准轨距上运行,主要用于易腐货物的铁路运输。

(2)结构:该车主要由车体、车内设施、制动装置、车钩缓冲装置、转向架等组成。

(3)技术参数:载重 38 t,自重 43 t,容积 87 m^3,车体平均传热系数不大于 0.407 W/(m^2·K),构造速度 100 km/h,车辆长度 17 938 mm,定距 12 000 mm,车辆宽度 3 259 mm,车辆高度 4 549 mm。

2. DF_{1H} 型机翼运输凹底平车

(1)用途:DF_{1H} 型机翼运输凹底平车如图 3-42 所示。该车在标准轨距线路上运行,用于 ARJ21 型飞机机翼(翼盒)的铁路运输。

图 3-41　BSY 型冷冻板冷藏车外观

图 3-42　DF_{1H} 型机翼运输凹底平车

(2)结构:该车主要由底架、转向架、二次缓冲装置、制动装置、车钩缓冲装置及押运室等部分组成。

(3)技术参数:载重 15 t,自重 29.5 t,轴重 11.1 t,每延米重 2.1 t,商业运行速度 120 km/h,凹底地板面积 31.5 m^2(10.5 m×3 m),凹底上平面距轨面高 577 mm,车辆最大宽度 3 000 mm,车辆最大高度 3 628 mm,车辆定距 16 000 mm,车辆长度 20 938 mm。

3. D_{25} 型长大平车

(1)用途:D_{25} 型长大平车如图 3-43 所示,适用于运输锅炉等筒形大件货物,具有自重轻、载重大、曲线及道岔通过性能良好、运行速度高、承载面低、运输范围较广、装卸加固简单方便等特点。

(2)结构:该车主要由大底架、凹底桥架、小底架、制动装置、车钩缓冲装置、转向架等组成。

(3)技术参数：载重 250 t，自重 86 t，构造速度 90 km/h，通过最小曲线半径 145 m，车辆总长 34 148 mm，承载面距轨面高(空车)1 650 mm，轴数 16。

4. $\mathrm{D_{26B}}$ 型落下孔大车

(1)用途：$\mathrm{D_{26B}}$ 型落下孔大车如图 3-44 所示，适用于运输机电、冶金、化工等行业的重型、超限大型货物。

图 3-43　$\mathrm{D_{25}}$ 型长大平车

图 3-44　$\mathrm{D_{26B}}$ 型落下孔大车

(2)结构：该车主要由承载框架、二个中底架、四个小底架、八台 2E 轴焊接构架式转向架、液压旁承装置、车钩缓冲装置、制动装置等组成。承载框架主要由侧梁、心盘梁及撑杆等组成。承载框架的空重车宽度可调整。其除了承载框架外，其余部件均与 $\mathrm{D_{26}}$ 相同。两片侧梁通过撑杆连接成一个整体结构，侧梁与心盘梁间采用导框楔铁锁紧结构连接。

(3)技术参数：载重 290 t，自重 110 t，构造速度 90 km/h，通过最小曲线半径 145 m，车辆总长 40 096 mm，承载面距轨面高(空车)3 400 mm。

5. $\mathrm{D_{35}}$ 钳夹式大车

(1)用途：$\mathrm{D_{35}}$ 钳夹式大车如图 3-45 所示，主要用于运输能够自承载的特重、特大超限货物，如大型发电机定子、大型变压器、重型轧机牌坊等，也可采用钳夹凹底架(或下拉梁等附件)运输不能自承载(或半自承载)的货物。

图 3-45　$\mathrm{D_{35}}$ 钳夹式大车

(2)结构：该车具有内外导向及串联、液压侧移、起升、称重等功能。可将货物相对线路左右横移 370 mm，起升 250 mm，能在运行中随着通过曲线半径的不同自动转换内外导向位并将两者叠加使用。可充分利用铁路限界，方便运输。该车还采用了液压均载旁承和空重两级刚度弹簧等技术，运行安全可靠。

(3)技术参数：载重带钳梁 350 t、带凹底架 203 t，自重 190 t，通过最小曲线半径空车短连挂 145 mm、重车 180 mm，车辆总长 62 218 mm，轴数 32。

6. $\mathrm{DL_1}$ 型大吨位预制梁运输专用车组

$\mathrm{DL_1}$ 型大吨位预制梁运输专用车组如图 3-46 所示，用于装运跨距 32 m、自重 148 t 以下预制梁的专用铁路货车；由前、后两辆运梁专用车及中间游车组成，前后两辆运梁专用车上有转向盘底，过曲线上货物可转动。一辆车上转向盘座可前后移动，适应车钩拉伸或压缩。中间游车为 NX_{17K} 型两用平车。

7. SQ_6 型凹底双层运输汽车专用车

SQ_6 型凹底双层运输汽车专用车如图 3-47 所示，主要用于轻型客车、SUV、MPV、皮卡车等较高汽车的铁路运输，同时也可用于国产及进口各种微型、小型汽车的铁路运输；车体为凹底结构，扩大了中部空间，可装载 SUV、MPV、皮卡车等较高汽车；上层底架两端可活动升降，方便较高汽车进出中部凹底。

图 3-46　预制梁运输专用车组

图 3-47　双层运输汽车专用车

8. $KZ_{70(H)}$ 型石砟漏斗车

$KZ_{70(H)}$ 型石砟漏斗车如图 3-48 所示，用于新旧线路铺设石砟或装运散粒货物的漏斗车。

9. L_{70} 粮食漏斗车

L_{70} 粮食漏斗车如图 3-49 所示，主要用于运输玉米、小麦、大豆等散粒粮食类货物。

图 3-48　石砟漏斗车

图 3-49　粮食漏斗车

五、基础管理

(一)货车运用车间基本工作制度

(1)岗位责任制度。按各岗位职务分工及责任范围，制定岗位责任制度，明确岗位职责、管理权限、工作标准等内容，制定岗位评价考核标准。

(2)总结计划制度。按月、季、年度总结工作完成情况，查找安全生产中的惯性问题，进行同比、环比分析，提出整改措施，有针对性地预测和布置下月、季、年度重点工作。

(3)列车技术质量抽查及检查指导制度。明确列车技术质量抽查及检查指导的具体标准及实施办法，定期对发现的问题进行分析、上报，提出整改措施。

(4)交接班制度。明确交接班时间、班前预想会和完工分析会程序和内容，工具、材料、配件、设备设施等交接事项，以及责任分工、信息反馈等管理要求。列检、动态检查作业场班组间交接班情况须记录在列检、动态检查作业场班组交接班记录簿。

(5)竞赛评比考核制度。建立以安全生产、现场管理、标准执行、列车质量、人员素质等为主要内容的竞赛评比考核办法，开展列检作业场、班组和岗位间的竞赛活动，按月、季、年进行综合考评。

(6)列车技术质量互控制度。明确相邻货车运用作业场间列车技术质量信息接收和反馈程序、办法，根据铁路货车故障漏检和漏修信息，分析货车运用作业存在的问题，针对性地制定并落实列车技术质量控制的措施。

(7)资料统计管理制度。明确资料室定置管理及资料归档、借阅、保存、销毁等管理要求，定期对各类表报台账数据进行统计分析，按规定期限妥善保管、分类存放、便于查询。对于替代手工台账的电子台账，明确保存期限、备份方案、查询方式、统计分析等要求。

(8)机具、材料及配件管理制度。明确工具、机具、量具管理台账、交接保管、操作使用、定期检测等管理要求，实行定置管理，按规定检定和维护保养，交接使用，每班开工前应进行试验或检查，符合要求后方可使用。建立材料、配件登记领取、入库检查、分存保管、定期送检、交接使用、回收上交等各环节的管理要求，根据现场实际消耗、材料分存箱配备以及新型车修理和质量要求，及时补充和调整材料、配件库和现场分存箱定额定量标准，做到“账、料、卡”相符，保证现场正常使用。

(9)安全质量分析制度。货车运用车间每月召开一次安全质量分析会，分析总结当月安全生产工作，布置下月安全生产重点工作；对发生责任或关联的铁路交通事故、铁路货车行车设备故障及严重漏检漏修等问题，及时组织召开专题安全分析会，制定整改措施，形成会议记录。

(10)技术业务学习制度。制定年度和月度职工技术业务学习计划，以岗位应知应会和作业指导书为主要内容，定期组织开展技术业务培训、演练和技能竞赛。

(二)HMIS 系统运用基本要求

(1)HMIS 运用子系统是 HMIS 的重要组成部分，是货车运用技术作业、故障处置、技术交接、质量分析等工作的信息化记录载体，由国铁集团、铁路局集团公司、车辆段三级系统构成。

(2)列车车辆制动试验监测装置、电动脱轨器、手持机系统等生产设备、设施须具备与 HMIS 运用子系统数据交换的接口，系统间信息交换须符合相关技术规范和公用数据编码规范要求。

(3)货车运用作业场须部署 HMIS 运用子系统，综合利用铁路货车运行安全监控系统等，以及其他专业部门的相关信息资源，通过资源整合、信息共享和综合应用，按照列检“一班、一列、一辆”标准化流程，根据列车列辆集成铁路货车运行安全监控系统预警信息、到(过)期车信息、特定车辆追踪信息指导运用作业，实现货车运用作业全过程的规范化管理。

(4)货车运用作业场须利用 HMIS 运用子系统及时、完整、准确采集列车技术检查、发现和处理铁路货车故障、检修车管理、铁路货车运行安全监控系统预报故障及处理、列车制动机试验、脱轨器使用等信息。

(5)货车运用各级管理和作业人员,应按信息系统录入规范要求,及时录入有关数据,并按要求上传。

(6)HMIS运用子系统输入、输出的列车技术作业表单和台账表报是货车运用管理的原始资料,是进行货车运用作业全过程管理、掌握列车技术质量、进行质量追溯和成本核算的重要依据,要逐步替代手工记录,其与手工填写的记录具有同等效力。